夢の手作り小屋を実現しよう!

小屋大全

SELF BUILDING HOUSE COMPLETE MANUAL

西野弘章 著

山と溪谷社

CONTENTS

ようこそ、セルフビルドの世界へ！……………… 4
はじめに ……………………………………… 14

第1章
「スモールハウス」からはじめよう！

実例① 3日間で「3畳小屋」を作ろう！………… 16
実例② 「4畳小屋」を1週間で作る方法 ………… 34
実例③ 素人の若者たちが楽しんだ、
　　　小屋作りワークショップ体験記！ ……… 48
実例④ 初心者仲間で作ってみたぞ！
　　　モバイルハウス大作戦‼ ………………… 52
実例⑤ 20万円で作る「6畳の書斎」…………… 60
「ツーバイ構法」虎の巻 ………………………… 66

第2章
「軸組み構法」でセルフビルドに挑戦！

STEP 01　軸組み構法の特徴を知ろう！……… 72
STEP 02　軸組み建築の「設計」のツボ ……… 74
STEP 03　軸組みに使う木材と工具 …………… 78
STEP 04　木材を「適材適所」で使う ………… 80
STEP 05　セルフビルド流「墨付け術」……… 82
STEP 06　「ホソ」を実際に刻んでみる ……… 86
STEP 07　「棟上げ」の手順とコツ …………… 89
STEP 08　面材とサッシの取り付け …………… 94

「ハーフビルド」で、
楽しい作業だけチャレンジしてみよう！……… 96

第3章
10万円で作る12坪のマイ工房

STEP1　まずは、構想を練ってみる …………… 98
STEP2　必要な材料とツールをそろえる …… 104
STEP3　柱を立てて小屋の躯体を作る ……… 107
STEP4　ひとりで「棟上げ」をする術 ……… 111
STEP5　屋根をシンプルに仕上げる ………… 114
STEP6　「ドーマー」でロフトを快適に！… 117
STEP7　ログハウス風の「階段」を作る …… 119
STEP8　「下屋」を増築してみる …………… 121
STEP9　壁の仕上げについて ………………… 123
STEP10　建具の自作と設置方法 …………… 125
STEP11　ロフトと妻壁の仕上げ工事 ……… 128
STEP12　照明やコンセントを設置する …… 130
夢のマイ工房 その後 ………………………… 132

たったの3日間で、掘っ立てスタイルの
「大型ガレージ」を作ってみたぞ！ ………… 134

第4章
憧れのログハウスを作ってみよう！

ログハウスのタイプと特徴 …………………… 136
使用する「道具」と「ログ材」……………… 138
チェーンソーの基本を知る …………………… 140
チェーンソーワークの超基本 ………………… 142
ノッチワークにチャレンジ！………………… 144
ログ壁を積み上げる方法 ……………………… 149
「キット」で作るログハウス ………………… 153

女性ひとりで、3年間かけて作った「夢の丸太小屋」… 158

第5章
100万円で作る憧れの「木の家」

STEP1	「木の家」のプランニング術	162
STEP2	建物にやさしい「独立基礎」作り	167
STEP3	軸組み方式で「土台」をセット！	173
STEP4	丸太で「梁や桁、小屋梁」を作る	178
STEP5	「小屋組み」のパーツを作ろう！	183
STEP6	丸太を積み上げる「壁」の作り方	187
STEP7	そして、いよいよ「棟上げ」へ	190
STEP8	「壁下地」を作って建物を補強！	197
STEP9	住空間を活かす「屋根」を作る	199
STEP10	塗装とコーキングの基礎技術	209
STEP11	妻壁と軒天の収めのパターン	212
STEP12	建具の自作方法とサッシの施工	217

外装工事終了後の途中報告。
ここまでかかった全費用は、わずか87万円！ …… 220

セルフビルダーの「嫁」の独り言 …… 222

第6章
セルフビルドで仕上げ工事を楽しむ

STEP 01	「断熱化」で快適な室内空間に	224
STEP 02	床の「下地」を完成させる！	226
STEP 03	天井と壁、床の「内装工事」	228
STEP 04	「階段」を無垢材で作る方法	234
STEP 05	下屋に新たな部屋を増築！	237
STEP 06	「ウッドデッキ」を1日で作る	240

家族で開拓した土地に
「ハーフビルドの自宅」を実現！ …… 242

第7章
小屋作りの関連工事マニュアル

STEP 01	「キッチン」を自作しよう！	246
STEP 02	「お風呂」を自作しよう！	249
STEP 03	「トイレ」の設置方法	252
STEP 04	「給排水工事」の基礎知識	254
STEP 05	「電気工事」にチャレンジ！	256
STEP 06	「薪ストーブ」を作ろう！	259
STEP 07	「エアコン」の取り付け方	262
STEP 08	「ブロック基礎」の作り方	263

作って楽しいあんな小屋、こんな小屋。
「素材」について考える …… 264

第8章
セルフビルドの計画と施工管理術

小屋を建てるための「土地条件」 …… 266
セルフビルドの「設計」を考える …… 268
知っておきたい「法律」の初歩 …… 270
作業を快適にするダンドリ術 …… 272
セルフビルダーの「衣食住」 …… 274
工具と材料の選び方 …… 276
小屋を快適に楽しむための知恵 …… 280

知って役立つセルフビルド用語集 …… 284

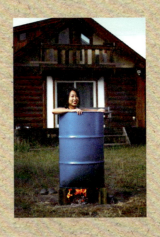

ようこそ、セルフ

建築のプロでも何でもない普通の素人が、建物をセルフビルドしてみる……。
いまのニッポンでは夢のような話かも知れないが、その夢を実現させた人はたくさんいる。
そして現在のセルフビルドは、個人でも楽しく建てられる小規模な家＝小屋作りが大人気だ。
本書では、3日で作れるシンプルな小屋から、実際に暮らせるちょっと大きめの小屋まで、
素人がセルフビルドするためのノウハウをたっぷりとご紹介していく。
さあ、世界にひとつだけの建物を作る人生最高のプロジェクトを体験してみよう！

背景の写真は、わが家の敷地内の風景。左の小屋が、掘っ立てスタイルで自作したガレージ兼工房。中央奥はログハウス風の木の家。これも、仲間や家族と手作りしたものだ。右はハーフビルドした「1.5階」の自宅。小屋作りのノウハウを活かして、基礎作りの手伝いや壁の内外装工事、デッキ作りなどを自分たちで楽しんだ。

ビルドの世界へ！

ツーバイ構法なら子供でも楽しめる！

これは、我が家の裏庭で3畳の小屋を作っているところ。子供たちにも作業を手伝ってもらったが、まるでプラモデルを作るような感覚だから、結構楽しそうに作業してくれた。この程度のサイズの小屋なら、のんびり作業しても1週間、早ければ3日間で作ることができる。→第1章（16ページ）

「ツーバイ構法」なら素人でも簡単！

建物を作る方法にはいろいろなスタイルがあって、作りやすさもピンキリだ。
それらのなかで、小屋作りを楽しむセルフビルダーたちからダントツの人気なのが、
2×4（ツーバイフォー）材と合板を主な材料とする「ツーバイ構法」。
材料の加工がとても簡単で、構造や組み立て方も理解しやすいから、
セルフビルドが初めての素人でも、ぶっつけ本番で小屋を建てられるほどなのだ!!

知識や腕力がなくても作業に参加できる！

ツーバイ構法の作業の基本は、材料を丸ノコでカットしてビスで留めていくだけ。なので、素人でも、腕力がなくても、みんなで楽しみながら作業できる。家族や仲間同士でセルフビルドするには、ピッタリのスタイルと言えるだろう。

簡単な作り方でも
建物の強度を確保できる！

写真は、動く小屋＝モバイルハウスのセルフビルド風景。作業に参加したのは全員素人だったが、床も壁もすべてモノコック構造となるので、車輪で移動させてもびくともしない頑丈な小屋を作ることができた。使用材料もホームセンターで全部買えるから、手軽にセルフビルドを楽しむならツーバイ構法が一番だ。
➡第1章（52ページ）

ツーバイ構法だから、ホームセンターで買える材料だけでどんな小屋でも作れるぞ！

アレンジ的な作り方にも
対応してくれる！

写真左は、パネルとトラスを駆使した小屋➡第1章（34ページ）。下は、外壁に焼きスギを張り、「くぐり戸」を設けた和風の小屋。➡第1章（48ページ）。右は、スギ丸太をツーバイ枠に組み込んだハイブリッドの小屋➡第1章（60ページ）。軸組み構法ほどではないが、ツーバイ構法でもそれなりのアレンジを楽しめるのだ！

さまざまなバリエーションを楽しめる！

軸組み構法の最大のメリットは、自由自在のプランを楽しめること。建物の強度さえ確保できれば、アイディア次第でかなり楽しい小屋を作ることも可能だ。わが家でも、丸太を使ったピーセンピース➡第5章（161ページ）、間伐材を使った掘っ立てスタイルの小屋➡第3章（97ページ）などを作ったが、いずれも軸組み構法ならではの自由度の高さを実感できた。

「軸組み構法」にチャレンジしよう！

建物の柱や梁などを「ホゾ」で組み合わせていく、日本伝統の建築スタイルが「軸組み構法」。複雑な木組みは少々難しいが、シンプルな構造にすれば素人のセルフビルドでも十分に建てられる。間取りの自由度が高く、さまざまな材料を自分の好みで選べることも大きなメリットだ。本書では、通常の角材を使った方法はもちろん、丸太や間伐材で作るスタイルもご紹介していく。

ホゾの加工が最高に楽しい！

一見、素人では加工するのが困難そうな「ホゾ」。しかし、この作業にはコツがあって、丸ノコや電気ドリルなどを併用すれば、誰でも意外と簡単にホゾを作ることができる。自分が頑張って刻んだホゾが、ピッタリとはまったときの感激は格別。応用力のある軸組み構法をマスターしてしまえば、たいがいの建物は自分で作れる自信がつくことだろう。➡第2章（71ページ）

スモールハウス作りは、人生最高の遊びだ！

日本の風土や気候にマッチした建築スタイルだから、セルフビルドでも安心して作業できる！

マイペースで小屋作りを楽しめる！
軸組み構法では、すべての材料を自分の都合のいい作業場所とスケジュールで加工できることも大きなメリット。晴れ間を狙って一気に棟上げをして、屋根までかけてしまえば、雨の心配をすることなく作業を楽しめるのも利点だ。まさに、日本の伝統が生み出した、風土や気候に適った建築スタイルと言えるだろう。

frame

「ログハウス＝丸太小屋」の
セルフビルドも大人気だぞ！

ログハウスの構造体はとても強度が高く、耐震性や耐風性にも優れているのが特徴だ。
また、ログ材自体がもつ断熱性や調湿性、そして木の雰囲気がたっぷりの空間も魅力といえる。
ログ材を横積みにしていくだけで、だれでも簡単に頑丈な壁を作ることができるので、
週末セルフビルダーにとっては、もっとも入門しやすい建物のひとつと言えるだろう。

丸太を積んでいくだけで小屋が建つ！

ログハウスの構造はとてもシンプルで、ログ材（丸太や角材）を横に積みながら壁を形成していくだけ。この作業が素人でも直感的に理解しやすく、しかも丈夫な建物を作れることからセルフビルダーからの絶大な人気を得ているわけだ。また、ハンドカットの場合は丸太を「チェーンソー」で加工していくという非日常的な作業も、ログハウスを手作りする魅力のひとつになっている。
➡第4章（135ページ）

丸太との充実した会話を楽しめる！

山から伐り出してきたそのままの原木と製材された木材との大きな違いは、その生命感や存在感をリアルに感じることができるかどうかだ。丸太の場合、まさに1本1本の生命とじっくりと会話をしながら作業していくことになる。人生において、これほど濃密で貴重な体験ができるのは、実際にセルフビルドに挑戦した人だけの特権だろう。

「ハンドカット」と「マシンカット」。
自分の好みや予算、スケジュールを考えて
夢の丸太小屋を実現してみよう！

「マシンカット」なら初心者も楽勝！

時間や労力に制約があるなら、工場でプレカットされたログ材を利用する「マシンカット」でセルフビルドするのもお勧めだ。これならチェーンソーは一切無用だし、必要最小限の道具だけでログハウスを建てることができる。小屋程度の建物なら、わずか1日で屋根まで仕上げることも可能だ！
➡ 第4章（153ページ）

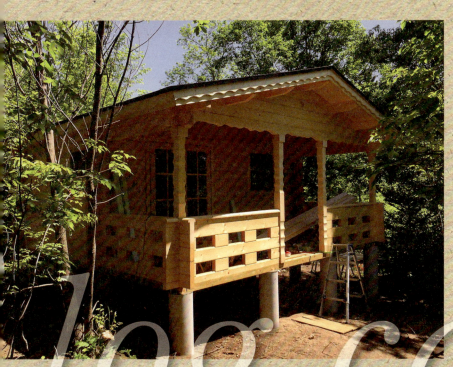

log cabin

セルフビルドだからこその「小屋暮らし」を遊んでみたい……

小屋の本体が完成したら、あとはじっくりと仕上げの作業を楽しんでみよう。
趣味を満喫したり、こだわりの料理を楽しんだり、お気に入りの音楽や映画を鑑賞したり、
自作の薪ストーブの炎を眺めながら、ゆったりした時間を過ごす小屋……。
自分で作れば、どんな仕上がりにするのも自由自在。
それがセルフビルドだからこその特権であり、大きな魅力なのだ。

趣味やくつろぎの空間を演出しよう!

小屋をセルフビルドする目的は、何でもOK。でも、せっかく自分で作るなら、思う存分に遊んでみてはいかがだろう。仕上げの作業は建物の強度を左右しないから、どんな風に仕上げても誰も文句を言わない(笑)。たとえ小さくても、自分たちで作った建物は最高に居心地のよい空間をもたらしてくれるだろう。

写真は、第5章で紹介している木の家。私の趣味である釣りの道具部屋として、そして仲間たちとの語らいの場、来客のゲストハウスとしても大活躍だ。漆喰、スギ板、流木、ステンドグラス、海で拾った貝殻、丸太……。お気に入りの材料を使って、思い描いた空間をじっくりと楽しみながら演出してみたい。

はじめに……「小屋」だから楽しめる、持続可能なセルフビルド

「休日、仲間たちと気軽に集まれる小屋が欲しいなぁ」
「思いっきり遊べるガレージを自分で作ってみたい！」
「子供の頃に憧れてた、秘密基地みたいのがいいなあ〜」
「露天風呂のある小屋が欲しい！」
「車はいらないけど、小屋はあるといいかな……」
「いっそのこと、自分の家も手作りしちゃおうか！」

*

　近年、小屋作りに興味を持つ人が増えている。ウチの近所でも、私にとっては子供のような年代の若者たちが、私が作った小屋を見学にやってきたり、彼ら彼女たちと一緒に実際の小屋作りも体験してきた。こうした若者たちに共通しているのは、セルフビルドをより「気軽に」楽しもうというスタンスだ。

　私の若い頃（1990年前後）にもセルフビルドのブームが起こったことがあるのだが、当時は自分で家を建てるというのは「人生を賭ける」みたいなストイックな雰囲気があって、本来は楽しいはずのセルフビルドが何だか苦行のようになっている人もいた……。

　仕事柄、そういった人たちを少なからず見てきたこともあって、私自身はかなり気楽なスタイルでセルフビルドを楽しんでいる。しかし、気楽とはいえども、そこから得られる感動は計り知れないほど大きなものがある。建物のセルフビルドというのは非日常感が満載で、実際に若者たちと小屋作りをしていると、初めて電動工具を使う体験だけでも「人生変わったぜ！」というリアクションをする子も多いのだ。まさに、セルフビルドを通じて「生きる喜び」を再発見したかのように……。

　これからのセルフビルドは決して特別ではない。誰もが気軽に参加できる「小屋作り」が主流になっていくことだろう。そして、小屋のセルフビルドを一度でも体験してしまうと、それが中毒になってしまうほどの魅力にあふれていることを実感するはずだ。

　本書は、そんなスタイルで小屋作りを楽しみたい皆さんに向けて、私のこれまでの体験や取材で集めたノウハウを含め、知識ゼロからでも理解できる内容を凝縮して一冊にまとめたものだ。基本的にはセルフビルドの実践を楽しみながら、さまざまな工程を紹介する構成にしているので、自分の好みや予算などを考慮しつつ、それぞれの章で紹介しているノウハウの「いいとこ取り」をしていただければと思う。たとえば、第5章で紹介した木の家で使っている丸太を角材で代用するとか、第3章の掘っ立て小屋に床や内壁を仕上げてみるのもおもしろい。もちろん、プランニングも自由自在。自分なりにアレンジして、世界にひとつだけの素敵な小屋を実現してみていただきたい。

　最初は多少の失敗もあるかも知れないが、そんなのは全然気にしなくていい。ウチで作った小屋も、仲間が打ち損じたビスが飛び出ていたり、未完成のままにしている部分も少なくないが、いまだに誰も気がつかない（笑）。仮に完成した時点では60点ぐらいの出来映えだとしても、その後の「持続的な」創意工夫を凝らすことで将来的には100点、あるいはそれ以上にもなっていくことが小屋作りだからこその尽きない魅力なのである……。

　一度でもいい。小さな家でもいい。セルフビルドを経験してみれば、何十年経っても心に響く最高の想い出になることは間違いない。

　思い立ったら吉日。やるなら、いましかないのだ！

――――――― 西野弘章

第1章

「ツーバイ構法」なら簡単！ 3～10日間で作る小さな家の5つの実例

「スモールハウス」からはじめよう！

建築の知識がゼロの素人が家を建てることは無謀にも思えるが、ここで紹介していく事例は、すべてアマチュアが作った「小屋＝スモールハウス」だ。最高に楽しく、やりがいのあるセルフビルドをさっそく体験していこう！

第1章◆「スモールハウス」からはじめよう！

実例① ◆難易度＝★★☆☆☆　◆作業日数＝3日〜1週間

3日間で「3畳小屋」を作ろう！

キャンピングカーみたいな快適な小屋を作りながら、「ツーバイ構法」の超基本をマスターする

　仕事柄、私は全国各地へ釣りの取材に行くことが多いのだが、北海道などへの遠征ではキャンピングカーを借りて長期滞在するのが恒例だ。

　キャンピングカーの室内スペースは実質3畳ほどで、テーブルやキッチンスペース、収納棚、バンクベッド（簡易ベッド）などがしつらえてある。3畳というと普通の感覚だとかなり狭く思えるが、実際に使ってみるとまったく不便は感じず、むしろ生活動線が非常にコンパクトにまとめられていて快適だと感じるほどだ。

　というわけで、私が自宅の裏庭にセルフビルドしたのが、書斎兼釣り道具を置くための「3畳小屋」。もちろん、キャンピングカーにならってバンクベッドも自作することにした。

シンプルなプランで作業性がアップ！

　この小屋は文字通り3畳＝約5㎡の床面積で、合板（1,820×910㎜）をカットすることなく横方向に3枚並べた広さになる（実際には、ツーバイの壁の厚み分だけ狭くなる）。壁の高さも、同じく合板の規格サイズである1,820㎜にすることで材料の無駄を省いた。手前側の壁には、さらに合板のほぼ半分の高さ（450㎜）の小壁を立ち上げ、そこに、「片流れ」の屋根を乗せている。

◆3畳小屋の概要

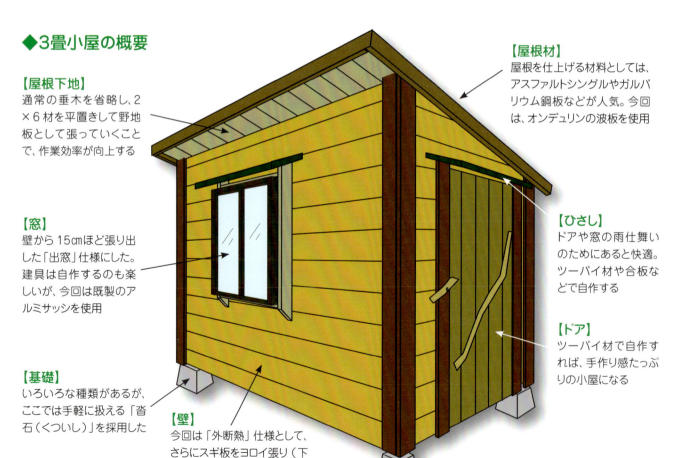

【屋根下地】
通常の垂木を省略し、2×6材を平置きして野地板として張っていくことで、作業効率が向上する

【窓】
壁から15㎝ほど張り出した「出窓」仕様にした。建具は自作するのも楽しいが、今回は既製のアルミサッシを使用

【基礎】
いろいろな種類があるが、ここでは手軽に扱える「沓石（くついし）」を採用した

【壁】
今回は「外断熱」仕様として、さらにスギ板をヨロイ張り（下見張り）にして壁を仕上げた

【屋根材】
屋根を仕上げる材料としては、アスファルトシングルやガルバリウム鋼板などが人気。今回は、オンデュリンの波板を使用

【ひさし】
ドアや窓の雨仕舞いのためにあると快適。ツーバイ材や合板などで自作する

【ドア】
ツーバイ材で自作すれば、手作り感たっぷりの小屋になる

用語解説　片流れ▶屋根の形状の一種で、傾斜が一方向だけに流れているタイプ。3畳程度の小屋ではよく見かける。

屋根勾配は2寸五分なので、上に乗ってもかなりの安心感があって作業も楽々だ。

全体の作業の流れとしては、基礎となる沓石の上に仮床＝プラットフォームを設置し、その上で壁枠を作って立ち上げる。さらに壁の上に垂木、野地板、ルーフィング、屋根仕上げ材の順で張って、建具を収めて壁の仕上げ材を張っていく。シンプルな間取りだけあって、初めて小屋を作る人でも一週間あれば完成させることができるだろう。実際、今回もウチの子供たちや仲間に手伝ってもらいながら、実質の作業期間は3日間だった。

できあがった小屋は想像以上に広々としていて、バンクベッドも非常にいい感じ。息子が「コレ、僕の部屋にする！」ということで、結局、私の書斎＆釣り小屋作戦は白紙に戻ってしまったが……。

「ツーバイ構法」の多大なメリットとは？

これほどの短期間で作れた理由としては、セルフビルダーに人気の「ツーバイ構法」を採用したことがあると思う。この構法は、床も壁も屋根（天井）もすべてツーバイ材で組んだ枠に構造用合板を張ることで、建物全体の強度を確保する構造になっている。軸組み構法（71

建築場所は我が家の裏庭。小屋のセルフビルドは、思い立ったらすぐに作業にとりかかれるのがうれしい。とくにツーバイ構法なら、素人でもほとんど失敗することなく小屋作りを楽しめる

3畳小屋にバンクベッドを製作中の息子。室内空間は想像以上に広く、子供部屋にはジャストサイズだった

◆3畳小屋のツーバイ構造図　＊単位はミリ（mm）

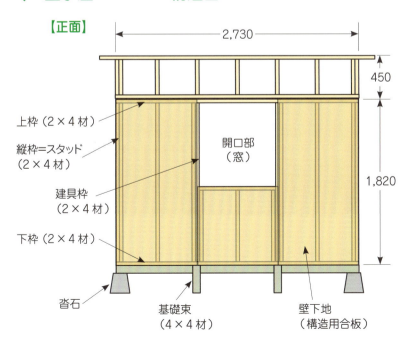

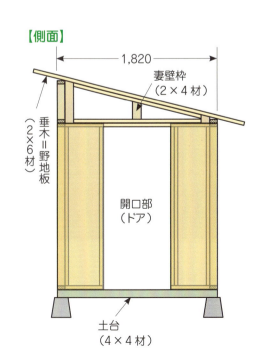

用語解説　屋根勾配▶屋根の傾斜のことで、底辺を10としたときの高さを寸で表す。勾配が急なほど雨仕舞いがよくなるが、施工は難しくなる。

第1章◆「スモールハウス」からはじめよう！

ツーバイ構法は作り方がとてもシンプルなので、日曜大工レベルの技術と道具さえあればだれでも簡単に小屋作りを楽しめる。極論すると、小学生でも作れるレベルなのだ。このツーバイ構法の応用として、実例❷（34ページ）でパネル方式という画期的な作り方も紹介しているが、作業の流れが単純明快でわかりやすいのはこちらの方法だ。また、ツーバイ構法は、軸組み構法（72ページ）やログハウス（135ページ）などにも応用が利くので、将来的に大きめの小屋や建物を作る予定があるなら、ぜひともマスターしておきたい

ページ）で多用されるホゾなどの加工が一切必要なく、単純に材料をビスで留めていくだけなので、週末ビルダーにはもっとも作りやすい構法なのだ。作業工程もわかりやすく、とくにここで紹介していくような規模の小さな建物なら、建築のアマチュアはもちろん、子供でも作業に参加できるだろう。

材料の主役となるのが、2×4材に代表される「ツーバイ材」。木口の厚さが2インチであることから命名されていて、小屋だろうが大規模な住宅だろうが、すべての構造材として使われている。ツーバイ材の特徴はいろいろあるが、何といっても安価で入手しやすいことが最大のメリット。軸組み構法でもツーバイ材と似たような規格の羽柄材（はがらざい＝垂木や根太など）を使うが、価格はツーバイ材のほうが安価だ。また、ツーバイ材の表面はプレーナー加工が施されているので、手触りが優しくて作業中も快適に扱える。さらに、材質が軟らかい

ので加工しやすいことも見逃せない利点だ。

ただし、ホームセンターで売られているものは、材がねじれたり反ったりしているものも混ざっているので、購入時はできるだけ素性のいいものを選びたい。また、ツーバイ材は腐れに弱いので、基礎や土台まわりには「防腐防虫タイプ（ACQ材）」を使うのが基本だ。

ツーバイ構法で、もうひとつ欠かせない材料が「構造用合板」。複数枚の薄い単板を木の繊維が交差するように重ねて熱圧接着しており、多方向からの荷重に対する強度が普通合板よりも圧倒的に優れている。ツーバイ構法でも、この構造用合板を使えば誰でも手軽に強い壁（＝耐力壁）を作ることができるというわけだ。

ツーバイ材同士の接合や構造用合板をツーバイ枠に留める場合、せん断強度や粘り強さに優れるツーバイ構法専用のクギ（コモンネイル＝CN）を使うのが基本となっている。しかし現在、素人ビルダーの御用達となって

用語解説 プレーナー加工▶木材の表面を電動カンナで削って、滑らかに仕上げること。ツーバイ材や羽目板、その他の仕上げ材などに施されることが多い。

◆ツーバイ構法に使う部材の種類と規格を知ろう！

ツーバイ材の規格

- 19mm 1×4（ワンバイフォー）
- 38mm 2×4（ツーバイフォー） 89mm
- 4×4（フォーバイフォー） 89mm×89mm
- 38mm 2×6（ツーバイシックス） 140mm
- 38mm 2×8（ツーバイエイト） 184mm

ツーバイ材のサイズは、2×4材の「2インチ厚×4インチ幅」を基本としているが、実際にはもう少し小さく、38×89mmが規格サイズとなっている。左図に挙げているものは、主なツーバイ材のバリエーションだ。長さは「フィート（ft）」が規格となっているので、「1フィート＝約30cm」を頭に入れておこう！

ツーバイ材について
ツーバイ材として一般に使われている樹種は「SPF（エスピーエフ）」と呼ばれるもの。スプルース（Spruce、米トウヒ）、パイン（Pine、マツ類）、ファー（Fir、モミ類）などの常緑針葉樹の総称で、主に北米から輸入されている。また、近年では節が小さめの「ホワイトウッド」を扱うホームセンターも見られる。このほか、腐食処理されたタイプや国産ヒノキなどもある

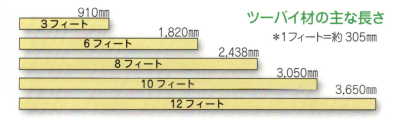

ツーバイ材の主な長さ
*1フィート＝約305mm

- 3フィート 910mm
- 6フィート 1,820mm
- 8フィート 2,438mm
- 10フィート 3,050mm
- 12フィート 3,650mm

構造用合板について
ツーバイ構法の場合、床、壁、屋根の下地すべてに構造用合板を使用することで剛性の高い建物になる。合板のサイズはいろいろあるが、小屋作りでは910×1,820mmを用意すればよい。厚みは12mmが基本で、壁下地用として9mmも使う。ホームセンターでは見た目がよく似たいろいろなタイプの合板が売られているので、シナベニヤやコンクリートパネル（コンパネ）などと間違えないようにしたい。なお、ツーバイ材も同様だが、購入量が多い場合はホームセンターの宅配サービスを利用するか、あるいはレンタルしているトラックで自分で運ぶのも方法だ

ビスの種類と使い分けについて
コーススレッドは、使用部位によって長さを使い分けるのが基本。通常、ツーバイ材同士の接合には65mm、75mm、90mm、ツーバイ材に構造用合板を留める場合は38mmか45mmを使えばよい（67ページも参照）。コーススレッドの材質は、通常は鉄（ユニクロメッキ）でOKだが、デッキなどの雨ざらしになる場所には錆びにくいステンレスがお勧めだ。また、ネジのタイプも全ネジと半ネジがあるが、通常は半ネジを使えばよい。近年では構造用の強度に優れるビスも登場しているので、それを荷重のかかりそうな場所に補助的に使うのもいいだろう

用語解説 ACQ材▶木材に防腐・防虫効果のある薬剤を加圧注入した材料のこと。薬剤の人体や自然環境への影響はないとされる。

◆3畳小屋に使用した主な材料

使用部分	材料	個数
基礎	沓石（羽子板付き）	4個
土台、大引き	4×4材（防腐処理剤）（12フィート）	4本
〃	コーチボルト（12mm径×170mm）	4本
根太	2×4材（12フィート）	3本
床	構造用合板（1,820×910×12mm）	3枚
壁	2×4材（12フィート）	約40本
〃	構造用合板（1,820×910×9mm）	10枚
〃	断熱材（1,820×910×40mm）	10枚
〃	防水透湿シート	適宜
〃	スギ胴縁（3,650×45×15mm）	10本
〃	スギ野地板（1,820×180×12mm）	約60枚
屋根下地	2×6材（8フィート）	23本
〃	構造用合板（1,820×910×12mm）	4枚
屋根材	オンデュリン・イージーライン	約2坪分
〃	アスファルトルーフィング	約2坪分
建具（窓用）	アルミサッシ（870×770mm）	2枚
〃	2×6材、2×10材（12フィート）	各2本
建具（ドア用）	2×4材、2×8材（12フィート）	各2本
〃	大型ヒンジ	一組
内装（床）	スギ間柱（3m）	20本
内装（ベッド）	2×6材（12フィート）	5本
その他	ビス、気密テープ、塗料などの消耗品	適宜

これらのほかに金物類や破風板、窓枠用の材料なども購入し、総額は20万円ほどになる計算だ。すべてホームセンターで購入できたが、アルミサッシや断熱材などは、ネット通販で買うほうが安かったようだ

いるのが、「コーススレッド」だ。これは、先端が鋭利でネジ山が深い木工用のビス（ネジ）で、インパクトドライバーで材料にねじ込むことで通常のクギの5倍ともいわれる優れた保持力を発揮してくれる。また、抜き差しが自由自在なので、打ち直しも簡単。まさに、セルフビルド向きのアイテムといえるだろう。

ツーバイ構法の小屋作りに必要な材料と道具

ツーバイ材や構造用合板のほかに、今回の小屋作りに使用した材料を上表に挙げておく。建物の強度を左右しない仕上げ材に関しては、自分の好みでどんなものを使ってもいいので、予算との兼ね合いで自由に選べばOKだ。ただし、雨仕舞いに関わる部分は、防水シートや気密テープなどをしっかり施しておくことで、将来的な建物の耐久性が大幅に違ってくる。

沓石（くついし）

簡易的な基礎には、コンクリート製の沓石を利用するのがお手軽だ。写真の羽子板金具が付いたタイプのほか、ツーバイ材を差し込めるタイプもある

防水透湿シート

湿気は通すが雨水は通さないシート。壁の下地に張ることで建物の防水性を高めることができる。50m巻きだが、ネット通販では切り売りもしている

アスファルトルーフィング

屋根の下地に張って、防水性を高めるためのシート。多少高額になるが、「ゴムアス」というタイプは防水性が高く、勾配の緩い屋根には、より適している

防水気密テープ

材料の継ぎ目や建具の周囲などに張ることで、防水性と気密性をアップさせることができる。片面タイプと両面タイプがある

屋根仕上げ材

屋根に張る仕上げ材はいろいろなタイプがあるが、ここではホームセンターで手軽に入手できて、施工も簡単なオンデュリンの波板を使用した

◆今回の小屋作りで使用したツール類

❶丸ノコ。❷ジグソー。❸インパクトドライバー／以上3つの電動工具は、ぜひとも用意したい。❹水平器（バーレベル）／長さ40〜60cmほどのものが使いやすい。❺ノコギリ（手ノコ）／替え刃式が便利。❻ハンマー（かなづち）。❼サシガネ。❽メジャー／長さ5.5mのものが使いやすい。❾ミニ定規／細かい場所の計測に便利。❿鉛筆／ボールペンでもよい。⓫カッターナイフ。⓬下げ振り／鉛直の調整時に使用。⓭チョークライン／または墨ツボを用意。⓮ドリルビット、レンチアダプタ／インパクトドライバーにアダプタを装着することで、コーチボルトのねじ込みに使える。⓯丸ノコ定規／材料を直角にカットするときに便利。⓰ノミ／30mm幅を多用。⓱タッカー／シート張りに使う大型のホチキス

「腰袋」が超便利なのだ！

使用頻度の高い道具やビス類は、腰袋に収納することで、作業効率は飛躍的にアップする。写真の腰袋は自作だが、もちろん市販品も多い

ウマと脚立も必需品！

ウマは2×6材をビス留めして組み合わせただけでも、十分に活躍してくれる。高さは60〜70cmが使いやすい。脚立は高所作業の必需品。6尺タイプがあればOKだ

　迷うのは屋根の仕上げ材だが、ガルバリウム鋼板（105ページ）やアスファルトシングル（206ページ）については各ページを参考にしていただくとして、ここでは比較的施工しやすくて価格も安い天然繊維素材の波板（商品名＝オンデュリン・イージーライン）を使ってみた。

　道具については、最低限必要なものを上に紹介しておく。ほかにもいろいろと便利な道具はあるのだが、たとえば電気工具の場合は、極論を言ってしまえばツーバイ材や合板をカットするための「丸ノコ」、そしてビスを留めるための「インパクトドライバー」だけあれば何とか作業は可能だ。これ以外の電気道具は、ホームセンターでレンタルする方法もある。1日1,000円ほどで借りられるので、とりあえずレンタルを利用してみて、どうしても欲しくなったら購入するのもいいだろう。逆に、メジャーや水平器などの計測道具は、建物を正確に建てていくための必需品なので最初からそろえておきたい。

　そして、作業を効率よく進めるうえで欠かせないのが、「腰袋」。メジャーや墨付け用の道具類、ミニ定規、ビス各種などは、腰袋に入れてつねに身につけておくことで、作業が圧倒的にはかどるのだ。また、材料をカットするときの作業台となる「ウマ」も必須。市販品もあるが、自作も簡単なのでぜひ用意しておこう（273ページ）。また、高所作業では「脚立」も必要になる。

　なお、これらの材料や道具類は、同じツーバイ構法で作るほかの実例と多くが共通しているので、それぞれ参考にしてみていただきたい。

用語解説 墨付け▶材料に加工ラインを描くこと。鉛筆やボールペン、墨ツボ、メジャー、サシガネなどの墨付け道具がある。

第1章 ◆「スモールハウス」からはじめよう！

STEP ① プラットフォームを設置しよう！

1 さあ、それでは作業を開始しよう！ まず、小屋を建てる場所をきれいに整地し、小屋の向きと大きさを考慮しながら沓石を四隅に並べていく。

2 沓石同士を水平に置くためには、図のように真っ直ぐなツーバイ材を沓石の上に渡し、その上に水平器を置いてレベル（水平）を見ながら作業するとよい。

3 沓石を置くときは、地面を角材などでしっかり突き固めてから水平に設置する。

4 土台となる4×4材を2,730mmと1,820mmそれぞれ2本カットし、両端にもっとも簡単なホゾである「相欠き」を加工する。手ノコで作業してもいいが、丸ノコを使うとよりスピーディだ。

5 ホゾにする部分に丸ノコでランダムに切り込みを入れ、ノミで欠き込むのが一番簡単。切り込みサイズは図の通り。

6 相欠き完了！ 37ページのように2×6材を使えばこの加工すらも必要ないが、相欠きを練習しておけば、今後いろいろと役立つはずだ。

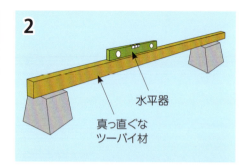

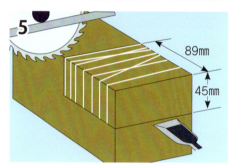

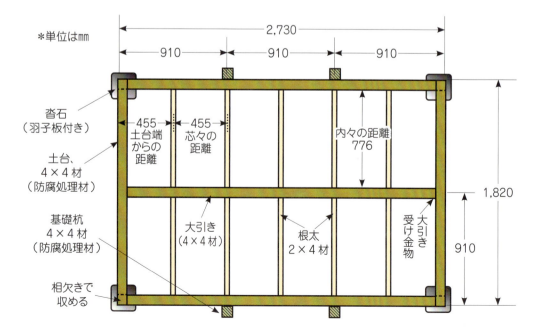

【土台の施工図】
今回、プラットフォームの骨組みとなる土台や大引きには、防腐処理済みの4×4材を使用した。簡易的な小屋ならこれでも強度的には十分だが、保険の意味で4×4材を基礎杭として土台の側面に埋め、コーチボルトで土台とガッチリ緊結した。根太には2×4材を使用。根太間の距離は芯々で455mm、土台端からも455mmにすると、構造用合板をピッタリ張ることができる

用語解説 芯々▶柱や壁、あるいは材料同士の中心から中心までの距離のこと。内々（内側同士の距離）、外々（外側同士の距離）などで測るケースもある。

7 沓石の上に土台を渡し、相欠き部分を重ね合わせて置く。この状態で、ピタゴラスの定理（170ページ）を利用してコーナー部の直角を確認してみる。

8 今回の場合だと、正面側の距離が1,820mm、側面側が2,730mmなので、対角線が「3,282mm」になればいいわけだ。

9 土台の直角が決まった状態で、コーナー部をしっかりビス留めする。ビスは長さ75mmを4～5本打っておけば確実。この後、土台の各部に水平器を置いて水平を再チェックしておく。

10 土台の高さが微妙に違う場合は、厚さ1～2mmの基礎パッキン用調整板を土台と沓石との間にはさんで調整すればよい。

11 すべての水平を確認したら、沓石の羽子板金具と土台同士を90mmのビスか長さ5cmほどのコーチボルトで留めていく。

12 土台の中間に大引きを設置するための「大引き受け金物」を付属の太いビスで留めていく。このとき、大引きが土台の上面（ツラ）に合うように調整するのがコツ。ホゾを加工して収めるよりも圧倒的に簡単で、材料に刻みを入れないから強度的にも安心なのだ。

13 ここに収める大引きは、土台間の寸法から「金物の厚み3mm×2枚分＝6mm」をマイナスした2,546mmでカットする。これを金物に落とし込んでから、しっかりとビス留めすればよい。

14 土台と大引きとの間に、長さ776mmにカットした2×4材を455mm間隔で渡して根太とする。すべての上面が合うように、ハンマーで少しずつ叩きながら入れていくとよい。

15 根太の固定は、90mmのビスを2本斜め打ちして留める。

16 すべての根太を留めれば、プラットフォームの骨組みが完成！

第1章 ◆「スモールハウス」からはじめよう！

17 土台の上に、仮床となる構造用合板を並べていく。コーナーの直角がしっかり決まっていれば、3枚の合板をピッタリすき間なく敷き詰められるはず。

18 合板の固定では、45mmのビスを約200mmピッチで留めていく。合板の継ぎ目部分は、根太の厚みの半分（約19mm）しか乗っていないので、ビスを少し斜めにして打つとよい。

19 今回のプラットフォームは地面の上に置いているだけなので、このままだと少々不安……。そこで、防腐加工の4×4材を土台ぎわの地中に50～60cmほどの深さまで基礎杭として埋めて、土台と固定することにした。

20 ボルトを打ち込むための下穴を9mm径のドリルで開ける。

21 太さ12mm、長さ15cmほどのコーチボルトをインパクトレンチでネジ込んで、杭と土台を固定。これで、台風が来ても小屋が吹き飛ぶことはない（と思う）。

22 これで完成。ほぼ半日間の作業後は、さっそく家族とともにタコ焼きとジュースで祝杯！

Technical Note

ビスの「斜め打ち」をマスター！

　小屋作りに限らず、現在のDIYで欠かせないのが「ビス留め」。材料同士を接合するときには、クギを使うよりも圧倒的に簡単で便利なのだ。

　ところで、土台作りでも何度か解説したが、ビスは材料に対して斜めに打つことも少なくない。この場合、最初からビスを斜めに当ててしまうと、ビスの先端が狙いの位置からズレやすくなる。まずは、材料に対してビスを直角に数ミリねじ込み、そこでネジを任意の角度に指で押して、その状態からドライバーでねじ込めばOKだ。

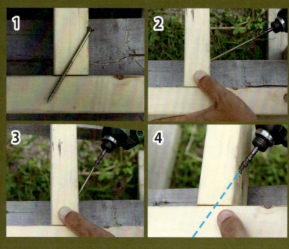

❶たとえばこのようにビスを打ちたい場合、いきなりビスを斜めにするのは難しい。❷まずは少し角度を緩やかにして、ビスの先端をねじ込む。❸ビスを狙いの角度になるようにビットの先端で調整する（指で押し込んでもよい）。❹その状態を保ったまま、ドライバーでねじ込んでいけばよい

用語解説　コーチボルト▶先端がドリル状にとがっている六角ボルトの総称。ボルト用のビットを使えば、インパクトドライバーでねじ込むことができる。

STEP ❷ 壁を立ち上げて合板を張る

1. 壁枠作りは、プラットフォームを作業台にすると便利。まず、正面側の壁枠となる2×4材を下の図面の寸法に合わせてカットし、ビスで組み立てていく。
2. 使用するビスの長さは75mmでもいいが、とくに荷重がかかりやすいコーナー部や開口部の周囲は90mmのビスを使用すると強度的に安心だ。ビスは1ヶ所につき2〜3本打ち込む。
3. 材料がねじれているときは、このような「コの字型」の治具を端材で作っておくと便利。
4. 治具の先端をツーバイ材にはさんで、ジワジワと押して矯正していく。テコの原理を利用するので腕力は必要ない。

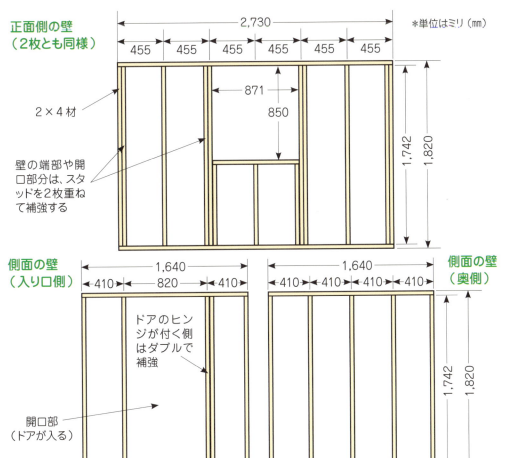

【壁枠の施工図】

壁枠の高さは合板の長尺方向の長さである1,820mmに統一した。幅はプラットフォームの広さに合わせて、正面方向は2,730mmとして、スタッド（縦枠）のピッチは455mmとした。側面方向は、1,820mmから2×4材の幅（89mm）二枚分をマイナスした数値である1,640mm（両側に1mmずつのクリアランスを設けた）。こちらのスタッドの間隔は、均等割りして410mmにしている。また、窓が入る開口部の両脇は、2×4材を二枚重ねにして補強。窓の下枠の両サイドにも補強材を追加した。ドアの開口部については、ヒンジが取り付く側にドアの重量がかかるので、2×4材の二枚重ねで補強している。

用語解説 治具 ▶ 「じぐ」と読む。何かを加工したり組み立てるとき、より作業をしやすくするためのサポート的な道具の総称。

第1章 ◆「スモールハウス」からはじめよう！

5 開口部などの補強でツーバイ材を2枚重ねするときは65mmか75mmのビス、3枚重ねでは95mmのビスを使用。ビス打ちの間隔は15〜20cmが目安。

6 完成した枠組みをプラットフォームの周囲に立ち上げていく。なお、ここでは壁の下地となる構造用合板を張っていないので、あらかじめ仮の筋交いを打っておく方法もある。

7 枠組みをプラットフォームの側面ぎりぎりに立てた状態で、下枠に90mmのビスを打ち込んでいく。打ち込みの間隔は、20cmが目安。

8 ビスは合板を貫いて、土台までしっかりと貫通させたい。

9 ほかの面の壁枠も同様の方法で立ち上げる。下枠を土台にビス留めし、さらにそれぞれの縦枠同士（点線内）を90mmのビスで固定。これによって、枠のぐらつきが抑えられる。

10 この状態では、まだ枠の垂直が出ていない。そこで活躍してくれるのが、写真の「荷締め器」と「下げ振り」。荷締め器は、帯の長さが5mほどのものが、ホームセンターで売られている。

下げ振り　　荷締め器

Advice
2枚重ねするときは、木表を合わせる

　ツーバイ材を2枚合せで使う場合は、木表（80ページ）同士を合わせるのがコツ。これなら経年で収縮して材が反っても、端の部分にすき間ができない。幅が広い材料ほど留意しておくといいだろう。

木表を合わせた状態。これが逆になると、経年変化で端部にすき間ができる

この程度の小さな壁なら、ひとりでも起こすことは可能だが、今回はあえて子供たちと一緒に作業してみた。大人はもちろん、子供にとっても建物をつくる経験はなかなかできないからだ。彼らが大人になったとき、このときの記憶が何かの役に立てばと思う……

用語解説　筋交い▶柱と柱の間に斜めに入れて、建物や壁の構造を補強する部材。すじかい。

11 下げ振りを上枠の端部にセットし、オモリを下枠の近くまで下ろしておく。この状態で、荷締め器を枠にたすき掛けして、徐々に締め付けていく。

12 このように下げ振りのラインが縦枠と平行になれば、壁が垂直になっているわけだ。この下げ振りの場合、対象物との距離が50㎜で垂直になる

13 枠が垂直になった状態で、壁の内側に斜めにツーバイ材を仮にビス留めして筋交いとする。その後、壁の外側に構造用合板を張って筋交いを外す。正面側と側面側の両方向の合板を張れば、壁全体がしっかりと垂直に固定される。

14 合板を張る場合、通常は強度に優れるツーバイ構法専用のクギ（CN50）を使うのだが、セルフビルドで小屋を建てる場合は、45㎜のコーススレッドを使えばよい。ピッチ（間隔）は、15～20㎝が目安。

15 室内側の様子。ここまでくると、小屋のイメージが湧いてきて、ワクワクするのだ！

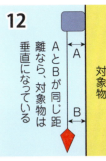
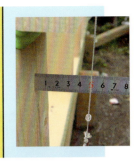

Technical Note

合板を最初に張る場合のメリット・デメリット

　通常、ツーバイ構法では、ツーバイ枠に構造用合板を張ってから立ち上げて壁にするのが一般的だ。この理由は、最初に合板を枠にピッタリ合わせて張ることでツーバイ枠の直角が出やすくなり、壁として立ち上げたときにも理論上は垂直になるはずだからだ。ただし、合板を張った壁は重量があるので、ひとりで立ち上げるのは難しくなる。また、奥行きと間口の壁を直角になるようにそろえたとき、多少なりとも壁にゆがみがあると、それを力技で強引に矯正していく必要があって、これも単独作業では困難になる。

　その点、今回紹介した合板をあとから張る方法なら、壁の立ち上げも垂直の調整もひとり作業が問題なく可能なのだ。もちろん、手伝ってくれる人がいれば先張りでもいいので、ケースバイケースで方法を考えればいいだろう。

先張りの場合でも、一部の壁を開けておくことで人間や道具の出入りが簡単になるので、何かと便利だ

用語解説　間口、奥行き▶建物の玄関のある面の幅を「間口」、その直角方向の幅を「奥行き」と呼ぶ。ただし、道路と建物の位置関係で逆に呼ぶこともある。

STEP ❸ 一番簡単な「屋根」の作り方

1 今回の小屋の屋根は「片流れ」なので、まずは軒先となる正面側の壁に立ち上げる枠組みを作製する。施工図の寸法通りにツーバイ材をカットして、75㎜か90㎜のビスで組み付ける。

2 壁の上に枠を乗せ、90㎜のビスを20㎝間隔で打って固定。さらに強度に優れるコモンネイル90㎜を30㎝間隔で打ち込む。今回は、壁と枠の間にもう1本補強の2×4材を入れた。

3 この上に、野地板の受けとなる桁を取り付ける。ここでは妻面の雨仕舞いを考慮して「けらば」の出幅を20㎝確保。同様にして、反対側の壁にも同じ長さの桁を取り付ける。

4 桁と野地板とのなじみをよくするために、桁の上にこのような気密クッションテープを張る。

5 2×6材を野地板として、上下2本の桁に平置きしていく。

6 とりあえず、妻壁ができる位置に野地板を2本置いて、そこに「鼻隠し板」をビス留めしておく。これを野地板を並べるときのガイドにするわけだ。

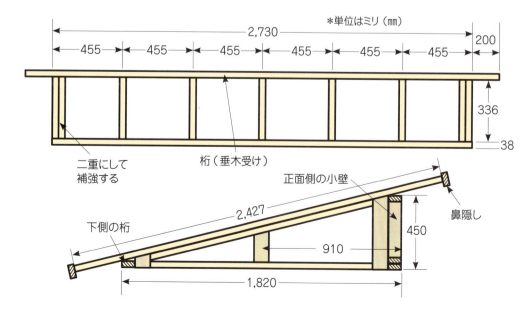

【小屋組の施工図】

片流れ屋根の立ち上がりの壁は、2×4材で作った枠に構造用合板を張っていく。スタッドのピッチは1階の壁同様に455㎜が基本で、両側は二重にして補強する。垂木を受ける「桁」は、壁の両端から200㎜突き出した。妻側は、イラストのように2×4材で枠を作って、構造用合板を張っていく。垂木(野地板)の出幅については、前後ともに300㎜ほどあればいいだろう

7 野地板は65mmのビスを桁に対して2本ずつ留めていく。

8 下から見るとこんな感じ。野地板自体が天井になるわけだ。

9 屋根の両サイドへ、上下の鼻隠しを繋ぐように「破風板」をビス留めする。鼻隠し、破風板ともに、あらかじめ防腐塗料を塗っておくのが理想だ。固定するビスは90mm。

10 野地板の上に構造用合板12mm厚を敷いて、45mmのビスを約20cmピッチで留めていく。

11 さらにアスファルトルーフィングを敷いていく。雨仕舞いを考慮して、下側から少しずつ重ねて張っていくのが正解。写真は、自己接着性のあるゴムアスタイプ。普通のルーフィングを使う場合は、タッカーで留めていく。いずれも、重なり部分は100mmほど確保しよう。

12 屋根の周囲に水切り板をまわしておくと、さらに雨仕舞いがよくなる。ホームセンターで売られている一番シンプルなL字タイプで十分だ。取り付け方法は、202ページを参考に。

13 仕上げに張る屋根材は好みのものを選ぼう。写真のオンデュリンの波板は、軽量で施工しやすい。張り方の詳細は、43ページを参考に！

14 妻面は、点線の部分に2×4材をビス留めして合板の下地にする。枠の作製では材料を斜めにカットする必要があるので、57ページを参考にしてみよう！

15 妻壁の合板は、屋根勾配に合わせてカット。桁の部分は欠き込む形状になるので、その部分はノコギリでカットしておく。

16 カットした合板を45mmのビスで張り付ける。ビスのピッチは150〜200mm。妻壁が完成することで、屋根の強度が一気にアップするのだ！

用語解説 鼻隠し、破風板 ▶ 屋根の軒先、垂木の先端に取り付けられる板が「鼻隠し」、妻側に取り付けられるのが「破風板」だ。材料は2×6材などを使う。

STEP ❹ 「出窓」の取り付け方法

1. 窓の納め方はいろいろあるが、ここでは標準的な引き違いのアルミサッシを「出窓風」に取り付けてみた。この場合、開口部の上下枠にさらに2×10材を重ねるので、その厚み分（39mm×2）をあらかじめ考慮して開口部を作っておく。
2. 開口部の幅にカットした2×10材を下枠に取り付ける。枠の下からビス留めするとビスが目立たない。ビスは65mmを使用。
3. 壁から飛び出ている2×10材の両サイドに、開口部よりも多少長めにカットした2×6材をビス留めし、壁の内側からもビスを打って固定する。これが出窓の縦枠になるわけだ。
4. さらに、縦枠の上部を繋ぐように2×10材をビス留め。これが出窓の上枠となる。
5. 窓を外したサッシをはめてみて、ピッタリ収まれば成功！ 上下横方向ともに数mmのクリアランスを確保しておけば、多少の材のゆがみがあっても収まる。
6. 側面の板を取り外すと、取り付けの状態がよくわかる。このサッシは、枠の半分ほどが外側に出ているので「半外付けタイプ」と呼ばれる。出窓ではない通常の収め方でも、このタイプのサッシが多用されている。
7. サッシ枠の水平垂直を水平器で確認したら、付属のビスで留める。この後、窓枠の周囲に防水テープを張ってから、ケーシングなどで仕上げれば完璧だ。
8. 窓を入れて完成。手作りの建具も味わい深いが、既製品のサッシでも手作り小屋には意外とマッチする。もちろん、使い勝手や密閉性、耐久性も上々だ。
9. 室内側から見た様子。2×10材の幅分（約235mm）だけ窓が出ているので、室内が広く感じられる効果がある

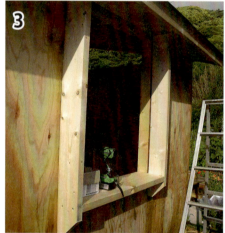

STEP ❺ 「ドア」と「ひさし」の取り付け

1. これまで何度もドアを自作してきた経験上、一番簡単に作れて失敗しにくいのは、このツーバイ材をビス留めして作る方法だ。まず、2×6材か2×8材（作るドアの幅によって混ぜてもよい）を4枚並べ、さらにその継ぎ目に重なるように2×4材か1×4材をビス留めしていく。ベースの材料に2×6材を使えば560mm幅、2×8材なら736mm幅のドアになる。今回、縦の高さは1,820mmとした。

2. ドアの両側の壁に新たに2×4材をビス留めし、そこに大型ヒンジを使ってドアを取り付ける。このとき、ドアの表面は壁面よりツーバイ材の厚み分、外側に付くことになる。同様に、ドアの取り付け位置を床面よりも12～15mm下げて土台を戸当たりにすると、雨仕舞いがよくなる。

3. ドアの上にひさしを付ける場合は、ツーバイ材を斜めにカットして骨組みを作ると簡単だ。

4. ドア上部に骨組みをビス留めし、適当なサイズに切った合板を乗せてビス留め。ひさしの出幅は、30cmもあればOKだ。

5. ひさしと壁との継ぎ目を防水テープで目止めする。

6. さらにアスファルトルーフィングで覆って、好みの屋根材で仕上げればひさしの完成。屋根材は野地板をカットしたものでも、十分に役目を果たしてくれる。

7. ②で取り付けていたドア枠に、短くカットした木枝をビス留め。これを回転させることで、ドアのストッパーになるわけだ。

8. ドアに好みの塗料を施せば、ドアの取り付けが完了。この後、壁の縦枠と上枠の内側に1×2材程度の細木を戸当りとしてビス留めすれば、すき間風や雨の浸入を防ぐことができる

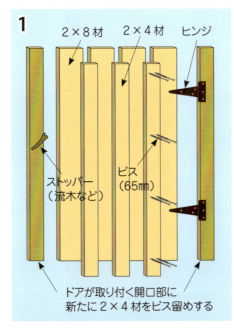

用語解説 戸当り▶開き戸を閉めたときに、その位置で戸を止めるためのパーツや細木のこと。

STEP ❻ 「床」の仕上げと「バンクベッド」の作り付け

1 床材は何にしようか迷ったが、私が最初に作った小屋（60ページ）のスギの床板が気に入っていたので、軸組み構法で使われるスギの「間柱（乾燥材）」を張ってみることにした。

2 張り方については本ザネ材とまったく同じなので、231ページを参考にしていただきたい。

3 張り終えた状態は、案外と悪くない。というか、スギ特有の美しい木目やいい香りを楽しめ、素足で歩いたときの気持ちよさも抜群だ。本来、間柱は床材用ではないが、価格が安いことと入手しやすい点ではセルフビルド向きかも知れない。

4 続いて「バンクベッド」作り。この小屋の室内幅は160cm程度なので、横方向に寝るためにベッドを壁から張り出してオーバーハングさせるのだ。まず、オーバーハングさせる壁の合板をいったん取り外し、壁枠の真ん中のスタッドを寝床の高さ（円内の位置）でカットする。

5 カットしたスタッドの上下に新たな2×4材を横に渡し、さらに、この対面となる壁側にも同じ高さの横枠を渡しておく。

6 ベッドの中央に寝床の高さの枠を2×4材で作り、この上に寝床となる2×6材を1,820mmにカットして並べていく。

7 ここは65mmのビスで留めていけばOK。2×6材を9枚並べて幅を1,260mmとしたので、子供が寝るには十分な広さだ。

8 ④で開放した壁に新たな枠をツーバイ材で作り、構造用合板や間柱を張って壁をふさぐ。出窓の枠も利用するとよい。

9 壁の外側は雨仕舞いのためにルーフィングを張り、さらに右ページのように外断熱で仕上げた。室内側はツーバイ材で本棚を作り、このまま仕上げとした

STEP ❼ 外壁を「外断熱」仕様で仕上げて完成！

1 この小屋には断熱材を入れない予定だったが、さすがにこのままだと快適さに欠けるので壁を「外断熱仕様」にすることにした。外断熱の利点や欠点はいろいろ言われているが、小屋の場合は内部スペースを有効に使えるのが大きなメリットだ。まず、雨仕舞いのために、合板の継ぎ目に防水テープを張っていく。

2 外断熱の場合、ボードタイプの断熱材を使用する。今回は「カネライトフォーム」の40㎜厚を使ってみた。

3 ビスで断熱材を仮留めする。下地のスタッドにビスを効かせるようにするのがコツ。

4 妻壁の部分は、断熱材をカッターナイフで切って充填する。

5 こんな感じに断熱材で壁をすっぽり覆うようにすればOK。

6 断熱材に防水透湿シートを張り巡らせて、胴縁を縦にビス留めする。シートは下から張って、上下の重なりを100㎜ほど確保する。胴縁を留めるビスは90㎜を使用し、スタッドにしっかりと利かせることが大切だ。

7 外壁材は、格安で耐久性もあるスギの相じゃくり板を使用した。板の幅は180㎜、厚みは12㎜。あらかじめ、好みの色の外装用木部塗料を塗っておくとよい。

8 張り方は45ページと同様の「下見張り」だが、ここでは相じゃくり部分を重ねて張ってみた。

9 壁のコーナーに塗装した2×6材などをビス留めして完成。この壁をはじめとして、ドア作りや内外装などの仕上げは他章も参考にしていただければと思う。その後、この小屋には床や天井にも断熱材を入れたことで、息子も快適そうに過ごしている。セルフビルドは、状況に応じてあとからいろいろアレンジしていくのも楽しいのだ！

用語解説 外断熱 ▶ 正しくは「外張断熱工法」で、建物の構造体の外側に断熱材を張る方法。

←菊池夫妻がパネル方式でセルフビルドした4畳小屋は、プロ級の出来映え。小屋の手前側には、さらに6畳の広さのデッキ＆下屋も設けた。↑今回の小屋作りでは、DIYの体験がほとんどない素人の若者たちにも協力してもらったのだが、全員ほとんど迷わずに作業することができた。「パネル方式」は、事前のパネルの作製がしっかりしていれば、まさにプラモデル感覚で楽しめる画期的なスタイルなのだ！

実例②　◆難易度＝★★★☆☆　◆作業日数＝5〜7日間

「4畳小屋」を1週間で作る方法

ツーバイ構法をアレンジした「パネル方式」で、精度も施工速度も飛躍的にアップ！

　実例❶のように、素人が小屋を作るならツーバイ構法を採用するのが一番のお勧めだ。しかし、ツーバイ構法では床の下地を先に張ってしまうことから、雨仕舞いを考慮すると屋根のルーフィングを張るまでは、晴天が続いてほしい。とはいえ、休日の限られているサラリーマンは、天候は運に任せるほかはないのが現実……。

　そんなセルフビルダー共通の悩みを一気に解決してしまったのが、私のセルフビルド仲間であり、第5章の木の家でも多大な協力をしてくれた菊池義尚氏だ。

　「自分で家を作ろうと思っても、手伝ってくれる人が知識や技術を持っているとは限りませんよね。というか、私のような普通のサラリーマンの場合だと、知識のない嫁が手伝ってくれたり、素人の仲間が応援してくれるパターンのほうが多いと思うんです」

　そこで菊池氏が考案したのは、ツーバイ構法をアレンジした「パネル方式」。これは、サブロク板の構造用合板に2×4材を組み込んで必要な枚数だけパネルにし、晴天時の1日で一気に屋根まで仕上げてしまうという、じつに画期的なシステムだ。

　パネルの作製はコツコツとマイペースで進めることができるし、組み上げ時には建築の知識がない人でもパネルを支えたり、必要な場所にビスを打つといった作業に参加できることもメリットといえる。自宅と建築場所が離れている場合、自宅であらかじめパネルを作っておいて、それを現場に運んで一気に組み立てることも可能だ。

　このパネル方式の特徴は、合板の縦方向に並べる2×4材のスタッド（柱）の配置方法にある。通常だとスタッドは400〜455mm程度の間隔に並べるところを

用語解説 サブロク板▶3尺×6尺の合板の俗称。一般には910×1820mmの構造用合板や900×1800mmのコンパネなどを指す。

合板の両サイドだけに配置し、組み上げた時点でスタッドが「つねに2本重なる」ようにしているのだ。これによって、通常のツーバイ構法と同程度の強度を発揮すると同時に、作業を明確にしている。小屋の完成後、スタッド同士をツーバイ材でつなぐように水平に配置することで強度はさらにアップし、つないだツーバイ材自体は便利な棚としても活用できるのだ。建築基準法の制限があるため一般住宅としては採用が難しい方式ではあるが、小規模なガレージや小屋をつくるなら非常にメリットが多い方法だと思う。

ただし、このパネル式では、一枚一枚のパネルをパズルのように組み立てていくので、パネルそのものの精度が小屋の完成度に直結する。その意味では「家具作り」にも近いものがあり、加工にはある程度の「ていねいさ」が要求されることは頭に入れておきたい。

なお、この4畳小屋に使用した材料や道具は、実例❶とそれほど大差はない。とくに道具に関してはほぼ同じなので、21ページを参考にしてほしい。それでは、菊池ご夫妻が実際に作った4畳の小屋をモデルケースに、パネル方式の作業方法を見ていこう！

◆ 4畳小屋作りの工程

基礎・土台の設置・1日
最初に基礎や土台を設置してプラットフォームとしておけば、この上でパネルを作ることができて、作業効率が格段にアップする

パネルの作製・2日〜
壁のパネルを計10枚、小屋組み用のパネルを計6枚作製する。この小屋作りでは、パネルの精度が作業性や完成度を大きく左右するので、ていねいに作りたい。逆に言えば、パネル作りさえ成功すれば、あとの作業は楽勝になる

パネルの組み立て・半日〜
パネルの精度がよければ、組み立ては非常に簡単。今回も、パネルの組み立てから屋根の下地まで1日で完了できた

屋根工事・1日〜
垂木に構造用合板を張り、ルーフィング、仕上げ材の順で張っていく。これもダンドリがよければ、1日で作業できる

軒天と壁の仕上げ・1日〜
軒天には、自作の換気パーツを取り付ける。壁はもっともリーズナブルな「カット合板」の下見張りで仕上げた

建具の自作と設置・半日
建具は意外と小屋の雰囲気を左右する。ここはセンスの見せ所？

完成！

◆4畳小屋のツーバイ構造図　*単位はミリ（mm）

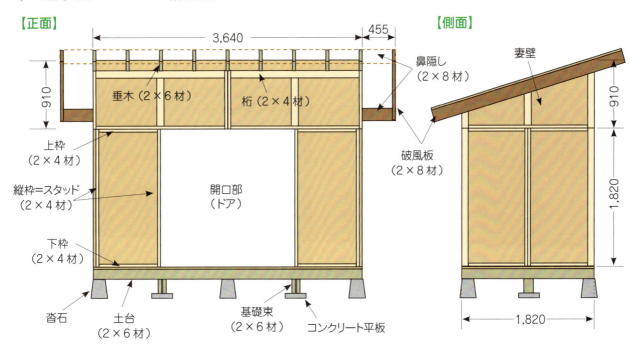

◆パネル方式の4畳小屋に使用した主な材料

使用部分	材料	個数
基礎	沓石（羽子板付き）	9個
〃	コンクリート平板	6枚
土台、根太、束	2×6材（防腐処理剤・12フィート）	10本
床	構造用合板（1,820×910×12mm）	8枚
〃	アスファルトルーフィング	2坪分
壁	2×4材（12フィート）	15本
〃	構造用合板（1,820×910×9mm）	10枚
〃	防水透湿シート	適宜
〃	合板（カットして胴縁として使用）	1枚
外壁仕上げ	構造用合板（カットして使用）	約18枚
小屋組み	2×4材（12フィート）	7本
〃	構造用合板（1,820×910×12mm）	5枚
垂木	2×6材（10フィート）	9本
鼻隠し、破風板	2×8材（10フィート）	6本
屋根下地材	構造用合板（1,820×910×12mm）	8枚
〃	アスファルトルーフィング	4坪分
屋根桟木	1×4材（8フィート）	10本
屋根仕上げ材	オンデュ波板（2,730mm）+棟カバー	4坪分
建具（ドア用）	1×4材（12フィート）	8本
〃	構造用合板（1,820×910×12mm）	2枚
その他	ビス、気密テープ、塗料、ヒンジなど	適宜

沓石（くついし）、コンクリート平板

コーナー部には羽子板金具付きの沓石、その間にはコンクリート平板を置いて防腐処理材を基礎束として根太を支えた

防腐処理材

土台まわりに使用する2×6材は、すべて防腐処理されたもの。カットした面には、さらに防腐塗料を塗っておくと安心だ

アスファルトルーフィング、屋根仕上げ材

屋根の仕上げには、オンデュリン・クラシックシートを使用。材質はイージーラインと同様だが、長さが2mあるので作業効率が格段によくなる

この小屋はパネル方式で建てているが、構造体はツーバイ構法とそれほど違いがないので、経費的にも大差はない。とはいえ、壁の仕上げ材や胴縁などは構造用合板をカットして使っていること、ドアは簡略タイプを自作しているので、その分は経費削減になったようだ

◆パネルを作る作業場とダンドリについて

今回は敷地が広かったのでパネルの組み立て場所には困らなかったが、最初にプラットフォームを作れば、そこでパネルの作製ができる。また、自宅と建築場所が遠い場合は、自宅でパネルを作って、晴天時に現地に運んで一気に組み立てる方法もある

パネル作りでは、あらかじめ各部材の加工寸法を一覧表にしておくとよい。とくに大人数で作業するときは勘違いが起こりやすいので、現場ではそれを見ながら作業すれば間違いがないだろう。こうした事前の段取りが、セルフビルドでは重要なのだ

STEP ❶ プラットフォームを設置しよう!

1. 小屋を建てる場所の地盤が緩い場合は、ダンパーなどでしっかり突き固める。この時点で、地面をなるべく水平にしておくのが理想だ。
2. 土台となる2×6材を必要な長さに丸ノコでカットし、小屋の位置に並べてみる。
3. 土台は二枚重ねで使用するので、あらかじめ65mmのビスを20cm間隔で留めておく。
4. コーナー部を組み合わせるようにして、90mmのビスで留める。ここは荷重が掛かる場所なので、二重の2×6材それぞれにビスを効かせたい。
5. 根太も同様にしてビス留め。土台を貫通するように、ここでは120mmのビスを使用した。
6. 土台のコーナーの直角を確認するために、対角線を測ってみる。ここでは、4055mmになれば、土台が正確な長方形になっている。この状態で、コーナー部に仮の筋交いを打って直角がズレないようにする。

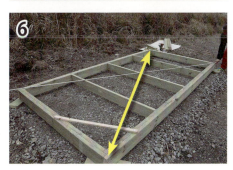

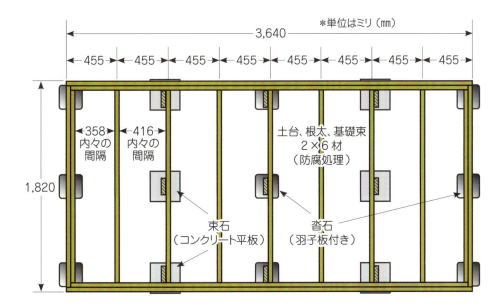

【土台の施工図】

実例❶とは違って、この小屋の土台には防腐処理済みの2×6材を使用した。根太や基礎束も同様だ。材料を統一することで無駄がなくなり、加工もスムーズになる。基礎は簡易的に沓石とコンクリート平板を併用した。455mmピッチで根太を入れ、この上に構造用合板を4枚二重にして、計8枚張った

用語解説 ダンパー▶地面を突き固めるための道具で、鉄のヘッドに柄が付いたものがホームセンターで買える。丸太などを使って自作するのも簡単だ。

7 土台のコーナーの下に沓石を置いていく。このとき、土台の上面に水平器を置いて、水平がとれていないようなら防腐処理済みのツーバイ材の端材や基礎パッキンの調整板（23ページ）で適宜調整する。

8 水平が決まったら、沓石の羽子板と土台を65mmのビスで緊結していく。長さ5cmほどのコーチボルトで留めてもOKだ。

9 真ん中の根太の下に沓石、3列目と7列目の根太の下に束石（コンクリ平板）を置く。

10 束石には2×6材の基礎束を立てていく。このように束石に立てた状態で根太の上面までの長さをマークする。

11 マークよりも数ミリ短めにカットしてから、再セットして65mmのビスで固定する。

12 真ん中の束は平板に立つ位置をマークしておいて、カット後に同じ位置に置いてからビス留めするとよい。

13 これで骨組み完成。22ページの角材を使った土台よりも、こちらのほうがレベルの調整はしやすいだろう。

14 土台の上に構造用合板を並べて、45mmのビスで土台や根太に留めていく。ビスのピッチは20cmほどが目安。

15 今回は実験的にアスファルトルーフィングを合板の上に敷いて、地面からの湿気を遮るようにしてみた。

16 さらに、構造用合板を乗せて50mmのビスで留めていく。結果的に、このサンドイッチ作戦によって、どんなに湿度の高い日でも小屋の中はサラッとしていて、ジメジメ感はゼロに近くなったのだ

STEP ❷ パネル壁を作って、組み上げてみよう!

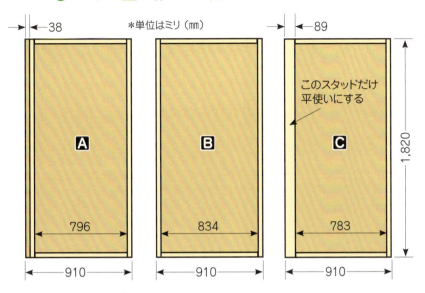

パネル壁は「3種類」作ればOK!

今回のような小屋はもちろん、もっと大きな建物でも作るべきパネルは左の3種類だけでOKだ。基本となるのは**B**で、これは単純に構造用合板の周囲に2×4材を留めるだけでよい。建物のコーナー部に配置する**A**と**C**もほぼ同様の作りだが、**A**はどちらか一方のスタッド（縦枠）をツーバイ材の厚み分（38mm）だけ内側に配置するのがポイント。これによって、合板の端に38mmの余白ができる。そして、**C**はどちらか一方のスタッドを平使いに配置する。この平使いにしているスタッド（38mm厚）が、**A**パネルの余白となっている38mmのすき間にジャストフィットするわけだ

これが、今回の小屋のパネル壁の配置例。**A**と**C**はコーナー用のパネルで、オス&メスの関係で接合する仕組みだ。建物が大きくなる場合は、**B**のパネルを量産していけばよい。たとえば、奥行きを長くしたいなら、**C**パネルの間に**B**パネルを必要数入れていけばいいだけなので、応用自在の方式といえるだろう

これは、コーナー用の**C**パネルを作っているところ。上下枠のツーバイ材に対して、どちらか片側のスタッドを平使い（平らに置く）している。このスタッドが、つねに**A**パネルの38mmのすき間にフィットして、かつ、**A**の内側にずらしたスタッドとピッタリ二枚重ねの状態でビス留めされることを頭に入れておこう!

パネルの作り方は、図面通りに2×4材をカットして75mmのビスで枠組みし、その枠に構造用合板を45mmのビスで留めていくだけと簡単。また、すべてのパネルで縦枠はつねに長さ1,820mmとしておけば間違えにくい

パネル方式では一枚一枚のパネルごとに作製していくので、作業は非常に効率的だ。反面、パネルの精度も要求されるため、ツーバイ材のカットや接合は、つねに正確に行うことを意識したい

用語解説 開口部 ▶ 窓やドアなどの総称。採光、換気、通行、眺望などの役目を果たす。

第1章 ◆「スモールハウス」からはじめよう！

【壁パネルの組み立て】

1. すべてのパネルが完成したら、晴天になったタイミングで一気に壁を立ち上げてみよう。作業はとても簡単で楽しい。まず、プラットフォームの下地合板の位置を目安に、A〜B通りの壁を立ち上げていく。
2. パネルの下枠のツーバイ材をプラットフォームの外周ギリギリに立てた状態で、90mmのビスで下枠を土台に留めていく。パネルは3種類あるので、設置場所や向きを間違えないように！
3. パネル同士の接合は、隣り合うスタッドをピッタリと重ね合わせた状態で、65mmか75mmのビスを20cmピッチで留めていく。
4. パネル自体はひとりでも持てる重量だが、人数がいれば作業は圧倒的にはかどる。今回も、小屋作りに興味を持つ若者たちが応援に来てくれて、作業はどんどん進んだ。
5. Aパネルは、このように合板の端をプラットフォームの外面ギリギリに収めるのが正解。スタッドの右側に見えている合板の余白に、Cパネルの平使いしたスタッドが収まるわけだ。
6. 各パネルの縦枠の関係を俯瞰した図。AとCの収まりをはじめとして、最終的にはすべてのスタッドが二枚重ねとなる。
7. AとCのパネル同士を収めているところ。スタッドがコーナーで接合する部分も、75mmのビスで留めればよい。
8. コーナー部では、Aの合板の余白からCの平使いしたスタッドの側面に向けて、45mmビスを外側から打って補強する。
9. このように、パネルの合板の厚み分だけ、プラットフォームから外側に出ているのが正解。
10. パネルの精度がよければ、壁の組み立てに要する時間はわずか30分足らず。じつにスムーズな作業だった

ここにCパネルのスタッドが収まる

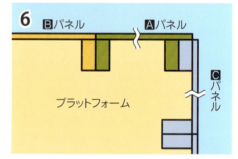

合板の厚み＝12mm、プラットフォームからはみ出るのが正解

STEP ❸ 小屋パネルを立ち上げて屋根の垂木をかける

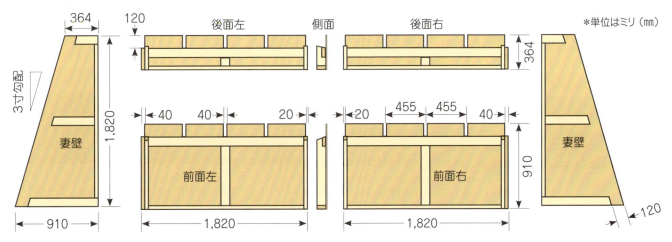

*単位はミリ（mm）

3寸勾配の「小屋組み」のパネル図

小屋組み用のパネルは、前後の壁に乗る小壁が計4枚、妻壁が左右一枚ずつになる。考え方としては、前後の小壁が39ページのⒶパネル、妻壁がⒸパネルに相当し、小壁の合板端の余白に妻壁のスタッドがはまる構造だ。また、屋根の傾斜を作業しやすい3寸勾配としたとき、奥行きの長さは1,820mmなので、前面の小壁の高さを910mmとすると、後面の高さは「910－（1820×0.3）＝364mm」となる。小壁や妻壁の縦枠上端も3寸勾配でカットしておこう。小壁には2×6材の垂木を落とし込むため、合板の上端は455mmピッチで欠き込みしておく。欠き込みの幅は40mm、深さは120mmだ。2×6材の高さは140mmなので、垂木を乗せたときに20mmの通気層ができることになる。この欠き込みの下端を基準としてパネルの上枠を取り付ければ、これが垂木を乗せるための「桁」として機能するわけだ。なお、各パネルの中央に平使いで入っているスタッドは、外壁仕上げ材を張るときの下地となる

【小屋パネルの作り方】

1. 小壁となる構造用合板を図面の通りのサイズにカットしたら、その上部に垂木を落とし込むための欠き込みを加工する。ここはジグソーを使うのが便利。
2. コーナー部は、数字の順番でカットするときれいに仕上がる。
3. 欠き込みのピッチは455mmが基本。幅はツーバイ材の厚みにマージンを加えた40mmに合わせる。
4. スタッドも正確にカットし、合板に45mmのピスで取り付ける。
5. ピスを打つときに材料がずれることがあるので、誰かに押さえてもらうとベター。
6. 桁の材料はこのように屋根勾配に加工するのが理想だが、斜めカットが難しいようなら角材のままでも問題ない。
7. スタッドと桁をピス留めする。桁は平使いとなるので図面を参考に。
8. この小壁さえていねいに作っておけば、今後の作業は楽勝になる。
9. 妻壁も同様に作製すればよい

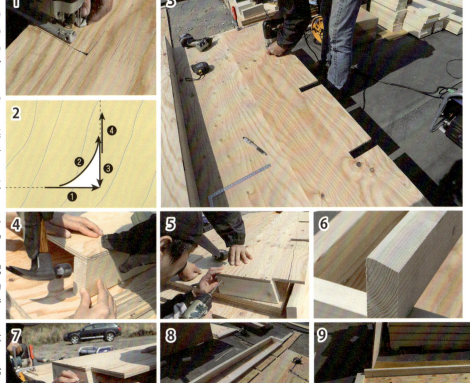

第1章 ◆「スモールハウス」からはじめよう！

【小屋パネルの組み立て】

1 小屋のパネルを組み立てるときは、脚立が2脚あると安全に作業できる。まずは、後面の小壁から設置していく。1階の壁との接合は、65mmか75mmのビスを20cmピッチで打っていく。

2 続いて妻壁を立ち上げ、小壁と接合する。風であおられないように、誰かに押さえてもらいながら作業しよう。

3 前面の小壁を立ち上げる。中央の接合部分は、左右のスタッド同士をピッタリと重ね合わせ65mmか75mmのビスで留める。

4 小壁上部のスリットに2×6材を垂木として落とし込んでいく。小壁の精度が問題なければ、おもしろいように作業は進む。垂木の出幅は、前側で500mm、後側を300mmとした。

5 垂木は桁に乗った状態なので、90mmのビスを両側から斜め打ちしていく（24ページ）。

6 計9本の垂木を渡し終えたら、それらを2×8材で繋ぐように90mmのビスで留めて「鼻隠し」とする。このとき、左右のけらば側を455mmずつ横に出すため、鼻隠しは4550mmの長さが必要になる。ここは8フィート（2440mm）材を2本継ぎにした。継ぎ方については69ページを参考にしてみたい。

7 さらに、鼻隠しの端同士を繋ぐように2×8材をビス留めして垂木兼「破風板」とする。

8 垂木の上に12mmの構造用合板を45mmのビスで留めていく。合板は千鳥（互い違い）に張ることで屋根の剛性がアップする。

9 室内側はこんな感じ。桁から上に出ている合板部分が、「面戸板」の役目を果たしている。

10 すべての合板を張り終えたら、長さ20cmほどに切った角材（30mm角など）で桁と垂木をビス留めして「あおり止め」にすると強風対策になる

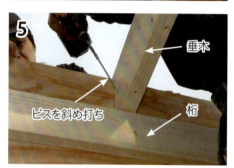

用語解説　面戸板▶垂木と垂木との間にできるすき間（＝面戸。めんど）に入れる板のこと。28ページのように、垂木を平置きする場合は必要ない。

STEP ❹ 屋根を仕上げる

1 屋根の防水性を高めるため、下地合板の上にはアスファルトルーフィングを張る。あらかじめ必要な長さにカッターで切ってから屋根に乗せると作業が楽だ。

2 タッカーでステープルを45㎝間隔に留めていく。ルーフィングは屋根の下側から張り、重なりを100㎜ほど確保したい。

3 さらに、屋根材を取り付けるための桟木（さんぎ）を65～70㎝間隔に45㎜ビスで留める。ビスは垂木に利かせよう。

4 桟木の上に屋根仕上げ材を乗せて、ビス留めしていく。ビスは桟木に利かせたいので、その位置がわかるようにチョークラインを打っておくとよい。今回のオンデュリンの場合、軒の出幅は最大50㎜となっている。屋根材を横方向に並べるときは、1～2山重ねるのが基本だ。

5 専用のクギには、このようなキャップがセットになっている。今回は、長さ75㎜のビスにキャップをセットして使うことにした。

6 ビスは波の山側に打ち込むのが鉄則。ビスを強くねじ込み過ぎると屋根材が湾曲してしまうので、キャップにビスの頭が少し食い込むぐらいでストップするとちょうどいい。

7 最初に4～6山おきにビスを打って仮固定した後、すべての山にビス留めしていく。最後にキャップのフタをする。

8 屋根の上に直接乗ると変形する可能性があるので、合板などを足場板にするとよい。

9 片流れ屋根の場合、頂点側に棟用のカバーを取り付けておくと雨仕舞いが向上する。重ね幅は20㎝以上がメーカーの推奨。

10 これで屋根の完成。なお、屋根材を縦方向に重ねる場合は、重なり幅を30㎝ほど確保するのが安心だ。また、カットする場合はノコギリを使用するとよい

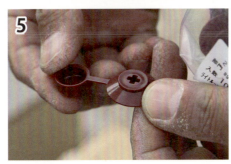
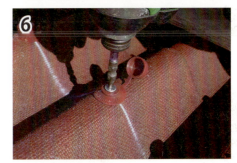

用語解説 あおり止め▶屋根が強風であおられるのを防ぐために、垂木と桁を連結するためのパーツ。

STEP ❺ 軒天の仕上げと壁張りの準備

1 壁の雨仕舞いのために、下地合板を覆うように防水透湿シートをタッカーで張っていく。シートの重なりは100mmが目安。
2 小屋といえども、軒天を仕上げると一気に風格が増す。軒換気のパーツは専用のものが市販されているが（214ページ）、写真のようなプラスチック段ボールを4〜5cm幅にカットし、両面テープで8枚ほど接着したものでも代用できる。
3 プラダンは紫外線に弱いが、軒裏に使うので問題なさそうだ。
4 50mmのビスで前後の鼻隠しに取り付ける。ここから入った空気が屋根裏を通って反対側の軒から抜けていく仕組みだ。
5 軒天板は、合板を軒天の幅にカットしたものを使用した。好みのカラーで塗装しておく。
6 38mmビスで垂木に取り付けていく。板を支える人、ビスを打つ人のふたりで作業するとよい。
7 軒天を張り終えたら、壁に張った防水シートの上から胴縁を縦方向にビス留めしていく。胴縁同士の間隔は910mmが目安で、ツーバイのスタッドにビスを効かせるようにすればOKだ。
8 正面の開口部には、ドア枠として両サイドに塗装済みの2×4材を、上枠に2×8材を75mmビスで取り付けた。なお、この小屋は工具置き場として活用するので窓は設けなかったが、取り付けたい場合は壁のスタッド同士をツーバイ材で水平に繋いで窓枠とし、あとは95ページのように窓を入れればよい。
9 壁の仕上げは実例❶と同様の下見張りだが、材料は構造用合板を180mm幅にカットして使うことにした。好みの色の防腐塗料を塗っておく。
10 板の重なりは30mmなので、働き幅は150mmとなる。

用語解説　軒天▶のきてん。外壁から屋根が外側に出ている部分（軒）の天井を指す。軒裏。

STEP 6 壁を下見張りで仕上げる

1 下見張りは別名「ヨロイ張り」ともいわれており、図のように板を少しずつ重ねて張ることで雨水の浸入を防ぐことができる。ビス留めの位置は、板の重なりの少し上が基本。重なり部分に直接ビスを打ってしまうと板を上下の2ヶ所で留めることになり、とくに仕上げ材にムクの野地板を使っていると経年で乾燥収縮したときに板が割れることがある。ただし、今回のように合板を使う場合は、それほど気にする必要はない。

2 胴縁の下端に、合板を30mm幅にカットした「小割」をスターターとしてビス留めする。

3 小割よりも15mmほど下げた位置から仕上げ材を張っていくと、雨水が下地にまわりにくくなって雨仕舞いが向上する。板を留めるビスはステンレスの50mmを使用。

4 2枚目以降は30mm重ねて張っていくので、このような治具を作っておくと便利。

5 下の板に治具を引っ掛けた状態で上の板を置くことで、つねに30mmの重ね幅を確保できる。

6 インパクトドライバーを扱えれば、力のない女性や子供でも作業に参加できるのが下見張りの楽しいところだ。

7 ドア枠部分は、壁材を枠に突き付けるようにして留めれば、見栄えが締まった感じになる。

8 妻壁の部分は、屋根の勾配に合わせて仕上げ材をカットして張っていく。

9 コーナー部は、1×6材などを直角に組み合わせてビス留めし、上端を屋根勾配にカットしてから壁に取り付ける。これで、壁の仕上げが完了。いよいよ小屋らしくなってきたぞ！

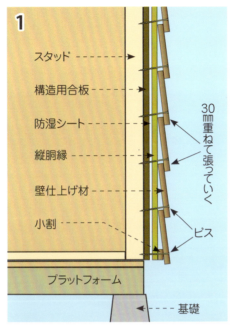

第1章 ◆「スモールハウス」からはじめよう！

STEP ❼ ドアを取り付けて、4畳小屋の完成！

1 ドアの材料は、12㎜厚の構造用合板と1×4材だけ。まず、合板をサンドイッチするように表裏から1×4材をビス留めしていく。いずれも、あらかじめ好みのカラーで塗装しておくとよい。1×4材の配置も合板のサイズに合わせて枠組みする以外は、自由にデザインしてみると楽しい。

2 ビスは錆に強いステンレスの45㎜で、上下の1×4材を貫くように打ち込む。

3 ドアは結構な重量になるため、取り付けるためのヒンジ（蝶番）は、大型で丈夫なものを使いたい。また、ヒンジに付属のビスは貧弱なので、新たに太くて長いビスで取り付けた。

4 ドアの設置は、2人がかりで作業するのが楽だ。また、あらかじめツーバイ材などを利用して、ドアの下に支えとなる受けを仮留めしておくとよい

5 ドア枠にヒンジを留めていく。

6 今回は観音開きのドアとして、ドア枠の内側に戸当りを付けた。これで、小屋本体の完成だ！

Technical Note

合板を真っ直ぐにカットしよう！

今回の小屋作りに限らず、合板や板材をカットする機会はとても多い。しかし、短い距離ならともかく、長い距離を真っ直ぐにカットするのは結構難しい。

そこでお勧めなのが、自作の「丸ノコガイド」を使う方法。といっても、2枚の薄いベニヤ板を両面テープで貼り付けて、一度仮カットをすればガイドは簡単に作れる。あとは、このベニヤの端を切りたい材料のカットラインに合わせた状態で、ベニヤの段差に丸ノコのベースを沿わせながら切っていけばOKだ。

❶3㎜厚のベニヤを10cmと20cmの幅にカットして、この2枚の端をそろえて両面テープで接着する。❷2枚のベニヤの段差部分に丸ノコのベースを沿わせながらカットすればガイドの完成。❸切りたい材料のカットラインにガイドを合わせ、❹ガイドの段差にベースを沿わせながらカットすればよい

STEP ❽ 下屋とデッキの作製

1 STEP7で小屋は完成したが、ドアの雨仕舞いを強化するため、前面に独立式の下屋を設置した。まず、下屋の四隅に防腐剤を塗った丸太を埋めて基礎とし、2×6材をL字形に縦にビス留めしたものをコーチボルトでガッチリ留めて立ち上げる。

2 さらに、柱同士を2×6材で繋いで桁とする。桁の高さは小屋との兼ね合いで調整する。

3 下屋の小屋組みは、三角形の構造体で強度を発揮する「トラス」で作ることにした。まず、垂木（2×6材）を屋根勾配（今回は2寸）で切って突き合わせ、90mmのビスを斜め2本打ちする。垂木の長さは、仕上げ材に使うオンデュリン波板の長さで調整すると無駄が出ない。

4 垂木の中間同士を繋ぐように梁をビス留めする。梁は長いほど強度的には有利だが、トラスを乗せたときに梁が桁より上になる位置に調整したい。

5 垂木の突き付け部は、補強のために短くカットした2×6材をビス留めしておくとよい。

6 本来は、トラスを屋根の上にひとつひとつ持ち上げて組み立てていくが、今回はユニックをレンタルできたので、すべて地上で組んで持ち上げることにした。

7 トラスの間隔を455mmとして計7基を平行に並べ、2×6材を屋根材受けの桟木として、垂木と直角に900mm間隔で入れる。

8 トラスを桁に乗せた状態。今回はユニックを使ったが、もちろんひとつひとつ人力で持ち上げてもよい。桁と垂木はビスとあおり止めでしっかり固定する。

9 仕上げにオンデュリン波板を張っていく。切り妻の頂点は、専用の役物で収めよう。

10 柱と垂木を方杖でつなげて完成。作業場やバーベキューの場としても活躍してくれそうだ

用語解説 方杖▶ほうづえ。垂直材（柱など）と水平材（桁など）を斜めに繋ぐ補強材のこと。

第1章◆「スモールハウス」からはじめよう！

実例❸ ◆難易度＝★★☆☆☆ ◆作業日数＝3日間

素人の若者たちが楽しんだ、小屋作りワークショップ体験記！

「僕たちも小屋を作ってみたいので、一緒に参加してもらっていいですか？」。本書の執筆中、近所に暮らす若者たちが我が家に遊びに来て、ウチの敷地に建つログハウスや工房、ガレージなどを私自身が手作りしたことを知ると、さっそくワークショップで小屋作り体験をしたいという。さすが、若者たちは行動が早い！

プランを聞いてみたら、古民家の庭に放置されたコンクリート基礎を利用して、4畳ほどの小屋を作るらしい。3日ぐらいで完成して、しかも室内は大人が4人ほど寝られるスペースが欲しいとのこと。そこで提案したのが、大きめのロフトを建物の前面にオーバーハングさせ、その下に茶室のような「くぐり戸」を設ける変則的な小屋だ。これを作るには少々頭をひねる必要があるが、むしろそのほうが若者たちもゲーム感覚で楽しめるだろう。

ワークショップに参加したのは、丸ノコもドライバーも初めて使うという素人集団。しかし、最初に少しだけ安全な使い方を教えるだけで、1時間後にはみんな工具を上手に使いこなしていた。作業のほうも、土台の設置、壁の立ち上げ、屋根の下地まで順調に進み、懸案だったロフトやくぐり戸もバッチリ収まった。合板を持ち上げるなどの力仕事は男性陣が有利だったが、丸ノコで材料を真っ直ぐカットしたり、ビスをていねいに打つ場面では女性のほうが活躍していたのが印象的だった……。

結局、当初の予定通りに小屋がほぼ完成。参加した若者たちも非常に満足そうで、これをきっかけに日本各地で小屋作りのワークショップを始めた若者もいる。案ずるより産むが易し。やっぱり、小屋作りは誰でも気軽に体験できるし、人生の楽しみや可能性を広げてくれる最高のイベントでもあるのだ。こんなに楽しいことを積極的に企画した若者たちに拍手！

敷地の都合で、建物の手前側にロフトをオーバーハングさせた変則的な小屋。右下の奥に見えるのが「くぐり戸」で、室内に入るときは茶室と同じように中腰になる必要がある。普通の家なら不便でしょうがないが、小屋だからこそ許される遊び心満載の建物といえるだろう。壁の仕上げ材も「焼き杉」にして遊んでみた

とりあえず、丸ノコとインパクトドライバーさえ安全に扱えるようになれば、小屋を作ることができる。今回、素人の若者たちが、見事にそれを証明してくれた

室内は1階が4畳、ロフトは2畳と意外と広々としている。ロフト下は収納スペースのつもりだったが、パソコン室として利用するらしい。若者の発想は斬新だ！

用語解説 茶室▶四畳半の広さを基本とした、茶事を行うための部屋や建物。入り口が高さ60cm程度の低い戸（くぐり戸、にじり口）になっているのが特徴だ。

【小屋作りアルバム◆ 1st-day】……土台の設置と壁の立ち上げ

土台は2×4の防腐材をダブルにして、根太を455mm間隔に入れた。小屋作りの基本的な方法だが、間取りは少々変則的

土台に合板を張ってプラットフォームとし、その上で壁枠を作っていく。これも2×4材を基本通りに組んでいくだけだ

大人数なので、壁の立ち上げは楽勝。ただし、ロフトの構造が複雑なので、壁用合板は後張りにした

四面の壁枠を立ち上げた状態。手前右側は半畳ほどの土間となり、この奥に「くぐり戸」が付くことになる。この時点では、まだ壁枠がグラグラしている

ロフト前面の小壁を立ち上げる。片側がオーバーハングになるが、両サイドの壁と一体化したことで、すべての壁がガッチリ収まった。このように容易に強度を出せるのがツーバイ構法の利点だ

丸ノコのカットでは、女子のていねいな仕事が光った。近年、リフォームの現場でも女性の職人さんが活躍していると聞くが、納得した次第

男子は力仕事で活躍。壁下地の構造用合板も半分ほど張って、初日は終了。「なんだ、意外と簡単じゃん！」

第1章 ◆「スモールハウス」からはじめよう！

【小屋作りアルバム◆ 2nd day】……屋根と戸を仕上げる

2日目は壁作りの続きから屋根の仕上げ、くぐり戸の取り付けまでを同時進行！

妻壁の下地はちょっと悩むが、現物の寸法を測って材料を切り出せば失敗がない。こうした場所はあわてず作業したい

垂木を455mmピッチで入れ、面戸板や鼻隠しなどを取り付ける。だんだん小屋っぽくなってきたぞ！

屋根は下地用の12mm構造用合板を垂木に留め、アスファルトルーフィング（2重張り）、仕上げ材の順で張っていく。仕上げ材は、ここでも安くて施工しやすいオンデュリン波板を使用した

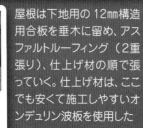

細かな仕上げはまだまだだが、一応、小屋の形はできてきた。念のため、土台と基礎はアンカープラグで固定している

合板を無駄なく使うプランにすると、ロフトの空間は大人がギリギリ座れるほどの高さになる

初めてのセルフビルド体験で、作業中の若者たちの顔は活き活きとしていた

くぐり戸は1×4材を組み合わせて作製。ヒンジで留めて、流木の取っ手を付けてみた

【小屋作りアルバム◆ 3rd-day】……焼き杉を作って壁を仕上げる！

壁の仕上げ材はスギの野地板。これを表面だけ焼き焦がして「焼き杉」にする

野地板を3枚組み合わせて三角柱を作り、濡らしたロープなどで結わえて仮止めする

三角柱の下端に軽く丸めた新聞紙を突っ込み、ライターで着火する。安全のため、消火器を用意しておくと安心！

安全な場所に三角柱を立てる。脚立などに立てかけるのもよい。すると、三角柱の「煙突効果」によって、20〜30秒ほどで上部から炎が勢いよく立ち始める。炎が弱いときは、三角柱を傾けたり、板と板との間に鎌の刃先などを差し込んで新鮮な空気を送るとよい。ただし、最初から空気を送り過ぎると、新聞紙だけが先に燃えてしまって板に着火しにくくなる

1〜2分燃やしたら、三角柱を静かに倒すと煙突効果が解消されて自然に消化する

三角柱を解体し、余熱で板が炭化しないように水をかけておく。この後、焼き面同士を重ね合わせ、上にブロックなどの重しを置いた状態にして板が反るのを防ぐ

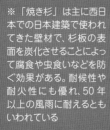
※「焼き杉」は主に西日本での日本建築で使われてきた壁材で、杉板の表面を炭化させることによって腐食や虫食いなどを防ぐ効果がある。耐候性や耐火性にも優れ、50年以上の風雨に耐えるともいわれている

焼き杉は下見張りで仕上げた（45ページ参照）。焼きムラがある場合は、その部分に黒色の塗料をスプレーしてやればよい。これで小屋の完成だ！

第1章 ◆「スモールハウス」からはじめよう！

初心者仲間で作ってみたぞ！
モバイルハウス大作戦！！

実例④

こんなにイケてる遊びは、ほかにはないのだ！

【モバイルハウス】
移動できる小屋のこと。一般には、自動車で牽引するトレーラーハウスやキャンピングシェルなどがよく知られている

お金はないけど、ヒマと好奇心はたっぷりの若者たちが、憧れの小屋作りに挑戦！セルフビルドの初心者たちが試行錯誤しながら完成させたのは、なんと「車輪」で動く斬新な小屋＝モバイルハウスだった！！

あ〜、なんかおもしろいことしたいな〜

そうだ！
「動く小屋」を作ろう！

おーっ、それナイスだね！やろう、やろう（笑）

いまどきの若者たちは、なぜか小屋作りが大好きなのだ！

さっそく、ホムセンへ買い出しに……

えーっと、ツーバイ材と構造用合板、コーススレッド、屋根材と……。工具はレンタルだね！

そして、今回の必殺武器。「重量級キャスター」1個で300kg支えるよ！

ド〜ン！

メインの材料はツーバイ材と合板！

めちゃくちゃワクワクするぜ〜！

【STEP1】プラットフォームを作ろう！

モバイルハウスの広さは3畳。プラットフォームとなる土台の作り方は37ページと同様で、2×6材で枠を組み、その上に構造用合板をダブルで張っていく。これによって、自動車でいうところの「シャーシ」が頑丈になるわけだ。枠の下側には、駆動部となるキャスターを6ヶ所に取り付けた。

というわけで、この日は若き素人集団が、初めての小屋作りに挑戦！

まずは「土台」となる2×6材をカット！

まっすぐに切ってね〜！

インパクトの威力って、スゲーな〜

建物を移動することを考えて、土台は2×6材をダブルに重ねて強度アップ！

全部、ビス打ちだから、素人でも超カンタン！

土台を二重にするときは、先に根太をビス留めするのが簡単！

対角線が同じ長さなら、カドの直角はOKだよ！

　実例❶で紹介した3畳小屋が完成した後、友人の大工がウチに遊びにきて小屋を見るなり「このサイズなら、ウチのユニック（クレーン）で運べるな！」。私自身が、なんとなく思っていたことをズバリ断言したのだ。

　確かに、小屋の大きさはトラックの荷台に十分に積めるサイズだし、重量的にもユニックで吊れるという。小屋は沓石の上に乗せて、地中に立てた杭にコーチボルトで固定してあるだけなので、ボルトを外せば簡単に動かせるようになっている。車輪を付ければ、そのまま移動することも可能だろう。

　そこで発想したのが「動く小屋」、いま風にいう「モバイルハウス」だ。将来的に、ウチの敷地内にモバイルハウスをたくさん作って、季節や状況に応じて小屋を移動して長屋のように使ったり、サークル状に小屋を配置して中庭を共有スペースにするみたいなことも考えた。

　それ自体はいまだに実現していないが、とあるきっかけで知り合いの若者たちと「モバイルハウス」を作るチャンスがあったので、ここで紹介したい。思った以上に簡単で、そしてメチャクチャに楽しかった。3畳小屋というのは、じつに夢の広がる建物だったのだ！

第1章 ◆「スモールハウス」からはじめよう！

コーナーは斜め材で補強！
動く小屋では、とにかく土台をしっかりさせることがキモ。今回は、土台コーナーに写真のような斜め材を入れてみた

斜め切りは要注意!!
緊張するぜ〜
いよいよ、キャスターを土台に取り付ける！

ボルト穴をドリルで開けて…

片側はストッパー付き

レンチでボルト締め！
車輪が外れたらシャレにならないから、しっかり締めてね〜
これでバッチリ！

土台の真ん中は、2×6の受け材を入れて補強するよ〜！
今回のモバイルハウスの重量は、推定500kg。キャスターの強度は1個で300kgだから、余裕を見て6個使用した。これなら、小屋を乗せても余裕だろう（と思う）

ひっくり返すよ〜

土台の上には構造用合板（12mm）をビス留めしていく
床板は二枚重ねて補強するよ〜！
土台の強度をさらに高めるために、床の下地合板は24mm厚以上を使いたかったがホームセンターの在庫がゼロだった……。そこで、12mm厚の合板を張ってから、その上にもう一枚12mm合板を張ることに。合板同士は根太用ボンドで接着し、二枚目の合板は65mmのビスで固定した

プラットフォーム、3時間で完成したぞ〜！！

54

【STEP2】壁を立ち上げよう！

壁についても、基本通り2×4材で壁枠を作ってプラットフォームに立ち上げ、枠に構造用合板を張っていった。これぐらいのサイズの小屋は、ツーバイ構法の基本をマスターするにはピッタリなのだ！

「プラットフォームの上で壁枠を作ると作業がラクだし正確だよ！」

「小屋の壁って、こうやって作るんですね〜！」

ここでも、丸ノコとインパクトが大活躍！

「さっそく、できたよ〜！」　おっシャ〜！

【開口部の強度について】
普通の建物の場合だと、コーナー部に窓やドアを持ってくるのは強度的に難しいが、これぐらいのミニサイズで屋根に軽い材料を使う小屋なら問題ないだろう。ただし、出隅（建物のカドのこと）のスタッドや開口部の枠部分は、ツーバイ材を2〜3枚重ねて補強しておくのが安心だ

「下枠と土台、そして壁枠同士は、」

「90mmのビスでガッチリ留めるよ！」

「2×4材をカットしてビス留めするだけだから、壁枠の設置も超簡単！」

作業中は、ストッパーを忘れずに！

第1章 ◆「スモールハウス」からはじめよう！

壁の枠が立ったぞ〜ー！

さっそく、動かしてみよう……

わ〜、動いてる、動いてる！

不安ながらもこの状態で動かしてみたら、ひとりでも簡単に押せるほどスムーズに移動してくれた。10人ぐらい乗ってもびくともしないので、強度的にも大丈夫そうだ。モバイル作戦、とりあえずは大成功！

今度は、壁の枠に合板をビス留めしていくよ〜

壁の下側にビスを仮留めして支えにすれば……

ひとりでも壁を支えるのが楽勝だね！

窓の部分は合板を仮に張って、印を付けてから……

切り抜けばOK！

窓抜き、大成功！

お〜っ、ピッタリ！

モバイルハウスは地面に固定しておらず、地面自体も水平とは限らないので、27ページのような下げ振りが使えない。なので、今回は合板の直角を利用して壁枠の水平・垂直を決めてみた

これで壁も完成！

【STEP3】屋根を仕上げよう！

3畳タイプの小屋だと、やっぱり屋根はシンプルな「片流れ」が一番作りやすい。今回は作業を単純化するために、妻壁や前面の小壁の枠を最初に作って、その上に垂木を乗せる作戦にしてみた

いっぽう、屋根作りチームは妻壁のツーバイ枠を作成中！

合板に実物大の図面を描いて、現物合わせで材料を加工していけば失敗しない！

今回の小屋作りで一番の難関だったのが「妻壁」の枠の作製。どうしても斜め切りが多くなるので、合板に実物大の図面を描き、それに合わせて材料をカットしていくのが正解だった。ちなみに、妻壁の前面の高さを455mmとすると、屋根勾配は約2寸ほどになる

斜め切りは、ツーバイ材を縦に置いて、まず上からカット

そして、上下をひっくり返してカットすれば簡単！

それでも斜めはちょっとムズい

きゃーっ、ピッタリよ！

ビスも斜め打ちにして……

できたわよ～！

狭いところも斜め打ちだからね～

完成した妻壁の枠を壁に乗せてビス留め。妻壁の幅は下の壁と同じでOK

第1章 ◆「スモールハウス」からはじめよう！

妻壁と妻壁との間に、垂木の高さ（約90mm）だけ低い小壁を入れて、ここに垂木を455mmピッチで掛けていく

小屋っぽくなってきたよ〜

垂木は斜め下から、ビス2本打ちよ！

鼻隠しもビス留めして垂木を補強！

小壁の上に垂木をかけたとき、垂木と妻壁の上端がピッタリ合えばOK。この小壁の前面に構造用合板と鼻隠しを取り付け、さらにルーフィングを張って壁を仕上げれば、雨仕舞いは完璧！

垂木に合板を張るときは、45mmのビスが◎

ルーフィングの重ね幅は10cm以上だよ

ルーフィングの裾を長めにして壁まで巻き込めば、雨にも安心！

屋根の収め方は、実例❶や❷と同様。垂木に構造用合板12mmを45mmのビスで留め、アスファルトルーフィング、屋根仕上げ材の順で張っていく。今回は軒の出がないので、ルーフィングは妻壁まで少し包み込むようにして、雨の浸入を防いだ

仕上げ材はホームセンターで安く買えた「オンデュリン波板」を使用。専用パッキンを波板の下に入れておけば、雨や虫の侵入を防げる

片流れの棟側には、専用の役物を取り付けて雨仕舞いを強化

取り付けはビスだから楽勝だね！

モバイルハウスは車輪が付くことで「動産」扱いになる。自治体によって解釈は変わるが、基本的に固定資産税がかからないこともメリットのひとつだ

壁の塗装も終わったわよ！

たったの2日間で、屋根まで完成したぞ〜！

壁は新たに仕上げ材を張らずに、防腐塗料で仕上げた。これが、一番安上がりなのだ！

【STEP4】建具とキッチンを入れて、ついに完成!

建具を作るときは、壁枠のサイズを測って現物合わせするのが一番失敗がない

壁の枠よりも少し小さめに作るのがコツだよ

窓やドアなどの建具は、2×4材で枠を作って1×4材を面材として張り付けていくのが簡単。建具作りのコツは、縦横枠の直角をしっかり出すこと。さらに、建具を収める壁枠とのクリアランスを縦横ともに5mmほど確保すれば、開閉はズムーズだ!

窓はヒンジで取り付けて上開きにすると……

ドアは二重扉にして、アクリル窓もつけたよ!

お茶や軽食が楽しめるカウンターに早変わり!

あとは、シンクや調理台と……

内窓のサッシやガス台を設置すれば……

ようこそ、モバキチにいらっしゃいませ〜!

モバイルキッチン、完成!!

私が手伝ったのは窓の取り付けまでで、あとは若者たちがいろいろと工夫して見事なモバイルキッチン(通称・モバキチ)を完成させた。さっそく移動販売の営業許可も取得して、かき氷屋をオープンしたとか。ホント、いまの若者たちはエネルギッシュなのだ。笑顔の絶えないセルフビルドの現場も、とてもいい感じだったなぁ〜!

めっちゃ、楽しかったです。また、やりましょう!

これが、私にとってのセルフビルド第1号の「隠れ小屋」。書斎として、あるいは趣味の部屋、仲間たちとの宴会場として大活躍してくれた

実例⑤ ◆難易度＝★★★☆☆　◆作業日数＝3週間前後

20万円で作る「6畳の書斎」

工事期間の目安は、約3週間。書斎や工房、ゲストハウスとしても大活躍の「ハイブリッドハウス」

　1998年の夏、私が初めて自作した小屋は3坪（6畳）の広さだった。DIYに自信のある人なら、実質2～3週間で建てられる手頃な大きさだ。小屋の外観は、木の家を意識したポスト＆ビームのような意匠になっているが、構造的にはツーバイ構法。このため、作業的に難しい工程は少なく、気軽に小屋作りを楽しめる。ただし、この小屋を作った頃の私はセルフビルドに関する知識もそれほどなかったので、あくまでも「こんな作り方もあるよ」といった前提で読んでいただければと思う。

　この小屋作りで重要なテーマにしていたのが、「建設費用を安く上げる」こと。そのためのひとつの手段として実行したのが「廃材」の利用だった。しかし、これが大失敗！ 廃材自体は無料なので材料費の大幅な節約になるはずだったのだが、実際の作業では古クギを抜いたり、カンナで木面をきれいにしたりなどの煩雑な作業が多くて、思わぬ苦戦を強いられたのだ。結局のところ、最初からホームセンターで新品のツーバイ材などを買ったほうが作業もスムーズで安上がりだったかもしれない。近年、古民家の再生が流行しているが、新築するよりも建築費用が高くなるケースもあると聞いて思わず納得した次第。もちろん、スタート時点ではそんなことは思いもしないので、近所の工務店から解体したばかりの廃材をもらってきて、ひとりで満足していたのだ……。

　とはいえ、その努力自体は無駄ではなく、結果的には20万円ほどの費用で6畳の小屋を作ることができた。友人が手伝ってくれたときにはビール代なども結構な金額になったので、それらを考慮すると実質的には坪単価3万円ほどで建てられた計算だ。

用語解説　ポスト＆ビーム▶ログハウスの一種で、丸太の柱と梁（桁）で主要な構造体を組み上げていく構法のこと。くわしくは、136ページを参照。

小屋といえども、屋根や床、壁などに断熱材を入れ、照明や固定電話、有線LAN、エアコンまで設置したので、書斎兼仕事部屋としては非常に快適な空間を作ることができた。ここに遊びにくる人は例外なく「ここ、最高！」「落ち着けるわ〜」とおだててくれるし、子供たちには屋根裏部屋が大好評。週末は、仲間たちとの宴会場としても活躍してくれた。作った季節が真夏だったので疲労は溜まったものの、本当に作ってよかったと思っている。

◆6畳小屋のプラン図　*単位はミリ（mm）

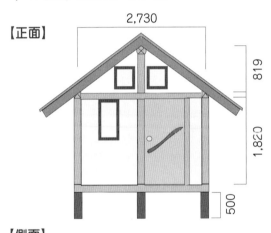

◆材料はこれだけあれば、小屋が建てられるぞ！

使用部位	材料	個数	金額
基礎	スギ丸太（平均15cm径×1.5m）	16本	自分で伐採
土台	角材（120mm角）4m	11本	廃材を流用
床	構造用合板（1,820×910×12mm）	6枚	3,900円
〃	スギ野地板（相じゃくり加工）	3坪分	11,700円
壁	スギ丸太（末口20cm径）2m	4本	自分で伐採
〃	2×4材（12フィート）	約25本	15,750円
〃	梁、桁用の角材（120mm角）4m	4本	14,080円
〃	構造用合板（1,820×910×12mm）	14枚	9,100円
棟木、束	スギ丸太（末口15cm径）3m	3本	9,600円
小屋組み	2×4材（9フィート）	約30本	18,900円
〃	構造用合板（1,820×910×12mm）	20枚	13,000円
屋根材	ガルバリウム波板（2,730mm）	20枚	26,800円
〃	アスファルトルーフィング	約9坪分	3,600円
建具	アクリル板（910×910×3mm）	1枚	2,460円
〃	ラワン材（2,000×50×20mm）	6本	4,800円
内装	石膏ボード（1,820×910×9.5mm）	12枚	3,960円
〃	構造用合板（1,820×910×9mm）	適宜	3,900円
〃	OSB合板（1,820×910×9mm）	適宜	5,040円
〃	断熱材（グラスウール50mm）	適宜	18,000円
その他	ビス、クギ類、塗料、ビール代など	適宜	35,000円

6畳小屋で使った主な材料は表の通り。ほかに、壁仕上げ材や電気工事用のケーブル、コンセント、エアコンなども購入したが、ひと通り参考にしてほしい

間取りについては、この程度の6畳小屋だと2間（約3.6m）×1間半（約2.7m）のプランにするのが普通だろう。だから、設計図も迷うことなく長方形を描いて、ドアと窓をつければOKだ。屋根の勾配は急なほど室内（ロフト）の空間は広がるが、作業時の安全性を考慮すると4〜6寸勾配が無難。また、雨仕舞いを考えて、軒やケラバは長めに出しておいた。さらに、基礎は高いほうが湿気が滞留することを防げると考えて、掘っ立てスタイルの高床式にした

◆ハイブリッド式の壁構造

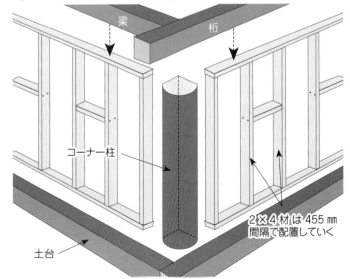

この小屋はツーバイ構法で建てているが、壁のコーナー部に丸太を収めているのが最大の特徴。これだけで、外観がポスト&ビームのような雰囲気になる。このハイブリッド構法なら壁自体が構造体として機能するので、筋交いなどは不要だ。梁（桁）は4寸柱を利用し、柱との接合はコーチボルトで締め付けるだけなので面倒なホソ組み作業も必要ない

用語解説 掘っ立て▶丸太などを直接地面に埋め立てて、建物の基礎や柱にするスタイル。くわしくは、97ページを参照。

STEP ❶ 焼き丸太で「独立基礎」を作る

❶小屋のベースとなるのは、スギ丸太を使った高床式の独立基礎。「木の基礎なんて腐るでしょ」と思われがちだが、雨に当てず、風通しさえよければ耐久性は問題ない。むしろ、床下の風通しがいいので、土台まわりの腐れやシロアリとも無縁だ。少なくとも、調湿作用のある土の地面をコンクリートで固めてしまうよりは、家にも自然にも優しい基礎だと思う。❷スギ丸太は直径15cmほどで約150cmの長さのものを16本用意。防腐のために「焼き丸太」にした。木の表面を炭化させることで、かなりの防腐効果を期待できるのだ。❸小屋を建てる場所で「地縄張り」（170ページ）を行い、四隅に木杭を打ち込んで糸を張る。❹等間隔に基礎穴をダブルスコップなどで掘る。❺穴の底に砕石を10cmほど敷いて突き固め、その上に丸太を差し込んでいく（108ページ）。埋める深さは60～70cmほどが目安。❻基礎の水平を確認するにはいろいろな方法があるが、このようにペットボトルとホースでも代用できる。❼すべての基礎に高さ50cmの同一レベルを印していく。❽レベルに沿ってチェーンソーで水平にカット。❾束立ての相互の距離はそれなりに誤差があるので、あらためて「遣り方」（170ページ）を行い、基礎束の上面に土台が乗る位置を記しておく

STEP ❷「プラットフォーム」を廃材で作る

❶土台の材料は知り合いの大工からもらった廃材を利用したが、古クギを抜いたり、ホゾ穴を埋めたりの作業が多くて大消耗した。ここは新品を使うのが無難だ。❷さらなる失敗だったのは、もらってきたのが普通の角材だったので、在来軸組み方式で土台を収めるしか選択肢がなかったこと。当時は私も未熟だったので、こうした蟻継ぎの加工も難儀した。2×6材をビス留めするツーバイ構法スタイル（37ページなど）なら、作業はもっと簡単になる。❸とりあえず、土台を基礎にビス留めしながら組んでいく。❹大引きも3寸角材を利用し、交点は「渡りアゴ」（85ページ）を加工して収めた。❺土台が組み上がったら、羽子板ボルトを土台に串刺しにして、土台と基礎束をガッチリと緊結する。❻大引きの間に断熱材を詰めていく。写真ではロックウール（75mm厚）を使っているが、床下が素通しなので板状のボード系断熱材を採用したほうが作業しやすい。雨仕舞いでも有利だ。❼大引きに床専用ボンド（床鳴りを防いでくれる）を塗ってから12mm厚の構造用合板を張っていく。クギは45mmのスクリュークギやコーススレッドを使用。❽合板を全面に張り終えて、プラットフォームの完成。ちなみに、床下は作業中に使用する材料の置き場に使える

STEP ❸ 丸太小屋風の壁を作る

❶コーナーの柱の材料は長さ2m、直径20cm程度のスギ丸太を使用。❷丸太にツーバイ枠が取り付く直角の面を加工する。その場合、加工面の幅がツーバイ材の幅よりも広く（約90mm）なるように木口両面に墨付けする。❸墨ツボで木口の墨を結ぶように丸太側面に墨打ちし、チェンソーで不要部分をカットしていく。最後はブラッシングで仕上げる。これら一連の方法は、143ページを参考にしてみたい。❹続いて、2×4材で壁枠を組み立てていく。2×4材同士の接合は、コモンネイル（CN）かコーススレッドで。壁枠の高さは1,820mm、幅は間口と奥行きのそれぞれの距離から、コーナーポストの壁芯からの厚みをマイナスすればよい。開口部を設ける場合は、その上下枠にさらに2×4材を補強しておくのが基本だ。❺壁枠が完成したら、それを立ち起こす。この程度の規模の小屋なら、作業はひとりでも大丈夫だ。❻壁枠をコーススレッドでプラットフォームと接合し、さらにコーナー部にポストを立てて壁枠と90mmのコーススレッドかコモンネイルで接合。仮の筋交いで枠を支えつつ、すべての枠を立ち上げる。❼壁枠の上に桁や梁となる四寸柱を水平に乗せ、コーチボルトで柱と緊結する。この後、下げ振りを利用して柱の垂直を調整し、壁枠に構造用合板を張っていくわけだ

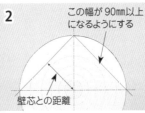

この幅が90mm以上になるようにする

壁芯との距離

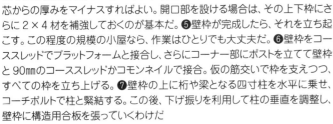

STEP ❹ 棟上げする

❶この小屋の基本構造はツーバイ構法だが、屋根まわりはポスト&ビーム風にしてみた。作業の流れは111ページと同様だ。まずは、直径15cm程度の丸太を屋根勾配（今回は6寸）に合わせてチェンソーでカット。❷ジョイント部は「腰掛け鎌継ぎ」にしてみた。小屋束は111ページのような図面を描いて長さを測り、上下に平ホゾを加工する。❸棟木は手で持ち上げられる重量なので、ひとりで棟上げすることができた。無事に収まったときの気分は最高だ。❹棟木のジョイント部分には、このような補強材を入れると安心。❺さらに補強のため、方杖を入れるとよりベターだ。接合はコーチボルトで！

◆作業後の「養生」について

この小屋作りで、かなり面倒だったのが作業後の養生。ツーバイ構法では屋根より先に床下地や断熱材を施工してしまうので、雨で濡らさないためには棟木にブルーシートを掛けるなどのマメな養生が必要になるのだ。

とはいえ、夕方の薄暗い中、疲れた身体でシートをかけるのは結構大変。シートを強風で吹き飛ばされて、床を水浸しにしてしまったこともある。そこで工夫したのが、シートにあらかじめゴムバンド付きのフックを何カ所かに取り付けておく方法。これだと、素早く雨仕舞いができて便利だ。

シートを覆う作業はかなり面倒だが、風で飛ばないようにしっかり養生しておきたい

用語解説 木口▶丸太や木材の断面のこと。こぐち。

STEP ❺ 屋根を仕上げる

❶棟上げが完了したら、早めに妻壁の骨組みを作っておくと小屋組みの強度がアップする。ここは2×4材を455mmピッチで縦に配置し、さらに屋根勾配に沿って斜め材を入れてやればOKだ。❷垂木（2×4材）を棟木と桁に掛け渡し、それぞれにコーススレッド90mmを両側から斜め打ちして固定する。垂木のピッチは455mm。垂木の頂点部分は垂直に切り落として、反対側の垂木と面が合うようにしておく。垂木同士には転び止めや面戸板を入れておくと強度がアップする。❸小さくても「ロフト」を設けておくと、作業性がアップして、完成後にも有効利用できる。❹屋根の下地材や仕上げ材を張るのは当然のように高所作業になるので、安全のために押し入れで眠っていたロッククライミング用のハーネスを付けて屋根に上ることにした。❺まずは12mm厚の構造用合板を垂木に張っていく。❻さらにその上に、アスファルトルーフィングを張る。❼屋根の仕上げ材は、ガルバリウムの波板を採用。❽専用の傘クギで留めていく。これら一連の屋根作業は114ページと同様なので、くわしくはそちらを参考にしてみたい

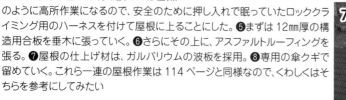

STEP ❻ 内外装を仕上げる

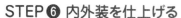

❶天井の仕上げでは、あらかじめ垂木の間に断熱材を入れておく。ここではロックウールの75mm厚を使用した。断熱材の耳の部分をタッカーで垂木に打ち付けていけばOKだ。❷天井の仕上げは、OBS板をピスで留めていった。仮床に置いた脚立に上り、天井を見上げての作業だったので、作業後は首筋と肩がパンパンになった……。❸壁にもロックウールを充填してから、9.5mm厚の石膏ボードを下地として張った。取り付けは専用のピスを使用。この後、インスタント漆喰で仕上げた。❹床には、素足に優しい感触のスギ板を張ってみた。厚みは4分（12mm）の相じゃくりで、38mm程度のフロアクギで打ち留めていくだけと作業は簡単。床鳴り防止のために床用接着剤を併用してもいいが、今回はとくに使わなくても問題はなかった。❺窓やドアなどの建具はもちろん自作。写真は、中古のペアガラスの周囲に溝加工したツーバイ材をはめて、下開きの窓にしたものだ。❻室内には大型の棚をツーバイ材で作って置いてみた。これなら、あえて壁を仕上げる必要はないかも？❼小屋の入り口にデッキを設けるのもいいが、小さな建物にはこれぐらいの濡れ縁も悪くない。❽これで、ひと通りの完成。最終的な外壁の仕上げは、これまでの実例などを参考にしてみよう！

STEP ❼ 電気コンセントやエアコンの取り付け

❶この小屋を作っていた頃は電気工事士の資格を持っていなかったので、電気配線は友人にやってもらった。プロの業者に頼む場合は、屋根工事が終わった頃と内装工事中の2回に分けてきてもらうとよい。❷小屋といえどもコンセントやLANが使えると圧倒的に便利なのだ。❸予算ギリギリで作っていた小屋だが、最後にちょっと欲を出してエアコンを設置することに。房総の夏は東京ほどの暑さじゃないが、やっぱりエアコンがあると気分的にはうれしい。❹ホールソーで壁に穴を空け、室内ユニット側から配管とドレンホース、電気ケーブルを出す。❺室外ユニットを軒下の雨のかからない場所に設置し、配管とケーブルを接続。配管のほうはトルクレンチで確実にジョイントしてから、レンタルした真空ポンプを使って「エアパージ」と呼ばれる作業を行った（262ページ）。具体的な作業方法は、エアコンの説明書にくわしいので参考にしてみたい

STEP ❽ 照明も自作してみよう！

❶この小屋のメイン照明は、流木を使って自作してみた。まず、河原や海岸で拾った流木を数本、適当に組み合わせてコーススレッドで固定する。荒縄で縛ってもいい。❷流木に10mm径ほどの穴をドリルであけて電気ケーブルを通し、その先端に電気ソケットを結線する。❸ソケットを流木にビス留めし、ケーブルの反対側に引っかけシーリングを結線しておく。❹天井から吊り下げるための荒縄を結び、ソケットに電球をねじ込めばOK。❺手作りの小屋には、やっぱり手作りの照明がよく似合うのだ

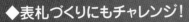

◆表札づくりにもチャレンジ！

ここまできたら、こんな鉄の表札を作ってみるのも楽しい。材料は9mm径の鉄筋が扱いやすく、これを万力やハンマーなどで曲げてみる。パーツ同士をタッピングビスか溶接で接合し、サビ止め塗料で仕上げれば完成。これで、材料費はわずか300円ほどだ。

金属DIYができると、セルフビルドにもいろいろ役立つのだ

これが、6畳小屋の室内。床の一部はステップフロアにして、その下側は収納スペースとして活用。ロフトは1.5畳ほどの広さがあって、大人ひとりが寝るにはちょうどいい広さになっている

木造建築すべてのセルフビルドにも役立つ
「ツーバイ構法」虎の巻

本章で紹介してきたツーバイ構法について、ここまで紹介しきれなかったハウツーも含めて、もう一度ここで整理してみよう。これらの知識は、軸組み構法やログハウスなどのセルフビルドにも役立つはずだ。

材料が到着したら、すべての素性をチェック！

ツーバイ材はすべて均一のように見えるが、実際には反りやネジレがあって、使える部位が限定されてしまうものも少なくない。「適材適所」という言葉は、ツーバイ構法にもあてはまるのだ。

そこで、材料を入手したらやっておきたいのが「素性」のチェック。曲がり、ネジレ、ダメージなどをランク付けして、それを木口に油性ペンなどで印しておくのだ。たとえば、真っ直ぐで素性のいい材料は○、微妙に曲がっているのは△、多少反りがあるのは×、もっとネジレがあるのは××といった具合。長物には○や△を使えばいいし、×以下はカットすれば短い部位には使えるなど、材料の使い分けをスピーディに行うことができるのだ。

材料の曲がりや反りなどの程度を木口（材料の断面）に○×などで印しておくと便利

縦方向にも横方向にも曲がっているクセのある材料は、短くカットすることで部分的に使用できる

「OSB合板」を意匠的に活用してみる

壁下地に張る構造用合板の代わりに「OSB合板」を使う方法もある。これは薄い木片を積層接着したボードのことで、構造用の面材として使用できる。見た目が意匠的なので、これをわざと表しで仕上げる方法もあるのだ。

OSB合板には不規則な模様があるので、それを見せるように仕上げるのもおもしろい

サシガネやメジャーは「ツーバイ専用」も便利

正確な作業に欠かせないのがサシガネやメジャーだが、ツーバイ構法の場合は専用タイプを使うとさらに便利になる。2×4材のサイズ（38mm、89mm）、基本的なスパン＝間隔（303mm、455mm）などが目立つようにマークされているのでとても計測しやすく、間違いも少なくなるのだ。

軸組み構法やログハウスの建築でもツーバイ材を使うことが多いので、その場合も活用することが可能。これらは、ネット通販などで入手できる。

上がツーバイ用のサシガネで、下がメジャー。材料の幅（38mm）やその半分の幅（19mm）、倍の幅などにマークがある。もちろん、普通の目盛りも併記されている

メジャーを改造する小ワザでひとり作業も楽勝！

メジャーの先端には材料に引っ掛けるためのフックが付いているが、材料側が斜めだったり、途中から測る場合はひとりだと計測しにくい。そこで、メジャーの100mmや455mmの位置に小さな穴を開けてストッパーを止められるようにすると便利だ。

墨ツボ用のバネ付きカルコを穴に刺して使うと、ひとりでも計測ができる

ビスの正しい打ち方を再確認してみよう!

ビスの打ち方は難しくないが、ビスに対してビットが曲がった状態でねじ込むとビットが外れる「カムアウト」という現象が起きやすい。ビスとビットはつねに真っ直ぐに保ち、ビットをしっかりビスに押しつけてねじ込むのがコツだ。

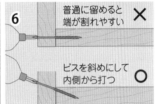

❶まずビスの頭の溝にビットを差し込む。❷ビス先端を材料にあてがい、ビットをゆっくり回転させていく。❸ビットはビスに対して真っ直ぐに立てる。少しでも斜めになるとカムアウトしやすい。先端を多少ねじ込んだら、回転速度を上げていく。❹ビス先端が下の材料に到達すると上の材料が浮き気味になるので、必要に応じて反対の手で押さえつける。❺最後はビスの頭が材面より1～2mm入る程度にすると、経年で材が痩せてきても頭が出にくい。❻材の端を留める場合は、できるだけ内側にビスを打つと割れにくい。ビスより細めのドリルで下穴を開けるのも有効だ

本体にセットするビットは、ビスの規格に合わせる。建築用ビスの場合、「#2」が標準。また、ビスは必要な範囲で「短い」ほど使いやすい

「コモンネイル」と「コーススレッド」の違いを知る

ツーバイ構法では、強度に優れた専用のクギ(コモンネイル=CN)を使うのが基本だ。しかし、本書の小屋作りで勧めているのは「コーススレッド」。このビス(ネジ)は優れた保持力を発揮するうえ、抜き差しも自由自在なので打ち込みに失敗してもやり直しが簡単なのが大きなメリットだ。突発的な負荷がかかるとせん断されやすい欠点があるものの、小屋程度の小さな建物なら問題なく使えるだろう。

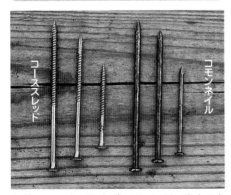

左がコーススレッド、右がコモンネイル。素人の小屋作りにおいては、コーススレッドのほうが圧倒的に使いやすい。ただし、せん断強度には劣るので、コーナー部などの負荷のかかりやすい場所には、追加でコモンネイルを打ち込んでおけば、より安心

ビスの「長さ」は状況に応じて賢く使い分けたい

ビスの長さは材厚の2倍程度あれば強度を保てる。ツーバイ材の厚みは38mmなので、使用するビスの長さは75mmか90mmを基本にするのがいいだろう。材料を二枚重ねに留める場合は75mmのビスがピッタリだが、ビスの頭を材料に少し埋め込むときは反対側にビスの先端が飛び出さないように65mmを使うことも多い。また、ビスを木口や斜めに打つ場合は、やや長めの90mmを使うとより安心だ。
合板を張るときには38mmのビスで強度的には十分だが、要所では45mmを使うことも多い。

木口打ちは75mmでも大丈夫だが、90mmでしっかりと留めるのが、より確実

逆からの斜め打ちでも、90mmのビスで留めていくのが強度的に安心だ

ツーバイ材2枚分の厚みは78mmなので、重ねる場合は75mmか65mmのビスで平打ちする

構造用合板を留める場合は、合板の厚みの約3倍である38mmか45mmのビスを使用する

合板にビス打ちするときは、「パンチング」に注意!

ツーバイ材の場合は、経年の材の収縮に対応するためにビスの頭を少しめり込ませる打ち方をするケースも多い。しかし、これを合板でやってしまうと、積層の表面に穴があく「パンチング」状態になり、合板の強度が下がってしまう。合板の収縮率は低いので、ビスの頭は合板面ピッタリでOKだ。

左はビスの頭がめり込んだ状態、右は合板面ギリギリで止めた状態。ビスの頭がめり込んでしまうと、合板の強度が落ちるので注意!

用語解説 積層▶合板の製作で、薄くスライスした複数枚の木材を圧着させること。12mm厚の構造用合板の場合、3枚か5枚の積層になっている。

「丸ノコ」を安全に使うための超基本を知ろう！

丸ノコは、つねに安全第一で扱いたい。無理な姿勢でカットすると、刃の回転と逆方向にはじき飛ばされるキックバックが発生することがあるので、作業台をマメに調整してカットしよう。

切り落とす側の材料が大きい場合は、その下に台を置くと木口の割れを防げる。両側に支点がある場合、その真ん中をカットすると材に刃がはさまってキックバックする危険があるので、台の位置を調整してから作業したい。

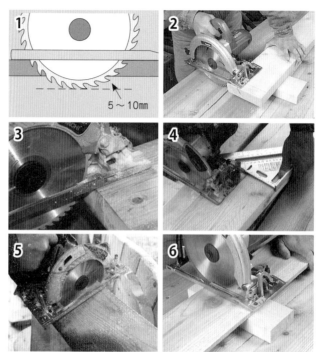

❶丸ノコを使うときは、最初に切れ込み深さの調整を行う。目安は「材厚＋5～10mm」。❷丸ノコの構造上、材料を切り落とすのは自分から見て右側にするのが鉄則。❸基本的な切り方は、まずベース先端を材料に乗せてスイッチを入れる。❹ノコ刃が十分に回転してから、カット線にノコ刃が入るように切っていく。正確に直角に切るには直角定規を使うと便利。❺カット中はベースを材料に密着させ、進行方向に対して角度を一定に保つ。❻切り落とす側が長い場合は、このようにカットラインの下に捨て板を敷いておくと、切り落とした材がバウンドして刃に当たってキックバックする危険がなくなる

「壁芯」が基準の日本スタイルと「外面合わせ」のメリット

日本の建築では、図面上の基準線をすべて「壁芯」にしている。これによって壁の厚みに関係なく、つねに正しい床面積を出すことができるわけだ。したがって、壁に2×4材を使用した場合だと、材の厚みの半分＝44.5mmだけ壁芯よりも外側にツーバイ枠がはみ出ることになる（イラスト上）。

ここで問題になるのが、構造用合板を張る「位置」。前述のようにツーバイ構法では、根太やスタッドなどを455mmピッチで配置していくのが基本なので、壁芯の外側部分には合板が張られないことになる。これは壁の端も同様だ。このため、基準線を壁芯にする場合は、壁芯から外側部分に44.5mmの幅にカットした合板をスペーサーとして張り、床や壁の不陸を解消する必要が出てくる。

その点、ツーバイ構法の発祥の地である北米では壁芯という概念がなく、つねに外面（そとづら）合わせで家を建てていくのが基本だ（イラスト下）。したがって、床も壁も合板をピッタリ張ることができて、無駄も出ない。まさに、この素晴らしい合理性がツーバイ構法の大きなメリットなのだが、日本においては「図面上」の問題からか、この北米スタイルを採用しているハウスメーカーは少ないようだ。しかし、小屋のセルフビルドでは、この手間いらずで無駄なくスピーディというのは大きなメリットになるので、本章ではこのスタイルを採用している。

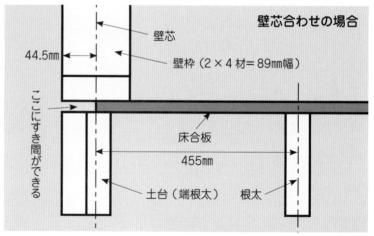

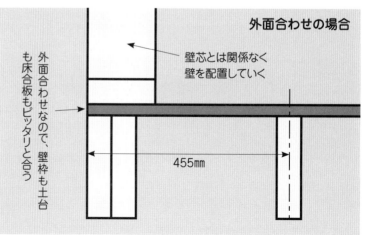

用語解説　不陸▶ふりく、ふろく。部材の表面が平らではないこと。デコボコがある状態。

「頭つなぎ」で壁の強度をアップする

壁枠をつなげる部分には、枠上に「頭つなぎ」を留めておくと強度がアップする。壁の上枠と互い違いになるように2×4材を乗せて、75mmのコモンネイルかビスを20〜30cm間隔で打って留める。これで枠同士の連結が強固になるわけだ。

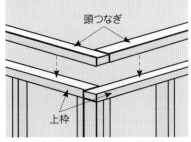

頭つなぎをすべての壁にしっかりと留めることで、建物全体としての強度が向上する

図面上の寸法と実際のカット寸法の違いをフォローする

たとえば、垂木と垂木の間に入れる転び止めの長さは、図面上だと455-38＝417mmになる。ところが、ツーバイ材にはネジレや反りがあるため、この長さを入れていくと徐々にきつくなることが多い。

これはプロの大工がやってもどうしても発生してしまうことなので、その場合は現物合わせで材料を少しずつ短くカットして調整していけばOKだ。

図面上の寸法でカットした材料でも、うまく入らないことは多い。現物合わせで調整しよう！

屋根内換気をする場合は、面戸板に通気層を設ける

垂木が架かる桁の上には、転び止めを兼ねた面戸板を入れることが多い。

ガレージや倉庫などで屋根裏を張らない場合は、この面戸板の高さを垂木の上面ピッタリの位置にすることで、外気が室内に流入してくるのを遮断できる。

一方、屋根裏に断熱材を入れて天井や軒天を張る場合は、面戸板の上側を少し開けて通気層を設けるのが基本だ。

屋根内の湿気やカビを防ぐには、面戸板の上を透かして通気層を作るのが有効になる

破風板などの「長物」をひとりで取り付ける裏ワザ

破風板などの長くて重い材料をひとりで取り付けるのは、結構な労働だ。クランプなどで長物を垂木に直接取り付けられればいいが、状況によってそれもできない場合は、どうすればいいか？ そんなときに覚えておきたいのが「治具」を利用する方法。ツーバイ材などで長材を受けるための治具を作り、材料を取り付けたい位置にクランプで固定すれば作業も楽々だ。ツーバイ構法に限らず、軸組みやログハウスにも応用できる。

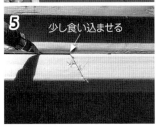
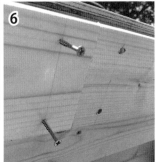

❶まず、垂木に破風板を取り付ける位置をマーク。❷適当な端材をビス留めして、材を受ける治具を作る。❸マークの位置に治具を合わせ、クランプで固定する。材料の長さに応じて2〜3ヶ所に治具を取り付けるとよい。❹治具に材料を渡すようにして乗せ、あとは材料をビスやクギなどで留めていけばOKだ。❺材料を継ぐ場合は、継ぎ面同士を同じ角度に斜めカットして合わせる。このとき、少しだけ食い込ませた状態にするのがコツ。❻この状態から、継ぎ手部分にビス打ちするとピッタリとフィットしやすいのだ

スパンの広い開口部は、「まぐさ」で補強する

「まぐさ」というのは、開口部の上枠に設ける補強材のこと。本章ではツーバイ材を横に2枚重ねするなどの補強方法を紹介してきたが、900mm幅以上の開口部を設ける場合は2×6材などを縦使いにして補強するのが基本だ。

この場合、2×6材を2枚重ねて、その間に12mm合板をサンドイッチしておくと、合計の厚みが2×4材の壁枠の幅とほぼ同じになるので、不陸ができずにピッタリと収められる。

また、まぐさの両脇には、壁の縦枠に沿わせるように2×4材を「まぐさ受け」として立てて補強しておく。

まぐさはツーバイ材を縦使いで入れ、間に12mm合板をはさむ。まぐさの両サイドには、2×4材を「まぐさ受け」として入れておこう！

内壁を仕上げる場合の「隅柱」の収めパターン

小屋の内装で壁を張る場合、壁枠のコーナー部＝隅柱はイラストのように3本以上のスタッドで構成するのが基本だ。これで内壁の張りしろができることになる。隅柱に開口部がくるときは、まぐさ受けが壁の内面（うちづら）にくるようにするとよい。

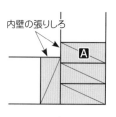
内壁を張らない小屋なら🅐はなくてもいいが、内壁を張る場合は🅐が必要になる

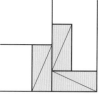
多少強度は落ちるが、このようにスタッドをL字に入れる方法もある

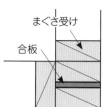
隅柱に開口部が隣接するときは、まぐさ受けを壁の内面ピッタリにくるようにする

スタッドの間に合板をはさむと、まぐさ受けを壁の内面にピッタリと配置することができる

斜めカットを多用するなら「スライド丸ノコ」が超便利！

小屋作りには少々オーバーかも知れないが、卓上式の「スライド丸ノコ」があると、斜めカットも正確にカットできる。下のような小屋組みの作製も楽勝だ。仕上げ工事でも大活躍してくれるので、セルフビルドを本気で楽しむなら入手の価値ありだ！

スライド丸ノコなら、斜めカットも正確にカットできるので作業が断然楽しくなる。使用説明書をよく読んで安全に使いこなそう！

切り妻の小屋組みを作る

屋根の構造体である小屋組みの作り方はいろいろあるが、「切り妻」の屋根の場合はツーバイ材で三角形の妻壁を作り、その頂点に棟木を設置するのがわかりやすい。実際の作業では斜めのカットが多くなるので、部材を加工する場合は57ページのようにプラットフォームなどに原寸大の図面を描き、それをもとに材料を墨付けしてカットしていくのが確実だろう。

垂木は棟木と頭つなぎを結ぶように架けていくが、垂木の下端に「バードマウス」と呼ばれる欠き込みを入れる。サイズは頭つなぎ側で75㎜幅、棟木側で材の厚みの約半分＝20㎜が目安。どちらも数㎜の余裕を作って、垂木を収めやすくするのがポイントだ。

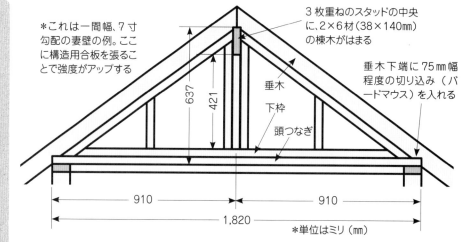

＊これは一間幅、7寸勾配の妻壁の例。ここに構造用合板を張ることで強度がアップする

3枚重ねのスタッドの中央に、2×6材（38×140㎜）の棟木がはまる

垂木下端に75㎜幅程度の切り込み（バードマウス）を入れる

＊単位はミリ（㎜）

写真は、1.5間（2,730㎜）幅の妻壁の例（頭つなぎは省略）。中央に3枚重ねでスタッドを立ち上げ、その頂点に2×6材を落とし込んで棟木としている。この棟木に、垂木を架けていくわけだ

棟木や頭つなぎに垂木を収める場合、垂木下端に「バードマウス」と呼ばれる鳥のクチバシ状の切り込みを入れると収まりがよくなる。その場合、マウスの横幅は多少のすき間ができるようにカットすると、施工時に微調整しやすくなる

側面側は、数㎜のクリアランスを設けておく

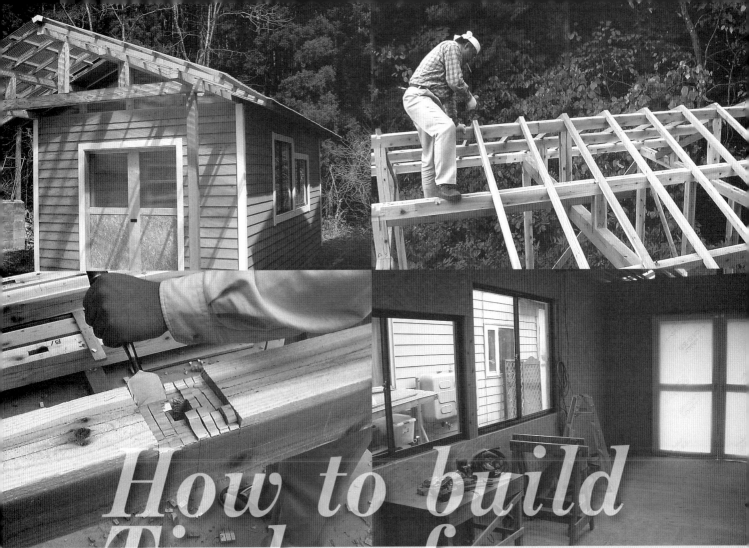

第2章
日本伝統の建築技術をマスターしてみよう！

「軸組み構法」でセルフビルドに挑戦！

国内で作られる建物で、もっとも多く採用されているのが「在来軸組み構法」だ。
職人的なワザが必要な構造だと思われているが、セルフビルドで採用する人も少なくない。
ここで、その基本的なノウハウをたっぷりご紹介してみよう！

STEP 01 軸組み構法の特徴を知ろう！

伝統技術のメリットとデメリットを知って、セルフビルドに活かしてみる

本章で紹介していく「軸組み構法」の最大の特徴は、建物の強度を支える主な構造体を「柱」や「梁」などで構成していくことだ。一般には在来構法とも呼ばれていて、日本ではもっともなじみ深いスタイルと言える。

ところが、セルフビルドではツーバイ構法や丸太組み構法（ログハウスのこと）が人気で、軸組み構法で作っている人は少数派だ。この理由は単純明快で、「軸組み構法は素人には難しい」と思われているため。ツーバイ構法と比べて、使用する材料の種類やサイズのバリエーションが多く、複雑な継ぎ手や仕口を刻むのにも熟練の技が必要になる……、というのが軸組み構法に対する一般的なイメージだろう。

それでは、軸組み構法はセルフビルドに不向きなのかというと、その答えは「ノー」だ。実際、第5章で紹介している木の家も、材料が太い丸太であることを除いては軸組み構法とまったく同じ作り方で、ツーバイ構法とはまた違った魅力を感じることができた。第3章の掘っ立て小屋も、同じく軸組み構法のアレンジだ。その具体的なメリットを以下に羅列してみよう。

1, 情報量が多い

軸組み構法は日本で一番メジャーな構法なので、書籍でもネットでも情報量が格段に多い。図書館に行けば、軸組み構法に関する書籍や雑誌が読み放題なのだ。実際、自分で軸組み建築をすることになったら、何冊かの専門書を入手しておくと絶対に役立つ。そのほとんどすべてがプロ向けの専門書なので、しっかり読み込むためにはそれなりの知識が必要になるものの、写真やイラストなどを見るだけでも勉強になるだろう。

また、知り合いに大工がいれば、軸組み構法のことは知っているはずなので、わからないことが出てきたら、そのつど聞くこともできる。

2, 材料の入手は意外と簡単

軸組み構法で使われる木材は、木材専門店で普通に買うことができるし、スギ柱などの一般的な材料であればホームセンターでも十分に購入可能だ。

柱や土台、梁などで違う材料を使うケースは多いが、小屋程度の規模の建物なら3寸5分（105㎜）角のスギ角材だけで作ることもできる。土台は腐りにくいヒバ、梁は丈夫なベイマツなどを使いたいといった希望があれば、専門店で相談しながら選ぶといいだろう。

3, ホゾ組みの加工は楽しい！

軸組みの柱や梁などを組み立てるための継ぎ手や仕口には無数の種類があって、なかには熟練の大工ですらも刻みに難儀する複雑なホゾ組みもある。しかし、シンプルな小屋なら、素人でも加工が簡単な数種類のホゾ組みだけで建てていくことが可能だ。加工に使う道具もカンナやノミなどよりも、丸ノコやドリルなどを活用することで圧倒的にスピーディになるし、これらを駆使することで実際の作業はかなり楽しくなる。

また、どんなに複雑な継ぎ手でも、その部分はどうしても1本ものの材料より弱くなるので、できるだけ継ぎ手を作らない間取りにすることも有効だ。たとえば、一般的な材木は長さが4mのものが多いので、それを梁として使ったときでも間取りの短いほうの幅が2間（＝

何でもやりたい病の私はカンナやノミを使うのが大好きなのだが、実際には軸組み構法でもカンナの登場場面は少ない……

用語解説　ホゾ組み▶木材を接合するための継ぎ手や仕口のこと。基本は突起（＝ホゾ）と穴（＝ホゾ穴）との組み合わせで、無数のバリエーションがある。

3.64 m）であれば1本ものとして使える。77ページで紹介している小屋でも、梁の方向を2間としたことで継ぎ手は最小限になっている。

4，日本の気候に合っている

以前、私の友人が大手ハウスメーカーでツーバイ構法の住宅を建てたのだが、たまたま雨の日にその建築現場を通りがかったら、屋根がまだ未完成だったこともあって床も壁も水浸しの状態だった……。

これはよく言われることだが、ツーバイ構法は床から順番に作っていくので、ある程度の規模の建物になると建築中の雨仕舞いにかなり気を遣うことになる。とくにすでに断熱材を入れている場合、一度濡らしてしまうと性能が低下するのでなおさらだ。かといって、小屋程度の建物でも作業後ごとに毎回シートで覆うのは結構面倒だし、強風でシートが吹っ飛ぶことも日常茶飯事。

その点、軸組み建築の場合は、1～2日で棟上げして屋根の下地（ルーフィング）まで張ることができるから、建物全体を雨から守りやすくなる。雨の多い日本には向いている構法といえるだろう。

5，計画の変更が容易

軸組み建築では、棟上げして屋根まで仕上げた状態からでも、窓の位置や大きさの変更はもちろん、将来的に改築や増築するのも比較的容易だ。

セルフビルドでも、なかなか建具の位置やサイズが決まらなかったりすることは多いが、最初から開口部を位置決めして作るツーバイ構法などでは、途中からの変更は難しい。その意味でも、途中で気が変わってもいくらでも変更できる軸組み構法は、かなりのメリットがあると言えるだろう。

私自身、軸組み構法やツーバイ構法、ログハウス、ハイブリッド構法などをセルフビルドしてきて、どの構法にもメリット・デメリットがあり、それぞれに魅力があることを実感してきた。仮に、これから仲間たちと一緒にセルフビルドする機会があったら、やっぱり施工がダントツに簡単なツーバイ構法を採用するが、個人的に作ることになったら「自由度の高さ」を重視して軸組み構法を採用すると思う。

＊

いろいろと誤解されやすくも、実際には数々のメリットのある在来軸組み構法。そして、この構法で自宅や小屋を含めて4棟もの建物を作ってしまったのが、私の学生時代の大先輩である氏家誠悟氏だ。本書の読者さんならご存じの方も多いと思うが、あのセルフビルドのベストセラー本である『自分でわが家を作る本。』（山と溪谷社刊）の著者である。

ここでは、氏家氏が作ってきた建物、そして私自身がハーフビルドした自宅などを例に、在来軸組み構法によるセルフビルド術を紹介してみたい。

一見、複雑そうな軸組み構法だが、基本的なルールさえ覚えてしまえば、素人でも比較的簡単に建てることができるのだ

◆神社仏閣や古民家の見学が楽しいぞ！

軸組み構法は日本の伝統技術だけに、神社仏閣をはじめとして参考になる建物を全国各地に見ることができる。私も神社巡りは大好きだし、近所にある博物館に復元された家屋の木組みや各部の納め方も非常に参考になった。また、田舎暮らしをしていると古民家を見る機会も多いので、そちらからも昔の職人の技術をいろいろと真似している。

ウチの近所にある古民家。太い梁と柱の組み合わせ方を見るだけでも参考になる

用語解説 梁▶柱の上に、棟木と直角に交わる方向に横に渡す部材。屋根の荷重を支えるため、ある程度の強度が要求される。

STEP 02 軸組み建築の「設計」のツボ

2間×3間の小屋でマスターする、軸組み構法の設計の超基本

　そもそも日本における建築では基本的に法律に則った設計が必要で、壁量計算などによる建物の強度確認も求められる。しかし、第1章で紹介したツーバイ構法（枠組壁構法）では、強度に優れた建物を素人でも作りやすいこともあって、あえて壁量計算には触れなかった。実際、小屋程度の建物では、壁の四隅に的確な「耐力壁」を配置しておけば、強度的にはほぼ問題ない。そしてこのことは、軸組み構法の小屋にも当てはまる。

「面材」の活用で、難しい施工が不要に！

　耐力壁（たいりょくかべ）というのは、建物の自重を支え、地震や風で建物が水平方向に歪むのを防ぐ壁のこと。ツーバイ構法では壁枠に合板を張った壁自体が耐力壁になるが、軸組み構法の場合だと柱や梁のみでは耐力壁にはならない。そこで、軸組みの強度を高めて耐力壁にするために多用されているのが「筋交い」だ。筋交いは、柱や土台、梁などで囲まれた四角形の軸組みに斜めに入れる部材で、的確に施工することによって建物がグラグラと揺れたり歪むのを防いでくれる。

　しかし、筋交いを使って耐力壁を作るにはそれなりの技術と知識が必要で、その施工精度や配置の方法によって強度が大きく左右されてしまう。また、壁内に断熱材を充填するときに、この筋交いが邪魔になってうまく施工できないケースが多いのも難点だ。

　そこで近年、一般の住宅建築でも普及しているのが、合板やパネルなどの「面材」を活用する方法。これは、引っ張り強度に優れる面材を柱や土台、梁に直接張って耐力壁とするもので、単独の筋交いよりも高い強度を発揮する。考え方としてはツーバイ構法と共通していて、建物を「軸」ではなくて「面」で支える技法だ。

　この最大のメリットは、何といっても施工しやすいこと。面材を必要量のクギで留めていくだけで誰がやっても高い剛性を確保できるから、まさにツーバイ構法と同じ感覚でセルフビルドを楽しめるのだ。壁内に斜め材が

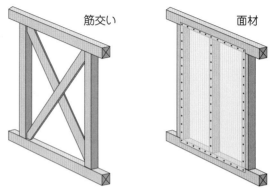

壁の強さは「壁倍率」という数値によって表されるが、精度の悪い不十分な筋交いを入れるよりは、面材を柱、土台、梁に直接クギ打ちするほうが安定した数値を期待できる

「筋交い」は軸組み構法を象徴する部材ではあるが、その加工精度や配置の方法によっては真価を発揮できないケースも少なくない

ハーフビルドした私の自宅では、面材スタイルを採用。ツーバイ構法と同じ感覚で作業できるので、セルフビルド向きだと思う

ないので、断熱材を入れやすいことも利点といえる。

　筋交いがいいのか面材がいいかの議論はプロに任せるとして、私自身は多くのメリットを感じてハーフビルドした自宅も面材スタイルを採用した。本章でも、面材で耐力壁を作ることを前提に、2間×3間のシンプルな小屋を例に設計を考えてみよう！

1,平面プランと耐力壁の配置

　まず、平面プランの基本寸法（モジュール）は、3尺（半間＝910mm）で考えるのが基本だ。日本の一般住宅では3尺単位の尺モジュールが使われているので、建材も建築用木材もそれを基準にしているケースがほとんど。たとえば、面材となるパネルの幅は910mmだし、間柱の間隔である1尺5寸（455mm。ツーバイ構法の場合もスタッドの間隔が455mmだ）も、その寸法で断熱材などが製品化されている。この基準を無視して設計してしまうと、手間と材料の無駄が発生してしまうわけだ。

　さて、たとえば下のイラストのような2間×1.5間（6畳）の小屋を例にしてみよう。通常、柱の配置は1間おきにするのが基本だが、ここでは半間（3尺）おきに配置したと仮定して、全部の柱同士に面材を張るとすべてが耐力壁として機能することになる。しかし、それだと家としては全然機能しないので、希望の位置に窓とドアを配置してみる。南北のドアや窓は柱の間にそのまま入り、東西の窓を入れる場所には柱があるのでそれぞれ省略することになるが、結果的に建物の四隅にバランスよく耐力壁が配置され、強度も優れた建物になった。

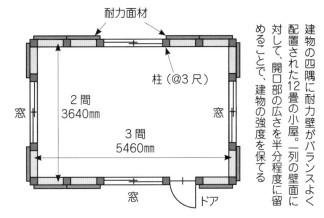

建物の四隅に耐力壁がバランスよく配置された12畳の小屋。一列の壁面に対して、開口部の広さを半分程度に留めることで、建物の強度を保てる

　続いて、今度は2倍の床面積となる2間×3間（12畳）の小屋で考えてみよう。この場合、北側の窓が2倍の広さに、南側にも新たな窓が追加されているが、四隅の耐力壁はバランスがよく、建物の強度としても問題ない。

　さらに、柱と柱との間に「間柱」を入れてみる。スパンは前述のように1尺5寸だ。この場合、耐力壁の両端は柱であることが必要だが、その間の面材の継ぎ目にある柱（下イラストの矢印）は、厚さ45mm以上の間柱で代用できることになっている。普通の間柱の厚みは30mmしかないが、45mmならクギも打ちやすい。この場合は柱を1間に飛ばすことになるが、通常の軸組み建築でも1〜2間飛ばしは普通なのでまったく問題ない。ただし、それ以上のスパンにしたい場合は、柱に乗る梁を太くするなどの工夫が必要になる。

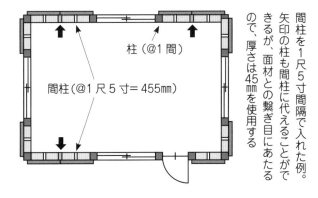

間柱を1尺5寸間隔で入れた例。矢印の柱も間柱に代えることができるが、面材との繋ぎ目にあたるので、厚さは45mmを使用する

　本来、建物が水平力に対して安全かどうかを確認するためには「壁量計算」が必要で、その方法は「建築基準法施行令」で定められている。実際、この小屋よりも大きな建物や2階建ての建物などを作りたい場合は、『木造住宅工事仕様書』（住宅金融支援機構）を参考にして

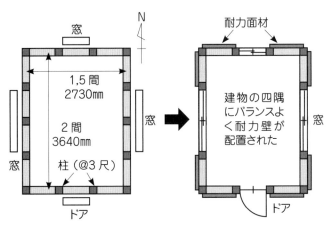

6畳の広さの軸組み構法の小屋では、この図面の耐力壁の配置がもっともバランスがよく、過不足もなさそうだ

みるといいだろう。

しかし、現実的に都市計画区域外（270ページ）に小屋を建てる場合、建築確認を申請せずにセルフビルドする例は少なくないはず（私もそうだった）。そこで、壁量計算をしなくても安心できる小屋を作るための指標として覚えておきたいのが、❶建物の隅角部（コーナー部分のこと）に必ず耐力壁を設けること。❷耐力壁の幅は3尺（910mm）以上にすること。❸耐力壁の延長線上に設ける開口部の幅（広さ）は1/2以下にすること、の3つだ。もちろん、壁に乗る小屋組み（屋根構造）の強度も考慮しなければいけないが、さしあたっての覚え書きとして頭に入れておこう。また、これらの考え方はツーバイ構法にも共通している。

2, 屋根の流れる方向と勾配を決める

屋根の形はいろいろあるが、ここではもっともシンプルで作りやすい「切り妻屋根」で考えてみよう。

2間×3間のような長方形の間取りだと、屋根の傾斜方向の違いで外観のイメージが変わってくる。Aパターンはこじんまりした感じになるが、棟が低いのでセルフビルドしやすくて安全面でも有利だ。Bパターンだと妻壁が大きくなってロフトの住空間を確保しやすい反面、棟が高いので工事はそれなりに難易度が増す。

デザインの好みもあるが今回はAパターンで、屋根の勾配は水平に10行ったとき垂直に5上がる「5寸勾配」としてみよう。

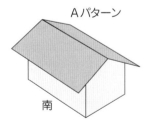

3, 梁と母屋の架け方を決める

柱の上端同士を繋いで建物を強化すると同時に、屋根の荷重も支える「梁」は、柱の間隔が遠くなるほど太くしなければならない。しかし、それだと不経済だし施工も大変なので、梁を渡すスパンはなるべく短いほうがよ

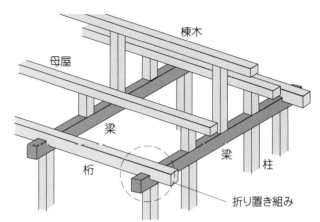

梁は棟木や母屋を支えるので屋根の大きな荷重がかかるが、建物の短手方向（今回の場合は南北方向）に渡すことで梁を必要以上に太くする必要がなくなる。スパンが2間なので、継ぎ手も不要だ。さらに、必要に応じて母屋を増やせるので、垂木も細いものが使える。また、イラストは梁に桁が乗る「折り置き組み」で、交点は渡りアゴで組まれている

い。となると、この小屋は東西に長い間取りなので、梁は南北方向に架けるのがベターだ。Aパターンの場合、屋根の流れ方向も南北だから、棟木や母屋（もや）は東西方向。つまり、梁と棟木（母屋）は直交することになる。ちなみに、第5章の木の家では屋根の向きをBパターンと同様の大屋根にしているが、ロフトの床梁はやっぱり南北方向にしている（163ページ）。

梁や母屋の位置関係が決まったら、もうひとつ「梁と桁の組み方」を決めよう。これは、❶柱の上に乗せた梁にさらに桁を乗せる「折り置き組み」、❷桁に梁を乗せる「京呂組み」の2種類に大別できる。折り置き組みはつねに柱の上に梁が乗り、桁も渡りアゴ（85ページ）でガッチリと組み込むため、セルフビルドでも強度を保ちやすいのが最大のメリットだ。京呂組みは桁に梁をアリ掛けなどで落とし込む手法で、プレカットで加工しやすいことから現在の一般住宅の主流になっている。ただし、部材同士が離れないように金具が必要になり、水平方向の剛性が確保できないので火打ち梁なども必須だ。

4,「基本線」が重要！

軸組み構法の家には建物の基本となる線があり、右ページのイラスト東面のように、①土台上端、②柱芯、③垂木下端、④2と3の交点を水平に結んだ線＝峠墨で

◆建物の軸組み図（立面図）

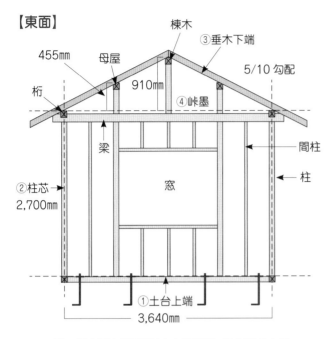

①〜④の基本線で囲まれた図形は、四角形の上に三角形が乗った単純なもの。材木に墨付け・刻みをするときも、この基本線がすべての基準になる

構成されている。

　柱用の材木は長さ3mなので、ここでは土台上端と峠墨との距離＝柱芯の高さを2,700mmとした。また、峠墨から垂木下端の頂上までの高さは、屋根勾配が10分の5なので、3640÷2×0.5＝910mmとなる。ここから、「棟木の厚み（高さ）」をマイナスし、「梁の上端と峠墨との距離」を調整したものが、棟束の有効長となるわけだ（実際の加工では、上下のホゾの長さをプラスする）。母屋束も同様の方法で算出できる。

　これらの基準線を正しく把握することで、すべての部材を的確に墨付けして加工することが可能になるのだ。

＊

　さあ、ここまで来れば平面図、立面図、断面図、軸組み図、伏図などが描けるようになっているはず。必要に応じて、建築確認申請の準備もできる段階だ。あとは自分で納得いくまで残りの部分を詰めてから、いざ着工すればいいだろう。

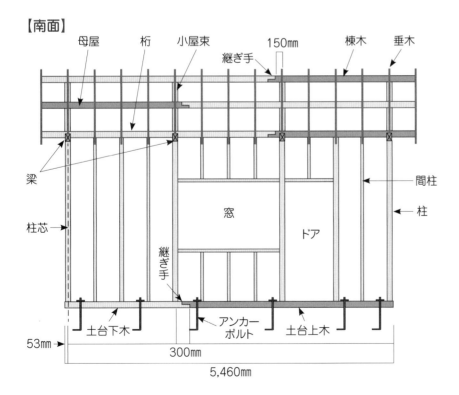

軸組み図は全部の壁を描くことで、必要な材料や位置関係などがわかりやすくなる。材料を購入するときには、これらの材木の寸法や本数を計算するが、これは材料を拾い出すという感じから「木拾い」と呼ばれている。どの部材にどういう寸法のものを使うかは79ページを参考にしてもらうとして、ここで注意したいのは長い部材を継ぐ場合。この小屋の例でも、土台や桁、母屋などは長さは4mを超えるため、継ぎ手の位置を事前に考えておく。基本的に桁や母屋の継ぎ手は、♀木を柱芯から150mmほど持ち出し、♂木を上から乗せるようにして継ぐ。土台の継ぎ手は、柱芯から300mm以内だ。また、アンカーボルトは、土台上木の継ぎ手の近くに入れると、上木、下木とも固定できる。さらに、出隅柱や耐力壁の両端の柱の近くに入れるほかは、2.7m間隔以内で入れていく

用語解説 出隅▶ふたつの壁同士が出会ってできる外側の角のこと。反対に入り合ってできる内側の角は「入隅」だ。

STEP 03 軸組みに使う木材と工具

ホームセンターで十分にそろえられるが、木材専門店も利用してみたい

すでに解説してきたように、ツーバイ構法に使用する材料は、そのほとんどをホームセンターで購入することができる。それでは、軸組み構法で使う木材はどうなのか？ これも種類やサイズによるのだが、資材コーナーが充実している大型のホームセンターでは、軸組み建築で使用するスギやマツなどの角材を置いていることが増えた。柱や梁以外に、垂木や間柱、胴縁、根太といった羽柄材も扱っている。価格も木材専門店とほぼ同じか、それよりも安いぐらいだ。したがって、規模の小さな小屋ぐらいの建物なら、ホームセンターの材料だけでも間に合ってしまう便利な時代なのである。

木材専門店で購入する場合

とはいえ、軸組み建築では部位によって使用する木材のサイズや樹種を変えることで、より強度や耐久性に優れた構造にすることができる。つまり、適材適所で材料を購入できればより理想的なわけだ。

その点では、ホームセンターよりも、軸組み建築用の木材を豊富に扱っている「木材専門店」が頼りになってくる。以前はプロの業者しか相手にしなかったと聞くが、森林組合と同様にいまでは普通に素人にも販売してくれるし、対応も親切そのものだ。また、専門店では6m前後の長尺材も扱っているし、もちろん建築現場まで運んでもらうこともできる。

実際に購入するときは、お店に設計図面を持参して、具体的な使用部位を相談しながら的確な材料を選んでもらうのが手っ取り早いだろう。もちろん、その場合でも自分なりの意見を言えるぐらい勉強しておけば、よりよい建物を作れるはずだ。

また、材木は相場商品なので、ホームセンターでも専門店でも購入する時期によって価格が結構変わってくる。たとえば、柱材としては素性のいいスギが一般的だが、私が自宅をハーフビルドしたときは、より耐久性や強度に優れたヒノキでもそれほど価格が変わらなかった。このあたりは相場次第だが、専門店の場合は多少の値引き交渉ができることも覚えておこう。

なお、ホームセンターで売られている木材は、サイズが「ミリ」単位で表示されているが、軸組み建築の場合

◆構造材はケチらずに！

銘木などは別として、軸組みの構造材に使う木材は、サイズを多少太くしたり、樹種をスギからヒノキなどに変えても、建物全体の費用から見れば、それほどの出費にはならない。むしろ、構造材は建物の強度や耐久性を大きく左右するので、迷ったときにはより品質的に安心できる材料を選ぶほうがいいと思う

◆軸組み構法でよく使われる寸法

寸法(mm)	尺寸換算	一般的な寸法
4000	13尺2寸	横に使う木材の長さ
3640	12尺	細めの材木の長さ
3000	10尺	柱材の長さ
1820	6尺（=1間）	柱の間隔
910	3尺（=半間）	上記の半分
455	1尺5寸	間柱の間隔
303	1尺（いっしゃく）	根太の間隔
120	4寸	柱の太さ
105	3寸5分	柱の太さ（平屋）
45	1寸5分	垂木や継手間柱の厚さ
30	1寸（いっすん）	間柱の厚さ
15	5分（ごぶ）	サシガネの幅
12	4分（よんぶ）	野地板や床材の厚み

軸組み建築では、現在でも尺寸の単位が使われることが多い。とくに、上記の寸法は多用されるので覚えておくといいだろう。ちなみに、プロの業者は3寸5分の柱を「さんごかく」、1寸5分の角材を「いんごかく」などと業界用語で呼ぶことがあるので、必ずミリ単位で確認しておきたい

は尺や寸が基本単位なので、よく使われる代表的な材料に関しては尺寸でも覚えておくと話がスムーズになる。

軸組み建築に使用する工具類

軸組み構法でもツーバイ構法でも使用する工具はそれほど変わるわけではないが、ホゾの墨付けや加工が多くなるので、それに必要なものは用意しておきたい。

まず、材料の芯墨を打ったりホゾの加工線を描くための「墨ツボ」や「サシガネ」「墨さし（または鉛筆）」は必須。墨ツボは、昔ながらの綿の露出したタイプなら墨さしと併用して使える。現在主流の綿が封印されたタイプは墨が乾きにくいのがメリットだが、こちらの場合は墨さしが使いにくいので鉛筆と併用することになる。

サシガネは目盛りが尺寸表示になっているタイプを使っている大工もいまだに多いが、素人のセルフビルドではミリ表示のサシガネで十分だし、むしろそのほうが使いやすい。ホゾを刻むための「ノミ」は、ホームセンターで買えるもので十分に使える。刃幅は30mmと10mmがあればOKだ。

そして、なくてもいいがあると便利なのが、ホゾ加工の救世主とも言える「角ノミ」。この電気工具は角材に四角い穴をあけるためのもので、加工する木材の上に乗せて使う。ネジとレバーで横から締め付けてしっかり固定したら、前後と左右の調整レバーでノミを墨の位置に合わせ、スイッチを入れる。中のドリルが回転しはじめたら静かにハンドルを手前に引くと、力強く角穴があいていくという優れものだ。ノミのサイズは30mm角を用意すれば、家を建てるには十分だろう。

◆軸組み建築で使用する木材の例

名称	樹種	長さ	幅	厚さ
土台	ベイヒ	4000	105	105
柱、束	スギ、ヒノキ	3000	105	105
桁、母屋	スギ	4000	105	105
間柱	スギ	3000	105	30、45
梁	ベイマツ	4000	150	105
筋交い	スギ	3650	105	45
垂木	ベイマツ	4000	60	45
大引き	ベイヒ	4000	105	105
根太	ベイマツ	4000	60	45
破風	スギ	3650	240	24
胴縁	スギ	3650	45	18
野地板	構造用合板	1820	910	12
壁下地	合板、パネル	1820	910	9〜12

軸組み構法の場合、土台・柱・梁などの部材ごとに適した樹種や寸法は違ってくる。柱などの縦に使う部材は素性が真っ直ぐなスギやヒノキ、梁や母屋などの横に使う部材は曲げ強度のあるマツ類、そして土台には水湿に強く腐りにくいヒバやベイヒ、または防腐剤を含浸させた土台専用材を使うのが一般的だ

◆軸組み建築で用意したい道具類

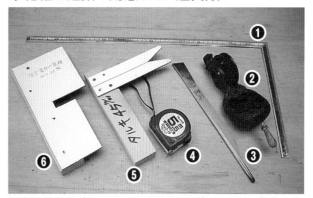

写真は氏家氏が使っている墨付け道具。①サシガネ、②墨ツボ、③墨さし、④メジャー（ストッパー付きが使いやすい）。⑤と⑥は、端材とベニヤ板で作ったオリジナル定規で、垂木掘りの墨付けとホゾの墨付けをする際に、速く正確にできる優れもの

ホゾの加工では、丸ノコや手ノコが大活躍してくれる。丸ノコは精度の高いアルミベース仕様で、ブレードのサイズが165mm径のタイプが使いやすい。手ノコは替え刃式がお勧めだ。ノミは30mm幅と10mm幅があればOK。ハンマー（玄能）とセットで用意しよう

これがホゾ穴の加工で活躍する「角ノミ」。新品で買うと高額だが、ネットオークションなどで中古品を探すと二万円台で買える

用語解説 墨付け▶材料に加工のためのラインを描いたり、墨ツボで芯隅などを打つこと。

STEP 04 木材を「適材適所」で使う

木材が経年変化で反れていく向きは、この法則でわかるのだ！

　いうまでもないことだが、木材はもともと山に生育していた樹木を製材した自然素材なので、多かれ少なかれ経年による反りやネジレが発生する。この性質を知らずに、使う向きを考えないで使ってしまうと、梁が垂れ下がってきたり、床鳴りがしたり、引き戸が閉まらなくなったりすることがある。

板も柱も考え方は同じ

　木材の性質の基本的な考え方として、「樹皮に近い側ほど縮む力」が発生しやすいと覚えておけばOKだ。わかりやすい例を挙げると、下のイラストのように製材された板の場合、木表（樹皮に近い側）のほうが木裏（樹芯に近い側）よりも縮む力＝引っ張る力が強い。したがって、経年によって乾燥が進むにつれて、徐々に木表側は凹み、木裏側が盛り上がることになる。実際に、ウッドデッキなどに使っている板材が反っているのを目にしたことのある人も多いと思う。

　それでは、軸組み建築の構造材として使う柱や梁などではどうだろう？　この場合も、考え方はまったく同様で、樹皮に近い側では縮む力が働き、その反対ではムクリ上がる。ポイントは木の芯がどっちに寄っているかだが、これを見ることで材木の使う向きを決められる。

　たとえば、下のイラストのように角材の樹芯が上側に偏っている場合だと、前述の法則によって角材の下側に強い縮む力が働くため、結果的に上反りの状態になる。

　これらの木材特有の「曲がろうとするクセ」を知っておけば、実際に材料を加工するときの材の使い回しが的確になってくる。梁を例にすると、上からかかってくる屋根の荷重に対抗できるように、木が曲がろうとする力を利用して材木の樹芯が寄っている側を上向きにして使えばOKというわけだ。

　建具が入る開口部でも、上下枠となる木材の使い方で将来的に窓やドアの開け閉めが困難になる可能性があるので、材の使い回しは慎重に考えよう！

◆木表は凹み、木裏は盛り上がる

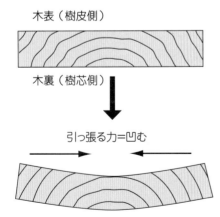

薄く製材された板の場合、木表のほうが木裏よりも縮む力が強いので、結果として木表は凹んで木裏は盛り上がる。この法則を覚えておけば、たとえば将来的にウッドデッキを作るときに、木表を上にしてしまうと凹んだところに雨水が溜まりやすくなるが、木裏を上にすると水はけがよい……と考えることができる

◆角材でも樹芯側がムクリ上がる

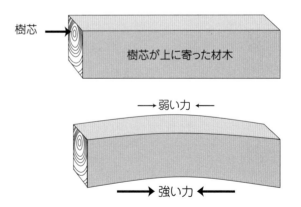

木の外側、つまり樹皮に近い側ほど縮もうとする力が強く働くと考えておけば、角材が反れる方向が分かる。樹芯に偏りがある角材では、樹芯に近い側よりも樹皮に近い側のほうが引っ張り力が強いから、この角材は上向きに反れていく。だから土台や梁や柱などの材木を見るとき、樹芯がどちらに片寄っているか見れば、将来どちらに反れていくかが分かるというわけだ

◆材の使い回しの考え方

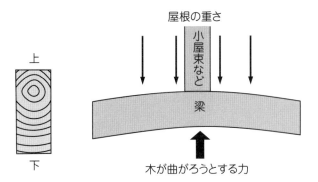

1, 梁はムクリを上に（樹芯寄りを上に）

梁は屋根（小屋束）の重さを支える重要な部材なので、上からの大きな力に対抗できるようにすることが重要。すなわち、材木の年輪の中心（樹芯）が寄っているほうを上にして、材木が上にムクリ上がるような向きにするのが正解だ。これを逆の向きに使ってしまうと、屋根の重さと梁自身の力が合わさって、将来的に梁が垂れ下がってくることになる

2, 土台・大引きはムクリを下に

土台や大引きは、梁とは逆に材木のムクリが下向きになるように使う。なぜ梁とは逆なのだろう？ 梁の場合は屋根の重さが常にかかってくるが、大引きの上にあるのは床だけだ。床の重さは屋根に比べればほとんどないに等しいくらい軽いものなので、材木を常に下に押し付ける力にはなり得ない。もし梁と同じ向きに使ってしまうと、基礎や束との間にわずかに隙間ができ、床鳴りが起きる。土台や大引きの下面には固い基礎や地盤があるのだから、材木全体を下に押し付けるような向きにしておけば、いつもしっかり固定されて具合がいいというわけだ。土台の両端には柱が乗ることが多いので、柱の強烈な荷重で全体が基礎に押し付けられる

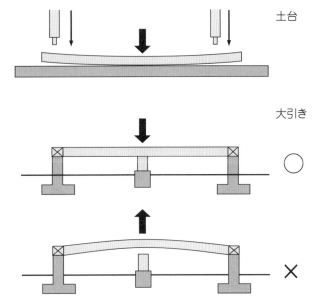

3, 窓がキツくならないように

開口部まわりは、右の図のように使ってしまうと、材木自身の力によって将来窓がきつくなるかもしれない。窓まわりは中央部がふくらむように使うのがよい。実際には間柱があるので膨らむことはないが、少なくとも開口部が狭くなるような使い方は避けるのが賢明だ

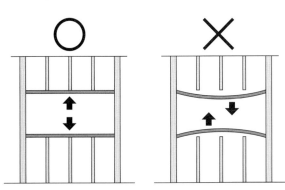

◆柱は山に立っていたときの向きで使う

柱は、山に木が立っていたときと同じように梢を上、根元を下にするのが原則だ。材木を見てどちらが根元か見分ける方法は、芯材と呼ばれる赤味の部分を比べてみること。赤味の部分が大きいほうが根元になる。とくにスギは赤味とそれ以外の部分の色の違いがはっきりしているので見分けやすい。写真の場合は、手前側が根元ということになる。

意図的に逆さ柱にする人もいるようだが、通常は柱の根元側を下に使うのが基本だ

STEP 05 セルフビルド流「墨付け術」

素人でも絶対に失敗しない秘密は、木材の「基本線＝中心線」にあった！

　私が中学生だった頃、授業に技術家庭という時間があって、男子は木工作業でイスや本棚などを作った記憶がある。このとき、みんながノミやノコギリ、カンナなどを使って作業したのだが、ウチの息子に聞いたらいまはそんな授業はなくなっているそうだ。当時は結構いい体験になったと思うのだが、もの作りニッポン、これからどうなるのだろう……？

　それはともかく、軸組み構法というと複雑なホゾ（仕口や継ぎ手）を熟練の技で刻んでいくイメージがある。実際、継ぎ手では一番簡単とされる腰掛け鎌継ぎでも、一見すると素人が刻むには困難に思える。しかしながら、すでに解説したように小屋程度の建物なら、シンプルなホゾだけでも十分に作ることができる。まずは、基本となる「墨付け」のポイントをおさえて、軸組み建築ならではのホゾ加工の楽しさを体験してみよう。

「墨付け」の基本を知る

　ツーバイ構法でも材料を加工するときには、必ず加工線を描く「墨付け」を行う。しかし、その多くは材料に対して直角、あるいは斜めの単線を描くだけで間に合った。それに対して、軸組み建築では仕口や継ぎ手といったホゾの加工が必須になるので、墨付けの考え方や方法も多少変わってくる。

　まず、建物一軒分の材木を墨付けするときは、最初に土台、梁、桁、棟木などの横方向に使う部材（＝横架材）からはじめて、それが終了してから柱や束を墨付けしていくのが正解になる。これは、横に使う部材の実際の幅や曲がり具合によって、そこに取り付く柱の長さが変わってしまうためだ。また、部材の寸法の管理は、材木の端からやるのではなく、「中心線」から計測することが原則になる。つまり、軸組み建築での材料の墨付けは、まず「芯墨」を打ってから開始するわけだ（柱は例外）。このように考えていけば、建物全体の基準の寸法がブレないので、全体が歪むことはなくなる。

●寸法の管理は基本線（中心線）で！

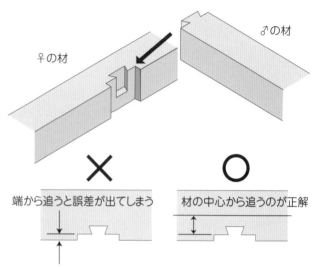

イラストのような蟻落としの仕口を作るとき、♀の材の欠き込みは「材木の端から何ミリ掘るか」ではなく、「中心線から何ミリ離れたところまで掘るか」というふうに決めれば、♀の材料の太さや曲がりに関係なく♂材の長さを一定にできる。もちろん、設計の基本寸法は材木の中心線から中心線までの距離で決めている

　これらの考え方は、第5章の木の家にも共通するので、ぜひ参考にしてみたい。丸太を使う建物と違って、角材を使う軸組み構法の墨付けはそれほど難しくないので気軽にチャレンジしてみよう！

横架材の墨付け

　たとえば、右ページのイラストのような土台の部材を墨付けしてみよう。まずは、柱が取り付く番付け位置や部材両端のカット線に墨線をグルリと一周巻き、材木の上面と下面に中心線（芯墨）を打つ。ほかには、1尺5寸（455㎜）間隔で間柱が立つ位置の墨、ホゾ穴の墨、継ぎ手の墨など細部を墨付けしていく。そしてコーナー部の継ぎ手は、土台の一方を飛び出させた状態で土台・柱側の双方に平ホゾを刻むと高い強度を期待できる。

　一方、桁や母屋、棟木などの場合は、垂木を取り付ける位置に欠き込みの墨も入れておく。

◆土台の墨付け例

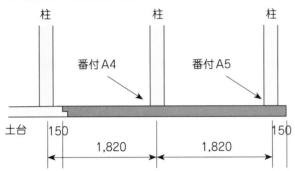

◆横架材の実際の墨付け

1 材料に長さ方向の基準の位置を印す

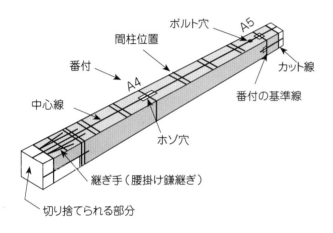

材木をウマの上で転がし、使用する向きを決めたら、上にする面に「天」などと書いておく。両端部を数cm切り落とす（割れが入っていたり、小石を嚙んでいたりするため）ので、カット線が材木の端から数cm入ったところに来るようにストッパー付きのメジャーの目盛りを調整して置き、柱や間柱の位置、一間おきの基準位置を印していく。基準位置にはA5やB4などの番付けを記す。メジャーには455mmの倍数、つまり455、910、1365、1820、2275……のところに小さな赤いマーク（写真）がついているので、そこにすべて印をつける。これが柱や間柱が立つ位置の中心になるわけだ

2 番付けの基準位置にかねを巻く

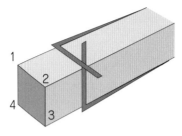

「矩（かね）を巻く」とは、材木に1周ぐるりと直角の墨をつけること。サシガネの長手を当てる順番として 1→2→3→4 と順にやりたくなるが、そうすると材料の曲がりによる誤差が足し算されて、最後に合わなくなることが多い。なので、たとえば1の角を使ったら、その対角線にある3の角を使い、2と4は使わないようにする。こうすれば必ず墨が合うはずだ

3 材木の中心に墨を打つ

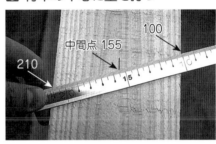

墨付けの基準線は材木の端ではなく、あくまでも中心線。ウマに乗せた材木のうち、使用する区間の端から端まで墨ツボで真っ直ぐな線を打つ。両端に目印の中心位置を印すには、たとえば3寸5分（105mm）の角材であればその半分は52.5mmだから、材木の端から52.5mmを測るという手もないではないが、写真のようにサシガネを斜めにして両端を「切りの良い数字」に合わせ、暗算で分かる中心点に印すのが簡単、かつ間違いが少ない。正確に105mmでない材木にでも使える技だ

4 細部の墨付け

間柱、垂木掘り、ホソ穴、継ぎ手、仕口などの墨付け。これらは「サシガネの幅」を利用できるところは利用するのが間違いなく墨付けするコツだ。継ぎ手や仕口は1寸（30mm）やその半分である5分（15mm）という寸法がよく使われるが、サシガネの幅はちょうど15mmなので、これを利用するほうが目盛りを読んでやるよりも間違いない。なお、サシガネはつねに長手のほうを持ち、妻手（短いほう）に墨さしを当てるようにするとよい

（1）ホソ穴

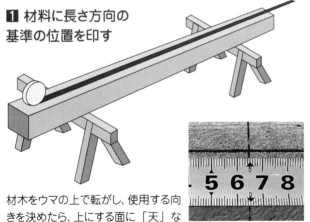

ホソ穴や間柱の幅は1寸（30mm）が基本。なので、サシガネの幅が5分（15mm）であることを利用して、サシガネを中心線に沿わせて墨付けすると便利で間違いもない

（2）垂木掘り

これは垂木掘りの墨付けに使う自作の定規。同じ寸法で大量に墨付けするので、いちいち寸法を測るのではなく、ベニヤ板などで簡単な定規を作ると能率よくできる。中央部にくぼみがついているのは、基準墨が見えるようにするため

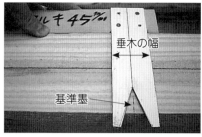

（3）腰掛け鎌継ぎ

一見すると難しそうに見える継ぎ手だが、実際にやってみると意外に簡単。鎌首先端部分の斜め線は、何ミリというふうに目盛でやっていたら正確にできないが、写真のようにサシガネの幅を利用すると、♂♀ともにまったく同じ形に墨付けすることができるのだ（176ページも参照）

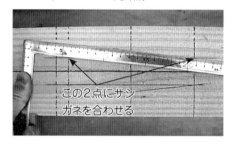

（4）土台コーナーの組み方

土台のコーナーの部分や梁・桁・柱が集まる場所は、すっきりした形に納めようとすると難しい仕口になったり、強度的に弱くなったりする。そこでセルフビルドでお勧めなのが、片方の部材を交差部から少し出っ張らせる方法。外壁施工のとき少し面倒になるが、簡単で強い軸組みができるのだ！

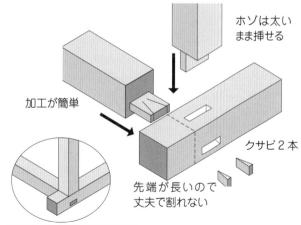

5 ボルト穴の墨付け

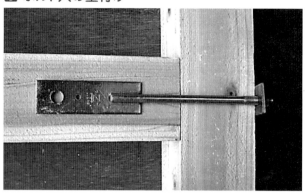

羽子板ボルトや六角ボルトなどが通る位置には刻みの段階でドリルで穴をあけておくから、位置を出して印をつけておく。実際にボルトを当ててみて、現物合わせすると間違いない

交差した部分を正確に合わせる裏技

梁と桁の交差部分（仕口）には、右ページのような「相欠き（渡りアゴ）」を採用すると、我々素人でも簡単に加工できて、しかも強度に優れた接合にすることが可能だ。上の材木から柱まで羽子板ボルトで緊結すれば、さらに安心できる。しかし、何の工夫もなしに墨付け刻み加工してしまうと、たいていはきつ過ぎて入らないか、緩すぎるか、あるいは基本線がズレてしまって全体に歪みができてしまう。それは、なぜだろう？

たとえば、A材とB材ともに3寸5分（105mm）の幅の材木を使った場合、図のaとbの欠き込み幅をそれぞれの中心線から左右均等に52.5mmずつ、計105mmにしたくなるのが普通だろう。しかし、実際は材木が反れていることによって、場所によっては中心線（芯墨）が材木の正確な中央を通っていないこともある。こうしたところに、左右均等に52.5mmずつ欠きこんだ材を乗せ掛けると基本線の寸法が狂ってしまい、柱が垂直に立たなくなる。

また、A材B材ともに3寸5分（105mm）幅の材木とはいっても、正確に105mmでなく104mmだったり106mmだったりする場合もあるから、ホソを合わせたときにはきつ過ぎたり緩すぎたりする。そこで、イラストのように番付位置ごとに中心線から材のキワまでの距離「x1、x2、y1、y2」を測っておいて、その寸法で墨付けをすれば、すべての位置でピッタリと収まるはずだ。

◆渡りアゴの墨付けのポイント

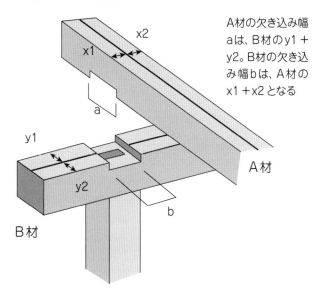

A材の欠き込み幅aは、B材のy1＋y2。B材の欠き込み幅bは、A材のx1＋x2となる

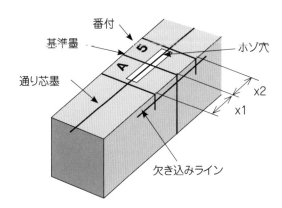

上木、下木とも、このように墨付けする。x1とx2は、組む相手の同じ番付位置でそれぞれの寸法を測り、その通りに墨付けすると、材木の太さのバラツキや曲がりに関係なくピッタリと収めることができる

柱や束の墨付け

　縦方向に使う柱や束の場合、基準線は材木の中心を通っていることになるので、表面に中心線を打つ必要はない。材の両端にホソの形を墨付けすればいいだけだ。
　プロが使う「ホソ取り機」という機械があれば、わざわざ墨付けしなくても自動的に材木の中央に正確なホソを加工できるが、素人の我々は、手持ちの道具だけでやるためにひと工夫しよう。
　ホソ（♂）部分の墨付けは、材木の中央に中心線と平行にきっちり同じ厚さで描かなければならないので、サシガネだけでやるのは難しい。
　「カーペンターゲージ」（174ページ）を使う手もあるが、もっとリーズナブルに端材とベニヤ板で簡単な定規を作って使う方法がある。これはお手軽で、同じ幅の線が確実に描けるのでお勧めだ。定規のガイドを材木に当ててスライドさせれば、同じ幅の2本の平行線を大量に引くことができる。ただし、この方法は材木の端からの距離を基準にしているので、材木の太さが違うと使えない。なので、材木の上面と下面への墨付けは、定規のガイドをつねに同じ側に当てるのがポイントとなる。違う側に当ててしまうと、そのたびにホソの位置がずれるので注意したい。
　なお、同じ太さの材木といっても、その1本1本は1〜2mmのバラツキがあるので、ホソの位置は中心から0.5〜1mmほどズレることになるが、その程度なら実用上全然問題にならない数字だ。

◆柱や束の墨付けについて

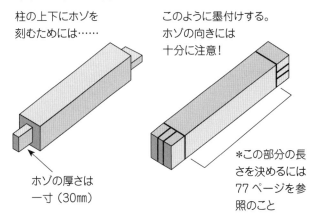

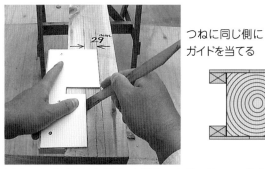

写真のホソ墨付け定規は、上半分で右側の線を、下半分で左側の線を引き、材料に沿ってスライドさせて使う

STEP 06 「ホゾ」を実際に刻んでみる

電動工具を活用することで、作業効率は飛躍的にアップするぞ！

　軸組み構法の刻みといっても、特別な道具は必要ない。実際、丸ノコや電気ドリル、手ノコなどだけで9割以上の加工ができてしまう。ノミは一番効率の悪い道具なので、ノミでしかできない部分だけに使用し、ノコギリが使えるなら積極的にノコギリを使うほうが断然速い。

　刻みを正確に行うためには、墨線のどちら側を切るのかをつねに意識しておきたい。墨ツボや墨さしで書いた線は、それ自体1mmくらいの太さがあるので、普通は墨線の半分を残して切るようにすればOKだ。

　仕口・継ぎ手で一番多く使われるのは、「平ホゾ」と呼ばれる単純な長方形のもの。今回の小屋のようなシンプルな構造なら、ほかに材木をお互いに欠き込んで直角方向に組む「渡りアゴ」と継ぎ手として「腰掛け鎌継ぎ」が作れれば、あとはその応用でほとんどをカバーできる。

平ホゾは、繊維方向にきつくする

　平ホゾを作る手順は右のページの通りだが、ホゾ穴（♀）のサイズが30×80mmだとしたら、ホゾ（♂）のサイズもぴったりの30×80mmがいいかというとそうでもない。木は繊維の束でできているので、繊維と直角方向に無理に押し広げられるような力が加えられると割れてしまう。ホゾはユルユルよりもキツ目に入ったほうがしっかりするからいいが、キツくするのは木の繊維と直角方向ではなく、木の繊維の方向である。だからホゾの長径の寸法は、ホゾ穴より0.5〜1mm大きくして、反対に短径の寸法は1mmくらい狭いほうがいい。短径をホゾ穴とピッタリ同じに作ってしまうと、上下のホゾの向きが少しでも捩れていた場合、ホゾ穴が幅方向に押し広げられて割れやすくなるから、少し遊びがあったほうがいいようだ。

　なお、ホゾの先端部はカンナやノミで少し削るか、ハンマーで叩いて「木殺し」しておくと入りやすい。

相欠きや継ぎ手の刻み

　前ページで紹介した相欠き「渡りアゴ」は、梁と桁の組み込みには最強ともいえるホゾのひとつ。プレカットでは加工しにくいため現在の一般住宅では見かけることは少ないが、だからこそセルフビルドではチャレンジしてみたい刻みだ。といっても、加工自体は難しくない。あらかじめ、丸ノコを使って必要な深さまで切れ込みを入れておけば、あとはノミで簡単に欠き込める。

　なお、軸組みの構造を梁の上に桁が乗る折り置き組み（76ページ）にする場合、交差部には必ず柱が立つ。なので、渡りアゴの中心には、あらかじめ柱を立てるためのホゾ穴を加工しておくことが必要だ。

　材木を長さ方向に繋ぐ継ぎ手でお勧めなのは、「腰掛け鎌継ぎ」。これはプレカットでも多用されている代表的な継ぎ手で、蟻継ぎよりは強度がある。ホゾの接合部が鎌首のような形をしていて一見すると複雑そうに見えるが、掘り込みの大部分に角ノミや丸ノコを使えるので、実際やってみると加工は意外に簡単だ。丸ノコを効果的に使った方法は176ページで紹介しているので、ここでは角ノミを使う方法を紹介してみよう。

◆平ホゾ♂のサイズについて

このような横に広がる力が入ると木は割れやすい……

ホゾ穴 30mm × 80mm

縦を1mm長くするとよい

幅が広いとホゾ穴が割れる

81mm　29mm

用語解説 蟻継ぎ、蟻掛け ▶ 蟻の頭のような台形のホゾを用いた継ぎ手や仕口で、比較的単純なホゾ組み（175ページ参照）。

◆平ホゾのメスを刻む

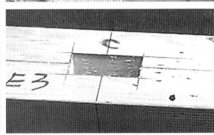

平ホゾのメス側は、174ページのように電動ドリルとノミを併用することで効率よく刻むことができる。そして、さらに革命的にスピーディなのが、前述の「角ノミ」を使う方法。使い方のコツは、最初にホゾ穴の両端を刻んで、残った部分をあとから刻むこと。そうしないと、角ノミの刃がすでにあいている穴のほうに流されて真っ直ぐ入らないからだ。また、貫通穴をあけるときは、上下両側からあけるようにするとよい。片側から一気に貫通させてしまうと、ノミが抜けるときに材の反対側が裂けてしまう。角ノミは本体の下側にローラーがついていて、締め付けレバーを緩めれば材木の上を滑らせることができるので、場所をつぎつぎと移動して効率的に作業できる

◆平ホゾのオスを刻む

❶まずは、ホゾの縦方向からカットする。横挽きを先にして切り込み過ぎてしまうと、木材の繊維が切れて強度が落ちるからだ。❷丸ノコで切り残った部分を手ノコで切る。手ノコは手前に引くときに力を入れるようにできているので、材料をウマの上に乗せ、ノコを下に引くときに力を入れると楽だ。❸丸ノコの歯の出幅を調整して横挽きする。切り込み過ぎないように調整し、切り残してしまったら手ノコで仕上げればよい。❹まずはこのようなホゾができ上がるが、この後さらにホゾの幅を決める切込みをする。このとき、下のイラストのような治具（じぐ）を自作しておくと便利だ。❺治具を材木の上に乗せ、ビスを打って仮固定したら、治具のスリットに添って手ノコで切っていく。❻梁と桁の交差部に柱が来る場合、ホゾの上端は先端を細くした「2段ホゾ」にする。先端側のホゾのサイズは、30×30mm、長さは80mmが目安だ。❼また、柱の下端のホゾは、土台を貫通して基礎（パッキン）まで届くようにするのが鉄則。ホゾが貫通してないと、建物の荷重で土台が圧縮されてつぶれる可能性があるのだ

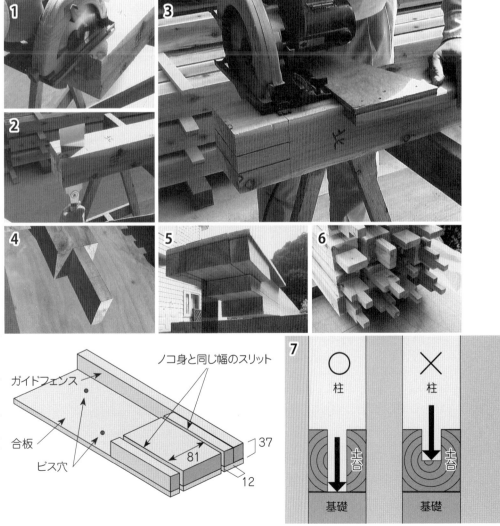

用語解説　木殺し▶ホゾをハンマーなどで叩いて圧縮し、接合しやすくすること。組んだ後に木の復元力でホゾが膨らみ、接合力が強化される。

◆相欠き（渡りアゴ）の刻み方

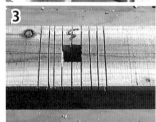

桁の加工を例に見ていこう。❶最初に柱のホゾを入れるためのホゾ穴（30×30mm）を刻んでおく。角ノミを使えば一発だ。❷丸ノコの歯の出幅を欠き込みラインに合わせ、切り込む深さを調整して固定。❸相欠きの両端の墨の内側を切り込み、あとは適当に切り目を入れる。❹横からノミで欠き取る。丸ノコの歯が通った跡がなくなるまでノミでさらうと、欠き取り面を水平にできる。最後は長さ方向に、玄能を使わずノミを手で押すときれいに仕上がる。❺柱に乗せた梁に、さらに桁を乗せた状態。柱の2段ホゾが梁と桁の交差部を貫通しているが、さらに桁から梁をはさんで柱に羽子板ボルトで引っ張ると、より強力に緊結される

◆「垂木掘り」について

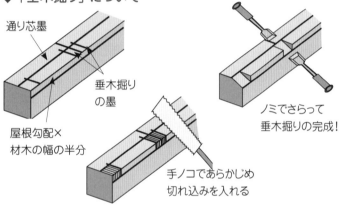

母屋や桁と垂木の交差部は、垂木を安定させるために欠き取り加工をする。屋根勾配と同じ傾きにするので、たとえば屋根勾配が5寸（10分の5）、母屋の幅が3寸5分（105mm）だとすれば、垂木掘りの深さは、0.5×105÷2＝約26mmとなる。あらかじめ手ノコで5～6本の切り込みを入れ、ノミで上下からさらう

◆「腰掛け鎌継ぎ」の刻み

❶まず、平ホゾと同じ要領で30mmの角ノミで鎌首の真っ直ぐな部分に穴を開ける。角ノミ本体を乗せるために、材木の端部を長めに残しておくと作業しやすい。❷腰掛け部を加工した後、滑り勾配を加工するために鎌首の内側に墨付けする。❸ベニヤなどで定規を自作しておくと便利。❹先端まで歯の付いたノコギリでカット。滑り勾配を加工することで鎌首がはまりやすくなり、入れるにしたがってオスとメスがしっかりと吸い付くわけだ。❺鎌の斜めのラインをノミで取り去ってメス側の完成。❻オス側は176ページと同様の方法で加工すればOK。念のため、仮にはめてみれば上棟時のトラブルを防ぎやすい。きつくて入らない場合は、オス側を削って微調整する

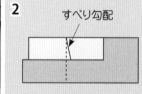

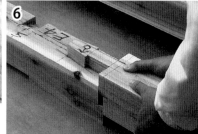

STEP 07 「棟上げ」の手順とコツ

いよいよクライマックス。軸組み構法ならではの感激を味わおう!

　すべての構造材を刻み終えて、基礎も完成したら、いよいよ部材を組み上げる「棟上げ＝上棟(じょうとう)」だ。軸組み建築ならではのクライマックスともいえる工程なので、ここはぜひとも準備万端整えて、緊張感を保ちつつも楽しみながら作業してみたい。

　今回のような平屋の小規模な建物なら、棟上げはそれほど難しくはない。よほど太い梁でも使っていない限り、材料はすべて人力で持ち上がるのでクレーンも無用だ。とはいえ、ひとりでの作業ではいろいろと苦労が伴うので、できれば助っ人を呼んでおきたい。人数がいれば1日でも十分に棟上げできるし、普通はなかなか体験できないことを友人と共有するだけでも楽しみが倍増するというものだ。もちろん、何よりも安全第一に考えて、決して無理をしないことはいうまでもない。

1, 基礎に土台を据え付ける

　土台の据え付けは、事前に寸法測定や穴あけなどの細かい作業があるため時間がかかる。もし刻みにミスがあれば、上棟作業に人手を集めていても、その日は無駄になってしまうおそれもあるから、事前に土台だけは据え付けを完了させておいたほうが安心だ。あるいは、最初に基礎を作ってしまって土台も設置すれば、そこを仮の作業台として活用することもできる。

　布基礎やブロック基礎に土台を据え付けるときは、最初に芯墨を打っておくのが基本。ただし、中心に打ってしまうと土台を据え付けたときに見えなくなるし、アンカーボルトが邪魔で打てないので、基礎天端の外側に打つとよい。このときのために、基礎工事が終わって遣り方を解体するときに、基礎コンクリートの側面に忘れずに通り芯をマーキングしておきたい。この印から、土台の幅の半分だけ外側に墨を打つわけだ。

　続いて、土台にアンカーの位置を写し取る。長さ方向の位置は現物合わせでいいとして、幅方向の位置は墨線からアンカーボルトまでの距離を測って求める。ただし、アンカーボルトは必ずしも基礎のピッタリ中央に立っているわけではないので、左右のズレも写さなければならない。土台の材木自体が曲がっていることもあるので、材料の端からの距離ではなく、中心線からどれぐらいズレているかを測って写し取ると正確だ。

　アンカーの位置は土台の下面に印し、下面からドリルで穴を開ける。上面からあけると穴がズレてしまう恐れがあるためだ。より完璧を期すなら、上下から半分ずつあけるといい。

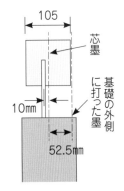

たとえばこの例では、アンカーの位置が基礎外側の墨から62.5mm内側にずれていたので、通り芯からは10mmずれていることになる。この場合は、土台の下面に芯墨から10mm内側に寄った位置に穴をあければよい

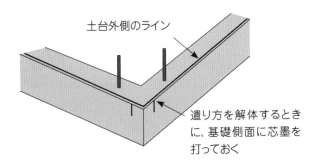

土台外側のライン／遣り方を解体するときに、基礎側面に芯墨を打っておく

ボルト穴は、土台の下側からあけるのが基本。ドリルビットは、直径15mmのロングビットを使おう

用語解説 布基礎▶逆T字型をした断面形状の鉄筋コンクリート基礎。小屋の場合は、簡易的なブロック基礎(263ページ)も多用される。

土台を設置する場合は、基礎との間に「パッキン」を入れておくと床下の通風がよくなり、土台を長持ちさせるためには有利だ。柱の下、継ぎ手の下、アンカーボルトの位置、コーナー部分などには必ず敷きこみ、その他の場所は１ｍ間隔以内に敷くとよい。

基礎パッキンはホームセンターでも売られているし、ネット販売で１枚100円以下で手に入る

土台の収め方はコーナーの仕口のタイプによって違ってくるが、82ページのような蟻落としの場合は上から落とし込むだけなので１本１本順番に据え付けていけばいい。継ぎ手は、♀木を先に収めて♂木を上から被せる。

84ページのタイプの場合は、あらかじめ土台を組んでから据え付けることになるので作業には人手が欲しい。組み合わせた土台をみんなで持って、アンカーボルトを穴に挿し込んでから落とし込む。このとき、基礎の上のところどころに角材や板切れを乗せてスペーサーとし、その上に土台を乗せてからやると楽だ。そして、角材や板切れを１枚ずつ抜いていく。アンカーボルトがうまく穴に入らない場合は、横からアンカーボルトの先端をコンコン叩いてやればスポッと入ることが多い。

なお、防腐処理済みの土台なら要らないが、無垢材の場合は、あらかじめ防腐剤を塗っておく。

2, 柱・梁・桁を組む

すべての土台を据え付けたらアンカーのボルトをしっかりと締め付け、あとは柱を立てて梁・桁を順にはめ込んでいけばよい。このとき、仮床の上に高さ1.6～1.8ｍ程度の足場があると、梁や桁がちょうど作業しやすい高さにくる。足場は、脚立２台に丈夫な板を掛け渡したものでもいい。

まず、柱を立てる場合は、柱のホソを土台のホソ穴に差し込み、イラストのように土台の軸方向に柱を小刻みに揺らすと少しずつ下がっていく。カケヤで上から叩く

より効率がよく、上のホソを破損させる心配もない。ホソの先端部は穴に入りやすいようにカドを取っておくといい。また、柱の下端側には必要に応じて防腐剤や防蟻剤を塗っておく。

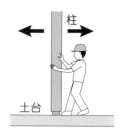

柱を立てたら、その上に梁と桁を乗せかけて上からカケヤで叩き込む。ただし、部材によっては強く叩くと破損しやすい箇所もあるので注意！

仮床の上でカケヤを使う場合、脚立の上は不安定なので、①のように平面のある高さ1.5ｍ前後の足場を利用したい。あるいは、柱の端材で逆さカケヤを自作し、②のように床から直接叩きこむ手もある

桁などの継ぎ手のある部材は♂が♀の上に乗るので、組む順番は♀木が先で♂木が後になる。したがって、部材の割り付けの段階で上棟の手順を考えておく必要がある。一般的には敷地の奥のほうから順に組み立てていくので、組み立て手順を考えながら継ぎ手の♂♀の配置を決めてやろう。

柱のホソに梁を組み込み、さらに桁を渡りアゴで乗せた「折り置き組み」。ホソがうまくはまったら、上からカケヤで叩き込む

横架材で継ぎ手がある場合は、♀側の下木を先にセットしてから、♂側の上木を収める

用語解説 防蟻剤▶ぼうぎざい。シロアリ除けの薬剤。我が家の建物には、人体に影響しにくいとされる「ホウ酸」を利用している。

3, 柱の垂直を調整する

　柱・梁・桁まで組み上げたら、羽子板ボルトなどのボルト類をセットする。ただし、この時点ではナットを強く締めずユルユルにしておき、本締めは柱の垂直の調整を終えて仮筋交いを固定したあとで行う。

軸組み構法の場合、材木同士の接合はホゾだけでなくボルトなどの「建築金物」を併用すると、より強度的に安心できる。建築金物はホームセンターにもたくさん並んでいるし、その種類も年々多くなってきているようだ

　仮筋交い自体は建てている途中から柱が傾かないよう要所要所に打っておくが、このときは水平器で大雑把に垂直を確認しながら進める。ある程度できたところで、仮筋交いの下のビスかクギをいったん外し、本格的に垂直確認したら再度ビスを打ち直すわけだ。この場合、建物すべてを組み上げてしまうと軸組みがかなりガッチリして調整しにくいので、どこか四隅の柱を含む「コの字」ができた時点で早めに調整しておいたほうがラクだ。柱の垂直の調整方法については、27ページなどと要領は同じなので参考にしてみたい。

　なお、あとで面材を壁の外側に張っていくので、仮筋交いは壁の内側に打ちつけておけばスムーズだ。

適宜、仮の筋交いで柱を固定しながら組み上げていく。梁や桁がある程度組み込まれた段階で、柱の垂直を確認

4, 小屋束・棟木・火打ち梁

　柱の垂直の調整が済んだら、梁の上に小屋束を立て、さらに母屋と棟木を乗せれば棟上げの完了だ。

　あとは母屋と直交して垂木を架け渡し、野地板を張り、さらに防水紙のアスファルトルーフィングを張ってしまえば雨露は防げる。木材を雨に当てないためにも日程をうまく組んで、柱を立てはじめたら屋根下地の防水紙を張るまで短期間でやってしまいたい。

　「火打ち梁」は軸組みが歪まないよう水平方向に斜めに取り付ける部材。棟上げ時に取り付けるのが基本だが、その後の作業に結構邪魔になることがあるので、野地板が張られた後でゆっくりやるのも手だ。

火打ち梁は、建物の水平剛性を高めるもの。写真のような鋼製は見た目は微妙だが、安価で取り付けも簡単だ

　小屋束の取り付けは梁のホゾ穴に小屋束のホゾを差し込み、母屋を乗せて叩くだけなので簡単。仮床に置いた足場上で作業してもいいし、梁と梁との間に適当な角材を架け渡して足場とし、その上で作業する手もある。

梁に小屋束を立て、その上に母屋と棟木を乗せていく。桁と同様、下木と上木の順番を間違えないように！

5, 垂木はすき間ができないように取り付ける

　無垢の木材は多かれ少なかれ曲がりがあるので、気をつけないと垂木と母屋との間にすき間ができたまま固定

用語解説　小屋束▶棟木や母屋を支える束柱のこと。

写真の垂木は高さが60mmなので、120mmのコーススレッドで上から脳天打ちして留めている

垂木と垂木との間に「面戸板」を入れて、それぞれの上面をぴったり合わせた状態でビス留めする

されてしまい、その結果屋根が波打つことになりかねない。そうならないように、垂木をしっかりと溝の底に押し付けながら固定しよう。ツーバイ材などと違って、軸組み建築で使う垂木は高さが低いので、長いクギで真上から脳天打ちすると安定感がある。ただし、垂木の高さが60mm以上ある場合は脳天打ちでは苦しいので、インパクトドライバーでビスを打ち込むほうが楽だ。

垂木は継ぎ手を作らずに1本もので使うのが理想で、この場合は垂木の長さを地上であらかじめ揃えてから取り付けていけば、末端のラインをきれいにそろえることができる。何らかの原因で末端がそろわない場合は、あとから墨ツボで直線を引いて、そのラインをカットしていけばよいが、不安定な場所で丸ノコを使用することになるので安全には十分注意して作業しよう。

6, 屋根の下地張りは、合板使用が早い

屋根の下地の材料には、3×6判（910×1,820mm）の構造用合板を使うと1枚の面積が大きいだけに作業効率がよく、強度的にも有利だ。厚さは12mmが標準。

合板は下から順に張っていけば、上の材料は下の合板に引っかかってズリ落ちないため安定して作業できる。合板の割付けは千鳥状、つまり継ぎ目を一直線上に集中させず交互に配置するのが基本で、50mmのステンクギか45mmのコーススレッドで垂木に留めていく。クギのピッチは150mmが目安だ。

一段目を張り終えたら、軒先から少し上がった位置に適当な桟木を足がかりとして仮止めしておくと便利。こ

垂木をあとからカットする場合は、直線の墨を打ってから、丸ノコでカットしてそろえるとよい

あらかじめ、垂木の端から910mmの位置に墨を打っておけば、ひとりで合板を張るときにもズレを防げる

ここに桟木を打っておく

桟木は、垂木にビスを利かせるように留めるとよい。これがあるだけで、心理的な安心感も大きい

小屋などで屋根下の通気を考慮しなくていい建物では、屋外と室内は完全に遮断してよい。その場合、野地板を張る前に忘れずに入れておきたいのが「面戸板（めんどいた）」だ。これは、桁の上に乗せた垂木と垂木とのすき間をふさぐ部材のこと。垂木と同じサイズの材料を流用すればOKだ。

の場合、桟木を留めるビスは、必ず垂木に利かせておくことが大切。桟木の足場があると、実際に足をかけなくても、万一ズリ下がっても桟木のところで引っかかるから落ちないという安心感は効果絶大だ。

軸組み建築の場合、屋根下地にはスギの野地板も使われる。強度的には合板が有利だが、天井裏を張らずに屋根下地板をそのまま表し仕上げすることの多い小屋などでは、スギならではの独特の美しい木目を好む人は少なくないだろう。

野地板にはいろいろな規格があるが、4分（12㎜）か5分（15㎜）の厚みで、幅が4寸（120㎜）か5寸（150㎜）のものが入手しやすいだろう。相じゃくり加工されたものなら、経年で収縮してもすき間が発生しない。

スギの野地板を張るときも、継ぎ目がそろわないように千鳥にするのが基本。あらかじめ、垂木の幅を考慮して必要な長さにカットしてから屋根に持ち上げると作業効率がアップするだろう。

なお、少々手間が掛かるが、この野地板の上にさらに構造用合板を張って仕上げれば、見た目がバッチリで強度も安心の屋根にすることができる。

7, ルーフィングで雨仕舞いする

屋根の下地を張り終えたら、その上にアスファルトルーフィングを張ってしまえば雨仕舞いはバッチリ。その後は、のんびりとマイペースで作業を楽しめる。

ルーフィングは、ホームセンターで売られているロールタイプの防水紙で、表面にザラザラした鉱物粒を付着させているため上を歩いても滑りにくい。

この後の屋根の仕上げは、ツーバイ構法などの他章と同様なので、そちらを参考にしてみよう！

スギの野地板を張った状態。スギの木目と垂木とのコンビネーションがいい感じで、このまま仕上げにできる

屋根にルーフィングまで張ってしまえばひと安心だ。重なり幅を100㎜ほど確保してタッカーで留めていく

◆軸組み構法での「プレカット」について

プレカット（precut）というのは、ホゾなどの仕口や継ぎ手をあらかじめコンピューター制御された機械で加工してしまうこと。本来なら手作業で行うところをマシンですべてやってしまうのだから、これ以上簡単で早いものはない。

実際、現在の住宅建築ではほとんどがプレカットだし、個人でセルフビルド（ハーフビルド）する場合も利用することができる。その料金は、坪単価で7,000円前後が相場のようだ（材料費は別）。注文するときは、平面図や立面図、伏図、施工図などがあればベターだが、比較的小さな建物であれば、簡単な図面だけで対応してくれるケースもある。どこにどんな材料を使うのかについても、業者に相談してみるといいだろう。

ウチの自宅をハーフビルドしたときも、プレカットを利用した。加工精度にムラがないので、強度的にも安心だ

用語解説 表し▶あらわし。本来なら下地になる材料を、そのまま見える状態で仕上げること。軸組みの場合、梁や垂木を表し仕上げするケースも多い。

STEP 08 面材とサッシの取り付け

耐力壁を「面材」で仕上げる方法と、サッシまわりの雨仕舞いのポイント

　前述したように、軸組み構法の耐力壁は面材で仕上げるのが簡単確実だ。面材に使用する材料としては、構造用合板や耐力壁専用の構造パネルなどがある。パネルについては、いろいろな種類が市販されているのでカタログなどで特徴を調べて選ぶといいだろう。面材の取り付けは、クギ打ちが基本。プロの職人はエアネイラーを使用するが、我々素人はハンマーで打っていこう！

　サッシの入れ方については他章でも紹介しているが、ここでは軸組み構法での下地枠の作り方、そしてサッシ枠を入れてからの雨仕舞いの方法と通気胴縁の取り付け方を解説しておこう。サッシ枠の取り付け自体は、木ネジで固定するだけなので簡単だ。

◆耐力壁に使用する「面材」の種類

面材はツーバイ構法で使用する構造用合板のほか、写真のような専用パネルも使われる。優れた防腐防蟻性を持つタイプ、合板より透湿抵抗が低く、壁内の湿気をスムーズに排出してくれるタイプなどがあるので、カタログなどを調べて選んでみたい

◆間柱の入れ方

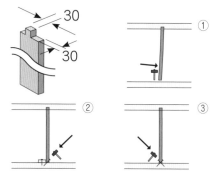

面材を張るための間柱をホゾで入れる方法。❶間柱下端の位置を合わせ、❷ズレないように板切れを仮留めして、反対側から75mmクギを斜め2本打ち。❸そして、その反対側からクギ1本打ちで固定する

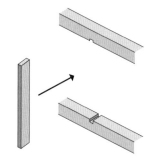

こちらは間柱を溝に差し込む方法。土台や桁には間柱の厚さ分、深さ15mmくらいの溝をつけておく。間柱には何の加工も必要なく、横からはめ込み両側から斜めクギ打ちで固定する。間柱を入れたり抜いたりが簡単だ

◆「耐力面材」の取り付け方法

1

2

5

3

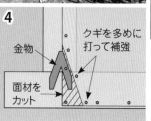
4

❶面材を取り付けるときは、間柱がたわまないように内側から適当な板材をビスで仮留めしておくとよい。❷面材の取り付けは、50〜65mmの鉄クギ(N)やツーバイ用のコモンネイル(CN)をハンマーで打ち込んでいく。❸クギの間隔は面材の周囲で100mm、中央部で200mm、面材の端部との距離は12mmが基本だ。❹軸組みに金具を使用している場合は、面材の端をカットして取り付ける。その場合、欠損を補うためにクギを多めに打っておくとよい。❺木質パネルは湿度によって微妙に伸び縮みする場合があるので、メーカーの施工要項ではパネル同士の間隔を2mm程度あけて張っていくように指定しているケースもある

用語解説 エアネイラー▶コンプレッサーの空気圧を利用してクギを打つ「エアツール」の一種。あると便利だが、少々高価になる。

◆サッシの取り付け方法

❶サッシを入れる木枠を作る

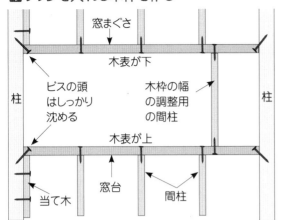

サッシを入れる枠（窓台や窓まぐさ）は、間柱よりも太めの45mm厚の材料を使いたい。柱に取り付けるときは、いったん当て木をビス留めし、それに合わせて枠を水平に突きつけ、斜めにビス留めすると簡単だ。このとき、81ページで解説したように、木表を内側にすることが大切。木枠全体のサイズは、サッシ枠よりも数mm広めにしておくと、サッシを収めやすくなる

❷サッシを枠に設置する

面材を使用する場合は、合板やパネルを枠に張ってから、サッシ枠を入れる。取り付けは、木枠とのクリアランスやサッシ枠の垂直を薄いクサビなどで調整してから、付属のビスで留めればよい

❸サッシまわりに防水テープを貼る

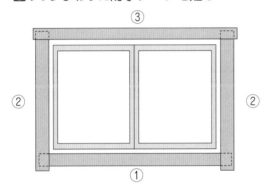

サッシの「ツバ」の部分に両面粘着の防水テープを貼り、このあと張る防水透湿シートを密着させて、サッシまわりからの水の浸入を防ぐ。雨仕舞いを考慮すると、テープを貼る順番は①、②、③の順になる

❹防水透湿シートを貼る

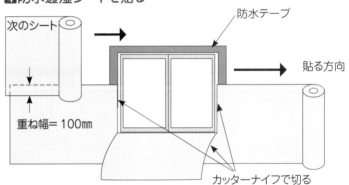

シートは幅1mでロール状になっているので、これを面材にタッカーで打ち留める。シートの上下は100mm以上、横方向は150mm以上重ね、出隅や入り隅は二重になるようにする。サッシまわりでは、さきほど張った防水両面テープに密着させ、サッシに沿ってカッターナイフで切り取る

❺胴縁を取り付ける

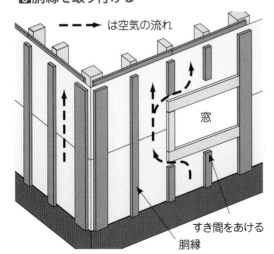

防水透湿シートの上から厚さ18～20mm程度の胴縁を取り付ける。それぞれの間隔は455mm程度。サッシまわりにも外壁下地として胴縁をぐるりと取り付けるが、縦胴縁との間を40mmほどあけておくと、空気の流れを遮断しない

外壁材が縦張りのときは胴縁は横に、外壁材が横張りのときは胴縁は縦になる。写真の例ではスギ板の下見張りで仕上げたので縦胴縁だ。横胴縁の場合は長さ1,800mmほどにカットし、30mmのすき間をあけて張る

用語解説 通気層▶壁内や屋根内に設ける空気の通り道のこと。通気層を設けることで、木材の腐れやカビの発生などを防ぐ効果がある。

Technical Note

◆「ハーフビルド」で、楽しい作業だけチャレンジしてみよう！

「ハーフビルド」というのは、家作りの一部をプロの業者に依頼して、残りを自分たちでセルフビルドしていくスタイルのこと。たとえば、専用の道具が必要だったり、危険を伴う作業などは外注してしまうわけだ。

ウチの自宅も、基礎や駆体、屋根工事、そして内装の一部や設備工事などは業者にお願いして、構造材に使った丸太の刻み、外壁仕上げ、室内の間仕切り工事や内装仕上げ、デッキ作り、設備工事の一部などを自分たちで行った。技術的に難易度が低くて、素人仲間にも手伝ってもらえたので、かなり楽しく家作りができたと思う。また、建築費もかなりの節約になった。

ウチの場合、地元の工務店と契約するさいにハーフビルドをする旨を伝えておいたので、作業する内容やスケジュールについては詳細に相談しておいた。これをしないと責任の所在があいまいになって、思わぬトラブルになりかねない。とくに、現在の住宅建築では完成引渡しから10年間の保証が義務付けられているので、素人である施主側の施工が原因でトラブルになることを避けたいと考える工務店は多いのだ。

また、工務店に一括依頼せずに、工事ごとに別々の業者と直接契約する、いわゆる分離発注という手段もある。この場合、施工者＝施主（自分）となるので、契約上のトラブルは発生しないが、何らかの瑕疵があったときは自分で各業者と交渉する必要がある。また、業者探しや価格交渉、各工事のスケジュール調整などは結構面倒くさいと感じる人もいるだろう。

とはいえ、ある程度の規模の建物なら、強度を左右する駆体部分だけでもプロに任せると気分的にはかなり安心。予算と時間との兼ね合いで、ハーフビルドを検討してみるのもいいと思う。

これは、知人がハーフビルドした軸組み構法の小屋。駆体までをプロの大工に作ってもらい、その後の屋根工事、外壁仕上げ、内装工事、そしてアプローチ作りなどは、すべて自分たちで行っている。建物の重要な部分はプロにお願いして、強度的に建物に影響しない仕上げや外構をじっくりと時間をかけながら納得いくまで作り込んでいくのも、セルフビルドの素晴らしいスタイルだと思う

駆体は、一部を掘っ立て式にした軸組み構法。もちろん、ここも自作できなくはないが、プロの大工に任せれば、強度的にはとても安心できる

外壁は廃物の木製パレットを細かく刻んで、木製タイルのように張っていった。こうした工夫次第で、セルフビルドは限りなく安く、限りなく楽しくなるのだ！

第3章

限りなく"安く、早く"作る「掘っ立てスタイル」のマルチ小屋

10万円で作る 12坪のマイ工房

DIYが趣味なら、ぜひとも欲しくなるのが「夢のマイ工房」だろう。
私自身も3棟目の小屋として庭に作ったのは、
書斎やバーベキューハウスとしても活用できる多目的な12坪（24畳）の広い工房だった。
その作り方ノウハウの一部始終を、ここに一挙大公開!!

第3章◆10万円で作る12坪のマイ工房

STEP 1 ◆難易度＝★★☆☆☆　◆作業日数＝適宜

まずは、構想を練ってみる

できるだけ安く、できるだけ早く作る。その結論は、超快適に使える「掘っ立て小屋」だった……

掘っ立て方式の建物は、必要最小限の工具と知識で建てられる。多少の誤差も気にならないので、素人のセルフビルドには超オススメだ！

　セルフビルドには、人それぞれにいろいろなこだわりがあると思う。私にとって3棟目となった小屋作りのこだわりは、ズバリ、❶建築費をできるだけ抑えること（目標10万円！）、そして、❷できるだけ早く建てること（目標2週間！）だった。

　そこでまず考えたのが、構造材である柱や梁などに格安で買える「間伐材」を利用すること。ラッキーなことに、近所の森林組合に問い合わせてみたら、素性のいいスギの間伐材を一本100円という破格の値段で提供で

きるとのこと。さっそく、4mの長さの間伐丸太を30本入手することにした。運賃が6,000円かかったが、既製の木材を買うことを考えるとこれだけでもかなりの経費節減になったし、間伐材の有効利用ということで少しは林業への貢献につながったかも知れない。

　また、壁の材料には、近所の製材所に山積みで放置されていた端材（背板）を利用することに。こちらも、本来なら捨てられてしまう材料なので価格はタダ同然だ。

　しかし、これだけだと10万円での建設はまだまだ厳

用語解説　間伐材▶スギやヒノキなどの人工林で間引いた丸太のこと。

しい。そこで、さらに思いついたのが、躯体の構築方法を「掘っ立て式」にすることだった。掘っ立てというのは基礎や土台を作らずに、柱を直接地中に埋めて構造体を作っていくスタイル。伊勢神宮の社殿などにも見られる、昔ながらの伝統手法だ。今回はさらに床の工事を省略して土間のままにしたので、経費も工期も大幅に縮小できた。そして、内装工事もほとんど行わない超シンプルな小屋にすることで、一気に目標に近づいたのだ！

「夏涼しく、冬は暖かい」掘っ立て小屋の実力

当然、伊勢神宮などとは比べようもない簡素な建物だが、完成後の使い心地は意外と悪くない。というか、非常に快適に使えている。室内での木工作業で発生するオガ粉は、そのまま土間に落としておけば自然に土と同化して消滅してしまうし、塗料やオイルをこぼしても全然気にならないので、掃除嫌いの私にもピッタリなのだ。

さらに、ガーデニング後の汚れた靴で自由に出入りしたり、収穫した野菜も大量に備蓄できるのでかなり便利に活用している。こんな自由な使い方ができるのも、土間仕上げの掘っ立て小屋だからこそなのだ。

そして、もうひとつうれしい誤算だったのが、断熱材を一切使っていないのに真夏でも室内はヒンヤリと涼しいこと。これは、土間の表面温度が外気温に影響されにくいこと、そして、屋根裏のロフトが屋根からの熱を緩衝しているためと思われる。そのロフトも、東西に設けた窓を全開にすることで夜は涼しく寝られるのだ。

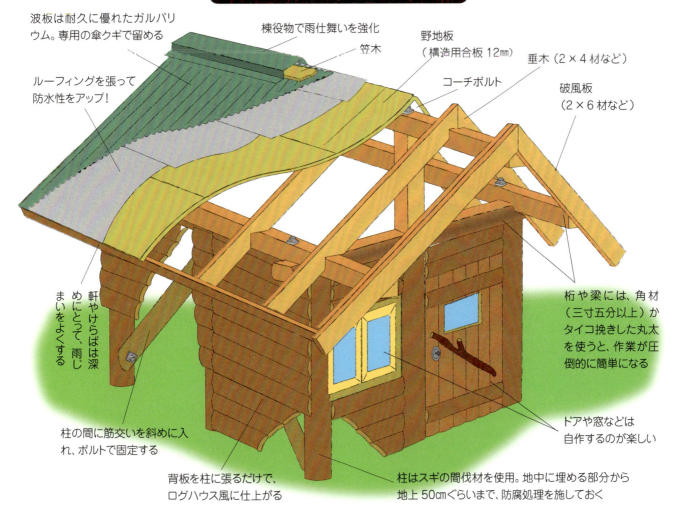

マイ工房の当初の完成イメージ

- 波板は耐久に優れたガルバリウム。専用の傘クギで留める
- ルーフィングを張って防水性をアップ！
- 棟役物で雨仕舞いを強化
- 笠木
- 野地板（構造用合板12mm）
- コーチボルト
- 垂木（2×4材など）
- 破風板（2×6材など）
- 桁や梁には、角材（三寸五分以上）かタイコ挽きした丸太を使うと、作業が圧倒的に簡単になる
- ドアや窓などは自作するのが楽しい
- 軒やけらばは深めにとって、雨じまいをよくする
- 柱の間に筋交いを斜めに入れ、ボルトで固定する
- 背板を柱に張るだけで、ログハウス風に仕上がる
- 柱はスギの間伐材を使用。地中に埋める部分から地上50cmぐらいまで、防腐処理を施しておく

用語解説 タイコ挽き▶丸太の側面を平行に挽いた材料で、断面がタイコ状になっている。

第3章 ◆ 10万円で作る12坪のマイ工房

掘っ建て小屋だからこそ楽しめる「自在空間」を実現してみよう！

ロフト＝屋根裏部屋は、ワクワクな住空間を体感させてくれる。ひとり静かにくつろぐのもよし、仲間と宴会するのもよしだ。奥側には、大人が数人寝られる

掘っ建て小屋の最大の特徴は、床が「土間」であること。とくに田舎暮らしをしていると、土足で出入りできるメリットは計り知れないものがある。将来的に一部に床を作り付けるのも楽しそうだ

　一方、真冬でも小屋の中で作業していればすぐにポカポカしてくるので、暖房設備の必要性を感じたことはない。むしろ、近年だと冬でも半袖一枚で作業できる暖かい日が増えているので、夏に快適に過ごせることを重視したほうがいいと思う。『徒然草』の一説にあるように、「家の作りは、夏を旨とすべし」なのである。

掘っ建て小屋の「弱点」をクリアする鉄則

　ところで、掘っ建て小屋を作る場合、柱を地面に埋めて立て、その柱の上に梁や桁などを組んで屋根を乗せることになる。田舎によく見られる農小屋などはこの方式が多いのだが、この方法にはひとつだけ大きな弱点がある。それが、「柱の腐れ」だ。
　ご存知のように、木材は湿潤な環境ではすぐに腐食してしまう。これは、適度な水分によって腐朽菌が急速に増殖するためだが、地面に直接柱を立てる掘っ建て方式では、それを防ぐ何らかの対策を講じておく必要があるのだ。具体的には、あらかじめ柱に十分な防腐処理を施したうえで、屋根の軒を深くして柱や周囲の地面を濡らさないことが大切。62ページで紹介している小屋の基礎もスギの焼き丸太の掘っ建てだが、屋根を大きく張り出して地表のサラサラ状態を保っているためか、15年以上経った現在でも腐った様子はない。柱はつねに乾燥した環境に置くことが、掘っ建て小屋作りの唯一にして最大の秘訣なのである。

自由自在のプランニングで楽しみたい

　建物の大きさは3坪（6畳）程度が手軽に作れると思うが、長年、田舎暮らしをしていると徐々に増えてくるガーデン用具や工作機械などを置ける広いスペースが絶対に欲しくなってくる。なので、敷地に余裕があるなら最初から大きめの小屋にするのが間違いない。
　ここで紹介していく工房も、あとから増築した下屋を含めて約5×5mの間取りにした。ロフトを含めた広さが12坪（24畳）ほどあり、1階は工房、2階のロフト部分は来客用の寝室（大人が5人ほど寝られる）兼フリースペースになっている。
　今回のような簡素な小屋では、仕上げもそれほどこだわる必要もないだろう。屋根は、垂木の上に構造用合板とアスファルトルーフィングを張ってから波板で仕上げ

用語解説　土間▶建物内で床を張らず、土足で歩ける場所。現在ではコンクリートやタイル仕上げの土間も見られるが、かつては三和土（たたき）で仕上げられた。

ればOK。波板は、ガルバリウム鋼板かポリカーボネート製を使えば耐久性も雨仕舞いも申し分ない。もっとリーズナブルにやりたいなら、垂木に桟木を渡し、その上から直接、波板を張っていくのが手っ取り早い。

壁に関しても、柱に胴縁を横に渡し、そこに板材やトタン板を縦に張っていくのが一番簡単な仕上げ方だ。あるいは、柱に直接背板を横方向に張ってログハウス風に仕上げるのも楽しい。もちろんこの場合は、屋外側に防腐塗料をしっかりと塗っておく。ドアや窓などは中古を使ってもいいし、もちろん自作するのもアリだ。

なお、この工房づくりでは設計図を描かなかった。というのも、そもそも間伐材自体がアバウトな材料だし、途中での設計変更も予想されたので、詳細な図面は意味がないと思ったからだ。その代わり、頭の中のイメージをある程度具現化するために、99ページのような簡単なデッサンを描いてみた。実際にはもっとラフなものだったが、これによって、必要な材料の種類や数量が把握できたし、作業の手順も予想することができたのだ（完成形はずいぶん違ってしまったが……）。

それでは、夢のマイ工房づくりの全工程を次項からくわしく紹介していこう！

◆マイ工房づくりの工程

躯体を作る・2日間
柱は掘っ立てとして、基礎は省略。柱や梁などの材料は間伐丸太を使用し、それぞれを丸太の筋交いで補強した。

↓

屋根を仕上げる・3日間
棟上げ完了後、雨仕舞いのために速攻で屋根をかける。仕上げ材は、施工性が抜群で耐久性にも優れるガルバ波板。

↓

階段を作る・半日
側板は太めの間伐材を半割りにして使用。そこに2×8材の踏み板をはめ込んだ。

↓

壁を張る・2日間
背板とトタンを併用。作業性はトタンがすばらしかったが、雰囲気は背板に軍配！

↓

建具を入れる・2日間
一部に中古のサッシを使ったものの、ドアやロフト窓などは自作した。やっぱり、手作りの家には手作りの建具が似合う

↓

ロフトを仕上げる・4日間
寝泊まりの利用を考えて、ロフトの壁の一部に断熱材を入れ、さらに内壁に羽目板を打ち付けた。通常の工房使用なら不要な作業だったかも……。

↓

配線工事をする・1日間
事前に第2種電気工事士の資格を取得。これで、自分が思うままの配線ができた。

↓

マイ工房の完成！

縄文古墳に見る「掘っ立て小屋」の実力

掘っ立て式の建物の発祥は、縄文時代前期といわれている。有名なところでは、青森県・三内丸山遺跡で発掘された巨大な6本柱の遺跡や高床式の小屋があるが、柱の太さに関係なく強度を保つことができ、しかも比較的簡単に作ることが可能なことから、中世～近代に至るまで全国各地で建てられてきた歴史がある。

今回私が使った間伐材は、細いといっても地面に埋める部分の直径が15cmほどあるから、強度的には軸組み構法の材料としては極太の5寸柱にも匹敵する。よほどのことがない限り、耐震性は問題ないだろう。また、今回は1階を土間にしてロフトだけに床を張ったが、写真のように高床式のスタイルにすれば居住スペースとしても十分に使えると思う。アイディア次第でさまざまなスタイルを楽しめる掘っ立て小屋は、侮れない実力を秘めていたのだ！

三内丸山遺跡で復元された掘っ立て小屋。この潔いバランスのよさと力強さを見ると、丸太を地中に立てた掘っ立て小屋は理にかなった建物なのだと確信できる

用語解説 ガルバリウム鋼板▶アルミ亜鉛合金メッキ鋼板のこと。サビや腐れに強く、耐用年数は30年とされる。

◆マイ工房の構造図　（*単位はmm）

【正面】

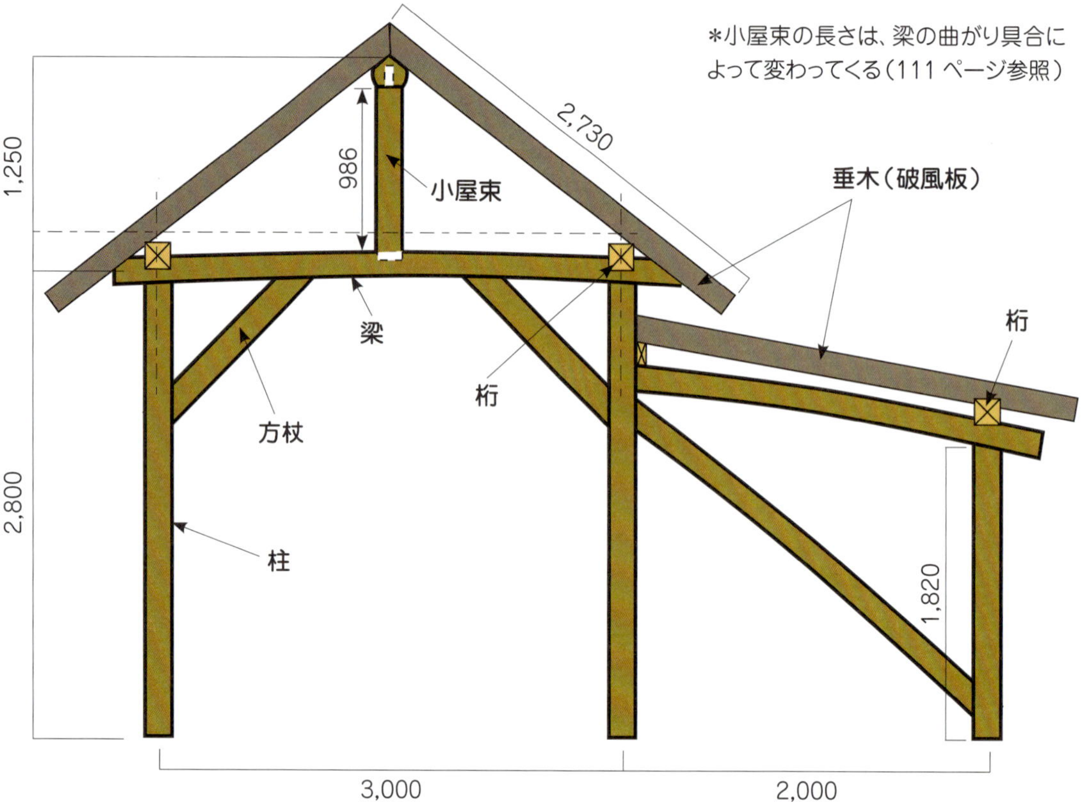

*小屋束の長さは、梁の曲がり具合によって変わってくる（111ページ参照）

- 1,250
- 986
- 2,730
- 2,800
- 1,820
- 3,000
- 2,000

垂木（破風板）
小屋束
梁
桁
方杖
柱
桁

【横面】

- 2,000
- 2,050
- 2,500
- 2,500

棟木
桁
垂木
梁
柱
ロフトの床梁
筋交い

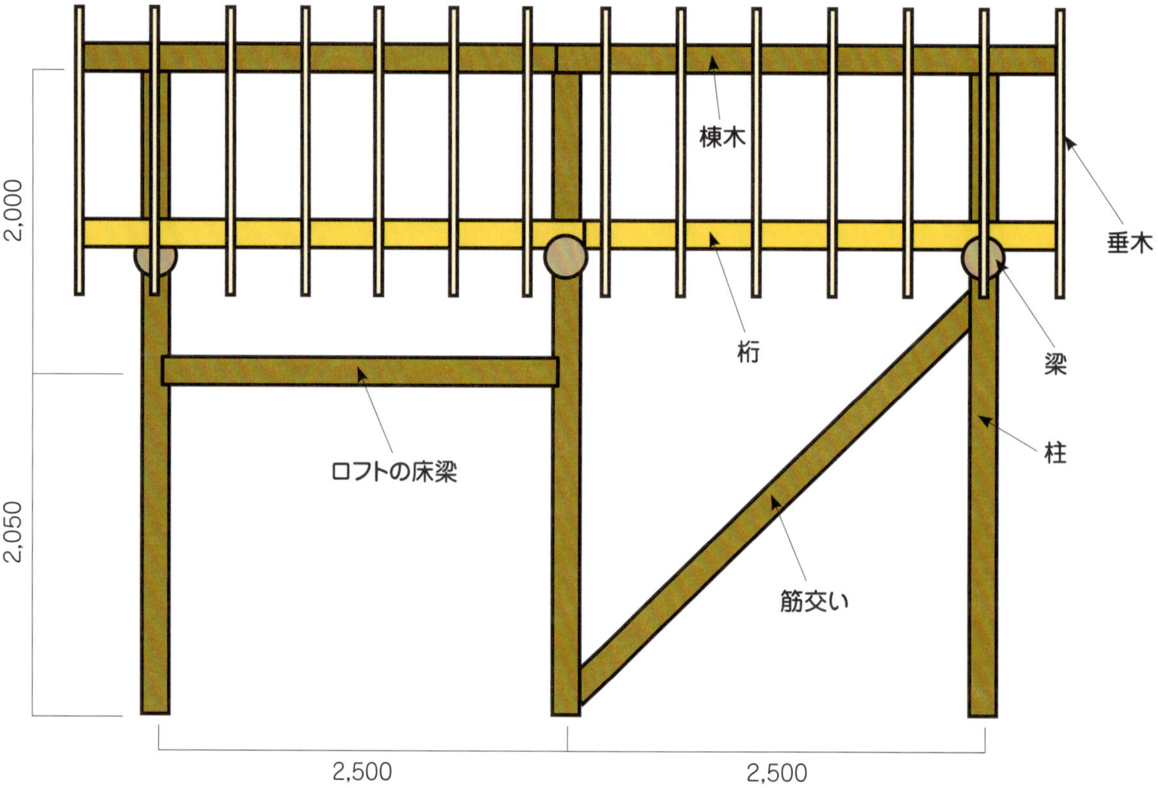

用語解説　床梁▶床を支えている梁のこと。上の例の場合、床梁の上に根太を渡して、ロフトの床を張ることになる。

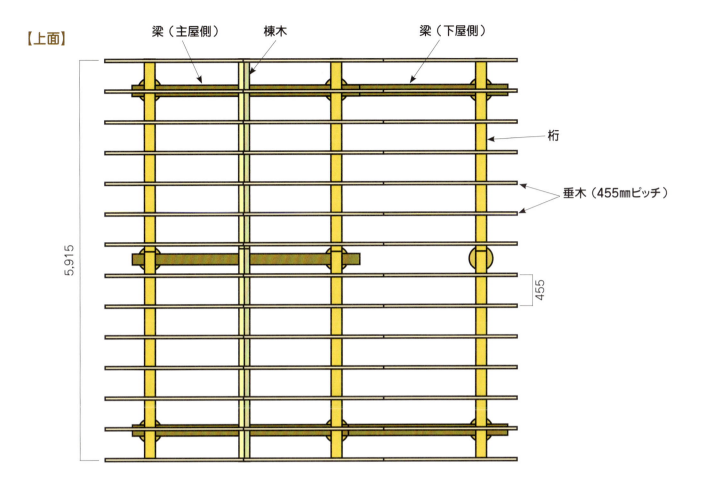

掘っ立て式なら大きめの小屋も簡単！

　実際には図面を描かずに作ってしまった掘っ立て小屋だが、参考のために使用した部材を拾い出しつつ、あらためて施工図を描いてみた。構造としては、柱の上に梁や桁を乗せていくので「軸組み」の建物といえるが、この図面で構造体となる丸太の長さや本数などもイメージしやすくなると思う。

　この小屋を作り始めた当初は、ウチにある中古のユンボ（油圧ショベル）を格納することを考えていたため、主屋側の壁は2.8mとかなり高く設定した。結局は、もうひとつ別に掘っ立てのガレージを作ったのでユンボを格納する必要はなくなったが、結果的に工房内は広々とした空間になり、ロフトも有効スペースが広がった。間伐の丸太材はかなりの強度があるので、どうせ作るなら壁は高めにすることをオススメする。

　掘っ立て柱の間隔は2.5〜3mほどとして、間口方向には間伐丸太の梁、奥行き方向には4寸角の桁を乗せた。113ページでも解説しているように、「桁を角材にする」ことで作業効率は格段によくなるのだ。

　柱と梁は方杖で補強し、さらに一部に筋交いも入れたが、柱が地中に埋まっている部分をしっかり固めてしまえば、これらを省略しても強度的には問題ないと思う。むしろ今回の場合だと、強度アップに貢献してくれたのはロフトの床梁や増築した下屋の部分だった。これらの構造材が筋交い的な役割を果たし、建物全体の剛性が一気に高まった実感を得られたのだ。

　建物の広さとしては、ロフトを含めて12坪ほどある。小屋と言ってもちょっとした「家」ぐらいの大きさなので、「こんなに大きいと作るのが大変じゃない？」という疑問が湧くかも知れないが、私の感想としてはツーバイ構法で6畳の小屋を作るのと同じぐらいか、もっと簡単だったといえる。それほどに、掘っ立てスタイルの小屋というのはイージーに作れるのである。

必要な材料とツールをそろえる

STEP 2 ◆難易度＝★★☆☆☆　◆作業日数＝適宜

森林組合や製材所、そしてホームセンターをフルに活用してみたい

　今回、構造材に使用したスギの間伐材は、太いほうの直径（元口）で15～17cm、細いほう（末口）で12cm程度。掘っ立て小屋の材料としては必要十分だ。

　問題は入手方法。さしあたって思いつくのは森林組合からの入手だが、日頃の取引がない素人には、なかなか売ってくれないと思っていたからだ。ところが、最寄りの森林組合に電話してみたところ、4m材を一本100円で譲ってくれるという。さらに、ほかにいくつかの森林組合にも電話してみると、そのすべてが販売OKの返事だった。もはや、森林組合も業者だけを相手にしている時代ではなくなっているのだろうか？

　結局、相見積りをとって、一番素性のいい丸太を扱っていた最初の森林組合から入手することにした。本数は30本で、現場までの運賃は6,000円。運賃のほうが高くなってしまうという事実が、現在の国内の林業不振を物語っているかも知れない……。

　壁材に使った背板は、製材所に交渉してみたところ、幅を一定にそろえてカットしてくれた状態で、軽トラックの荷台に山積みで2,000円。まさに「宝の山」だ。ちなみに、前出の森林組合では、バーベキュー用の薪として背板を販売しているとかで意外と値段が高かった。その他の材料類は、すべて近所の（といっても車で30分かかる）ホームセンターで調達できた。

　道具類としては、さしあたって間伐材を加工するためのチェーンソーが欲しいところ。普通の手ノコでも作業できなくはないが、私のように田舎暮らしをしている人なら、ガーデン作業や薪作りなどで今後も活躍してくれるので買っても絶対に損はしない。ほかのツール類も最初からそろえてしまうのが理想だが、予算に応じてホームセンターのレンタルも利用するといいと思う。

「間伐材」の利用価値は無限大！
間伐材というのは、スギやヒノキの人工林で間引いた丸太のこと。直径30cm超の太い間伐材もあるが、私が入手したスギ丸太は太さの平均が12～15cm程度。掘っ立て方式の軸組み建築には手頃な材料だ。使用本数は、下屋の増築部分も含めて30本ほど。なお、間伐材は樹皮をむいて（ピーリング）から使うのが基本。皮の軟らかいスギ材なら手や竹ベラなどでむけるが、皮が硬いときは専用のナイフ（139ページ）やカマでむけばよい

「背板」は製材所で入手
今回、間伐材以上に大活躍してくれたのが「背板」だ。壁材として張るとプチログハウス風になってくれるし、施工もビス留めするだけで超便利。色褪せたり腐れが発生したら、その部分だけ簡単に取り換えが可能なのもうれしい。さらに、何といっても値段の安さだ。今回は、長さ2m、幅150～180mm程度のものが、軽トラック山積み（約100本）で2,000円だった。小屋作りだけでなく、ガーデン工作の材料としても利用価値大だと思う

◆材料はこれだけあれば、家が一軒建てられるぞ！

使用部分	材料	個数	金額
柱、梁、小屋組み	スギ間伐材（平均12cm径、運賃込み）	4m×30本	9,000円
壁	背板（160mm幅）	2m×200本	4,000円
〃	間柱（30×105mm）	3m×35本	8,400円
〃	壁トタン（9尺）	8枚	13,440円
小屋組み	2×4材	12フィート×28本	14,840円
〃	構造用合板（1,820×910×12mm）	26枚	15,080円
〃	スギ柱（四寸角＝12mm角）	4m×6本	11,700円
屋根材	ガルバリウム波板（8尺）	20枚	35,840円
〃	アスファルトルーフィング	1巻	3,600円
〃	ポリカ波板（8尺）	2枚	3,660円
〃	水切り（ガルバ板）1.8m	16本	5,280円
建具（窓用）	アクリル板（910×910×3mm）	1枚	2,460円
〃	ツインカーボ（910×910×4mm）	1枚	1,680円
その他	金物類、塗料などの消耗品	適宜	6,520円

柱や梁といった材料は、格安の間伐材をフル活用。とはいえ、私の経験だと小屋作りの材料費で大きなウエイトを占めるのは、「屋根材」「壁材」「建具」だ。今回、屋根材は快適さを損なわない前提で必要最小限の材料しか使っていないが、それでもそこそこの材料費がかかった。壁材に関しては「背板」を使うことで、大幅に経費削減に繋がったと思う。窓やドアなどの建具についても、自分で作ったり、もらいものを活用。結果、目標の10万円は超えてしまったが、なんとか15万円以内に納めることができた

構造用合板

ツーバイ構法ではおなじみの材料だが、屋根の剛性アップを期待して下地材に使用。厚みは12mm。なお、ドア作り用には、厚さ9mmの合板を使用している

間柱

主に軸組み構法で壁の下地材として使用するが、今回は間伐材の柱に横に取り付けて使ってみた。ツーバイ材よりも安くて、使い勝手も申し分ない

ガルバリウム波板

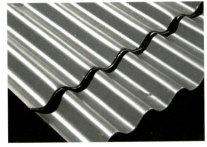

耐久性に優れたDIY向きの屋根仕上げ材のひとつ。より安価なトタン波板もあるが、耐久性が低く、錆びやすいので、海の近くにある我が家では却下！

ツーバイ材

屋根の垂木やロフトの根太として、2×4材を使用。壁の下地用には、規格が似ていて安価な間柱で代用している。こうした規格材は、やっぱり使いやすい

羽子板ボルト、コーチボルト

今回、柱や梁を組むのに大活躍してくれたのがボルト類だ。写真は25cm長の羽子板ボルト、それを留めるための10cm長のコーチボルト、仮留め用の太クギ

カラートタン

外壁材として使用。最初はすべての外壁を背板で仕上げるつもりだったが、時間的にはトタン張りのほうが圧倒的に早く施工できた

◆使用した主な道具類

❶チェーンソー。間伐材などの細い丸太を加工するなら、小型タイプでOK。写真は排気量が38ccの国産品で、軽くてとても使いやすい。薪作りやガーデニングなどにも重宝しているほか、ちょっとした木工でも大活躍している。先端の細いカービングバーを装着しておけばキックバックの危険も少なくなって、さらに快適な作業が楽しめる。くわしい選び方は、138ページを参考に。❷インパクトドライバー。❸トリマー。❹丸ノコ。❺カケヤ。❻バール。❼ノコギリ（手ノコ）。❽タッカー。❾ハンマー。❿ラチェットレンチ。⓫ディスクサンダー。⓬電気ドリル。⓭サシガネ。⓮水平器（レベル）。⓯ノミ（10mm、30mm）。⓰下げ振り。⓱クギ締め。⓲メジャー。⓳墨ツボ。⓴チョークライン。㉑カッターナイフ。このほかの必需品としては、足場となる脚立、クギやハンマーなどを身につけるための腰袋、防護メガネや革手袋といった安全装備などがある。最初からすべての道具があれば理想だが、とりあえずは許される予算内でそろえていくのが現実的だろう。具体的には、手道具一式とインパクトドライバー、丸ノコがあれば何とか作業できるはずだ（できれば、チェーンソーも欲しいが……）

◆用意したい役立ちアイテム

【パックマン】

まさに、掘っ立て小屋づくりの必須ツールといえるのがコレ。ふたつの細長いスコップを向かい合わせにしたもので、直径の小さな穴を深く掘るのに非常に適している。正式名称は不明だが、ウチの近所のホームセンターでは「ダブルスコップ」の名で販売されていた

【ウマ】

材料を加工するときの必需品が「作業台＝ウマ」。写真は間伐材や背板などをビス留めしただけの簡単なウマだが、大いに役立ってくれた。材料が股下〜腰高の位置にあると作業しやすいので、できればいくつかの高さの作業台を2脚ずつ作っておくとよい

用語解説 キックバック▶チェーンソーや丸ノコなどの刃の先端が異物にぶつかって、その拍子に自分のほうへ跳ね返ってくる現象。

STEP 3　◆難易度＝★★★☆☆　◆作業日数＝2〜3日

柱を立てて小屋の躯体を作る

基本は「軸組み構法」。ホゾの加工は手ノコとノミを使うと確実だが、ボルト留めでもOKなのだ！

　掘っ立ての建物を作る場合、当然ながら実際の作業でまず重要になるのが柱を立てる工程だ。

　ここで気になったのが、的確な「柱の間隔＝スパン」。通常の軸組みの建物の場合だと、柱の間隔は一間（約1.8m）が基本になる。しかし、知り合いの大工に聞いてみたところ、今回の小屋のように屋根にそれほど荷重がかからず、かつ、梁を丸太の状態で使う場合は「二間（約3.6m）は飛ばせる」とのことだった。丸太というのは同程度の太さの角材よりも粘り強い性質を持つので、これを梁として使えばかなりの強度を発揮するそうだ。実際、建築中も小屋がぐらつくことはなく、建築後の現在もまったく問題なく屋根を支えてくれている。

　柱を地中に埋めるときの束穴の深さは、50〜70cmほど欲しい。この場合、穴の直径は柱の太さギリギリに掘るのがコツ。これによって、柱のグラつきが最小限になる。前述のパックマンをフルに活用してみたい。

　柱の高さと壁方向の通りを合わせやすくするためには、あらかじめ束穴の底に捨てコンを打って、この時点でレベルを出してしまうのもいいだろう。同一レベルの捨てコンに同じ長さの柱を並べていけば、柱の天端がピッタリそろう理屈だ。

　また、バラバラの太さの丸太材を柱に使っている場合は、壁の通り芯に柱のセンターを合わせるのではなく、丸太の外面をそろえてしまったほうが外壁の収めがラクになる。まあ、掘っ建て方式では多少の誤差は気にしないぐらいの感覚も必要なのだが……。

ボルトでの補強が簡単で確実

　すべての柱を立てたら、その上に梁と桁を渡していく。柱との接合はホゾ組みにするのがベストだが、単なる突き付けにしてコーチボルトと羽子板ボルトで締め付けてもいい。ホゾを加工する場合は、ノコギリとノミを使うのが安全確実。とはいえ、せっかくチェーンソーを購入したのなら、ぜひともチェーンソーでの加工にもチャレンジしてみたい。桁や梁をセットしたら、補強材として筋交いや方杖を斜めに入れると全体のグラツキがなくなり、強度的にも安心できる構造体となる。

　なお、桁に関しては無理して丸太を使わずに、角材やタイコ材を使うほうが加工や仕上げ材の収めは断然ラクになる。今回も4寸角材を使用した。いずれにしても桁の間隔は小屋組みの基準となるので、できるだけ正確にセットしてみたい（今回の場合は3,000mm）。

これが柱を立てて、梁と桁を載せた状態。筋交いも数本入れてあるが、柱を地中に埋めて梁と桁をガッチリと緊結しているので必要なかったかも知れない

第3章◆10万円で作る12坪のマイ工房

◆柱を立てる……簡易測量を行って、できる限り正確に柱を並べよう！

1. それでは、さっそく作業を始めてみよう。まずは、小屋を建てる場所を整地し、建物の位置と向きを決める。今回は間口が3m、奥行き5mの長方形なので、ピタゴラスの定理（170ページ）で対角線が5.83mになればコーナー部分が直角になる。
2. 各コーナー部分にチョーク粉でマーキングする。ここが柱を立てる位置だ。
3. マークを中心として、直径20cm程度の穴を掘る。前述のパックマンを使うと便利。
4. 穴の深さは、柱の高さの2.5～3割が目安。今回は柱高が2.8mなので、深さを70cmにした。
5. 柱の下端側は防腐塗料を施すか、表面を焼き焦がして腐れを防ぐ（62ページ）。
6. 穴に砕石を5～10cm入れて棒で突き固めた後、柱を立てていく。埋設分を含めて、長さ3.8m程度の丸太を使えばOKだ。細い間伐材は軽量なのでひとりでも作業できるが、助っ人がいるとラクだし作業も楽しい。
7. 柱はこのようにして地中に埋める。土に砕石を混ぜることで、柱の固定がより強固になるのだ。柱の基部をすべてコンクリートで固めてしまう方法もある。
8. 実際に、柱を穴に立てた状態。なお、この段階では完全に穴を埋め戻さないことがポイント。柱に梁や桁を乗せるときに、多少なりとも柱を揺らせるほうが、収めがやりやすいためだ。
9. 柱の仕上がり高は2.8mなので、ホゾの加工部分を含めてこの時点で高さが3mほどあればOK。さらに、奥行き方向の中央にも柱を立てる。
10. 計6本の柱を立てたら、ツーバイ材などを仮の筋交いとして、柱同士をつなぐようにビス留めしておこう！

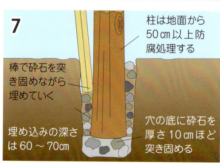

◆梁と桁、筋交いを柱に組み込む……「羽子板ボルト」を使えば安心確実！

1 柱と梁、桁との関係はイラストの通り。柱の上端にホソを加工するには、横の墨線を手ノコでカットして、上からホソの形状に合わせてノミをたたき込むのが一番簡単だ。

2 すべての柱に同一のレベルをマークする。今回はレベルスコープを借りて計測したが、もちろん、170ページのように水盛りをしてもOK。

3 マークしたレベルを利用して、地表から280cmの位置にマーキングする。ここで丸太の上端をカットして、ホソを加工する。

4 写真では丸ノコでホソを加工しているが、手ノコやノミで加工するのが、時間は多少かかるが安全確実だ。

5 梁のホソ穴を刻む部分は、チェーンソーで平面にしておくと作業が簡単になる（143ページ）。慣れればホソ穴もチェーンソーで刻めるが、ノミとドリルを併用するのが簡単だ（174ページ）。梁の上面中央にも、小屋束を納めるためのホソ穴を加工するのを忘れずに。左右のホソの距離は、芯々で3,000mmだ。

6 柱に梁を乗せる。ひとりでも何とか作業できるが、安全のためにふたり以上で作業したい。

7 ホソはピッタリ収まるのが理想だが、多少、緩めでも最後にボルト締めするので大丈夫だ。逆に、ホソがきつ過ぎると、せっかく持ち上げた材料を降ろして刻み直す手間が増えてしまう。

8 続いて、梁に桁を載せる幅分だけノミかチェーンソーで平面にカットする（タイコ材や角材を使っていれば不要）。平行する梁同士の距離は2,500mmになるように調整しよう！

9 羽子板ボルト（12mm径）で留めた状態。ボルトが貫通する側の材料には、あらかじめ15mm径のドリルで下穴を掘っておく。

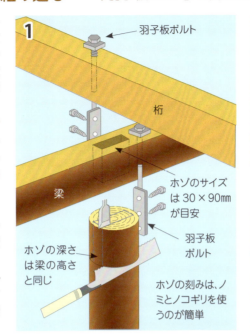

第3章◆10万円で作る12坪のマイ工房

10 コーチボルトを留めるにはインパクトレンチを使うと便利だが、あらかじめボルト径よりも細めのドリルで下穴を掘っておけば、このようなラチェットレンチでも十分に締めることができる。

11 今回の工房では軒を深く取る関係で、桁の長さが6mほどになった。使用する角材の長さは4mなので、鎌継ぎで組み合わせてみることに（88ページ）。しかし、ここは単純に相欠きにしてボルトで緊結するだけでも強度的には問題ない。

12 ロフトを設ける位置は、柱の側面を60mmほどの深さをノミで欠き込み、床梁を差し込んで設置した。もちろん、ここも羽子板ボルトでしっかりと緊結する。

13 ロフトに、構造用合板を仮置きしておくことで、この後の作業効率が格段にアップする。

14 柱の垂直を出すために梁と柱にロープをかけて、荷締め機で調整していく。桁から下げ振りを下ろし、だいたいの垂直が出たら、柱と柱との間に筋交いを斜めに入れる。

15 筋交いに使う間伐材は、チェーンソーで上下を斜め45度にカットしておくと収まりがよくなる。コーチボルトで留めるために、ボルト径の6〜7割程度の太さのドリルで下穴を掘っておく。

16 長さ20〜25cmのコーチボルトで、がっちりと留めていく。この後、あらためて柱の穴を土と砕石で埋め戻してしっかりと固定しておいた。

17 筋交いが拝みになる部分は、点線の位置に長めのコーチボルトを水平に入れるとよい。

18 同様に、梁と柱を斜めに繋ぐように方杖も入れておくと完璧。

19 建物の下端部分は腐りやすいので、念を入れて再度、防腐塗料をタップリと塗っておいた

羽子板ボルト

用語解説　拝み▶おがみ。建築用語では、垂木や破風板、筋交いなどが頂点で出会う部分のことを指す。拝み部分は、垂直に接合されるのが基本だ。

STEP 4　◆難易度＝★★★★★（角材を使う場合は★★☆☆☆）　◆作業日数＝1〜2日

ひとりで「棟上げ」をする術

細い間伐材をジョイント式にすれば、クレーンを使わずにひとりで棟木を持ち上げられるぞ！

軸組み方式の建物の場合、工程のクライマックスになるのが「棟上げ」。これは屋根を支える部材の主役ともいえる棟木を納める作業で、これが終了すればすべての駆体の組み立てが完成することになる（今回の小屋作りでは、増築部分の駆体が追加になったが……）。

棟上げといえば、近所の人たちを呼んで餅まきをする儀礼的なイメージがあるが、ウチの場合はまだ幼かった子供たちが見物しているだけだった（汗）。当然、作業はひとりでできる工夫をしなければならない。といっても、柱と同じ間伐材をそのまま利用したので、クレーンなしでもひとりで持ち上げることはできた。また、棟木の長さは6mだったため、桁と同様に4m材をジョイントして使うことでも棟木の軽量化につながったと思う。

棟木のジョイントで一番簡単なのは、双方を相欠きにしてボルト締めする方法だが、せっかくなので「腰掛け鎌継ぎ」で継いでみることに。追掛け継ぎなどに比べると強度は落ちるが、引き抜き荷重に対してはそこそこの効果はありそうだ。実際の加工は、あらかじめ桁のジョイントで練習していたことと、チェーンソーでおおまかな部分をカットしたので、それほど難しくはなかった。

むしろ、小屋組みを作るにあたって迷うのは、小屋束の長さを決めることだろう。普通の真っ直ぐな角材を使えば迷うことは全然ないが、今回のように曲がりのある梁を使うと、束を立てる場所ごとに必要な束の長さが変わってしまうからだ。そこで覚えておきたいのが、小屋組みの法則。考え方としては77ページで解説している軸組み構法の基準線とまったく同様なので、下に小屋組み部分だけの図面を抜き出してみた。屋根の勾配と間口の距離が決まっていれば、梁がどんなに曲がっていても、小屋束の長さは自動的に決まってくるのである。

◆「小屋組み」の構造と基準線の考え方

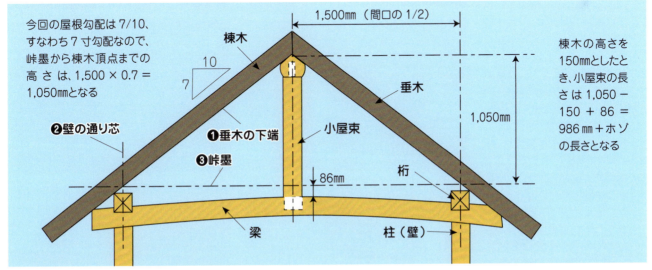

この工程でのポイントは、「小屋組み」の仕組みをよく理解すること。ここでいう小屋組みというのは、棟木と桁、梁で形成される屋根の骨組みのことを指していて、小さな家を意味する「小屋」とは区別される。小屋組みについては、❶垂木の下端のライン、❷壁の通り芯、❸1と2の交点を水平に結ぶライン（峠墨）を基準線にして、材料を墨付け＆加工していけばOKだ。今回は、梁に曲がった丸太を使用しているので、その上端と峠墨との距離＝86mmを小屋束の長さにプラスした。なお、桁は正確に壁芯に設置しておくことが大切だ

第3章◆10万円で作る12坪のマイ工房

◆「棟上げ」をする……高所作業になるので安全第一で。チェーンソーが使えれば、あっという間に完了!

1 棟木には、できるだけテーパーの少ない間伐材を使用すると作業しやすい。まずは、屋根の勾配（今回は7寸）に合わせて加工線を描く（186ページ参照）。

2 加工線に沿って、チェーンソーで加工していく。

3 カット面はチェーンソーでできるだけきれいにブラッシングしておくと、加工線の墨付けが楽になり、垂木の収まりもよくなる。これら一連のチェーンソー作業は、142ページからを参考にしてみたい。

4 棟木の長さは6mなので、4m材を腰掛け鎌継ぎでジョイントした。丸太に墨付けするのは難しいかも知れないが、イラストを参考に頑張ろう！（イラストは、鎌継ぎのメス側）

5 加工する場合は、あらかじめチェーンソーで粗掘りをしておくと作業が断然ラクになる。

6 ノミで仕上げてオス側とメス側を完成させる。

7 できあがった継ぎ手は、棟上げする前に仮組みしてみると安心だ。はまらない場合は、ノミで少しずつ修正していこう！

8 小屋束は、上下に長さ100㎜ほどの平ホソのオスを加工する。このとき、ホソの向きは90度違うので注意したい。同様に、束が立つ位置の棟木と梁側には、同じサイズのホソ穴を掘っておく。

9 完成した小屋束を梁のホソ穴に収め、カケヤで叩き込む。高所作業となるので十分に注意！

10 今回は棟木のジョイントの強度が心配だったので、その下側に長さ1.5m、厚み120㎜に加工した間伐材を入れて二重梁にした。この場合、壁の間に渡した梁に小屋束を立てるのだが、この束の長さは補強材の厚さ分だけ短くしてやればOKだ。今回は120㎜短くした。

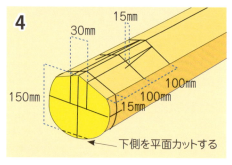

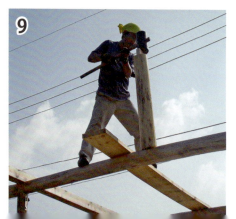

11 棟木は手で持ち上げられる重量なので、ひとりで棟上げすることができた。まずは、メス側の棟木を乗せ、それぞれの束の垂直を下げ振りなどでチェックし、ジョイント部分は補強した間伐材にコーチボルトで緊結する。

12 さらに、鎌継ぎの上になるオス側の棟木を乗せて、カケヤでしっかりと叩き込む。これがうまくはまったときのうれしさは最高なのだ。こちらもコーチボルトで補強材と固定しておこう。

13 これで棟上げ完了。ぐらつきを防ぐために、とりあえず垂木を仮に2～3本掛けておいた。なお、今回の屋根の勾配を7寸にした理由は、私自身の好みで見た目が一番安定しているから。また、ロフトの住空間も広く確保しやすいメリットもある。ただし、これ以上勾配をきつくしてしまうと、今度は屋根の仕上げ作業が大変になってしまう。ロフトを活用する小屋の場合、屋根勾配は6～7寸がベストだと思う

◆角材を使えば、棟上げはもっと簡単！

これを言ってしまうと身もフタもないのだが、小屋組みに使用する材料は丸太よりも角材（4寸角など）を使うほうが加工は簡単になる。それも圧倒的に……。そもそも111ページみたいな小屋組みの概念すら必要なく、単に屋根の勾配を好みの角度で決めて束柱の長さを加工すればいいだけなので、作業のスピードは5倍ぐらい速くなるのだ。もちろん、チェーンソーも不要になる。

また、実際の仕上がりの雰囲気も、丸太だろうが角材だろうがあんまり変わらない。この小屋に遊びに来る人たちも、そんな細部を見ることは皆無。構法や細部の造作などにこだわっているのは、作った本人だけだったりするのだ。私も実際に両方の作り方をやってみて、つぎにもう一度作る機会があれば、絶対に角材を採用するだろう。

とはいえ、丸太を使った小屋組みを体験することで、セルフビルドのスキルは間違いなく上達する。実際、本書を執筆しているときもたまたま古民家改修の手伝いをしたのだが、丸みを帯びた昔ながらの太い梁の加工ではチェーンソーが大活躍してくれたのだ。

棟木や小屋束に角材を使用した例。材料費は余分にかかるが、スピード重視なら梁や桁などにも角材を使えば、作業効率は圧倒的に向上するだろう

STEP 5 ◆難易度＝★★★☆☆　◆作業日数＝2〜3日
屋根をシンプルに仕上げる

構造用合板の規格サイズに合わせて、垂木の長さを決めると無駄がない

　屋根の構造は、小屋組みに垂木を架け、その上に合板→ルーフィング→屋根材といった順で仕上げていくのが一番シンプルなパターンだ。快適さを重視する住宅の場合は、屋根を二重構造にして通気層を確保する方法が一般的だが、今回のような簡素な小屋では必要ないだろう。

　垂木には、安価で素性のいい2×4材を使用。長さは、上に張る構造用合板を無駄なく使うことと、軒の深さを1m近く確保することを考慮して「2,730mm」とした。これなら合板を横張りにして3枚がピッタリ収まる。また、ウチの敷地は海が近いため、とくに冬になると強烈な浜風が吹き荒れる。台風も心配だったので、強風に屋根があおられても大丈夫なように、すべての垂木に「ハリケーンタイ」を取り付けることにした。

　合板の上に張るアスファルトルーフィングは、屋根の防水性を高めてくれる必需品。幅1mのロール状になっていて、10cmほど重ねて張っていくのが基本だ。

　屋根の仕上げ材については、予算の都合でホームセンターで安価に買える「波板」を使用。一枚の面積が広いから作業効率がよく、ガルバリウムの波板なら数十年の耐久性があるのでメンテナンス的にもメリットがある。長さは垂木と同じ2,730mm（8尺）を用意。張るときは、波を2〜3山ずつ重ねて専用の傘クギで止めていく。

　実際の屋根工事では、安全を第一に考慮することが大切。今回のような7寸勾配の屋根ならギリギリ立っての作業も可能だが、必ず滑りにくい靴を履き、ロープで命綱を確保しておくことも心がけた。

　なお、134ページで作った大型ガレージでは、さらに屋根の構造を簡略化して、ツーバイ材の垂木に桟木を455mmピッチで渡し、その上に直接ポリカ波板を張った。室内と外界を隔てるのは波板一枚なので、雨音はダイレクトに聞こえるし、断熱効果も期待できないが、簡易的な建物ならこれでもOKだろう。

◆一番シンプルで丈夫な屋根の構造

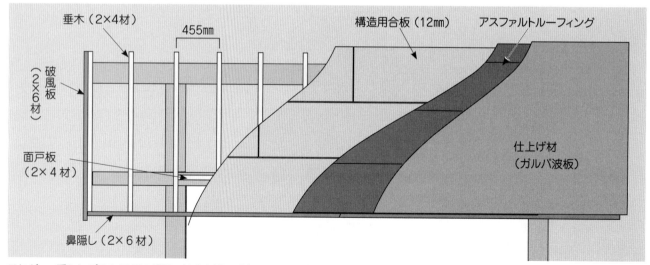

これが、一番シンプルな屋根の構造。棟木と桁に垂木を455mmピッチで架け渡し、構造用合板を千鳥（互い違いに）張っていく。さらに、防水紙（アスファルトルーフィング）、仕上げ材（ガルバリウム波板など）の順で張っていくわけだ。雨仕舞いと意匠のために、けらば側の垂木に破風板を、軒側に鼻隠しを取り付けた。また、垂木の間に面戸板を入れることで、壁上の空間をふさぐことができる

用語解説　ハリケーンタイ▶垂木に取り付ける「あおり止め」のこと。

◆屋根の下地づくり……「あおり止め」と「頭つなぎ」で台風対策はバッチリ！

1 垂木に使用する2×4材は、棟木に乗る側をこのような自在スコヤを使って、屋根勾配と同じ角度でカットしておく。
2 垂木を455mmスパンで棟木と桁に架けて、90mmのビスを両側から2本斜め打ちする。垂木の頂点は屋根勾配に切り落としがあるので、反対側の垂木と面がピッタリ合う。
3 垂木を掛けることで、小屋組みの強度は一気に高まる。
4 さらに垂木同士の補強＝「頭つなぎ」として、三角にカットした合板を45mmビスで留めていく。
5 垂木と桁の接合部はバードマウス（70ページ）を加工するのが理想（今回は省略）。さらにハリケーンタイで補強してやれば、台風がきても万全だ。45mmのビスで留めていく。
6 桁の上部と屋根下地との間にできる垂木の空間には、垂木を短くカットし面戸板を入れる。これで室内外が遮断できるわけだ。ここは90mmのビスで固定。
7 垂木を渡し終えたら、垂木に破風板と鼻隠しを取り付ける。ここでは、あらかじめ防腐塗料を塗った2×6材を使用した。垂木への取り付けは、90mmのステンレスビスを使用。
8 12mm厚の構造用合板を互い違いになるように千鳥張りし、45mmビスを20cmピッチで垂木に利かせていく。
9 さらに防水のためのアスファルトルーフィングを屋根の下側から張っていく。上下の重なり幅が10cmほどになるようにタッカーで打ち留めていけばOKだ。棟の部分は反対側に渡して、二重張りしておくと安心。
10 けらばや軒先には水切り板を50mmのステンレスクギで留めておくと、合板への雨水の浸入を防げる。水切りはシンプルなL字型のタイプでよい

第3章◆10万円で作る12坪のマイ工房

◆屋根の仕上げ……ポリカの波板でロフトは一気に明るくなる！

1. 波板は2～3山ずつ重ねて張っていくのが基本。クギは専用の傘クギを4～5山ごとに打ち留める。タテのクギの間隔は、50～60cmが目安だ。

2. 波板を直接クギ打ちして張っていくと、クギの先端が構造用合板を貫通して天井裏に見えてしまうのが難点。これを防ぐには43ページのように桟木を渡しておけばいいのだが、今回のように省略した場合は、天井裏に飛び出ているクギをハンマーで折り曲げておけばよい。見た目は悪いが、小屋裏なのでほぼ誰も気がつかない（笑）。

3. 棟部分の収めは、専用の棟包み役物で雨仕舞いするとよい。

4. 今回は笠木の下に、さらに両面ブチルテープを張って、波板専用のパッキンを逆さまに取り付けてみた。これで、強風時の雨の吹き込みを防ぐ作戦だ。

5. 笠木（貫板などを使用）は、ステンレスのスクリュークギ50mmで打ち留めていく。

6. その上に屋根役物を置いて、横方向から30mmのステンレスクギでしっかりと留めていく。

7. 今回はロフトの採光のために屋根下地の一部を切り抜き、透明のポリカ波板を入れてみた。開口部の垂木は切らずに残しておくと、強度を損なわない。

8. これで屋根の完成。今回は、後述するドーマー作りや下屋増築の作業と並行して行った

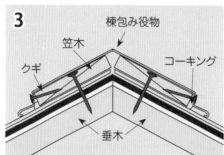

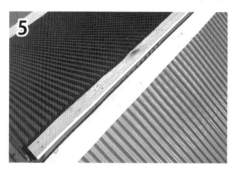
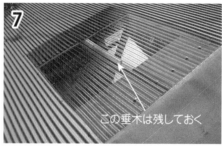
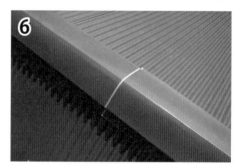

◆台風でルーフィングが吹き飛んだ！

屋根工事をしている期間は、ちょうど秋の長雨の季節。貴重な晴れ間でルーフィングを張ったのだが、仕事が忙しくなってそのまま放置していたら、台風直撃でルーフィングの一部が吹き飛んでしまった。

屋根ごと飛ばなかったので強度的には安心できたが、千切れたルーフィングの回収は大変だったし、張り直す手間も面倒だった。ルーフィングを張り終えたら、すぐに仕上げ材を張ることをオススメする。

無残に吹き飛んだルーフィング。屋根の仕上げは、早めにやっておこう！

STEP 6　◆難易度＝★★★★☆　◆作業日数＝1〜2日

「ドーマー」でロフトを快適に！

ロフトにドーマーを設けることで、一気に可能性の広がる空間になる！

　屋根の構造はシンプルだったので、思った以上にスムーズに作業できたが、ちょっと迷ったのは、「ドーマー」を作るかどうかだった。今回のように屋根裏にロフトを設ける場合、ドーマーがあるのとないのとでは空間の広がりが雲泥の差になるからだ。

　ドーマーというのは、もともと屋根に設けられる出窓のことを指し、現在では採光やロフトの居住性を重視して大きめのドーマーを設けている家もよく見かける。出窓というよりは「部屋」のイメージだ。私自身も取材で多くの物件を見てきたが、やっぱりドーマーのある屋根裏部屋というのは広々としていて気に入っていた。

　というわけで、多少の材料費と製作期間が余分に増えるが、ドーマーの魅力にはあらがえず設置に踏み切ることにした。結果的にはこれが大正解で、ロフト空間だけでも私の仕事部屋として使えるほどの広さを確保できたのだ。その後の小屋作りでも、かなり大きめのドーマーを設けて（203ページ）、あらためてドーマーの有用性を再確認したのである。

　ドーマーの作り方はいくつかのパターンがあるが、一番簡単なのはツーバイ構法を応用するスタイル。形状は、片流れの屋根を乗せた「シェッドドーマー」が作りやすいだろう。ツーバイ材で枠を組んでドーマーの前壁を作り、それを小屋組みを支えている桁に乗せてガッチリと固定。枠の上と棟木を渡すように垂木を架けて屋根を作り、窓はその前壁の枠の中に納めればよい。側面の壁もツーバイ枠を作って仕上げればOKだ。

◆簡単に作れて丈夫な「シェッドドーマー」の構造例

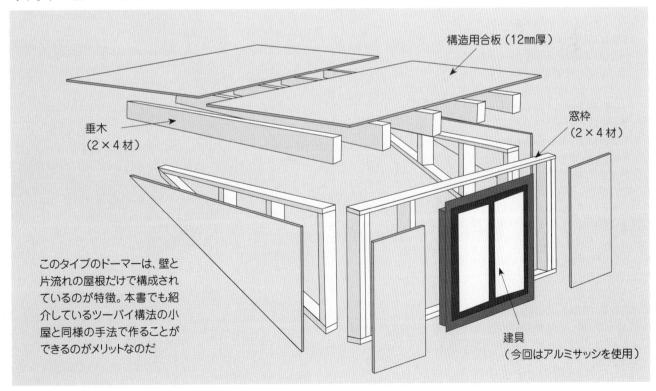

このタイプのドーマーは、壁と片流れの屋根だけで構成されているのが特徴。本書でも紹介しているツーバイ構法の小屋と同様の手法で作ることができるのがメリットなのだ

構造用合板（12mm厚）
垂木（2×4材）
窓枠（2×4材）
建具（今回はアルミサッシを使用）

◆一番簡単な「ドーマー」の作り方……初めて作るなら「シェッドタイプ」が強度も安心

1. まずは、ドーマー正面の窓が入る枠を2×4材で作製する。今回は幅1,820mm、高さ600mmのサイズにした。建具が入る両サイドは2×4材をダブルで入れて補強する。
2. 桁の上に枠を乗せて90mmのビスで留め、さらに90mmのコモンネイルで補強しておくと安心。
3. 棟木から枠の上に掛け渡すようにして垂木を455mmピッチで乗せ、90mmのビスを斜め打ちして止める。アルミサッシの枠も、この時点ではめてみた。
4. 枠の下側の垂木は下側の受けがないので、このように両側の垂木を利用して横方向に垂木を取り付ける。この垂木の間隔は300mmにした。
5. ドーマーは屋根作りと同時進行で作ると効率がいい。なお、今回のドーマーはサイズが小さかったこともあって、当初予定していた妻側の壁枠は省略し、構造用合板を張るだけにした。強度的にはとくに問題なさそうだ。
6. 垂木の間に面戸板を入れ、垂木先端に鼻隠し板をとりつける。さらに、垂木の上とドーマー側面に構造用合板を張っていく。
7. ロフト側から見た様子。念のため、垂木にはハリケーンタイを取り付けておいた。
8. 合板の上にアスファルトルーフィングを張る。勾配が緩いため、重ね幅を多くしておくと雨仕舞いが安心。さらにコーナー部分には、水切り板を設けておくと、よりベターだ。
9. 仕上げとして波板を張る。ここまでくれば雨仕舞いも安心。
10. 側面に壁材（今回はスギの背板に塗料を塗って使用）をビス留めしてドーマーの完成。本当は、ドーマーの屋根の軒をもっと左右方向に伸ばしておけば、雨仕舞いがさらにアップしていたと思う。今回の反省点だ

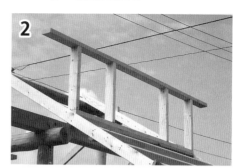

STEP 7　　◆難易度=★★★☆☆　　◆作業日数= 0.5〜1日

ログハウス風の「階段」を作る

ロフトのある小屋では、最初に作ってしまうと作業効率が格段にアップ！

　通常の建物の場合、階段はある程度内装工事が進んでから作るのが普通だ。しかし今回の場合、ロフトへ上るための脚立をいちいちセットするのが面倒だったので、屋根の完成後すぐに階段を作ることにした。結果的には、これによって作業効率は格段にアップしたので、先に作っておいて正解だったと思う。

　階段の作り方はいろいろあるが、ここでは太めの間伐材を半割りにして側板（親板）とし、2×8材を踏み板とした。これが一番シンプルで簡単に作れるし、雰囲気も小屋にマッチしやすいと思う。

　作業的に少々難しいのはチェーンソーによる「丸太の半割り」だが、失敗を恐れずにチェーンソーワークの練習のつもりでチャレンジしてみれば意外と簡単なのだ。

　作業のコツは、チェーンソーのバーをジグザグに動かしながら切り進めていくこと。手前側と反対側のどちらかのカットラインに集中することでカットミスを防ぐためだ。くわしくは、143ページを参考にしてみよう！

　階段の幅は、人が歩けるギリギリの幅である40cmに設定したが、実際に使ってみてそれほど狭くは感じない。勾配については、通常の家屋で30度程度だが、室内の狭い小屋の場合は40〜45度ぐらいにするとスペースを損ないにくい。踏み板の取り付けに関しては、側板を掘り込んではめ込むのが簡単で確実だ。

　なお、各パーツを切り出す前に、簡単でもいいから左下のような加工図を描いておくと、勘違いによる失敗を防ぐことができるだろう。

◆階段の設計方法の例

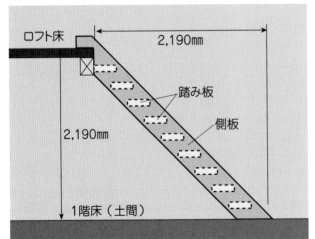

階段を設計するときには、まず一階床からロフト床までの高さを測り、それを踏み板の段数で割って一段の高さを出す。通常は、200mm程度が1段の歩きやすい高さとされているので、今回は10段で均等割りして各段を219mm、踏み板数を9枚にした。階段の勾配は、人間が快適と感じるのが29〜35度らしいが、今回はロフトへの行き来はそれほど多くないと予想されたので、スペース優先で45度に設定した。手すりを付けておけば、これぐらいの勾配でも昇降に支障はない

側板に使う間伐材は、手持ちのなかでも一番太い末口18cmの丸太を選んだ。これを半割りにするには慣れが必要だが、多少デコボコしていても怒る人はいないので気軽にチャレンジできる。チェーンソーを持っていない人は、側板に2×8材を使うのもOKだ。雰囲気はそこそこだが、作業は圧倒的に簡単になる

◆「階段」の作り方……太めの間伐丸太を使えば、ログハウスの雰囲気が楽しめる

1 側板にする間伐材は、元口と末口の両側の木口に垂線と切りしろとなる平行線を10〜15mm間隔で引き、さらに墨ツボで丸太側面に切りしろのラインを結んだ墨を打つ。

2 切りしろのラインの間にチェーンソーのバーを入れてカット開始。木口にバーがすべて入ったら、スパイクを丸太側面に利かせて反対側をカットする。

3 バーを扇状に動かしてカットし、今度は手前側をカット。これを交互に繰り返していくわけだ。あわてずに作業すれば、意外と簡単にできる。

4 半割りができたら、表面のデコボコを均すために、バーを立てた状態で車のワイパーのように動かしてブラッシングしていく。このとき、バーの軌道をつねにオーバーラップさせるようにすると、フラット面が均一になりやすい。143ページも参考にしてみよう。

5 フラット面を電気カンナで軽く仕上げ、踏み板の位置を墨つけする。

6 加工線を基準にして、踏み板の厚み分の溝をチェーンソーで掘る。溝の深さは25mmとした。

7 踏み板には2×8材を使用。長さは45cm。側板の溝にはめて、外側から長さ150mmのロングビスでしっかりと打ち留める。

8 すべての踏み板をセットすれば、階段の完成。

9 階段をロフトに取り付ける場合、側板上部の下側を欠き込み、その部分をロフト床の大引きに引っ掛ける。ズレを防止するためにコーチボルトなどでしっかりと留める。

10 この後、背板などで手すりを作ったことで、上り下りが楽になって、安全性も向上した

STEP 8　◆難易度＝★★★☆☆　◆作業日数＝2〜3日

「下屋」を増築してみる

小屋の広さを一気に倍増する裏ワザ。安全性や作業効率も大幅に向上するぞ！

　当初は時間的なこともあって、それほど大きな工房を建てる予定はなかった。しかし、工事の進行具合が思ったより早かったため、思い切って工房の面積を約2倍に広げることにした。といっても、すでに屋根の下地まで作ってしまったので、できることといえば下屋を増築するしかない。新たに下屋の柱を立てて、既存の柱と梁で連結。下屋の柱の上に桁を組み込めば、構造体の完成。あとは垂木を架けて、屋根を仕上げていくだけだ。

　この下屋を作ることで、いろいろなメリットを発見した。下屋の勾配は2寸足らずなので、その上を自由に歩き回ることができる。これによって屋根工事をしているときの安全ロープが不要になり、作業効率が格段にアップした。下屋の上は資材置場にもなり、簡単なカット作業も行えたのだ。

　以前、セルフビルドが盛んなカナダに出掛けたとき、多くのログハウスが両サイドに大きく下屋を広げていたのに気付いたのだが、もしかしたら、これらのメリットが理由だったのかも知れない。

下屋は、建物の面積を広げるだけがメリットではない。今回、実際に作ってみて気付いたのだが、下屋があることで屋根工事が大幅にはかどったし、安全面でも大きく貢献してくれた。ドーマーの窓から下屋への出入りができるので、道具類を運ぶのにも役立った。また、下屋を増築して筋交いも追加した結果、建物全体としての剛性もアップしたように思う

◆プロ流の掘っ立て小屋を見学してみる

　この工房を建てている最中、ちょうど大工の友人が掘っ立て小屋を建てているというので、さっそく見学してみることにした。この小屋は農業用のハウスとして活用するとのことで、屋根も壁もクリアのポリカ波板による仕上げ。

　小屋組みは、ツーバイ材を幾何学的に組み合わせたトラス方式を採用することで、作業日数わずか2日間で約10×8ｍという大空間を実現していた。

　掘っ立て柱の材料は、枕木などにも使われる腐れに強い「栗」の木を製材して使っており、地中に埋め込む部分には自然素材系の防腐剤をタップリと塗布していた。「これで20年は楽勝で持つはずだよ」と友人。掘っ立て小屋というのは、素人向きの安易な建物だと思っていたが、プロの大工も真剣に取り組んでいる方式だったのだ！

トラス構造が特徴的な、プロが建てた掘っ立て小屋。トラス作りに使ったクギ（CN50）は1,000本超とか。柱には腐れに強い栗を使用（1本一万円！）しているが、総材料費は数十万円というから、セルフで作れる人なら激安だろう。これも掘っ立てスタイルならではだ

第3章 ◆ 10万円で作る12坪のマイ工房

◆下屋の増築術……躯体の作り方は主屋と同様。ホゾの刻みは、手ノコとノミを駆使してみよう！

1. まずは、主屋側の柱と平行になるように下屋の柱を3本立てる。当然、こちらも掘っ立て方式だ。柱の高さは主屋側が280cmなのに対し、下屋側は182cmに設定。この段階では、まだ束穴を埋め戻さないでおく。
2. 梁を組み込むためのホゾを主屋の柱に刻む。まずは、手ノコでホゾの上下に切れ目を入れる。
3. ノミで欠き込んでフラット面を出し、ホゾ穴の加工ラインを描く。ホゾ穴の加工はチェーンソーでもできるが、地道にノミで掘っていくのが安全確実だろう。ホゾ穴のサイズは30×90mm。
4. 梁側もホゾを刻む。こちらはチェーンソーでの加工が簡単。
5. 柱同士を繋ぐように梁を組み込む。主屋側と下屋側のホゾの向きは異なるので、写真を参考にしてみたい。
6. 下屋の梁と柱に桁を乗せる（中央の梁は省略した）。この後、柱の穴を砕石で埋め戻し、しっかりと固定。さらに羽子板ボルトで柱と梁、桁を緊結する。
7. 主屋側の軒下部分だけ先に壁を張り（次ページ）、そこに2×4材を二枚重ねて横にビス留めする。さらに、この材料と下屋桁との間に垂木を渡す。
8. 垂木は2×4材、スパンは455mmが基本だ。
9. あとは、主屋同様に屋根を仕上げていけばよい。下屋にも明かり取りのために透明のポリカーボネート波板を入れておいた。
10. 主屋側の軒下の壁は仕上げ方に迷うところだが、今回はルーフィングを下屋の屋根から立ち上げて、野地板を張るだけにした。ただし、すでに主屋の屋根の野地板を張ってしまっていたので、狭い場所での作業となってしまったのが反省点。やっぱり、下屋を作るなら最初からやっておくのが正解だ

ノコギリでホゾの上下に切れ目を入れる

ノミでホゾを彫る

STEP 9　◆難易度＝★★☆☆☆　◆作業日数＝2日

壁の仕上げについて

シンプルに仕上げるのもいいし、「アウトリガー」で仕上げるのもよし！

壁の仕上げはいろいろと迷ったが、ここでも一番シンプルで簡単な方法を採用した。掘っ立ての柱に横木を渡し、格安で入手した背板をベタ張りしていくだけだがこんな方法でも結構いい感じのログハウス風の仕上がりになってくれた。背板は一枚一枚が軽量で、カットも簡単なので施工性は抜群。部分的な交換もできるため、メンテナンス性にも優れているのだ。

さらに今回は、トタン張りの壁仕上げも試してみることに。実際に作業してみると、約3時間で半分ほどの壁を張り終えることができた。圧倒的なスピードだし、見栄えも悪くない。やっぱり、倉庫程度の建物にはトタン張りで全然OKなのだ。

ついでに開口部を一ヶ所設けて、知り合いの大工からもらった新古品のアルミサッシを入れてみた。サッシは「半外付けタイプ」を使うと壁材を収めやすい。

掘っ立て柱を守るための「裏ワザ」とは？

じつをいうと、この工房を建てた数年後、もう少し大きめのガレージを掘っ立てスタイルで作った（134ページ）。このとき工夫したのが、壁を掘っ立て柱から30cmほど離して設置したこと。このような「アウトリガー方式」の壁にしておけば、掘っ立て柱の基部は完全に乾燥状態を保つことができると考えたのだ。また、室内空間もかなり広げることができるので一石二鳥。外壁側に立てる柱は構造体の強度には関係ないので、万一腐ってもその部分だけを簡単に交換できることもメリットだ。

そして、このガレージを作って5年が経つ現在、想定した通りに掘っ立て柱の乾燥状態は保たれて、劣化する気配は皆無。多少、手間と材料費がかかるものの、長い目で見ると非常に有効な方法だと思う。

◆一番簡単な壁の納め方……背板のベタ張りかトタン張りが便利で早い！

1 ここではアウトリガーではなく、一番基本的な収め方を紹介してみよう。まず、掘っ立て柱に横木を455mm間隔で65mmのビスで留めていく。材料は2×4材でもいいが、今回はホームセンターで安売りしていたスギの間柱（幅105mm×厚30mm）を使用。

2 窓を入れる場合は、そのスペースを空けておく。写真は、アルミサッシの枠をはめ込んだ状態。

3 仕上げ材に背板を使う場合は、横木に防水透湿シートを張ると雨仕舞いが向上する。シートの重なり部分を10cm以上確保し、タッカーで留めていけばよい。

4 長さ65mmのビスで、背板を横木にベタ張りしていく。

第3章 ◆ 10万円で作る12坪のマイ工房

5 背板を外壁に張り巡らしてみることで、一気にログハウス風になった。なお、今回は製材所で背板の幅を平行にカットしてもらったことで、背板同士を合わせたときにピッタリとフィットさせることができた。全面を張り終えた後、壁面を保護するために防腐塗装を施しておく。

6 こちらは、防水シートを省略して横木に直接トタン板を張った例。木目調の化粧トタンなら、そんなに違和感もない。施工は35mmのステンクギを桟木に利かせていった。一気に広い面積を張ることができるので、時間がない人には利用価値大だ。

7 地面と壁との取り合いはいろいろな考え方があると思うが、今回は防腐剤をたっぷり塗った背板を地面に10cmほど埋めて、壁とのすき間をカバーしてみた。いずれ腐ってきても、簡単に交換できるのがメリットだ

◆掘っ立て柱を守る「アウトリガー方式」とは？

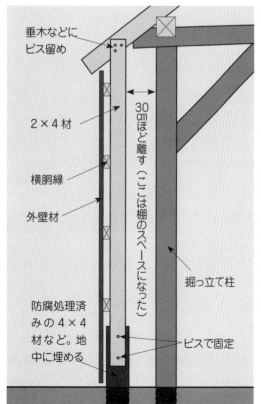

掘っ立ての建物の壁をアウトリガー式にするには、掘っ立て柱から30cmほど外側に下地専用の柱を新たに立てるのがポイント。材料はツーバイ材でOKで、地中に埋める部分だけを防腐処理された角材を使ってジョイントするとよい。ツーバイ柱の上端は、屋根の垂木が梁などに直接ビス留めすることで、屋根自体の強度もアップする。柱の間隔は、約910cmが目安。柱を立てたら、あとは通常の壁と同様に横木（胴縁）を留めてから、好みの外壁材を張っていけばよい

実際のアウトリガー壁を作っている様子。写真では、耐水合板の単張りで壁を仕上げているが、この後、防湿シートを張って、さらにヨロイ張りなどで仕上げれば、耐久性も見た目もよくなる

STEP10　◆難易度＝★★★☆☆　◆作業日数＝2日

建具の自作と設置方法

オリジナルの窓やドアが、手作りの小屋にはマッチするのだ

　小屋作りのなかでも意匠を凝らしやすいのが、ドアや窓といった「建具」だろう。私の場合は、建築費を安く上げるという下心（？）で建具を自作しているのだが、結果的に既製品を使った場合とでは印象もガラッと変わり、想像以上にいい感じの仕上がりになるのだ。

　今回の場合、メインのドアはツーバイ材の枠に合板を張った「フラッシュタイプ」としたが、これが一番簡単に作れてリーズナブルな方法だと思う。もちろん、そのままだと味も素っ気もないので、背板をランダムにあしらって、ログハウス風の扉にしてみた。

　窓も市販のサッシなどは結構高額なので、ローコストの小屋作りを目指すなら自作するに限る。デザインやサイズは自由自在だし、材料費も格安。ガラス窓だけでなく、アクリルやポリカなどを使う選択肢だってある。プロの建具職人のようにピッタリとは収まらないかも知れないが、こうした小屋にはむしろ手作りの温かみのある建具がマッチするのだ。

　なお、建具作りに使う木材は、経年の乾燥収縮によるねじれや反りなどを防ぐために、できるだけ乾燥した材料を使うのが理想だ。

◆「フラッシュドア」の作り方……合板とツーバイ材を利用するのが一番簡単！

1. 手っ取り早く安価にドアを作るなら、2×4材の枠に5〜9mm厚の合板を張った「フラッシュタイプ」で決まりだ。サイズは合板の規格である1,820×910cmにすると無駄がない。
2. まずはツーバイ材で枠を作る。間に2〜3本、横木を入れておくと強度がアップする。接合は木工用ボンドと120mmのビスを併用するとかなり丈夫になる。
3. ツーバイの枠に9mm厚の合板をボンドで張り、さらに38mmのビスを20cm間隔で打ち止める。これで早くもドアの完成だ。
4. 一応、防犯のために錠を付けてみた。これは付属の説明図を参考にして取り付ければOK。
5. 完成したドアをヒンジを介して取り付けてみる。合板には背板や流木の取っ手を取り付けた。なお、私の経験だと、ヒンジに付属しているビスはかなり貧弱なので、長さ75mm程度のビスに交換するのが正解。これなら、強風でドアがあおられても外れる心配がなくなるのだ

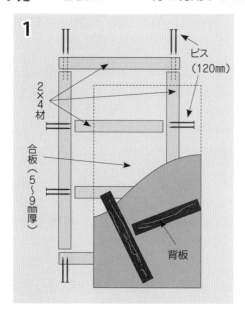

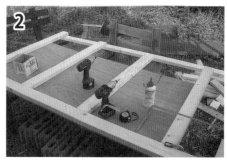

◆窓の作り方……ガラスの代わりに「アクリル板」を使う手段もあるぞ！

1. 自作の窓としては、木枠に溝を彫って、ガラスやアクリル板などをはめ込むのが定番の方法だろう。窓枠の材料には乾燥したラワン材を使用したが、「KDタイプ」と呼ばれる乾燥済みの羽柄材（垂木や胴縁などの材料）も使える。ホームセンターで探してみよう。

2. ルーターで枠材にミゾを彫る。ここにアクリル板を差し込むわけだ。ルーターのビットは3mm径のストレートタイプを使用。溝の深さは、5mmとした。

3. 今回は、ガラスの代わりに耐候性に優れたアクリル板の3mm厚を使用。専用カッターで簡単に切れるので、DIY向きの材料といえる。ガラスを使う場合はカット作業が難しくなるが、ガラス専用のオイルカッターが切りやすいようだ。また、ガラスを切るときはできるだけ硬い平面を作業台にするのが、うまくカットするためのコツだ。

4. 窓枠の接合は、木工用ボンドとコーススレッドで。サシガネを当てて、キッチリと直角を保ちながら固定するのがポイントだ。

5. 必要なサイズに切ったアクリル板をはめて、最後の枠を取り付ければ完成。

6. ヒンジを納めるためにルーターで窓枠に彫り込みを入れ、ビスでヒンジを取り付ける。

7. ツーバイ材で作った建具枠に、ヒンジを介して窓を取り付ける。小型のヒンジの場合、ネジ留めするときは普通のドライバーを利用する。インパクトだとネジ山をなめることがある。

8. すき間風防止と窓の開閉のストッパーのために、建具枠の全周に10mm角程度の細木をクギ留めして「戸当たり」にする。

9. 窓に取っ手を付け、枠の外側に防腐塗料を施して完成だ！

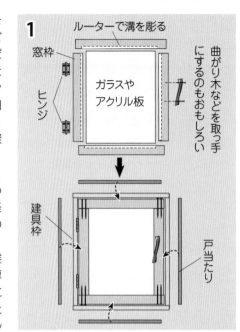

用語解説 アクリル板▶透明性に優れ、カットや穴開けが簡単。破損しても飛び散りにくいので、ガラスの代用品として使われることが多い。

◆超イージーな「断熱窓」の作り方……「ポリダン」を使えばあっという間に完成！

1 外壁に背板をベタ張りすると、結構な断熱効果が期待できることを発見した。そこで、窓も断熱仕様にしてみることに。といっても、ポリカーボネイトを段ボール状に成型した「ポリダン（ツインカーボ）」を窓枠に打ち付けるだけだ。まずは、適当な材料で窓枠を作る。接合はコーススレッドと木工用ボンドを併用。

2 これが「ポリダン」。断熱性だけでなく、衝撃にも強いDIY向きの素材だ。丸ノコやカッターで簡単に切れるのもうれしい。

3 窓枠と同じサイズにカットしたポリダンを枠にクギ打ちする。下穴なしでも、全然問題なくクギ打ちできるのだ。

4 クギは、真鍮の25mmを使用。

5 ヒンジを利用して、壁の開口部に窓を取り付ける。

6 ポリダンの断熱性をキープするためと、中にゴミや虫などが入らないように、ポリダンの上下側をシリコンコーキングで埋めておいた

◆中古の建具を活用する！

1 作業中にたまたま中古のサッシを譲り受けたので、さっそくこれを利用することに。

2 引き戸タイプの建具だったので、防腐処理済みのツーバイ材を"敷居"として取り付け位置の地面に固定し、真鍮製のドアレールをクギで打ち止める。念のため、ツーバイ材にはさらに防腐剤を塗っておいたが、地面に直接触れている部分なので、樹脂製の板などの腐らない材料を使えばよかったかも……。

3 開口部の上側に取り付ける"鴨居"もツーバイ材を利用。こちらは、腐れの心配がないので安心だ。下側には引き戸をはめ込むための2本の溝をチェーンソーとノミで彫っておいた。

4 引き戸をはめ込み、スムーズに開閉できるか確認して作業完了！

用語解説 真鍮クギ▶サビに強いので、昔から木製の雨戸などの雨に当たる部分に使われてきた。ステンクギよりも目立ちにくいため、私も愛用している。

STEP11 ◆難易度＝★★★☆☆ ◆作業日数＝4～5日
ロフトと妻壁の仕上げ工事

ゲストルームとしても使える屋根裏部屋を快適な空間に……

　通常の工房であれば、ロフトのスペースは不要かも知れないが、ちょっとした屋根裏部屋があるといろいろな活用のアイディアが膨らみそうだ。それに、ロフト＝屋根裏部屋があるだけで、小屋の雰囲気が何だか楽しくなる。そこで今回の小屋も、中2階を含めたステップフロア式のロフトを作ることにした。中2階が4畳、最上階が4畳で合計8畳分だ。これぐらいの広さになると、大人が3～4人ぐらいは寝泊まりできて、ちょっとしたゲストルーム的な使い方もできる。

　ロフトの床を作るには、梁の上に根太を並べて、その上に構造用合板を敷いていくのが一番手っ取り早い方法だろう。根太は2×4材を縦使いすれば強度的には問題ないが、梁のスパンが2mよりも長い場合は2×4材をダブルで入れるか2×6材を使うなどして強度をアップさせたい。ちなみに、建築当初はロフトを作る予定がなくても、壁の上部に数本の梁を渡しておけば、いつでもロフト床を作ることが可能だ。

　妻壁については、屋根の勾配に合わせて2×4材で三角形の枠組みを作り、そこに構造用合板を張っていくのが基本。屋外側は雨で濡れることを考慮して、耐水性のあるインスタント漆喰などを塗っておけばいいだろう。もちろん、背板や塗装した野地板をヨロイ張りしたり、縦張りするのもよい。

　室内側の内装はやらなくてもいいと思うが、より快適な住空間を目指すなら、断熱材を入れてパネリングなどで仕上げるのもありだ。

◆「ロフト＝屋根裏部屋」の使い方は自由自在なのだ！

屋根裏部屋を作っておくと、ちょっとした寝室としても利用できるし、夢の膨らむフリースペースとしても活用できる。この小屋の場合は、仲間との宴会場としても重宝している。ロフトの前後の窓を開け放して風を通しておけば、夏でもそれほど温度が上昇することもない。妻壁の仕上げは化粧合板を張るのが手っ取り早いが、インスタント漆喰などを塗っておけばよりベター。採光用に、アクリル板を張るのもいい

◆ロフト部屋の仕上げ……より快適にするなら、断熱材を入れるのもありだ！

1 梁の上にツーバイ材を縦置きにして並べ、ロフト床の根太とする。スパンは455mmか303mmが基本。90mmのコーススレッドを斜め打ちして留める。

2 今回は間伐材を丸太のまま梁に使ったので、ツーバイ材か梁のどちらかに欠き込みを刻んで、根太天端のレベルを調整した。この作業は結構面倒だったので、手っ取り早くやるならやっぱり梁には角材かタイコ材を使うことをオススメする。

3 根太の上に構造用合板を置いて、45mmのコーススレッドを200mmピッチで留めていく。写真だとわかりにくいが、作業している場所がロフトの最上階で、6の写真の中2階とのステップ式のロフトになっている。中2階のほうはドーマーがあるおかげで、大人が立っても頭がつかえることがなく快適。

4 内壁に断熱材を入れる場合は、横木と同じ厚みのボードタイプの断熱材を利用するのが便利。必要なサイズにカットし、横木の間にはめ込んでいけば簡単だ。

5 さらに、羽目板（パネリング）で仕上げれば、ナイスな空間を実現することができる。

6 妻壁の作製は、窓の設置と同時進行で作業すると効率がよい。壁を作るには、垂木の下端、桁の上、束の側面を結ぶように2×4材で三角形の壁枠を組む。

7 枠の外壁に、構造用合板を張ることで屋根の強度が高まる。

8 合板にインスタント漆喰を塗って仕上げ。

9 反対側の妻壁は、採光のためにアクリル板を張った。必要な大きさにカットして、周囲にすき間テープを張る。

10 ドリルで下穴を開けてから、真鍮かステンレスの細クギでツーバイ枠に打ち止めれば完成！

用語解説 ステップフロア▶床を半階ずつずらして、中2階のような部屋を設ける設計のこと。スキップフロアともいう。

STEP12　◆難易度＝★★★☆☆　◆作業日数＝1日
照明やコンセントを設置する

掘っ立て小屋だからこそ許される、「露出配線」の裏ワザとは？

　一般住宅の場合、よほどの特殊事情がない限り、電気の配線は壁の中に隠す「隠蔽配線」にするのが普通だ。電気ケーブルが壁や天井に見えていたら、せっかくの内装仕上げも台なしだろう。

　しかし、こうした隠蔽配線をするためには、内装工事と同時進行で配線作業をする必要がある。当然、配線をプロの電気工事士に依頼する場合だと、作業の合間にそのつど呼ぶことになって面倒だ。私が初めて作った小屋（60ページ）でも、電気工事については電気屋をやっている友人に依頼したが、親しいながらもわざわざ来てもらうのは気が引けたものだ（毎回、バーベキューとビールで歓待はしたが……）。もちろん、自分で電気工事士の資格を取得してしまえば作業は圧倒的にはかどるのだが、なかなかそうもいかない事情の人もいるだろう。

　その点、掘っ立て小屋の場合だと、そもそも隠蔽すべき内装の壁がないので、すべてのケーブルを「露出配線」することになる。見た目については好みもあると思うが、私は全然気にならない。古民家のリフォームなどでもあえて露出配線をする場合が少なくないが、あれをイメージしてもらえばいいと思う。そしてなによりも、建物がひと通り完成してから配線工事ができることは、自分で配線する場合もプロの業者に頼む場合でも、何物にも代えがたいメリットになる。

　灰色のケーブルがどうしても気になる場合は、近年登場し始めたカラーケーブルを使う方法もある。焦げ茶色のケーブルなら木の家に使っても違和感がないし、あえて派手なカラーのケーブルを使って意匠的な仕上げにすることもできる。

　なお、実際の電気配線の方法については、256ページも参考にしていただきたい。

◆露出配線なら、建築後の作業でOK！

今回の掘っ立て小屋の場合だと、丸太の構造材が表し仕上げになっているので、その側面にケーブルを這わせる露出配線になる。ケーブルが完全に見えている状態だが、これが気になる人は茶色などのカラーケーブルを使うことで違和感がなくなるかも知れない。また、ケーブルに接触する可能性のある場所は、専用のモール（カバー）でケーブルを保護しておくとよい

◆ 200ボルトのコンセントについて

私の個人的な趣味に「溶接」がある。趣味が高じて『日曜大工で楽しむ金属DIY入門（山と溪谷社刊）』という本まで書いてしまったほどだが、この工房にはパワーのある溶接機が使えるように200ボルトのコンセントも付けることにした。これに関しては、分電盤に200ボルトのブレーカーを新設して、そこから専用のケーブルを配線してコンセントを設置すればOK。200ボルトのエアコンなどを設置する場合も同様にすればよい。これらの材料は、基本的にホームセンターで購入可能だ

◆露出配線をしてみよう！……法令を遵守して確実な結線を心がけたい

1. 露出配線でも、作業の基本は変わらない。法令を遵守して配線していこう。
2. 電気工事に使用する材料は、基本的にすべてホームセンターで入手できる。
3. プロの業者はコンセントや照明の位置が決まっていれば、図面なしでも配線することができるが、私の場合は簡易的な配線図を描いた。
4. ケーブルの結線は、こうしたコネクタを使うと簡単、かつ確実に作業できる。
5. 法令でも定められていることだが、とくに露出配線する場合は、結線部分も露出することになるため、その部分は必ずジョイントボックスで覆っておこう。写真は簡易的なタイプだが、露出配線専用の端子付きジョイントボックスもある。
6. 照明は仮設置して実際に明かりを点してみて、位置関係を調整した。また、工房内では電気工具を多用するので、タコ足配線にならないように単独回路のコンセントを各所に設けた

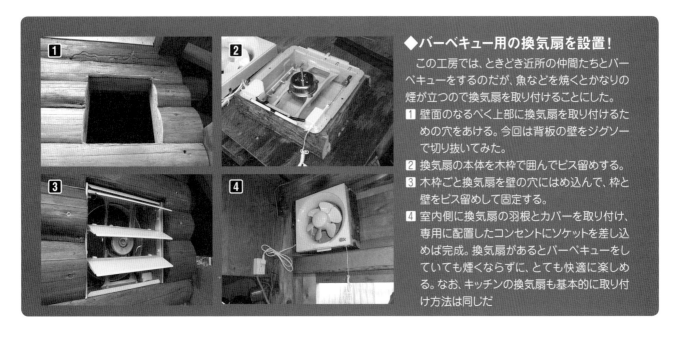

◆バーベキュー用の換気扇を設置！

この工房では、ときどき近所の仲間たちとバーベキューをするのだが、魚などを焼くとかなりの煙が立つので換気扇を取り付けることにした。

1. 壁面のなるべく上部に換気扇を取り付けるための穴をあける。今回は背板の壁をジグソーで切り抜いてみた。
2. 換気扇の本体を木枠で囲んでビス留めする。
3. 木枠ごと換気扇を壁の穴にはめ込んで、枠と壁をビス留めして固定する。
4. 室内側に換気扇の羽根とカバーを取り付け、専用に配置したコンセントにソケットを差し込めば完成。換気扇があるとバーベキューをしていても煙くならずに、とても快適に楽しめる。なお、キッチンの換気扇も基本的に取り付け方法は同じだ

> 夢のマイ工房
> その後……

作業場、ガレージ、宴会場に大活躍中のマイ工房!

　さて、夢のマイ工房づくり、いかがだっただろうか。当初予定していた予算と工期をクリアするために少々手抜き(?)した部分もあるが、まあ、納得の出来具合だと勝手に満足している。

　この工房は、完成してからすでに10年以上が経過し、現在は木工や家具作り、溶接作業などを楽しむためのスペースとして活用している。また、第5章の「木の家」を作ったときに使った工具や資材の保管場所としても大いに役立った。さらに、我が家では菜園や田んぼもやっているので、泥で汚れた農機具の格納にもフル回転。土足で出入りできる気軽さは、とくに田舎暮らしでは必須条件なのだ。前述したように、夏でも室内温度が涼しく保たれているから、収穫した野菜や穀物の仮置場としても重宝している。

　いまだから断言できるが、このマイ工房を作ったことで、我が家のライフスタイルは間違いなくプラスの方向に進化した。いつでも好きなときに、好きな作業が楽しめるというのは、いろいろなアイディアを紡ぐにも理想の環境といえる。また、なによりも家族や仲間たちが集える「場」としての役割も見逃せない。あるときは土間で火を焚いてバーベキューを楽しみ、あるときは車の整備用ガレージとしても大活躍のマイ工房。やっぱり、土間のある小屋というのは、田舎の暮らしではメチャクチャに重宝するのである。

　最後にアドバイスをいくつか……。
　まず、今回は「格安で小屋を作る」という私なりのコ

完成後10年が経過した現在のマイ工房。作業場や工房としてはもちろん、ガレージ、農小屋、そして宴会場としても大活躍してくれている。おおむね満足しているが、やっぱり、もっと広く作っておけばよかったなと、いまさらながら少しだけ後悔している……。ちなみに、懸案だった掘っ立て柱の腐れは、現在も「皆無」である

ンセプトがあったので、掘っ立ての構造材も格安で買えた間伐材を使ったのだが、113ページでも紹介しているように別に丸太にこだわる必要はなく、ホームセンターで手軽に買える角材を使うのもいいと思う。ローコストを追究するなら間伐材（あるいは古民家の廃材など）、施工スピードを優先するなら規格のそろった角材を活用するということだ。

また、家庭のライフスタイルというのは5年後、10年後、20年後でどんどん変化してくる。ウチの場合だと、この小屋を作った当初は多目的に使えるマルチ工房的な要素が大きかったのだが、その後、同じ敷地内にガレージやログハウスなどを作ったこともあって、適材適所で使い分けるようになった。今後は、一階部分に床を張り、キッチンやコンポストトイレなどの水回りを設置してゲストハウスとして活用することも考えている。

この小屋に限ったことではないが、セルフビルドでは自分で作った建物に住まいながら＆使いながら少しずつ完成形に近づけていく要素が大きく、それが大きな楽しみでもある。なので、最初から完全なものを目指さず、ここで紹介したプランなどを参考にして、ぜひ自分なりの夢のマイ工房を実現してみていただきたい。そういった臨機応変の注文にも黙って応えてくれるのが、一見、緩そうなイメージ（？）だった掘っ立て小屋の強みでもあると思うのだ。

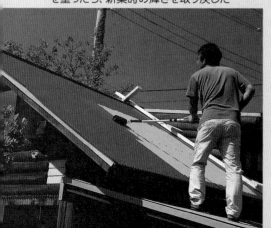

10年経過して、さすがに屋根の塗装が色褪せてきた。そこで耐久性に優れるシリコン塗料を塗ったら、新築時の輝きを取り戻した

土間で火を焚けば、仲間同士の宴会場に。土間のある小屋というのは、使い道が無限に広がるのだ

遊び心で壁にクライミング用のホールドを取り付けてみたところ、子供たちは大喜びだった

Technical Note

◆たったの3日間で、掘っ立てスタイルの「大型ガレージ」を作ってみたぞ！

　今回のマイ工房を作った数年後、仕事が忙しいくせに、またもや掘っ立て小屋を作ることにした。今度は、自動車や農機具、ユンボなどを格納するためのガレージだ。そして、このとき立てた目標は「3日で建てる」。

　掘っ立ての駆体には、マイ工房と同様に間伐材のスギ丸太を活用。柱を立てるスパンは2間（約3.6m）と広くして、間口2間×奥行き4間（約7.2m）の大型ガレージにした。ただし、柱の高さは2.5mと抑え気味にして、ロフトも設けない平屋建てにしている。これぐらいの規模なら、耐震性は大丈夫だろう。

　また、小屋組みの材料は4寸柱に統一し、屋根も下地合板を省略してポリカの波板を張るだけの作戦にした。床は、もちろん土間だ。これらの省力作戦によって、結構大きめのガレージにも関わらず、予定通り3日間で下の写真の状態までこぎつけることができ

た。やっぱり、角材を使うと作業は速い。

　完成後、最初の一年間はこの状態で使っていたのだが、掘っ立ての柱を雨風から防ぐために、124ページのようにアウトリガーの壁を設けることにした。これによって掘っ立て柱は外界と遮断され、現在も建築当初とまったく同じ状態を保っている。また、壁を柱から離して作ったことで室内空間が大幅に広がったので、作り付けの巨大な棚にすることにした。大量の蔵書や私の趣味である釣りの道具類が一気に収納できて、アウトリガーの壁が大活躍したのだった。

　ちなみに、壁がない頃は土間に雑草が生えるのを防ぐために、昔の家屋の「三和土（たたき）」の効果を狙って近所の海岸でくんできた海水を撒いてみた。その結果、雑草は全然生えずに大成功だったが、隣にある菜園への塩害が少々不安な昨今である……。

これが3日間で作った、掘っ立てスタイルのガレージ。大型車や農機具、ユンボなどの格納庫として大活躍している。そして、アウトリガーの壁を作った後は、大量の書物や釣り道具などの収納庫として役立っている。ちなみに、写真の左奥に見えるのは、自作の屋外用コンポストトイレ。作り方は、253ページを参考に！

このガレージは、隣接する菜園を管理している嫁が農小屋としても活用している。いまのところ、土間に撒いた海水の影響はないようだ……

最終的にはガレージを完全に壁で囲い、入り口には巨大な吊り戸を設置した。吊り戸は下側のドアレールが不要なので、掘っ立て小屋には最適なのだ

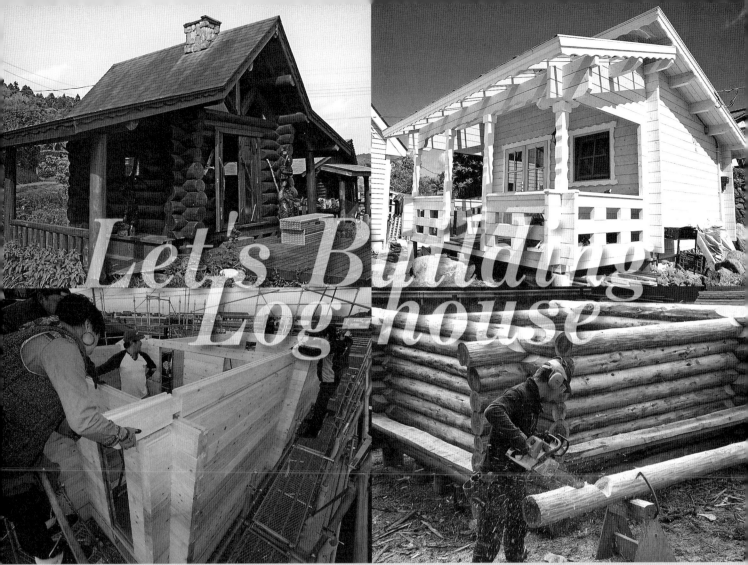

第4章
「ハンドカット」も「マシンカット」も魅力たっぷり！

憧れのログハウスを作ってみよう！

セルフビルドの憧れを語るとき、誰もが一度は考えるのが
「丸太小屋＝ログハウス」の存在ではないだろうか？
その魅力たっぷりの建物の作り方についてご紹介していこう！

ログハウスのタイプと特徴

私が「ハンドカットログハウス」のセルフビルドを勧めない理由

　私が初めて作った建物は「ログハウス」だった。これは、若い頃に在籍していたログハウスメーカーで、プロのログビルダーとして建てたものだ。その後、ログハウス雑誌を編集していた出版社で、約7年間、ログハウスの記事を書く日々を送った。この頃は、日本国内はもちろん、本場カナダやアメリカなどのログハウスも取材する機会を得ることができた。

　そんな私の経験で言えるのは、ログハウスは素人でも作りやすい建物ではあるが、「ハンドカット」はいろいろな意味でハードルの高い建物ということだ。

ハンドカットとマシンカットの違いを知ろう！

　ログハウスの種類には、大きく分けて「ハンドカット」と「マシンカット」がある。いずれも、ログ材（丸太や製材したもの）を横積みにして壁を形成していくのが最大の特徴で、この作業が初心者でも理解しやすく、しかも丈夫な建物を作れることからセルフビルダーたちの絶大な人気を得ているわけだ。

　まず、マシンカットについてだが、これはコンピューター制御された専用機械で加工されたログ材を組み上げるだけで建てられるプラモデル的なログハウスだ。細い

◆ログハウスの特徴と魅力

ログハウスの構造体は強度が高く、耐震性や耐風性にとても優れている。また、ログ材自体がもつ断熱性や調湿性も魅力と言える。そして、ふんだんに使われる木材が表し仕上げとなるため、木の雰囲気や香りを存分に楽しめることも大きな魅力だ

　ログ材を使えばクレーンも無用とあって、この手軽さが週末セルフビルダーたちに受け入れられている。メーカーもそのニーズに応えるために、屋根材や窓、ドアなどを同梱してキットにした商品を数多くラインナップしているわけだ。より手軽にセルフビルドをするなら、このマシンカットでチャレンジしてみるのがいいと思う。

◆主なログハウスのタイプ

【ハンドカット】
丸太をチェーンソーで加工して作るログハウス。工期が長くなる傾向があり、クレーンなどが必要になるケースも多いが、完成時の感激はひとしおだ。木の雰囲気にあふれるワイルド感もハンドカットならでは

【マシンカット】
工場で精密にカットされたログ材を積み上げていくタイプ。基本的にチェーンソーを使わないので、素人でもプラモデル感覚で比較的容易に建てられる。仕上がりの雰囲気も洗練されていて、女性にも人気が高い

【ポスト&ビーム】
丸太の柱と梁で構造体を作る「軸組み構法」のログハウス。地上で丸太を加工できるので工期を短縮しやすい。写真は壁に丸太を落とし込む「ピーセンピース」で、軸組みとログハウスの魅力を兼ね備える

一方のハンドカットは、原木の丸太をチェーンソーで一本一本加工しながら積み上げるという文字通り手作り感満載のログハウスだ。すべてが手作業となるため、そこに費やす時間や汗の量はマシンカットの比ではない。扱う丸太もかなりの重量となるので、ひとりで動かすのは重労働。積み上げる壁が高くなってくれば、クレーンなどの重機も必要になる。もちろん、チェーンソーの技術も必要不可欠だ。これらが前述の「ハードルの高さ」に繋がっており、それなりの覚悟がない人には、正直、ハンドカットはお勧めしない。

　しかし、逆にこうした苦労を理解したうえで、あえてハンドカットに挑戦している人は少なくない。実際、私のセルフビルド仲間の多くもチャレンジしているし、なかには細腕の女性もいる。彼ら彼女たちの体験談はヘタなドラマよりも断然おもしろく、完成したときの感動はこの上ないものがあったという。ハンドの場合は、使用する材料が自然の丸太なので、多少のカットミスや傷、すき間などがあっても気にならないし、むしろそれがいい雰囲気を醸し出してくれるメリットもある。

　マシンとハンド、どちらがいいとは一概には言えないが、どちらを選ぶか悩むこともセルフビルドの楽しみのひとつと言えるだろう。

超オススメの「ポスト＆ビーム」とは？

　さて、ログハウスには、もうひとつの選択肢がある。それが、私が実際にセルフビルドして第5章でご紹介している「ポスト＆ビーム」だ。ハンドカットと同じようにチェーンソーで丸太を加工して作る点は変わらないが、丸太を横積みで壁にするのではなく、柱や梁などの構造体として使うことが大きな違いとなっている。すなわち、軸組み構法のログハウスというわけだ。

　このポスト＆ビームでは、すべての材料を最初に加工してから一気に棟上げ（上棟）するため、ハンドカットと比較すると工期を大幅に短縮できるのがメリット。材料の刻みを地上で行えることから、安全性や作業効率の向上にも繋がる。さらに、壁に丸太を落とし込んでいく「ピーセンピース」なら、木の家の雰囲気もたっぷりと味わうことができる。まさに、ログハウスと軸組み構法のいいとこどりができるわけだ。

ハードな作業となるハンドカットのログハウス作りだが、女性がひとりでトライした例もある。それなりの苦労を覚悟したうえでのチャレンジなら、完成したときの感動は間違いなく、それが人生のかけがえのない宝物にもなることをお約束する

マシンカットは、チェーンソーや重機を使わずにログ積みできることが大きなメリットになる。また、屋根や建具などの材料が同梱されたキットを利用することで、セルフビルドのハードルはさらに低くなる。素人にとっては、とても作りやすい建物といえるだろう

用語解説　重機▶油圧ショベル（ユンボ）、クレーン、ユニック（トラッククレーン）といった建設機械の俗称。

使用する「道具」と「ログ材」

チェーンソーは、軽快に扱える中～小型機、丸太は国産のスギ材がオススメ！

ハンドカットの場合、なくてはならないツールといえるのが「チェーンソー」だ。あまり一般的な道具ではないが、ログワークにおける力は絶大。作業をスムーズに進めるためにも、的確なチェーンソーを選びたい。

まず、チェーンソー選びの基準になるのが「排気量」。チェーンソーのパワーは排気量に比例していて、プロのビルダーは50cc以上の大型チェーンソーを使っている。しかし、初めてチェーンソーを握る入門者にオススメなのはズバリ、排気量45cc前後の中型機だ。これなら比較的軽量で扱いやすいし、通常のログワークも十分にこなせる。また、柱のホゾを刻むような場面では、さらに軽量コンパクトなチェーンソーがあると重宝する。排気量38cc程度で、カービングバーとショートピッチのチェーンの組み合わせが最強だ。いずれの場合も、安全のためにブレーキ機構のあるタイプを選びたい。

実際にチェーンソーを購入する場合、性能や耐久性を考慮するとスチールやハスクバーナなどのプロ仕様機が安心だが、予算的に厳しければホームユース機を選択するのもアリだ。購入先は、消耗パーツの交換や修理といったアフター面で、プロの整備士のいる専門店が安心できるだろう。

チェーンソー以外にもさまざまなログ専用ツールがあるが、プロのログビルダーになるわけではないので、ここでは最低限必要なツールを紹介しておく。専門店でないと入手しにくいものもあるが、ネット通販を利用すれば、比較的手軽に購入可能だ。

ログハウスの材料となる「丸太」に関しては、素性がよくて軽量な「スギ材」が扱いやすい。強度や耐久性なども優れているし、材質も軟らかいのでチェーンソーで加工しやすいことも大きなメリットだ。また、樹皮もむきやすく、ピーリングの労力も大幅に軽減される。見た目に優しい質感も、日本人好みのログ材といえる。太さは、末口（丸太の細いほう）の直径が20cm前後のものが扱いやすいだろう。

◆チェーンソーの選び方

【排気量＝パワーで選ぶのが基本】
体力に自信がある人なら、排気量50cc超のプロ仕様を選んでもいいが、ビギナーでも扱いやすいのは45cc前後の中型機。これ1台あれば、ログハウス完成後もガーデニングや薪作りなどで大活躍してくれる。予算に余裕があるなら、さらに35～38cc程度の小型機を用意できると便利だ。また近年では、騒音の少ないバッテリー式のチェーンソーも脚光を浴び始めている

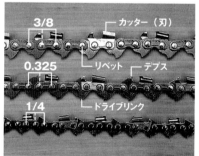

【チェーンの違い】
チェーンのピッチはリベット3つの間の1/2の距離で表し、大きい順に3/8、0.325、1/4がある（単位はインチ）。通常、ピッチが大きいほどカッターのサイズも大きくなり、比較的大型の機種に採用される

【バーの形状】
通常のログワークでは、標準仕様のノーマルバーが使いやすい。先の細いカービングバーが活躍するのは、ホゾやキーウエイなどの加工。これらを状況に応じて使い分けることができれば、作業効率も向上する

◆ログビルディング用のツール類

【スクライバー】
丸太の形状を上に積む丸太に写し取るためのツール。コンパスに水準器が付いた構造になっていて、丸太同士をピッタリとフィットさせるためには欠かせないアイテムだ

【ピーリングナイフ】
丸太の皮をむくための専用ナイフで、持ち手が左右に付いている。一般には売っていないので、ネット通販で入手するか、自動車の板バネを加工して自作する人も多い

【カケヤ】
ログをセットするときの微調整に使ったり、ノッチやホゾをフィットさせるために使う大型の木槌。ヘッド部分が硬質ゴムになっているタイプは材料を傷つけにくい

【ピービー】
丸太の向きを変えたり、転がしたりするのに使う。テコの原理を利用しているので、重い丸太でも意外と簡単に動かすことができる。木まわし、フェリングレバーともいう

【かすがい（ログドッグ）】
作業中に、丸太が動かないように固定するための金物。40㎝程度の大型タイプが3～5本欲しい。ネット通販では「材木かすがい」などの名称で売られている

【安全装備】
チェーンソーを扱うときは、イアマフ（耳栓）やゴーグル、チャップス（防護服）、グローブなどの安全装備を着用するのが基本。いずれもネットのログ専門店で購入可能だ

◆丸太（＝ログ材）の選び方

ログ材として扱いやすいのは、曲がりやテーパーの少ない「スギ材」。傷やフシも少ないほうがいい。丸太が山積みになっている土場で一本一本チェックするのは難しいが、できるだけ自分の目で見て選んでいくのが理想だ。丸太を伐り出す時期は、含水率の下がる「冬」が基本。含水率が少ないほど経年変化やカビの発生が少なくなる。また、新月の頃に伐採した木を葉枯らしさせたものは狂いが少なく、虫の発生も少ない極上の材になるそうだ

◆ピーリングの方法

ログ材は作業前にピーリング（樹皮をむくこと）するのが基本。樹皮がついたままだと雨を吸って腐ったり、虫もつきやすくなる。加工時も樹皮がないほうが、墨付けをはじめとして作業がしやすい。電動カンナでむく方法もあるが、専用ナイフやカマでもむける。腕力ではなく体全体を使ってナイフを動かすことで疲労は少なくできる

用語解説 含水率▶木材に含まれる水分のこと。ログ材の場合、含水率の少ない冬伐り材を使うのが基本だ。

チェーンソーの基本を知る

チェーンソーのポテンシャルを100%引き出すための扱い方とメンテナンス術

　ログハウス作りの主役ツールである「チェーンソー」は、扱い方を間違えると危険な道具だけに、安全かつ的確な操作方法を覚えておきたい。

　まず、チェーンソーのエンジンをかける前にチェックしておきたいのが、各所のボルトやネジの緩み。緩みを放置しておくと、チェーンの張り具合が変化したり、パーツを紛失したりしてしまう。また、毎回必ず点検しておきたいのがチェーンの状態だ。刃の目立て（研ぎ）具合やチェーンの張り具合によって、作業効率は大きく変わってしまう。

　そして、燃料とオイルは必ず良質なものを使うことも重要。エンジンや駆動系のトラブルの多くは、混合比が不適格な燃料や粗悪なオイルの使用が原因になっているのだ。また、混合燃料は作り置きしないで、つねに新鮮なものを使うこともエンジンのためになる。

　エンジンを始動するときは、チェーンソーのボディを地面にしっかり安定させてからスターターを引くことが大切。グラグラと不安定な状態だと、エンジンが始動したときに危険だ。もちろん、始動時も使用中も周囲の安全を確認することを忘れずに。

　チェーンソーの始動後は、エンジン音や排気の色、アイドリング状態などを点検し、チェーンブレーキの動作も確認しておこう。なお、新品のチェーンソーでは、いきなり無理な使い方をせずに、最初は軽作業を休み休み行う慣らし運転ができればベターだ。

　チェーンソーを末永く使い続けるために、絶対に欠かせないのがメンテナンス。その基本は「クリーニング」で、チェーンソーをマメに掃除してやることで故障は激減し、寿命も大幅に延ばすことができる。とくに、エアフィルターやオイルポンプまわりの汚れはエンジン不調の原因になりやすいので、優しくケアしてあげたい。

　そして、忘れていけないのが「刃の目立て」。切れない刃を使うのは効率が悪くて危険でもあるし、チェーンソーの故障にもつながる。マメな目立てを心掛けよう！

◆燃料とチェーンオイルの準備

チェーンソーの燃料には、ガソリンとエンジンオイルを適正な比率で混ぜた「混合ガソリン」を使う。以前は25：1の比率が一般的だったが、現在では50：1以上のタイプが普及している。なお、ガソリンは古くなると成分が変化してしまうので、作り置きしないでつねに新鮮な燃料を使うように心掛けよう。チェーンやスプロケットなどの潤滑油になるのが「チェーンオイル」。これがなくなると、駆動系の故障につながるので、燃料を給油するときには、かならずチェーンオイルも満タンにしておこう

◆始業前のチェックポイント

❶まず、チェーンの張り具合をチェック。張りが緩すぎてもきつすぎてもトラブルの原因になる。❷刃先の切れ味は作業効率を大幅に左右するので、切れが甘そうならしっかり目立てしておきたい。❸チェーンソーはエンジンの振動によってどうしてもナットやネジなどが緩みやすくなる。始業点検時には、必ずこれらの緩みをチェックしておこう。❹吸気口やマフラーの排気口などにゴミが詰まっていると、エンジンが始動しないだけでなく故障の原因にもなる。マメな掃除を忘れずに！

◆エンジンの始動方法

❶まず、本体を安定した場所に置き、ハンドガードを前方に倒してチェーンブレーキを掛けたらスイッチをオン。❷続いて、本体が冷えている場合はチョークノブを引く（写真は押し下げるタイプ）。これによって濃い混合気がエンジンに送られ、始動しやすくなる。ただし、エンジンが暖まっている場合は不要。❸左手で前ハンドル、片足で後ろハンドルを固定し、最初の爆発音が聞こえるまで、スターターを数回引く。❹初爆音が聞こえたらチョークを戻す。チョークを引いたままスターターを引き続けると、燃料を吸い込み過ぎて点火プラグが濡れ、エンジンがかからなくなるので注意。❺再度、スターターを引くとエンジンが始動するはず。始動後はブレーキを解除し、軽く空ぶかしをしてエンジンの回転数を落とし、2〜3分暖機運転してから作業に入ろう！

◆チェーンソーの基本的なメンテナンス

❶メンテナンスでは、汚れ落とし用のワイヤーブラシ、グリスアップ用の専用ガン、レンチ、ドライバーなどを用意。❷本体の外装をひと通りきれいにしたら、本体カバーを外してクラッチまわりにこびりついた木屑や汚れたオイルなどを取り除く。この作業は毎回やるのが理想だ。❸エアフィルターも定期的なクリーニングが大切。いろいろなタイプがあるので、取扱説明書に沿って作業したい。❹エンジンプラグがカーボンで汚れているときは、ワイヤーブラシで磨いておく。電極が減っている場合は、新品に交換だ。❺バーの溝の汚れは専用ツールで落とすとよい。❻スプロケットタイプは、定期的に専用ガンでグリスアップする。❼チェーンの張り具合は、指で引っ張ったときにドライブリンクが少し見える程度が適正だ

◆覚えておきたい目立ての方法

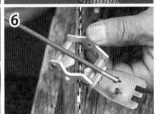

❶目立てで使用するヤスリは、チェーンのピッチに適合した太さを使うことが大切。また、ヤスリは徐々に摩耗するので、定期的に新品に交換することも忘れずに。❷チェーンソー本体を作業台の上にしっかり設置し、スタートの目印を油性ペンでマークする。❸ヤスリを刃の上側に水平にあてがい、押しながら研ぐのが基本。❹ヤスリは刃に対して25〜30度の角度に当てて、ひとつの刃に2〜3回研ぐのが目安。❺こんな感じに研げれば成功。チェーンソーの刃の向きは交互に配置されているので、片側ずつ研いでいこう。❻慣れないうちは、専用ゲージを使うと便利だ。❼刃の切れ込み深さを調整する「デプス」も定期的に削る。このように専用のゲージをあてがって、上にはみ出ている部分を平ヤスリで削ればよい

用語解説 デプス▶チェーンソーの刃の前方にある突起。刃の高さより0.65mm低くなるように削るのが基本で、削り過ぎるとキックバックしやすくなるので注意。

第4章 ◆ 憧れのログハウスを作ってみよう！

チェーンソーワークの超基本

チェーンソーは正しい持ち方で操作することで、安全で確実な作業を楽しめる

　チェーンソーの扱い方には、いくつかのポイントがある。なかでも一番基本になるのがチェーンソーの「持ち方」だ。左手で前ハンドル、右手で後ろハンドルを握ったら、脇を締めてボディの一部を身体に密着、あるいは腕をヒザに置くなどして、チェーンソーの重量を身体に分散させるのがキモになる。初めてチェーンソーを持つとどうしても手持ち状態になりやすいが、これだとチェーンソーが安定せず正確なカットができないだけでなく、疲労度も増して突然のキックバックなどにも対応しにくい。最初に基本のスタイルを身につけよう。

　ログワークの基本である「玉切り」では、ログの長さや太さ、支点の位置などによってカットする順番が違ってくるが、どの場合でもカットラインと目線、チェーンソーのバーを一直線上に置くことがポイントになる。そして、カット中はアクセルをほぼ全開状態にしてやる。

定期的にアクセルを戻してやれば、エンジンが焼き付くことはない。むしろ、低速でダラダラと作業するほうが、エンジンに負担を与えてしまうのだ。

　基本的な玉切りをマスターできたら、続いて実際のログハウス作りでも多用する「平面カット」と「ブラッシング」を練習してみよう。この作業のコツは、「カットを急がない」こと。とくに平面カットの場合、切りたい方向にうまく進まないと焦ってしまうものだが、カットラインが一度曲がり始めてしまうと修正が難しくなる。ここはあわてずにスロットルを戻し、少し前に戻ってから落ち着いてカットをやり直すのが正解だ。

◆チェーンソーの基本的な扱い方

❶チェーンソーを使うときは、スタンスを前後に軽く開き、リラックスした状態でチェーンソーを腰の位置で構えるのが基本。このため、カットする材料を腰〜膝上の位置に置ける高さのウマ（作業台）を使うのが理想だ。❷状況次第では腰を落として構えるなど、臨機応変に対応したい。❸左手は前ハンドルを握り、万一のキックバックに備える。後ろハンドルを握る右手は人差し指でスロットルをコントロールするのが基本。❹どんな切り方でも、チェーンソーの重量を身体に分散させる気持ちで操作すると、長時間の作業でも疲れにくい。写真の場合は、右腕をヒザの上に預けてチェーンソーの重さを分散している

◆「玉切り」の基本

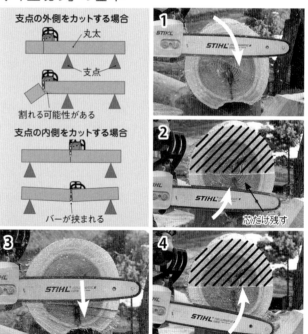

丸太の支点の外側を玉切りする場合、上から最後までカットすると切り離す丸太の重みで木口が割れやすい。また、支点の内側をカットする場合はバーを挟まれやすい。❶まず、支点のどこを切る場合でも、上から半分ほどまでカットする。ボディ前方にあるスパイクを丸太に突き刺し、バー先端で弧を描くようにすると楽に切れる。❷支点の外側を切るときは、下半分は下から切り上げ、❸最後に丸太の芯を上から切り下げるとよい。❹支点の内側を切る場合は、下半分を下から最後まで切り上げていく。切り離す瞬間、丸太が足の上に落ちないように注意

用語解説 キックバック▶高速回転中のチェーンの刃が、突起物にぶつかった拍子に手前に跳ね返ってくる現象。自分の方向に跳ね返るので、非常に危険だ。

◆「平面カット」のポイント

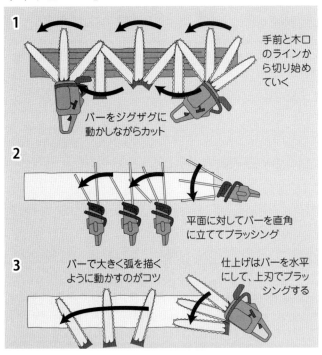

丸太の縦挽き＝平面カットは、❶のようにチェーンソーのバーをジグザグに動かしながら行うのが基本。この理由は、手前側と反対側のどちらか一方のカットに視線と気持ちを集中するためだ。切りはじめは木口と手前側の2本の墨に沿ってバーを入れ、バー先端が反対側に届いたらスパイクを丸太に利かせて反対側のカットに入る。扇状にカットしたら、今度は手前側をカットして、それを繰り返していくわけだ。平面カットができたら、表面のデコボコを均すために❷、❸の要領でブラッシングしていく

◆平面カットのための墨つけ方法

丸太を平面カットするためには、正確な墨付けが大切だ。ポイントは、丸太の側面に墨を打つときに、必ずカットする方向の延長線上に墨糸を引っ張ること。これが斜めになってしまうと大きな誤差ができてしまう。❶まずは、木口にカットラインを引く。水平器を使って正確に墨付けしよう。❷カット方向の延長線上に墨糸を引っ張る。木口の垂線に水平器を当てて、それを基準に墨糸を引いていくと、より正確な墨打ちができる

◆平面カットとブラッシング仕上げの実際

墨付けが完了したら、カットラインを水平に置き直してログドッグなどで作業台に固定する。作業台は、丸太が腰の位置になるような高さが使いやすい。❶まずは、手前側と木口の墨から切り込んでいく。最初はカットラインより1cmほど余裕を見ておこう。❷木口を切り終えたら、手前側にスパイクを利かせた状態で、そのまま反対側を扇状にカットしていく。❸続いて、バー先端を一点に止めながら手前側をカット。この連続で丸太を縦挽きしていくわけだ。❹反対側のラインをカットするときは、スロットルを親指で操作すると姿勢が楽になる。目線はつねにカットラインを追うことが大切。❺カットラインが曲がってしまったら無理して切り進めず、少しバーを戻して切り直すのが正解だ。❻平面カットが完了したら、続いて「ブラッシング」。まずは平面に対してバーを立てた状態で、大きくワイパーのように動かす。❼つねにバーの軌道をクロスさせるのがコツ。この段階でカットラインぎりぎりまで仕上げる。❽ある程度凸凹がなくなってきたら、今度はバーを横に寝かせ、上刃を使ってブラッシングしていく。この場合も、バーの動きをクロスさせていくことが大切。❾この程度の平面になればOKだ

用語解説 玉切り▶丸太を木口と平行にカットして必要な長さにすること。

ノッチワークにチャレンジ！

すべての基本である「サドルノッチ」と「グルーブ」の加工を覚えよう！

◆サドルノッチの概念図

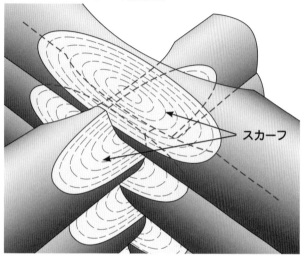

スカーフ

サドルノッチは、スカーフがクサビの役割を果たすことで、ログ同士がフィットしやすいのが特徴。また、経年変化でログが収縮したときでもネジレが起きにくい。加工性に優れるメリットもある

◆グルーブの種類と形状

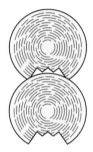
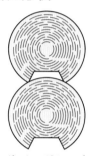

ラトラルグルーブ　　ボックスグルーブ　　Uグルーブ

ログとログの水平方向の重なりに刻まれるのが「グルーブ」。断面がW状のラトラルグルーブが基本で、ほかにノッチのきわに加工するボックスグルーブ、ログエンドに施すUグルーブがある

ログハウスの壁に丸太を積み上げるとき、丸太が重なり合うコーナー部には「ノッチ」を、壁のすき間をフィットさせるために丸太下側の水平方向には「グルーブ」という加工を施す。いずれもチェーンソーで刻むことになるが、ここで紹介していく基本さえしっかりマスターできれば、加工そのものは難しくない。

「ラフ」と「ファイナル」の2段階で効率化する

ノッチにはいくつかの種類があり、通常は「サドルノッチ」だけを覚えておけばOKだ。サドルノッチの特徴は、ノッチ上面に「スカーフ」と呼ばれる馬の鞍（サドル）のようなフラット面を加工すること。ここがクサビのように上のノッチに食い込んで、丸太の経年変化で収縮やネジレなどが発生してもタイトにフィットしてくれる仕組みになっているのだ。また、スカーフがあるとノッチのエッジが直線状になるため、チェーンソーで加工しやすいメリットもある。

サドルノッチの加工手順は、スクライブとチェーンソーワークに分けることができる。

「スクライブ」というのは、前述のスクライバーを使って上下に重なり合う下側の丸太の形状を上の丸太に写しとる作業。これによって、上下の丸太同士をカミソリの刃も入らないぐらいに寸分のすき間なくピッタリとフィットさせる加工ができるのだ。このスクライブのポイントは、スクライバーのレベルを正しくセットすること。最初からこれが狂っていると、絶対に正しいラインを引くことはできない。同様に、作業中にも絶対にレベルに触れないようにしたい。スクライバーを動かすときは、つねにレベルの水平を確認し、できる限り正確なカットラインを引くことを心掛けよう。そして、スクライブしたラインをカットして、ノッチやグルーブを加工していくのが「チェーンソーワーク」だ。

そして、このスクライブとチェーンソーワークでは、「ラフ」と「ファイナル」の工程が繰り返される。これは、ログを2段階に分けて落とし込むことによって作業を容易にすること、そしてログ壁の水平を保ちやすくするためだ。なんだか複雑な手順に思えるかも知れないが、以下を読み込んでいくことで徐々にそのメリットを理解できるだろう。

チェーンソーワークのコツとは？

　まず、ラフカットで重要なのが、丸太の高さを決定するノッチの「頂点」をていねいに仕上げること。ここのラインさえきっちりと加工できれば、ノッチの両サイドは文字通りラフなカットでOKだ。ここでバカていねいに時間を掛ける必要は全然ない。また、ノッチ頂点の両端を少しだけ削っておくと、ファイナルスクライブがやりやすくなることも覚えておこう。この理由についても、作業を繰り返していくことで実感できるはず。

　ファイナルカットでは、つねにノッチのスクライブラインが見えている手前側から加工するのが基本。したがって、ノッチの反対側を加工するときは、自分も反対側に移動して作業することになる。加工時はつねにラインを目で追って、オーバーカットしないように慎重にチェーンソーを操作したい。スクライブラインが多少曲がって描かれていても、無理してそれに合わせようとしないで、その内側を直線的にカットしていくと失敗が少ない。切り残し部分は、最後にブラッシングやノミなどで少しずつ削ってフォローすればOKだ。

　なお、一連の作業ではミリ単位の数値が何度も出てくるが、使用する丸太の太さによって的確な数値は異なってくる。ここでの数値は、ひとつの例として考えたい。

　作業の流れを覚えてしまえば、あとは自分のペースで楽しみながら作れるのがログハウスのメリット。最初は悪戦苦闘するかも知れないが、壁を2、3段も積めば誰でも体得できる技術なので頑張ってみよう！

◆サドルノッチを刻む流れ

ログのセット
壁の通り芯に、これから加工するログ材のボリュームのセンターを合わせるようにセットする

↓

ラフスクライブ
上下のログ間の距離をそろえることで、ログ壁を水平に積み上げやすくする工程

↓

ラフカット
ノッチの頂点を水平に加工し、その両側は少しオーバーカットするのがコツ

↓

ログの再セット
この時点で、上下のログの距離が平均化される。下のログからレベルを立ち上げ、上面に芯墨を打っておく

↓

ファイナルスクライブ
スクライブ幅は、ノッチ、グルーブともに「ワイゼストポイント＋7mm」が基本。スカーフのオーバーハングは、この時点でノミなどで削って調整しておく

↓

スカーフの墨付け
丸太上部の芯墨から15mm、ノッチ中心から左右300〜400mmずつ振り分けた位置、ノッチ頂点から7mm下がった位置の各点を結んだ楕円がスカーフ形状の基本だ

↓

スコアリング
カッターナイフやノミなどを使って、カットラインに2〜3mmの深さの切り込みを入れる。これはバリを防ぐため

↓

ファイナルカット
ノッチのボトム部分は凹状に、エッジ部分はやや鋭角に仕上げていくのが理想。一緒にグルーブも加工していく

↓

スカーフの加工
カット＆ブラッシングで楕円形に整形。最後は、ディスクサンダーか曲面カンナで仕上げるのが簡単

↓

ログをセットして完成！

◆スクライバーのセット方法

❶スクライバーを正確にセットするために「プラムライン」が必要だ。これは、建物の垂直な柱などに固定した板に鉛直線（プラムライン）を引いて自作すればよい。私は、基礎コンクリートの垂直を利用した。❷スクライバーの鉛筆を削り、その先端と針の先端にサシガネなどに当てて、設定されたスクライブ幅をセットする。❸鉛筆と針の先端をプラムラインに静かにあてがう（鉛筆側が上になる）。❹この状態で、手元の水準器の気泡を水平に調整する。これで、どこの場所でもつねにスクライバーの鉛筆と針との関係を「鉛直」に保てるわけだ。❺スクライバーをセットした後は、レベルに触れないように両手で包み込むようにして持って操作するのが基本。不注意でレベルに触れてしまうとすぐに鉛直が狂ってしまうので、正確なラインが引けなくなるのだ

用語解説 ボリュームのセンター▶丸太の木口の真ん中ではなく、質量全体のバランスを見たときのセンターということ。

1 最初に「ラフカット」で、ノッチ間の丸太の間隔をそろえる

❶まず、ログ壁の通り芯に新たな丸太をセットする。このとき、上下の丸太の距離は各ノッチ部（AとB）で違っているはず。この距離を同じ幅になるように丸太を落とし込む作業が、ラフスクライブ＆カットだ。具体的には、各ノッチの高さからファイナルスクライブがやりやすい数値（＝60mm）を引いた幅でラフスクライブを行う。この60mmというのは経験則から導き出された数値なので、平均的な太さのスギ丸太を使う場合はこの数値を採用するのが無難だ。❷スクライバーでノッチ内側の高さ＝タッチを測る。❸丸太の上面などにこの幅をマークし、60mmを引く。❹この幅でラフスクライブを行うわけだ。スクライブの方法自体はファイナルと同様なので下を参考にしてみたい。❺丸太を引っくり返してログドッグなどで固定し、まず真ん中にノッチの頂点ギリギリまで刻みを入れ、続いて両サイドのラインを消すように刻む。これで木片ごと取り除ける。❻チェーンソーのバーを立てて、ノッチ頂点を平らにブラッシング。ここはきっちり仕上げよう。❼ノッチ頂点の両端は、少しだけ削っておくとファイナルスクライブで針が引っ掛かりにくい。❽カット後、丸太を再セット。これで上下の丸太の間隔が均一になって、グルーブのスクライブもやりやすくなる。最後に丸太上面に芯墨を打つ

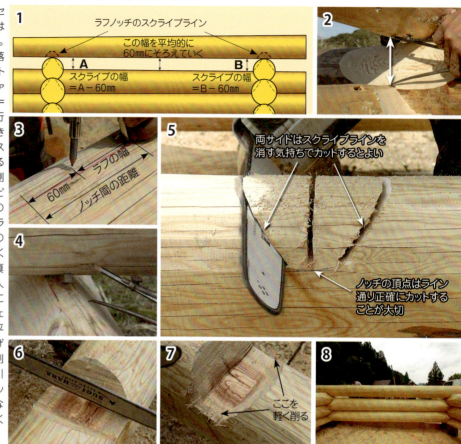

2 ファイナルスクライブ＆スカーフの墨付け

❶上下の丸太の間で一番広い部分（ワイゼストポイント）をスクライバーを当てながら探してみる。❷この距離は理論的には60mmのはずだが、丸太にはデコボコがあるので違った数値になることが多い。その場合、計測した最大値にグルーブが重なる幅（カバー＝7mm）を足した数値でファイナルスクライブを行なえばよい。❸ノッチの横でスクライバーの針がスカーフ下端より下にある場合は「オーバーハング」といって上段の丸太が収まりにくくなるので、ノミで針の位置まで削っておく。❹ノッチの上側は上から、下側は下からスクライブするのが基本。このとき、スクライバーのレベルでつねに水平をチェックしよう。❺ノッチ頂点から、カバー幅となる7mm下に水平ラインを描く。ここがスカーフの下端となる。❻グルーブも、ノッチと同じ幅でスクライブすればよい。❼ログエンドは木口にも下のログの形状を写し取るが、このとき5mmほど上にラインを引いておく。これによって丸太同士にクリアランスができて、雨水の抜けがよくなる。❽ノッチ上部の通り芯の墨から15mm離れた位置をスカーフの上端とし、さらに中心から左右300～400mmずつ振り分けた位置と❺の位置を結んだ楕円を描く。これがスカーフの形状だ

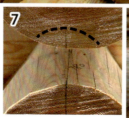

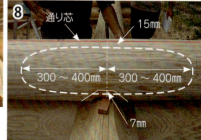

3 ノッチのファイナルカット

❶ファイナルカットは、安定した作業台の上に乗せて行う。まず、スクライブラインの1〜2mmほど内側をノミやカッターなどで切り込みを入れる。これは「スコアリング」と呼ばれる作業で、カット時に発生しやすいバリを防ぐためのもの。切り込みの深さは数ミリでOK。❷ノッチの真ん中の自分側から刻みを入れ、続いて両サイドのライン内側を刻む。❸作業時は、このようにラインを真っ直ぐに見るようにして正確にカットしたい。❹ログの反対側に移動して同様に刻む。それぞれのカットラインが多少重なるようにするのがポイントだ。❺バールなどで木片ごと取り去ったときに、このようなお椀型になっているのが理想。続いて、バーの先端でラインぎりぎりまでブラッシングしていく。❻手先ではなく、身体全体でチェーンソーを操作するのがコツ。❼❽さらに、ノッチの頂点やラインのエッジをきれいに仕上げていく。❾ノッチのボトムにサシガネを当てて、1〜2cmほどのくぼみがある程度に仕上げる

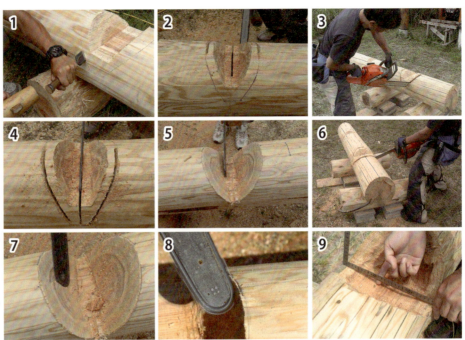

4 グルーブのファイナルカット

❶ラトラルグルーブは、数字の順番にカットしていくのが基本。❷まず、スクライブラインの2〜3mm内側を狙って①と②をカットしていく。このとき、バーの先端を丸太の芯に向けながらカットするのがポイントだ。また、バーを入れる深さは、50〜60mm程度が目安。あまり深すぎると、丸太にダメージを与えてしまう。❸グルーブを刻むときは、バーの角度を一定に保って自分が後ずさりしながら加工していく。❹続いて、③と④をカット。このとき、バーの先端が①や②の刻みに届いていることが大切だ。慣れてくると、カットしていくときのバーの抵抗感だけで①や②に届いているがわかってくる。❺さらに、⑤と⑥をカット。こちらはそれほど難しくはない。❻ノッチの両脇はグルーブが底当たりしやすいので、断面を箱状（ボックスグルーブ）にするとよい。❼ログエンドや開口部はUグルーブにすると見た目がよくなる。まず、バー全体を使って縦方向にカット＆ブラッシング。❽グルーブに直角にバーを当て、バー先端の丸みを利用してU字状に形成していく。❾グルーブは最後までチェーンソーで仕上げようとせずに、ラインギリギリの部分はノミやサンダーで仕上げるのが簡単。このとき、ラインを消すように仕上げると、丸太を組んだときにノッチにかかる荷重が大きくなり、全体的にフィットしやすくなる

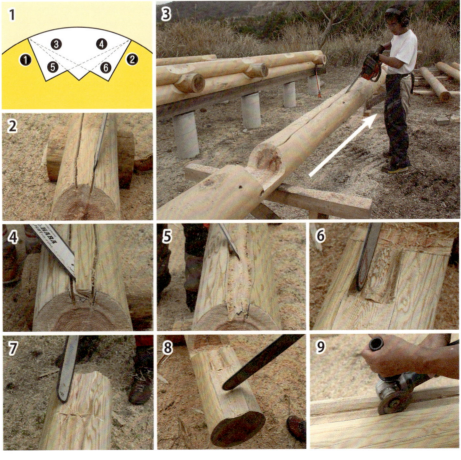

用語解説 カバー▶丸太と丸太が重なり合う「高さ」。丸太の太さが20cm、カバーを7mmとすると、丸太が重なり合う「横幅」は50〜55mmほどになる。

5 スカーフカット&ノッチの収め

❶スカーフは曲面の刻みになるので、慣れないうちはラインをオーバーカットしやすい。最初は浅めにバーを差し込み、バナナの皮をむくようなイメージで行うとうまくカットできる。❷チェーンソーの上刃を使って、このような楕円形にカットできれば成功。うまくできなくても、少しずつ修正していけばよい。❸続いて、バーを立ててブラッシングしながらカット面をならす。このとき、スカーフの中央40cm前後は平面に仕上げていこう。❹チェーンソーでラインぎりぎりまで仕上げる必要はない。ある程度までブラッシングしたら、最後はディスクサンダーで仕上げればよい。❺サドルの頂点を水平に加工しておくと、つぎの段のスクライブがやりやすくなる。また、ワイゼストポイントがノッチのすぐ横になりやすいので、スカーフ下部のオーバーハングを最小限にできるメリットもある。❻ログを再セットしてノッチワークの完了。ノッチが底当たりしていたら、再度刻み直してフィットさせてみたい。

◆「ロックノッチ」で強固に収める方法

キャップログなどで強固に丸太を組みたい場合は、ノッチの中にホゾを加工した「ロックノッチ」が適切。❶ファイナルスクライブまではサドルノッチと同様。ロックノッチでは、ここからノッチ頂点の50mm下側に水平線を書き入れる。さらに、スクライブラインとの交点をマークし、その真下（つまりスクライバーの針の位置）にもマークを入れる。反対側も同様にして、ひとつのノッチで計8ヶ所のタッチマークを入れるわけだ。❷上のログを壁から下ろし、①で引いた水平線を下限としてノッチを刻んでいく。❸ノッチ底部に、①でマークした2点を結ぶラインを引き、マークから30mm内側にも線を引く。この位置がホゾのエッジだ。❹ホゾの外側（斜線の部分）をカット。❺チェーンソーでの加工が難しければ、ノミを使うとよい。❻スカーフはサドルノッチ同様に加工する。❼続いて下側のログの加工。まず、①でスカーフにマークした点を結び、③で採用した30mm内側の点も結ぶ。❽実際のライン。底当たりを防ぐため、ボトム部分は5mmほど余分にカットしておくとよい。❾加工は写真のように突っ込み切りにするのがスピーディだが、慣れないうちは点線のように短冊状に刻んでいくと安全。最後はノミで仕上げよう。❿これでロックノッチの完成。⓫なお、ここで使った数値は目安なので、材の太さで適宜調整するのが理想だ。

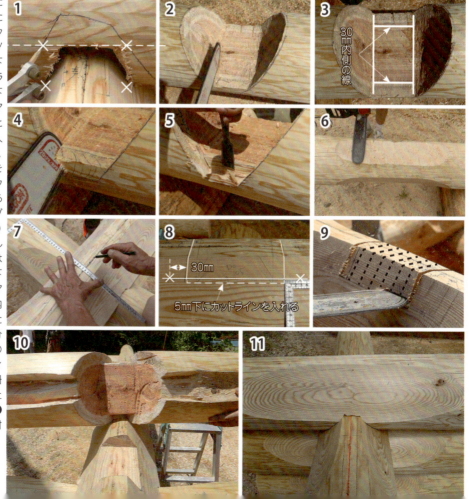

ログ壁を積み上げる方法

壁の「高さ調整」の方法をマスターしておきたい。丸太のリスト化も重要だ！

　ここまで解説してきたチェーンソーワークを体得できれば、あとは丸太を加工しながら積み上げていくことでログ壁を作ることができる。その基本的な流れは、「シルログのセット ➡ ログの積み上げ ➡ 壁の高さ調整 ➡ 開口部やログエンドのカット ➡ キャップログの収め」といった具合だ。なお、ログ壁の最上段となるキャップログや小屋組み以降の考え方は第5章の178ページや183ページと一緒なので、そちらを参考にしてほしい。

　さて、ログ壁を作るときに覚えておきたいのが、丸太を積むときの基本的なルール。まず、丸太は末口と元口を「交互に積む」のが大前提だ。丸太にはテーパーがあるので、これよって偶数段のときに壁の上端が水平に近くなりやすい。したがって、ログ壁を偶数段で完成させれば壁の天端が水平近くになるわけだ。また、丸太の曲がりは水平方向に設置していくこともポイント。これで上下の丸太が等間隔になって作業効率がアップし、ノッチの削り過ぎで強度が落ちることも防げる。

　さらに、使用する丸太はあらかじめ長さや太さ、曲がり具合などを「リスト化」しておくのが理想。これでシルログやキャップログ、小屋組みなどに使う丸太を選別しやすくなり、壁を積むときの順番も把握できる。

　とはいえ、現実的には丸太のテーパーや曲がりは不揃いなため徐々に壁の水平はズレてくる。そこで覚えておきたいのが「高さ調整」。具体的にはラフカット時に壁高の不均衡を解消してしまうのだが、151ページの解説をじっくりと読んでもらえば理解できるだろう。

　開口部は、建具のサイズをあらかじめ考慮してカットする必要がある。しかし、建具そのものも自作してしまう場合は、あとから自由にサイズを調整できるので、それほど厳密なカットは要求されない。むしろ、キーウエイなどの加工時に起こりがちなキックバックに注意することが大切だ。

　なお、丸太を壁に上げ下げするためにはユニックなどの重機が必要になるが、単管で巨大な三脚を作ってチェーンブロックや滑車などを利用している人もいる。自分なりの工夫を凝らし、安全第一で頑張ってみよう！

◆丸太を積み上げるときのポイント

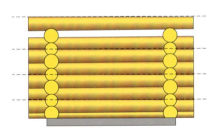

【丸太の末口と元口を交互に積む】
ログ材は、元口（根元の太い側）と末口（先端の細い側）を交互に壁に積むことが原則だ。これによってバランスのいい外観になると同時に、偶数段のときに壁上面の水平を保ちやすくなるメリットもある。このためにも、使用する丸太はあらかじめ太さやテーパーの度合い、曲がり具合などを明記したリストを作っておくとよい

【丸太の太さはバランスよく積む】
ログ材は多少の曲がりがあるのが普通だが、これを壁にセットするときは曲がりを水平方向にすると上下のログ間が等間隔になりやすく、作業効率がよくなる。また、一般には曲がりを建物の外側にすると室内が広くなりやすい。この場合、ログ材の質量（ボリューム）のセンターを壁の通り芯に合わせることが大切だ

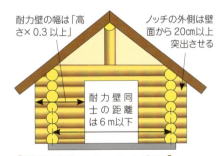

【構造基準のルールを守る】
ログハウスの構造については、国交省の告示に基づく『丸太組構法住宅工事仕様書（日本ログハウス協会）』に記載がある。「耐力壁線相互の距離は6m以内」「耐力壁の幅は高さの0.3倍以上」「ノッチに設ける丸太材の突出長さは20㎝以上」などの基準があるので、実際にログハウスを建てる場合は同書を参考にするのも方法だ

用語解説 テーパー▶丸太の元口と末口の直径の差。テーパーが少ないほど、壁が積みやすくなる。

第4章 ◆ 憧れのログハウスを作ってみよう！

◆ ハーフログとシルログの加工図

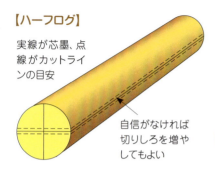

【ハーフログ】
実線が芯墨、点線がカットラインの目安
自信がなければ切りしろを増やしてもよい

ハーフログは水平垂直の芯墨を打ち、水平ラインの上下に10mmずつの切りしろを墨打ちしてカットラインにする

【シルログ】
120mm以上
ハーフログの高さの2倍

シルログはカット面の幅が120mm以上、高さがハーフログの約2倍になるようにカットラインを設定する

壁の1段目となるハーフログとシルログの加工方法は、左の通り。ここで大切なのが、シルログの高さをハーフログの2倍に近くすること。これによって、2段目以降のログが積みやすくなる。また、土台は最低でも4寸（120mm）角の太さを使いたいので、シルログの底面の幅も120mm以上確保するのが理想だ。したがって、シルログに使用する丸太は、手持ちの中でも太めのものを選ぶことがポイントとなる。なお、左図ではハーフログの切りしろを20mmとしているが、カットに自信がなければ、30mm程度にしてもOKだ

◆ シルログの設置方法

❶まずは、1本の丸太から2本のハーフログを作製。❷土台や仮基礎の上にハーフログを置き、上面に直交する通り芯をマークしてから、146ページの要領でスカーフの輪郭を描く。スカーフの下端は土台との接地面に合わせればよい。❸スカーフをカットし、あらためてハーフログの重量のボリュームと壁の通り芯を合わせるようにセットする。❹ハーフログに直交させるようにシルログを置き、壁の通り芯とセンターを合わせる。このとき、シルログ底面に水平器を当てて水平になるように木端などをはさんで調整する。❺それぞれのノッチのきわの高さを測る。❻シルログにはグルーブを刻まないので、60mmをマイナスした数値でラフスクライブ＆カット。❼再セット後、左右のノッチの高さが違うときは木っ端などをはさんで調整し、その高さでファイナルスクライブする。同時にスカーフ下端のラインを水平に引いておく（146ページ）❽ファイナルカット。❾スカーフを刻んでからセットして完了！

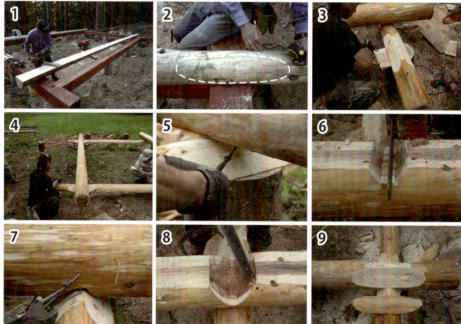

◆ 仮基礎について

ログの壁は基礎の上に直接積み上げていくのもいいが、建築地が自宅から遠い場合は、近所で仮組みをする方法もある。その場合、必要になるのが「仮基礎」だ。写真は玉切りした丸太とツーバイ材を組み合わせて作ったもので、仮基礎としては一般的な作り方だ

◆ 丸太のテーブルで練習してみよう！

いきなりログハウスを作るのが不安なら、まず丸太でテーブルを作ってみるのがお勧め。多くのログワークが共通するので、最高の勉強になる

◆ ログ壁の高さを調整する方法

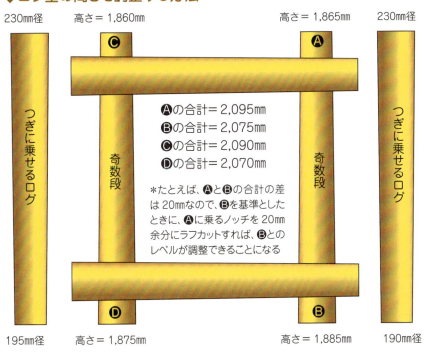

230mm径　高さ＝1,860mm　　　高さ＝1,865mm　230mm径

Ⓐの合計＝2,095mm
Ⓑの合計＝2,075mm
Ⓒの合計＝2,090mm
Ⓓの合計＝2,070mm

＊たとえば、ⒶとⒷの合計の差は20mmなので、Ⓑを基準としたときに、Ⓐに乗るノッチを20mm余分にラフカットすれば、Ⓑとのレベルが調整できることになる

つぎに乗せるログ　奇数段　　奇数段　つぎに乗せるログ

195mm径　高さ＝1,875mm　　　高さ＝1,885mm　190mm径

ログ壁が4段目か6段目、そして最終段になったら、高さを調整しておこう。まず、奇数段のログ壁の高さを各ノッチ部分で測り、その一番高い位置を基準とする。イラストの例では、1,885mmのⒷだ。続いて、つぎに乗せるログの直径（高さ）を測り、ノッチの高さに加算する。この数値が、いま基準にしたⒷ（今回は2,075mmとなった）よりも大きい場合は、その差をラフスクライブの数値（タッチ－60mm）に、さらにプラスして調整する。たとえば、Ⓐ地点では20mmプラスする＝20mm余分に落とし込むことで、上に乗るログの天端のレベルをⒷと同じ高さにできるわけだ。逆に、Ⓑよりも小さい場合には、マイナスして調整する。Ⓓなら5mmマイナスだ。これですべてのノッチ部分の高低差が解消でき、ログ壁の天端のレベルが同じになる。あとは、通常通りに「ワイゼスト＋7mm」でファイナルスクライブを行なえばよい

上の理論で、実際のタッチ幅（ログ間の距離）を考慮して作業してみよう。❶まず、各地点でのログ壁の高さを測る。本来はノッチ部分で測るのが正確だが、テーパーが少ないログならエンド部分で測ってもOKだ。❷上に乗るログ径を測って壁の高さに加算する。❸壁が一番高かったⒷのタッチを測る。❹ここでは108mmだった。❺通常通り、60mmマイナスの48mmでラフスクライブを行なう。❻続いて、別のノッチ部分のタッチを測る。Ａ地点では96mmだった。❼通常でのラフスクライブの数値はマイナス60mmで36mmとなるが、上のイラストで説明したように、ここで20mmプラスして「56mm」でラフスクライブ＆カット。これで納めればⒶとⒷの天端が合うことになる。❽ラフカット後、ログ壁のレベルが合っているかチェックしてみよう。❾高さが調整できていたら、あとは通常通りにログ間のワイゼストポイントをチェックして、7mmプラスした数値でファイナルスクライブ＆カットしていけばよい。❿丸太のテーパーがきついと一度では高さを調整しきれないケースもあるが、その場合は直交する壁や続く偶数段で少しずつ調整していくといいだろう。なお、高さ調整の段に限らず、ログ壁を補強するために「ダボ」（155ページ）を2m以内のスパンで入れていくと安心だ

第4章 ◆ 憧れのログハウスを作ってみよう！

◆開口部を「オープニング」するテクニック

❶まず、シルログか最上段の壁の芯墨から、開口部までの位置を確認。開口幅は、建具幅に枠とアングルの厚みを加算する。❷上端のラインを水平に墨付け。開口部の上下の位置は、できるだけログの一番太いところにすると建具の収まりや雨仕舞いがよくなる。❸幅のラインを垂直に引く。開口部の高さは「セトリング」を考慮して、建具の高さの5％ほど大きめにしておく。最後に下端の水平の墨を引く。❹開口部のカットは上のラインから。チェーンソーを保持する左手を水平移動させながら慎重にカット。足場を高くしてチェーンソーを腰のあたりで構えると作業しやすい。❺縦のラインは、壁の通り芯に対して直角にカットしていく。❻カットしたログ壁を揺すって慎重に落とす。❼最後に下のラインを水平に平面挽きしてオープニング完了。❽開口部には建具を入れるための加工も施しておく。まず、壁の通り芯を墨付け。❾これが開口部と枠との関係。飾り用のケーシングを収めるために斜めのカットも施す。❿バーを垂直に下ろしながら斜めにカットしていく。⓫続いてキーウエイを刻む。キーボードにアングル（189ページ）を使う場合、深さは6〜7cm、幅はバー1枚分でOKだ。切り始めにキックバックしやすいので慎重に。⓬建具の収め方はマシンカットと同じなので、157ページを参考にしてみよう！

◆ログエンドを「デザインカット」する方法

❶ログエンド（壁の外端）はそのままでもいいが、自分の好みのデザインでカットしてみるのも楽しい。この場合、ノッチの強度を損なわないために、ノッチ中心部からログエンドまでの距離が20cm以下にならないようにする。❷チェーンソーを身体の正面に構え、ログエンドに対して直角に切り込んでいく。曲線部分はバーを多少前後させながら切り進む。❸雨が跳ね返りやすい下段部分は、逆傾斜にカットすれば雨水が浸入しにくくなる。❹並行したログ壁は、一方のログエンドの形状を見ながら墨付けしてカットすると、それぞれの形状が揃いやすくなる。

◆グルーブの「カバー」は7mmで！

ここまで何度か出てきた「カバー」というのは、上下の丸太同士が重なる「高さ」のこと。これによってグルーブの横幅も決まってくるのだが、幅が小さいとログ壁にすき間ができやすいし、大きいとグルーブの削りが深くなり過ぎて丸太の強度が落ちてしまう。丸太の太さや断熱性の考え方などにも左右されるが、末口20cm程度の丸太を使う場合、カバーの数値は7mmが一般的だ。

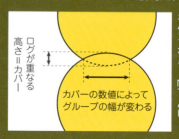

太い丸太ではカバーを10〜12mmにすることもあるが、一般的なスギ丸太を使うなら7mmでよい

用語解説 セトリング▶経年による丸太の収縮や丸太自体の重さによって、ログ壁全体が数パーセント下がってくる現象。通常、5年前後で落ち着くとされる。

「キット」で作るログハウス

マシンカットのミニログなら、キットの活用でセルフビルドも楽勝なのだ！

　マシンカットは、プレカットされたログ材を積み上げていくだけで作れる「手軽さ」が最大のウリだ。私自身も数多くのマシンカットログの現場を取材したり手伝ったりしてきたが、ハンドカットの現場とはまた違った楽しさを体験できると感じた。ここでは、いわゆる「ミニログ」と呼ばれる3坪の小型キットでの例を紹介していくが、キットには組み立ての説明書が同梱されているので、そちらも合わせて参考にしてみたい。

　キットに同梱されている部材は、メーカーや商品、価格などの違いによってさまざま。通常のキットでは、ログ材のほかに天井材（屋根下地）、根太、建具などが入っているが、さらに屋根や床などの仕上げ材や断熱材まで入っているキットもある。また、プランによってはデッキやテラスなどの部材も含まれているし、好みに応じてオーダーに対応してくれるメーカーもある。

　マシンカットログの組み立てに必要な道具としては、カケヤやバール、インパクトドライバーなどのほか、ログの曲がりを矯正するためのクランプと「ヌンチャク」と呼ばれる治具も用意しておくと作業がはかどる。

　なお、屋根や内装の仕上げなどはツーバイ構法と変わらないので、第1章などを参考にしてみよう！

◆キットの内容について

ログ材のほか、ドア、窓、土台や屋根の下地材、デッキ材、各種金物などがセットになっているキットが多い。さらに、断熱材や屋根仕上げ材なども含まれていれば、材料の手配はとてもラクだ

1 土台とログ壁の1段目までの設置

❶ここでは独立基礎（167ページ）を採用。まず、基礎の上面に土台が置かれる外周の位置を印し、基礎側面にも墨を出しておく。❷基礎の墨を土台に写し、アンカーボルトの位置をマークする。ボルトが曲がっていたら、鉄パイプなどを差し込んでジワジワ曲げて修正するとよい。❸ドリルでボルト径より数mm大きめの穴を開ける。❹基礎の上に敷く防水用ルーフィングを基礎の形状に合わせてカット。❺基礎にルーフィングを敷いて、土台や大引きを配置していく。このとき、基礎の側面に出しておいた墨と土台の位置が合っているかを確認する。❻墨が合っていたら、ボルトをナットで締める（写真は座堀りが不要なハイブリッドナット）。❼一段目のログを仮置きしてみて、ボルトが当たる場所をチェック。❽ボルトが当たる部分をノミで削り取る。❾ログを再セットして、土台にしっかりとピス留めする

2 2段目以降の積み上げ

❶ログ同士が交差するノッチ部分に、コーキング材を塗る。ここから雨水が浸入しないように、ノッチ内をしっかり埋めるように充填したい。コーキングの種類は、硬化後も伸縮性のある「低モジュラス」タイプがお勧めで、ウレタンや変成シリコンなどから選ぶとよい。なお、はみ出たコーキングは硬化してからちぎり取ればOKだ。❷ノッチを組み合わせたら、交差部分にビスを打ち込んでしっかり固定する。ログ同士をしっかり締め付けて、できるだけセトリングが少なくなるようにする考え方だ。❸ログを2段ほど積んだら、電気配線用の穴をドリルで開ける。❹穴に電気ケーブルを通した状態。作業をスムーズにするために、あらかじめコンセントやスイッチ類、照明などの配線計画を練っておくことが大切だ。❺ログ壁と床との取り合いはいろいろなケースがあるが、このキットはログの内側に根太の位置を墨付けして、そこに根太を配置するタイプ。❻根太は土台や大引きにしっかりビス留めする。❼根太をすべて配置したら、その上に合板を敷いてプラットフォームにしておくと、今後の作業がやりやすくなる。❽コンセント用の穴は、カットソー（マルチソー）やドリルなどで四角く開ける。❾このような配線になる。とくにログ材が細い場合は、組み上がってからドリル穴を開けて配線するのは難しいので、ログを積みながら配線していくのが基本だ。❿ノッチ部分はカケヤで叩いてしっかり収めたい。このとき、当て木を添えてログのサネがつぶれないようにするのがポイント。⓫デッキも同時に組みながら、壁を立ち上げていく

3 ログの曲がりやネジレを「ヌンチャク」で矯正する裏ワザ

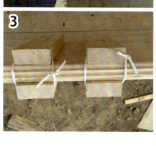
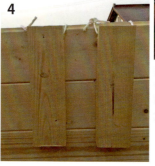
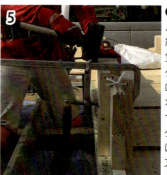

❶ログがねじれていると、このようにグルーブが合わないことがある。とくに、細いログでは起こりがちなので対策を覚えておこう。❷用意するのは長めのクランプと「ヌンチャク」。ヌンチャクはログ2段分より少し長めにカットした2×4材の上部にドリル穴を開けて、ふたつ一緒にヒモで結んだもの。❸ヌンチャクを曲がったログの上に挟み込むようにセットする。❹こんな感じ。❺さらに、ヌンチャクをつかむようにクランプをセットする。この状態から、クランプをしっかり締め付けていくとログのネジレが解消されるので、グルーブが嚙み合ってきたら上からカケヤで叩いて収め込む。このとき、ログの上に当て木を置いて叩くことで、ログのサネがつぶれることを防ぐ。ネジレが大きいときは仲間と協力して、ひとりがネジレを矯正しながら、もうひとりが叩き込むとよい

4 予備のログに「ノッチを加工」する方法

キットによっては、ノッチを加工していないログ材が同梱されている。これはキット内のログ材に加工ミスやひどい割れなどがあったときの予備で、使用する場合は自分でノッチを加工する。マシンカットでも、ノッチを刻む楽しさを体験できるのだ。❶まず、交換したいログと予備のログを並べ、ノッチの位置を正確に書き写す。❷ノッチをよく見てみると、雨仕舞いや光の漏れを防ぐために両サイドに段差がついている。❸最初にノッチの両サイドの墨を丸ノコでカットし、続けて縦の墨をカットしていく。切り込みの深さに応じて、丸ノコの刃の出幅を調整してみよう。❹仕上げはノミを使ってていねいに。❺カットソーを使えば作業は早い。❻カットソーはログ以外にもいろいろと活躍してくれるので、入手しても損はないツールだ。❼ノッチの両サイドの彫り込みも、深さを合わせた丸ノコで複数の切り込みを入れて、❽ノミで仕上げればOK。❾これで完成！ 手前がサンプル、奥が新しく加工したノッチだ

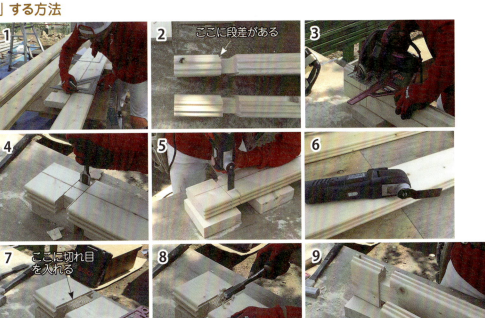

5 超ロングビスで、ログ壁のすき間を締め付ける

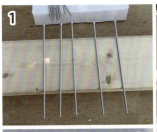

❶ログ材の反りや曲がりなどによって、ノッチ部分やグループの中間あたりでの収まりが悪い場合がある。今回のような細いログ材でダボが同梱されていないキットでは、超ロングビスで強制的に収めてしまうのが手っ取り早い方法だ。❷ビスは強度に優れる土蔵改修用や外断熱パネル用などがお勧め。写真は、WAKAIの「土蔵改修ビス240㎜」。先端側だけにネジが切ってあって、軸の部分（写真の赤い部分）がネジ山径よりも細いタイプなら、より強い力でログ同士を引き寄せてくれるし、ねじ込むときの抵抗も少なくて使いやすい。ネジの長さは、ログの高さの2倍弱あればOKだ。❸このようにログが上反り状態でグループにすき間がある場合でも、❹ロングビスを垂直に打ち込むことで、❺しっかりすき間がくっついてくれる。ロングビスの場合、ドライバービットは四角形のタイプ（スクエアビット）を使うことが多いので、別途用意しておこう！

◆「ダボ」や「通しボルト」で補強する

ここで紹介してるキットでは使っていないが、ある程度の太さのログ材の場合は、ダボや通しボルトでログ同士をしっかり固定するのが一般的だ。ダボは細い角材などが使われることが多く、これを1～2m間隔でログに打ち込んで上下2段のログを固定していく。通しボルトは、最上段から最下段までのすべてのログを貫くように入れるのが基本。ボルトの上下をナットで締め付ければ、ログ壁が一体化するわけだ。セトリングによってナットが緩んできたら、適宜締め込んでおく。

左がダボ、右が通しボルト。ある程度の太さのログキットにはどちらかが同梱されている

6 開口部の壁、ヘッダーログ、ゲーブルエンドの組み上げ

❶開口部では片側や両側にノッチがないので、木口にビスを利かせておくのが基本だ。❷90mmのビスを木口から斜め打ちして、上下のログをしっかり固定する。❸開口部の最上段から2段目までは、木口の下側からビス留めすると、高さ調整などでビスを緩めたいときにインパクトドライバーがヘッダーログ（開口部の一番上のログ）に当たって邪魔になることがない。❹ヘッダーログの収め。開口部の欠き込み加工を施されたヘッダーログは、ねじれやすいのでグルーブが合わないことが多い。❺その場合は、前述のヌンチャクで矯正し、カケヤで叩き込んでしっかりと収める。❻このキットのような妻壁もログになる「ゲーブルエンド」では、積み木のように最上段までログを積んでいく。❼途中の壁の切れ込みに、母屋を収める。❽ゲーブルエンドの場合、ログ同士や母屋などとの間に段差が生じることがあるので、桁と母屋を結んだ直線に墨を引き、❾電気カンナで真っ直ぐに削っておく

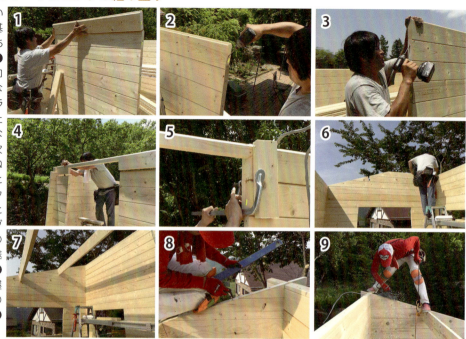

7 屋根の下地張り

❶このキットの屋根は、天井板と野地板を兼ねた20mm厚のパイン材を勾配方向（母屋と直角）に張っていく。まず、張り始めの板のメスザネを丸ノコでカット。❷板を張る前に、母屋や桁などの曲がりを水糸でチェックする。❸母屋などが曲がっている場合は、天井板を2、3ヶ所仮留めしながら矯正しておく。❹矯正が完了したら、母屋から桁に渡すように板を置き、50mmのビスか65mmのクギを脳天打ちして留める。❺2枚目以降は、オスのサネに当て木を添えてハンマーで叩いてはめていく。なお、今回のような片流れ屋根の場合は、反対のケラバ側にも天井材を仮設置して、その頂点同士に水糸を張っておくと板を張るときの上下の位置の目安になる。❻叩いただけでサネがはまらない場合は、ビスを斜め打ちしてサネが付くまで押し込む。❼このキットの母屋は屋根の勾配に合わせて傾いているので、それに合わせるように板に対して直角にクギ（ビス）を打っていく。❽逆に、桁の部分は垂直にクギを打つことでクギがログからはみ出すことがない。❾板の張り終わりが近づいてきたら、板の端からログ壁までの距離を屋根の上下で測ってみる。❿今回は勾配の上側が下側より5mm長かったので、板の上側に少しずつ隙間を取って張り終わりまでの距離を調整する。室内から天井を見上げて、妻壁と板の目地が平行になればベストだ。⓫これで屋根（天井）が完成。天井からクギやビスが飛び出していたら、この段階で打ち直しておく

8 屋根を断熱施工する方法

転び止め

このキットは天井板が屋根の下地を兼ねた仕様だが、このままだと断熱性が低いため断熱材を入れることにした。❶まず、天井板に防水シートを張り、その上に2×4材を垂木として455mmピッチでビス留めしていく。ビスを留める位置は、母屋や桁の上とする。❷屋根を二重構造にすることで、垂木の間に電気ケーブルを這わせられるメリットもある。❸垂木の上端は屋根勾配に応じて垂直（縦水）に切り落とし、ここに鼻隠しを取り付ける。また、垂木にネジレがある場合は、写真のように転び止めを入れておくとよい。❹垂木の間に断熱材を充填し、断熱材の耳をタッカーで垂木に固定していく。❺すべての断熱材を充填したら、垂木の上に構造用合板（12mm厚）を50mmクギか45mmビスで留める。この後は、好みの屋根材を張って仕上げていけばOKだ。なお、屋根内の通気を確保したい場合は208ページを参考にしてみよう！

9 建具の取り付け方法（セトリングがある場合とない場合）

❶今回のキットのように細いログの場合、壁を組むときにロングビスで十分に締め付けてあるのでセトリングは発生しないものと考える。まず、開口部の木口に防水テープを張る。外側に余ったテープでログ外側を包み込むようにすると雨仕舞いがよくなる。❷建具は必要に応じてハンドルなどを取り付ける。ネジ山を潰さないように手まわしのドライバーを使いたい。❸このキットの建具では、窓枠の周囲に壁へ固定するための角材が取り付けられている。この角材をいったん取り外し、上下の角材を窓枠の外面に合わせて付け直す。これは、窓が内開きなので枠の外面をログの外面に合わせて開閉しやすくするため。❹左右の角材はログ壁の外面に取り付け、各段のログにビス留めする。これでログ壁のたわみも矯正できる。❺開口部外側の上部に窓の落下防止用として適当な板をビス留めし、建具を開口部にはめる。この後、内側上部にも落下防止の板を取り付けておくと安心。❻窓の水平垂直を確認し、枠下に取り付けた角材とログの外面を合わせた状態で、ログの下側からビスで窓枠を固定する。❼同様にログ壁に取り付けた角材から、斜めにビス打ちして窓枠を固定。❽枠とログ外壁との隙間をふさぐように防水テープを下➡横➡上の順で張っていく（95ページ）。❾飾り用のケーシングをビス留めして完了。❿一方、太めのログを使ったキットの場合はセトリングを考慮するため、ログ開口部にはこのようなキーウエイが掘られていて、そこにキーボードを収める施工となる。⓫キーボードは一番下のログだけにビス留めし、あとはセトリングに応じて各段のログがスライドするようにしておく。⓬窓枠とキーボードの水平垂直をクサビで調整して、ビスで固定。このとき、ビスをログ壁まで届かせないのがポイントだ。⓭窓枠を取り付けたらクサビをカットして、周囲に防水テープを張る。⓮ケーシングを取り付けて完成！

余りを外側に折り込む

角材の外面を窓枠の外面に付け直す

左右の角材はログ開口部の外面に付け直す

女性ひとりで、3年間かけて作った「夢の丸太小屋」

　前述したように、私は雑誌の仕事で何百棟ものログハウスを見てきた。それらのなかでもっとも強烈な印象だったひとつが、ここで紹介する小さな丸太小屋だ。

　四輪駆動車でしか登れないほどの急峻な坂を登り切った山頂、ポッカリと木立が切れた日溜まりに、その丸太小屋は建っている。一見すると、壁には太さがバラバラのスギやヒノキが積まれていて、屋根にはスギを割って自作したウッドシェイクが張られている。まさに、「丸太小屋」と呼ぶにふさわしい手作り感にあふれた建物だ。

　この小屋を3年がかりで完成させたのは、千葉県在住の女性・Rさん。当時、幼いお子さんのママだったRさんは、自然溢れる環境で子供たちと一緒に丸太小屋を建てることが夢だったそうだ。それが最高の子供の教育にもなるとの信念で、この地での夢の実現を決断したとのこと。しかし、電気も水も道さえもない男性でも尻込みするような現場では、苦労の連続だったとか。

　何よりも凄いのは、現地の山に生えているヒノキやスギの木を自分で伐採して、それをログ材にしていること。これは、私が若かった頃のログビルダーたちの共通の理想で、当時それを実現させた人は尊敬の念で見られていたのだ。それを、いまのこの時代に実現したのが細腕の女性なんだからビックリである。

　小屋の細部の造作などは素人らしい稚拙な部分もあるものの、仕上げや収まりなどは二の次で、作った当人が納得できる家であればそれで全然問題ないと思う。百年も二百年も持たせる家を建てるなら別だが、自分で建てた家なら部分的に補修しながら使っていけばいいだけの話だ。建築基準法とか建築確認の申請が素人にとって難しくなっているこんな時代だからこそ、こうした隠れ家的な丸太小屋を建てられるっていうのは、すごく貴重なことだと思う。

　いろいろ考え過ぎてしまうと、夢を実現するための最初の一歩目を踏み出すのにかなりの勇気が必要になってしまうが、その意味ではRさんのようにある程度の見切

憧れの丸太小屋を実現するために、そして家族との絆を確かめるために始めたセルフビルド。当初は電気も水もない環境だったが、それらもすべて自分で手配して山頂まで引いてきた。ひとつひとつが完全手作りの、情熱あふれる現場だった

クレーンがない現場では、丸太を壁の上に持ち上げるのもひと苦労だ。「この丸太小屋作りを通して、腕力も気持ちもたくましくなりましたよ（笑）」

自分自身で伐採した丸太を積み上げ、屋根も自作のウッドシェイクで仕上げた。まさに、Rさんの夢が詰まった丸太小屋だ

【小屋作りアルバム】……すべては、材料の丸太の伐採からはじまった‥

丸太小屋を建てる場所をネットで探し、発見したのは約1万坪の山林。ここに生えていたスギの伐採から小屋作りがスタート！

丸太の伐採と同時進行で道作り。山の麓から建設予定地までの長く急峻な坂をネットオークションで購入したユンボや刈り払い機を駆使して、ひとりで造成したのだ！

山林の伐採でチェーンソーの扱いは慣れたものの、ログワークは少々勝手が違う。重いログをひとりで積み上げるのも、ひと苦労だったとか……

普段は都市部に暮らすRさんだが、週末利用の作業は着々と進行。ノッチの加工も格段に上達した。とはいえ、体中にアザや生傷が絶えず……。「エクササイズだと思って頑張りました〜（笑）」

壁が高くなるにしたがって、人力での積み上げは大変になってくる。それでもめげずに全力を振り絞って作業を続けるRさん。頑張れ！

敷地内には竹もたくさん生えていたので、子供たちはこれを利用してツリーハウス作り。彼らが成長してこの現場を振り返ったとき、何を思うのだろう……

「カーン！」。棟木を叩き込むカケヤの心地よい音が周囲の山々にこだまする。ついに感激の棟上げだ。この日も、パワー全開で張り切るRさんだった

り発車も悪くない。夢を歩いている人のことは、必ずどこかで誰かが見ているもの。夢とか情熱っていうのは絶対に伝染するし、同じ志を持った人たちが自然と集まってくるものなのだ。実際、この丸太小屋には、私やウチの家族、セルフビルド仲間たちも連れて何度も手伝いに行った。そして、私は丸太小屋作りの技術を教えると同時に、Rさんからはセルフビルドの本当の意味での楽しさを再確認させてもらった。

最初は頼れる仲間が全然いなくて、たったひとりで丸太の伐採や山頂までの道路の造成から始めたRさんとご家族。個人で作った家には、当人たちしかわからない苦労や感激のドラマが必ずある。そんなRさん家族は、とても輝いて見えた……。

【小屋作りアルバム】……屋根張り、建具作り、そして完成へ！

長い棟木もクレーンを使わずに無事に収めて、棟上げに成功！「最初の頃はわけもわからず作ってましたけど、地道に続けてればなんとかなるもんですね～」

自分で伐採したスギを薄く割ったウッドシェイクを屋根に張っていく。「これはマジで大変でしたよ！」

丸太小屋作りでは、ログワークよりもその後の造作工事のほうが手間だ。「でも、すごく楽しめました」

造作作業は、腕力がいらないので意外と女性向きだった。「多少は雑だったりしますけど、内装は建物の強度には関係ないから問題ないですよね（笑）」

もちろん、ドアや窓の建具類もすべてRさんの自作だ。「最初はセトリングの対処も知りませんでしたけど、自分で作っているうちにだんだんログハウスの個性がわかってきました」

屋根や建具が入れば、外装はほぼ完成。と同時に、内壁も完成するのがログハウスのいいところ。あとは、床や天井、階段の仕上げを楽しめばOK！

キッチンもRさんの力作。「ツーバイ材で枠を組んでシンクをはめただけですけど、立派に役立ってます！」

週末だけの作業で、見事3年後にログハウスが完成した。「ここまで来られたのも、家族や仲間のお陰。当たり前ですけど、自分ひとりじゃやっぱり無理でしたね」

第5章
軸組み構法のログハウスを家族と仲間だけで作ってみたぞ！

100万円で作る憧れの「木の家」

セルフビルドでは、流した汗と苦労の数だけ大きな感動を味わえる。
その意味で、ここで紹介していく「木の家」はとても魅力的で、最高のモデルプランだ。
爽やかな木の香りに包まれた小屋の作り方を徹底解説していこう！

第5章◆100万円で作る憧れの「木の家」

STEP 1　◆難易度＝★★☆☆☆　◆作業日数＝適宜

「木の家」のプランニング術

ログハウス、軸組み、ツーバイ構法のいいとこ取りをした「ハイブリッドハウス」の決定版！

古き日本の民家とは趣が異なるが、そのコンセプトは共通している。地元のスギ材を丸太の形状をできるだけ残しつつ組み上げる作業は、ログハウス作りのノウハウが役立った

本書では、基本的に「素人が気軽にセルフビルドを楽しめる小屋」を紹介してきた。ツーバイ構法の小屋やモバイルハウス、掘っ立ての工房、ガレージ、小さなログハウス……。私自身もこれまで大小8棟の建物を作ってきたが、それぞれに特徴があってどれも気に入っている。

しかし、あらゆる意味でもっとも楽しく、もっとも感激的な体験だったのが、本章で紹介していく「木の家」のセルフビルドだ。数日間、あるいは1週間ほどで完成してしまう小屋とは一線を画し、この建物（6坪）を上の写真の状態まで作った期間は約40日。多少のハードルの高さはあったものの、その絶妙な難易度があったからこそ、セルフビルドしている最中にいろいろな発見や感動を得られたのだと思う。そして、ここまで本書を読んでこられた皆さんなら、この木の家のような建物も問題なく作ることができるというのが率直な感想だ。

古くて新しい「軸組みのログハウス」

この木の家は、一見すると丸太組みのログハウスのようにも思えるが、実際には丸太の柱と梁を組んでいく「軸組み構法」になっている。こんな構造にした理由は単純。当時、私が住んでいた家のお隣に建っていたのが築100年以上という大きな古民家で、その直径40cmぐらいある太い柱や梁を見て「これならログハウスを作る技術でセルフビルドできるかも……」と思ったからなのだ。また、この古民家をよくよく観察してみると、現在の軸組み建築では必須であるはずの「筋交い」が一本もないことを発見。極太の材料と巨大なホゾ組み自体が、優れた耐震性能を発揮しているようだった。梁や柱の材質はケヤキや栗とのことだったが、掘っ立て小屋の丸太が格安で買えたことを思い出して、地元のスギ丸太を使えば意外とローコストで作れるかも知れないという計算も働いた。

そしてさらに私が考えたのは、ログハウスや軸組み構法、ツーバイ構法の「いいとこ取り」をする作戦だ。建物の構造体はスギの丸太を使った軸組みにするとして、梁と桁はログハウスで多用するノッチで組み込み、壁には軸組み構法の耐力面材を利用した。ロフトのドーマー構造はツーバイ構法の応用だし、下屋を増築したときもツーバイ材や面材を多用。古民家と現代建築のコラボレーションというと大げさだが、作っているときも、そして住んでからも楽しめる「木の家」になったと思う。

太い丸太で強度は飛躍的にアップ！

それでは、この木の家のプランをご紹介してみたい。まず、広さは小屋としてはやや大きめの2間×3間（約3,640mm×5,460mm）とした。この理由は、メインに使

◆ 100万円で木の家を作るためのプランニング

【正面】

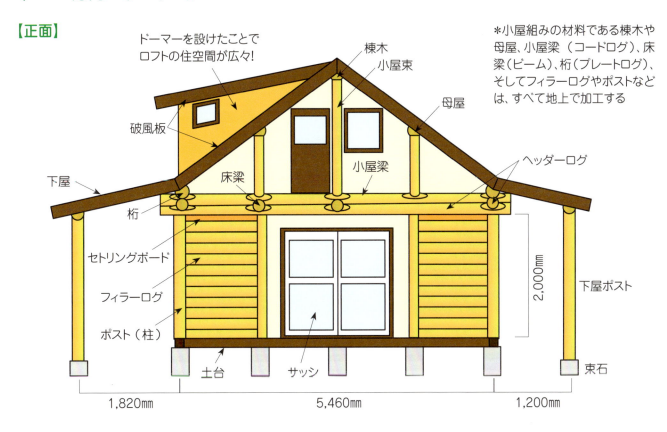

【側面】

このプランの8つの特徴

1、素人でも作りやすく、強度の高い建物になる！
2、ログハウスのように、木の雰囲気をたっぷりと楽しめる
3、軸組み構法とツーバイ構法の利点を兼ね備える
4、壁組みや小屋組みの材料の加工を地上で安全に行える
5、壁作りの工期を短縮できる
6、ロフトスペースが広い！
7、屋根の施工が比較的安全
8、将来的に増築がしやすい！

*側面図では下屋の部分を省略

今回のような小さな木の家でも、セルフビルドしているときの充実感は、計り知れないほど大きなものがある。正直、多少の体力作業やテクニカルな工程もあるものの、いまどきの時代、こんなに楽しくて貴重な体験はなかなかできないことも事実。これぐらいの規模の小屋なら、比較的手軽にセルフビルドの醍醐味を味わえるし、その体験はきっと一生忘れられない貴重な宝物にもなることだろう。なお、この木の家のセルフビルドではログハウス作りの技術も必要になるので、第4章も参考にしてみたい。

用する丸太の長さの規格が4mと6mだったため。どちらも20cmほど長めの丸太を入手したが、これらを無駄なく使うにはこの間取りがベストだったのだ。

構造は丸太を使った軸組みで、建物正面だけは「フィラーログ」と呼ばれる丸太を落とし込んだ壁を採用した。このスタイルは「ピーセンピース」とも呼ばれていて、短い丸太を有効活用できるのが最大のメリットだ。それ以外の壁には筋交いを入れておらず、その代わりに構造用合板を耐力面材として使用している。この真壁造りの手法は、小屋第1号でも実践済みだ（60ページ）。

構造材としての柱や梁には、直径25cm前後の太いスギ丸太を使用した。これを組み合わせる平ホゾのサイズは50×120mm角で、長さは150mm。一般的な軸組み構法と比較するとかなり巨大で、このホゾの大きさが建物の強度を向上させてくれることを期待した。

そして、この木の家の最大の特徴ともいえるのが、壁の最上段となる小屋梁や床梁、桁などをノッチ（144ページ）で組んでいること。この2段重ねの丸太によっても建物の強度が確実にアップするし、同時に完成後のウッディな雰囲気も存分に味わえるわけだ。

また、普通のログハウスでは丸太を一本一本積み上げていくことになるが、このスタイルではすべての部材を先に加工してから1日で一気に棟上げできることも大きな特徴。この方法なら普段の作業ではクレーンが必要ないし、雨仕舞いも断然有利になる。

屋根については7寸勾配の切り妻とし、さらに2.5寸という緩勾配の「下屋」を設けた。これによって、ロフトの住空間を大きく確保することが可能になり、かつ、下屋の上が作業スペースとなって効率が格段にアップした。当然、ロフトの隅は天井が低くなってしまうのだが、このような「1.5階」というプランは、とてもセルフビルドしやすいと思う。

また、下屋についても、最終的には壁で囲って部屋にすることになったので、延べ床面積が13坪という小屋にしてはそこそこの広さになった。

素人のセルフビルドには超オススメ！

気になる工事費用については220ページで紹介しているが、ちょっと高価だった天窓やペアガラスサッシなども含めた総計で90万円弱なので、予想よりもかなり安価に作れたと思う。

材料については、ほとんどのものがホームセンターやネット通販で入手できた。スギの丸太は、近所の森林組合で素性のいい4m材を1本2,700円で購入。6m材

◆木の家に使用した主な材料

使用部位	部材名
基礎	砂利、砂、セメント、鉄筋、ボイド管、アンカーボルト、結束線（針金）、生コンクリート
土台	スギ角材（5寸角）、防腐塗料、大引き、束石、プラスチック束、断熱材、構造用合板
壁	スギ丸太、コーチボルト、アングル、2×4材、構造用合板、防水透湿シート、防水テープ、壁仕上げ材、防腐塗料、コーキング材
屋根	2×4材、2×6材、2×8材、構造用合板、アスファルトルーフィング、アスファルトシングル、水切り板、断熱材、天窓、軒天板、屋根換気用パーツ
内装	サッシ類、2×4材、断熱材、構造用合板、石膏ボード、羽目板、漆喰、床仕上げ材、柿渋
その他	各種ビス、クギ、補強金物、Fケーブル、スイッチ・コンセント類、各種照明

これらの材料のほとんどは、ホームセンターやネット通販で入手した。スギ丸太は森林組合から購入したが、建物の構造材としてはかなりリーズナブルな価格だったと思う

◆木の家のセルフビルドの工程

基礎を作る・5～7日間
素人でも作りやすく、安価ながらも強度に優れたコンクリート製の独立基礎を採用。床下の風通しがよく、家にも優しい

↓

土台のセット・2～3日間
あらかじめ土台をセットしておくことで、小屋組みの材料を加工するためのプラットフォームとして活用できた

↓

丸太の加工・10～14日間
小屋組みに必要な梁や桁、小屋束、棟木などのほか、柱（ポスト）やフィラーログなどの加工を行う。一番楽しい作業

↓

棟上げ・1日間
仲間を呼び、クレーンをレンタルして一気に棟上げする。同時に壁の下地も施工しておくと建物の剛性が高まる

↓

屋根、ドーマーを作る・8～12日間
それほどあわてる必要はないが、屋根まで仕上げることができれば雨仕舞いは完璧だ。安全第一で作業したい

↓

妻壁、軒天の仕上げ・5～7日間
仕上げ方はいろいろあるが、ここでは素人でも簡単に作業できる方法を紹介していく

↓

サッシの収め・3～5日間
建具は自作するのもいいし、既製品を使ってもOK。ここまでくれば、防犯上も安心になる

↓

仕上げ工事・適宜
内装や階段作り、設備工事などはマイペースでできる楽しい工程。こちらについては、第6章を参考にしてみたい

↓

憧れの「木の家」が完成！

は12,000円だったものを小屋組み用の材料として10本入手した。丸太の選び方や入手方法、樹皮のむき方などについては139ページも参考にしてみたい。

　道具については、ツーバイ構法や軸組み構法の小屋を作る場合とほぼ同じものを使用したが、これに追加してログビルディング用の「チェーンソー」が必要になる。こちらも選び方は138ページを参考に。チャップスやイアマフなどの防護アイテムも用意しよう。

　作業日数は、単純計算で40日近くの期間がかかっているが、1日で2～3時間しか作業できなかったこともあるし、どんな建物でもていねいに作業すれば当然それだけ時間はかかる。たとえば、微細なミスを徹底的にやり直すのか、あるいは「いいサジ加減」でフォローしていくのかによっても、作業時間は大きく左右される。私自身は後者の考え方だが、そもそも今回のような丸太を使う建物だと、多少の誤差は全然OKの世界だ。実際、この小屋の完成後（細かいところは未完成だが……）、300人を超える老若男女が遊びにきたが、その全員が、
「きゃー、素敵～！」
「マジ、すげ～！」
「私も、こんな家作りたい～」
「ここに住みたい！」
「作り方、教えてください！！」
などと賞賛してくれる人ばかりで、細かいミスを指摘する人は皆無。当たり前のことかも知れないが、建物の強度や耐久性に関与する大失敗をしていない限り、些細なミスを気にしているのは作った当人だけだったりするのだ。だからこそ、本書ではこの丸太をたっぷり使った木の家を「素人のセルフビルドに最適な事例」として、可能な限りの紙面を割いて解説することにしたのだ。

　なお、ここでは建物の本体を丸太の軸組み構法で作っているが、基礎や屋根工事などを含めたすべての工程が軸組み構法やツーバイ構法にも応用できるので、ぜひ参考にしてみていただきたい。

第5章◆100万円で作る憧れの「木の家」

◆用意した丸太の種類について

今回のような小さめの建物や自宅の庭に隠れ家などを作るなら、使用する丸太材は比較的軽量なスギ材が扱いやすい。強度や耐久性なども優れているし、木目の素性がよくて材質も軟らかいのでチェーンソーで加工しやすいことも大きなメリットだ。また、樹皮がむきやすく、ピーリングの労力も大幅に軽減される。見た目に優しい質感も、日本人好みの材料といえる。作業的には、末口（丸太の細いほう）の直径が20cm前後のものが扱いやすい。これで元口（太いほう）が27～28cm程度になるはずだ。長さは基本的に4mだが、小屋組みに使う棟木や母屋、桁などには6mの丸太を使用した

◆使用した主な道具類

❶丸ノコ。❷電気ドリル。❸チェーンソー。❹ブロアー。❺ディスクサンダー。❻カケヤ。❼ノコギリ。❽バール。❾ハンマー。❿ログドッグ（かすがい）。⓫ピーリングナイフ。⓬インパクトドライバー。⓭ジグソー。⓮水平器（バーレベル）。⓯ノミ（10mm幅、30mm幅）。⓰サシガネ。⓱水糸。⓲チョークライン（または墨ツボ）。⓳カッターナイフ。⓴メジャー。㉑下げ振り。㉒スクライバー。以上が主に使用した道具類だが、このほかに作業台となるウマ、高所作業用の脚立、コンクリートを作る道具、スコップ、タッカー、エアネイラー、塗装やコーキング用の道具なども用意。さらに、腰袋には鉛筆や油性ペン、ミニ定規、手袋なども常備した。いきなりすべてをそろえる必要はなく、ホームセンターのレンタルを利用するのも方法だ

STEP 2 ◆難易度＝★★★☆☆　◆作業日数＝5〜7日間

建物にやさしい「独立基礎」作り

素人でも作りやすくて、安価ながらも強度や耐久性も安心のコンクリート基礎のセルフビルド術

　この木の家のセルフビルドは、涼しい風が吹き始めた10月初旬にスタートさせた。

　まずは、建物で一番の要（かなめ）となる基礎作り。基礎の種類にはいろいろあるが、ここでは素人でも比較的簡単に作れる「独立基礎」を採用した。独立基礎は、単独の基礎束を耐力壁下の要所要所に並べていく構造で、コスト的には布基礎などよりも安く作ることができる。また、床下の通気性に優れているので、シロアリや腐れの発生が少ないこともメリットだ。地盤が軟弱な土地では地中梁を入れるなどの強度対策が必要になるが、建物にはやさしい基礎といえると思う。

「縄張り」と「水盛り」で基礎の位置を決める

　基礎作りでは、まず最初に建物の四隅に適当な棒（竹の棒や鉄筋など）を立てて、おおよその直角を出す。続いて、その外側の各コーナーにそれぞれ3本ずつの水杭をしっかりと打ち込む。この水杭すべてに基準となるレベル（水平）をマークするわけだが、この作業には知人から借りたオートレベルが活躍してくれた。早朝、息子たちが手伝ってくれるというので、学校に行く前の20分ほどですべてのレベル出し。息子が登校した後、ホースを使ってのレベル出し（170ページ）で再チェックしてみたら、すべてオーライだった。

　その後、水杭のマークに合わせて水貫を打ち付け、今度は嫁に手伝ってもらって水糸を張る。水糸の交点の対角線が同じ長さになるまで微調整し、水糸同士が直角になっていることを確認。さらに水糸から下げ振りを使って垂線を地面に降ろし、蛍光チョーク粉でマーキング。これが、各独立基礎のおおよそのセンターになるわけだ。

　ここまでできれば、あとはひたすら基礎の穴を掘るだけ。ところが、ウチの土地は岩盤質なので、これが超過酷な作業だったのだ……。

◆独立基礎の構造

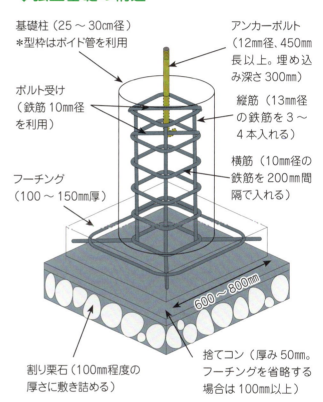

基礎柱（25〜30cm径）
＊型枠はボイド管を利用

アンカーボルト（12mm径、450mm長以上。埋め込み深さ300mm）

ボルト受け（鉄筋10mm径を利用）

縦筋（13mm径の鉄筋を3〜4本入れる）

フーチング（100〜150mm厚）

横筋（10mm径の鉄筋を200mm間隔で入れる）

割り栗石（100mm程度の厚さに敷き詰める）

捨てコン（厚み50mm。フーチングを省略する場合は100mm以上）

600〜800mm

　独立基礎にもいろいろな種類があるが、一般的なのはこのような鉄筋コンクリート柱タイプ。骨組みとして3〜4本の鉄筋を立ち上げ（縦筋）、それらをしっかりと連結するようにリング状の鉄筋（横筋）を配置していくのが基本形だ。軟弱地盤の場合、フーチングは広く厚くするのが無難。さらに、フーチング同士を地中梁で連結すれば布基礎に匹敵する強度になる。しかし、今回の木の家を建てた敷地は、硬い岩盤質。このような場合は、捨てコンを厚めに敷いてフーチングと兼ねてしまう手もある。壁の通り芯に入れるアンカーボルトは、太さ12mm径以上、長さは45cm以上のものを用意したい。なお、基礎柱同士の間隔は0.9〜1.8mで配置していくことが多いが、もちろん柱間は狭いほど強度的には安心できる。また、今回は建物の壁が立つ周囲部に30cm径、中間部には25cm径の基礎柱を配置した

用語解説 割り栗石▶岩石を直径10〜15cm程度に割って作った石材。基礎の下に敷いて、地盤を強化する役割を果たす。

大消耗だった穴掘りと鉄筋曲げ

　普通の地盤なら基礎の穴掘りは大変でもないのだろうが、ウチの土地は通常のスコップがまったく歯が立たないほど硬かった。そこで活躍してくれたのが「削岩機」。道路工事の現場とかでよくみかけるアレだ。普通の個人でこれを持っている人はあんまりいないと思うが、以前敷地内にビニールハウスを作ったとき、アルミパイプを地面に埋める穴を掘るためにネットオークションで8,000円ほどで入手しておいたのだ。とはいえ、基礎穴は70cm以上掘っていくので、削岩機を使っていてもひとつの穴を掘るのに1時間以上かかってしまう。これを全部で15ケ所。遅々とした作業にうんざりしてしまったが、たぶんこれが今回のセルフビルドでの一番の難関だと思って踏ん張る（実際、そうだった）。

　穴掘りばかりしていると疲れるし飽きるので、それと並行して鉄筋の準備もしていくことに。鉄筋はホームセンターで購入し、店内に常備されている電動カッターで必要量をカットしてからベンダーで曲げていく。これは嫁とふたりで2時間ほど店内での作業。途中、職人風の人がやってきてベンダーを使いたそうにしていたが、必死の形相で鉄筋を曲げている嫁を見て、そそくさと退散してしまった（笑）。ついでに、コンクリートの型枠となる「ボイド管」も、借りたノコギリで1mの長さにカットし、軽トラに満載して帰宅（汗）。

　その後、鉄筋を結束して基礎穴に立ててから捨てコンを打ち、さらにボイド管を立てていく。ちなみに、縦筋は13mm径、横筋は10mm径、ボイド管は30cm径と25cm径を併用（配置は174ページ参照）。地盤がメチャクチャに硬いのでフーチングは省略した。最後に、鉄筋にアンカーボルトをしっかりと結束してダンドリ完了。あとは、ボイド管に生コンを流し込むだけだ。

◆独立基礎作りで使用する主な材料と道具

異形鉄筋（13mm、10mm）
独立基礎のコンクリート柱の強度を高めるための異形鉄筋。これは、ホームセンターで長さ5.5mのものを600円程度で購入した。今回は縦筋に13mm径、横筋に10mm径を使用

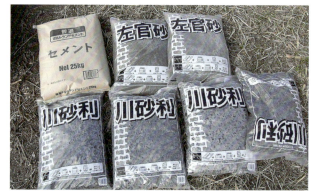

セメント、砂利、砂
コンクリートは生コンを業者に運んでもらうのが便利だが、少量の捨てコンクリートなどは自分で練ると手っ取り早い。材料はセメント、砂、砂利。どれもホームセンターで20kg 250円ほどだ

ボイド管
コンクリを流し込む型枠には「ボイド管」を使った。直径は30cmと25cm径を併用。これを基礎の高さに応じてカットして使用する。内側に剥離剤かサラダオイルを塗っておくと、基礎の完成後にきれいにはがしやすくなる

アンカーボルト
基礎に埋め込んで、土台と緊結するためのボルト。今回は12mm径、長さ50cmを使用した

舟、左官鍬、左官ゴテ
コンクリートを練るには、舟や鍬が欲しい。また、基礎の天端をならすための小さなコテも用意しよう

基礎作りのクライマックスは「生コン打ち」だ

　いよいよ、生コン打ちの当日。作業後の冷たい生ビールを期待した友人ふたりが助っ人にやってきた。生コンは文字通り「生」なので、コンクリートが固まらないうちに作業を終えなければならない。当然、助っ人は多ければ多いほどいいというわけで、息子や嫁たちも参戦。そして、みんなに作業のダンドリを説明しているうちに、ついに生コンを積んだミキサー車がやってきた。
「よろしくお願いしま〜す！」
　こういうプロの業者相手の場合には最初のあいさつが大切だと、ログビルダー時代に知り合った棟梁から教わった。幸いなことに、今回の生コン屋さんはセルフビルドに興味津々の様子。現場に立ち並ぶボイド管の列を見て、「お〜、これ自分で全部やったのか〜」。レベルの目安として、ボイド管の外側3ケ所からビスを打っておいたのだが、「これはいいアイディアだよ」とほめてくれた。
　生コンを流す順番を説明し、さっそく作業開始！　私が一輪車でミキサー車の生コンを受け取ってボイド管まで運び、それを助っ人のふたりがスコップで流し込む作戦だ。棒でコンクリを突っついて気泡を抜く作業と写真撮影は嫁の担当。そして、息子たちはレベルの取れたコンクリの天端をコテで均す作業だ。その間、生コン屋さんがいろいろなアドバイスをしてくれる。

「奥さん、棒で突っつくのはボイド管のフチだよ！」
「スコップには絶対に土を付けないようにな。強度が落ちるからな！」
「そんなに慌てないでも、コンクリはすぐには固まらないから安心しな！」
　それらの貴重なアドバイスを聞いていたのかどうか、初めての生コン打ちに全員が無我夢中だった。ちなみに、今回の生コンの配合は「強度27ニュートン、スランプ18cm、骨材20mm」。生コン屋さんに発注したときに、重量の重い太い丸太を使ったログハウスの独立基礎用として欲しいといったら、親切ていねいにコンクリの強度について説明してくれて、独立基礎に最適の強度に配合してくれたのだ（1,100円余分に取られたが……）。
　なんだかんだで、結局、作業はトラブルもなく1時間ほどで終了。束石用の型枠にも生コンを流してもらったら、ジャストの量だった。生コン屋さんに冷たい缶コーヒーを勧めると、「いい現場だったよ！ ホントにプロも顔負けだね〜」。いくつもの現場を知っている職人の言葉だけに、素直にうれしかった。
　夕方、助っ人と家族の奮戦に感謝して、庭でバーベキュー。近所の海で釣ってきたヒラメの刺身や友人が送ってくれたエゾジカの肉などで、贅沢な酒宴となった。
　やっぱり、セルフビルドではいろいろな人々の協力がうれしいのです……。

◆束石用の型枠も用意しておこう！

　今回の独立基礎作りに使う生コンの量を計算してみたら、全部で約0.9立米だった。でも、1立米以内の量だと1立米分の値段に計算されるので、余った生コンで「束石」を作ることに。束石は大引きを支えるための束の下に敷いたり、何かと便利に使えるのだ。
　生コン打ちは当日の昼からだったので、午前中に厚さ30mmの間柱を写真のように格子状に組み合わせ、その下側に構造用合板をビスで留めて「型枠」を作った。作業中に友人がやってきて「鉄筋を十字に入れておくと丈夫になるよ〜」とのアドバイスで、さらに余っていた鉄筋をカットしてはめ込んでみた。結果、生コンを流し込んでいい具合に束石が完成したのだが、合板のビスを外すために型枠ごとひっくり返すのが大変だった……。

これが靴箱……、ではなく束石用の型枠。間柱で30cm四方の枠を作り、下側に合板をビス留めして作製した

コンクリが固まった型枠はかなりの重量で、合板のビスを外すためにひっくり返すのが大変だったが、何とか近所の人に助けてもらって大成功！

用語解説　立米▶りゅうべい、りゅうべ。立方メートル＝「㎥」＝1,000ℓのこと。生コンや砂利、砂などの量、あるいは木材の単価を計算する場合の基礎単位。

1 建物の位置に「地縄張り」をする

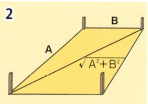

❶小屋を建てる位置の四隅に杭（鉄筋など）を立て、壁の通り芯に縄（私は荷造り用のビニールひもを使用）を張る。これが「地縄張り」だ。❷四角形の対角線の長さは、「A辺の長さの2乗＋B辺の長さの2乗」の平方根になる（ピタゴラスの定理）。今回は、間口が5,460mm、奥行き3,640mmなので、対角線は6,562mmになればOK。あとから遣り方を正確にかけるので、この段階ではそれほど厳密でなくても大丈夫だ

2 「水盛り」を行い、水杭にレベルを印す

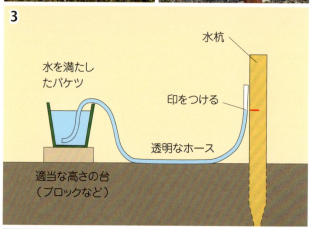

❶続いて、縄の外側0.6～1mの位置に、杭（水杭）を立てていく。小さな建物の場合は各コーナーに3本ずつ直角になるように立てれば、今後の作業の邪魔になりにくい。それぞれの杭の間隔は1mぐらいがよい。❷杭は市販品でもいいが、端材の先端をチェーンソーでカットして作れば安上がり。❸杭すべてに、このような仕組みで水平のマークを付けるのが「水盛り」という作業。❹バケツに水を満たしたホースを突っ込んで、ホースが折れないようにクリップで留める。❺ホースの端を杭に添えて、その水面位置をマークしていく。これをすべての杭で行う

3 「遣り方」を行う

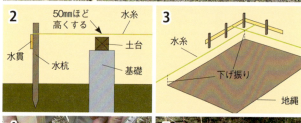

❶水盛りしたマークを基準にして、3本の杭をつなぐように板（水貫）を水平にビス留めしていく。水貫の材料は、90mm幅×13mm厚が一般的。❷水貫上端の高さは、基礎に乗る土台の天端よりもさらに50mmほど上にすると今後の作業がやりやすい。この水貫を利用して、建物を囲うように水糸を張る。水糸の端を水貫に絡めるようにすれば簡単に留まる。❸下げ振りを使って、水糸が地縄の上にくるように調整する。この時点では、まだ正確な直角は出てない。❹並行する水糸同士の距離を保ちつつ、交点の対角線が同じになるまで水糸をずらし直角を出せば「遣り方」の完成。この水糸の位置が、建物の壁の通り芯になるわけだ。❺うまく水糸が張れたら、あらためて水貫に壁の通り芯をマークして細いピスを目印として打つ。❻水糸から下げ振りを垂らし、チョーク粉などで地面に基礎の位置をマークしていく。なお、今回は基礎束同士の間隔を1.3～1.8mとした。❼マーク位置を基準にして、基礎穴の輪郭を描く

4 スコップでひたすら基礎穴を掘る！

❶基礎の位置が決定したら、あとはひたすら基礎穴を掘っていく（根切り）。作業の邪魔になるので水糸は外しておこう。❷今回は地盤がメチャクチャに硬かったので、岩盤を砕くために削岩機も駆使した（汗）。106ページのパックマンも便利だ。❸基礎穴の深さは70cmに設定した。水糸を張り直すか、水貫にレベルを当てて深さを測る。❹全部で15ケ所の穴を掘った。❺フーチングを作る場合は、その面積よりも大きめに穴を掘るが、今回はフーチングを省略したので、ボイド管の直径よりもひとまわりほど大きめに掘るだけにした。決して手抜きではないので、念のため……。❻基礎穴の底は、丸太などを利用して突き固める。今回は地盤が硬いので省略したが、割り栗石を敷けばより安心だ

5 鉄筋の加工と組み立て

❶鉄筋は手動のベンダーでも切れるが、電動カッターを使うと圧倒的にスピーディだ。❷鉄筋を曲げるときは、鉄筋をベンダーにはさんでテコの原理を利用するのが簡単。電動カッターもベンダーも、ホームセンターで無料で借りることができた。❸鉄パイプを使えば、テコの原理で鉄筋を曲げることもできる。❹鉄筋同士を緊結するには、結束線とハッカーを利用する。結束線は2〜3本束ねて使うと切れにくい。❺鉄筋の後ろから結束線をまわし、結束線のU字部分にハッカーを引っ掛けてクルリと数回まわして、簡単に結束完了。❻今回、25cm径の基礎は3本、30cm径の基礎には4本の縦筋を使用した。それに合わせて横筋はそれぞれ三角形、四角形にして結節。縦筋の下端は少し外側に曲げておいた

6 鉄筋を設置して、「捨てコン」を打つ！

❶基礎穴の中心に鉄筋を設置する。下端に小石をはさんで少し浮かせ、コンクリが下にまわるようにするとよい。❷捨てコンの配合比率は、セメント1：砂2：砂利4。まずは、セメントと砂をよく混ぜる。❸水を少しずつ加えながら練っていく。水の量はセメントの1.5倍が目安。❹耳たぶぐらいの軟らかさになったら、砂利を加えてさらに練り込んでコンクリートの完成。❺基礎穴にコンクリートを流し込んで、鉄筋の脚をしっかり固定する。捨てコンの厚みは10〜15cmぐらいが目安。このまま一週間ほど経てば完全に固まるのでつぎの作業に取りかかれるが、この頃から急に仕事が忙しくなってしまって1ヶ月以上放置してしまった……。本来は、鉄筋が錆びないうちに、すみやかに基礎を完成させてしまうのが正解だ！

第5章◆100万円で作る憧れの「木の家」

7 ボイド管とアンカーボルトをセットする

❶捨てコンが固まったら、続いてボイド管のセット。今回は建物のコーナー部に30cm径、その間には25cm径のボイド管を使った。ボイド管は、基礎に埋める分と立ち上がりを合わせた長さにノコギリでカット。今回は約1mとした。❷カットしたボイド管を捨てコンの上に乗せるようにセットする。レベルを当てて垂直に立てよう。計15本のボイド管を立てていく。❸ボイド管と基礎穴との空間には小石を詰めて、生コンを流したときにボイドが動かないようにしておく。❹ボイド管と鉄筋の間は、4cm以上離れているのが理想。これより近いと、完成後に鉄筋がコンクリートから露出する可能性がある。また、この時点で基礎と土台を緊結するための「アンカーボルト」を鉄筋に固定しておく。アンカーの位置は壁の通り芯で、かつ、土台の継ぎ手には必ず入れたい（174ページのイラスト参照）

8 基礎の位置と高さを決定する

❶ボイド管をセットしたら、基礎天端のレベルをボイド管にマーキングする。これは遣り方と同じように水盛りでやると正確だ。また、基礎の高さは最低でも地上から40cm以上は欲しいところ。❷1本のボイド管に対し、3ヶ所ほどのレベルをマークする。このマークにボイド管の外側からビスをねじ込み、内側にビスの先端を少しだけ出しておく。これが生コンを打ったときの基礎天端の目安になるわけだ

9 生コンを打って、基礎の天端をならす

❶すべてのダンドリが終了したら、いよいよ生コン打ちだ。当日は、できるだけ人手を集めておきたい。生コンを業者に頼むとミキサー車で運んでくるので、それを一輪車で受け取って、それぞれの基礎に流し込んでいく。事前に一輪車やスコップのほか、コンクリ内の空気を抜くための棒（竹の棒や胴縁などを流用した）、基礎の天端（てんば）をならす金ゴテも用意しておく。また、ミキサー車ができるだけ基礎に近づけるように、進入路はしっかりと片づけておきたい。❷今回の作戦では、ひとりが一輪車で生コンを受け取り、ふたりでスコップでボイド管に流し込んだ。❸棒でコンクリを突っつき、混入している空気を抜く。これをしないと基礎の強度が落ちるし、仕上がりの見た目も悪くなるのだ。❹さきほどのビスの先端まで生コンを流し込んだら、金ゴテを使って天端をていねいにならしておく。なお、アンカーボルトのネジ部分はあらかじめ耐水テープを巻いておくと、コンクリートで汚れない。❺あとからアンカーボルトを立てる方法もあるが、強度が落ちてしまうのでオススメはしない。❻結局、今回の生コン打ちは大人4人、子供2人で小一時間ほどで終了。余った生コンは、束石用の型枠（169ページ）に流し込んでおいた

10 ボイド管を外して、独立基礎の完成！

❶生コンは夏なら4日ほど、冬でも1週間で固まってくる。この間、雨や雪などが降りそうなら、ボイド管にコンビニ袋などをかぶせて養生してやりたい。逆に夏の炎天下では、ときどき水打ちをしてコンクリ表面の乾燥を防ぐとよい。コンクリートが固まったら、ボイド管をカッターなどで切って外していく。❷これで独立基礎の完成！ このあと基礎穴に土を埋め戻し、さらに水糸から下げ振りを垂らして基礎の上面に土台（壁）の芯墨を打っておく。遣り方は、土台を設置するまでは残しておくといいだろう

STEP 3　◆難易度=★★☆☆☆　◆作業日数=2〜3日

軸組み方式で「土台」をセット！

ホゾや継ぎ手を加工して、強度に優れた土台にしたい。プラットフォームとしても大活躍なのだ

　基礎がうまく完成したことに気をよくして、引き続いて「土台」の設置を行った。土台の上には柱とフィラーログ（壁）が立ち、さらにその上に小屋組みが乗るわけだ。また、今回は梁や桁などのキャップログをノッチ組みで作製したが、この土台が仮組みをするためのナイスな作業台にもなってくれた。

　今回の木の家は、在来構法などと比較すると圧倒的に太い柱を使うので、土台の材料も相応に太い5寸（約15cm）角の材料を用意。これは、丸太を入手した森林組合にお願いして挽いてもらったもの。土台の樹種は、腐れに強いとされるヒノキやヒバなどが理想だが、値段はちょっと高価。しっかりと防腐処理を施せば、入手が容易で比較的安価なスギ材でも十分に使える。というか、赤味（芯材）が多いスギならヒノキよりも強いぐらいだ。

　今回は腐食対策として自然系の塗料も施してみたが、どんなに優れた塗料でも環境が悪いと腐食を防ぐことはできない。通風や水はけのいい環境になりやすい独立基礎との組み合わせが、やっぱり最強になると思う。

ホゾの刻みは電動工具やチェーンソーで！

　ところで、通常のノッチ組みのログハウス（136ページ）では建物の荷重が土台に均等にかかり、コーチボルトなどで土台とログ壁をガッチリと縫い付けることもできる。このため、土台の組み込みはシンプルな相欠きだけで収めても強度的には問題ない。

　しかし、今回のような軸組みのログハウスでは、土台のコーナー部や継ぎ手に荷重が集中しやすくなるため、強度的に安心できる継ぎ手やホゾで土台を収めるのが安心だ。一見、加工するのは難しそうだが、小さな建物なら加工箇所は少ないので、じっくりと楽しみながら作業してみたい。

　また、ホゾの加工に使う道具はノミがメインになると思いがちだが、実際には丸ノコや電気ドリル、チェーンソーなどを併用することで、作業効率は格段にアップする。チェーンソーでホゾを刻む姿を在来構法をやっている大工が見たらビックリすると思うが、これでも結構精密な仕上がりになるのだ。この土台の加工作業中、嫁がやってきてアンカーボルトの穴開けを手伝ってくれた。こんな小さなことでも、助っ人がいるとメチャクチャに作業がはかどる。

　加工の完了した土台は、一度仮組みしてみてホゾがちゃんとはまるかどうかを確認しておくのがベター。土台を基礎の上にセットしたら、基礎用パッキンの調整板で水平レベルを微調整し、最後にアンカーボルトでガッチリと固定してやれば完璧だ！

◆土台の基本的な収め方

土台のコーナー部分にはいろいろな収め方があるが、今回は比較的簡単に加工できて強度もある「大入れ蟻掛け」を採用した。同様の理由で、長手方向の土台のジョイントには引っ張り強度に優れる「腰掛け鎌継ぎ」を採用。柱を立てる部分には、「平ホゾ」を加工した。いずれも土台の刻みだけでなく、いろいろな場面で応用できる加工方法なので、マスターしておくと絶対に役立つ。ちなみに、ホゾの加工では丸ノコやドリルなどが活躍してくれるが、チェーンソーでも意外と精巧な刻みができる

用語解説　ヒバ▶ヒノキ科アスナロ属の針葉樹。耐朽性が高く、土台の材料としては一級品とされる。また、優れた抗菌成分も有するため、内装材としても人気。

第5章◆100万円で作る憧れの「木の家」

◆今回作った土台の施工図

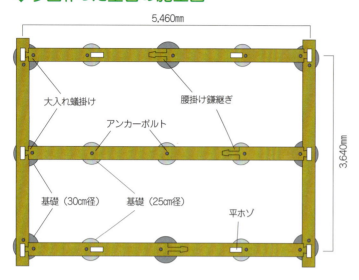

今回の土台は、小屋の大きさに合わせて2×3間の配置にした。用意した土台用の材料の長さは4mだったので、長手方向には継ぎ手を設けたが、これは柱が立つ位置と重ならないようにするのが強度を保つためのポイント。また、各ホゾと基礎のアンカーボルトが干渉しないように、あらかじめボルト位置を決めておくことも大切だ。平ホゾ（柱が立つ位置）のスパンは一間（1.8m）が基本だが、今回は太めの梁を使っていたので、間口方向の開口部は1.5間（約2.7m）ほど飛ばした。なお、左右の土台の端が飛び出しているのはホゾによる材の割れを防ぐためで、これは軸組み構法の土台でもよく採用される方法だ

◆土台には「赤身」の多いスギを！

土台の材料としては腐りにくいヒバやクリなどが最適だが、今回は地場材にこだわって房総のスギを使うことにした。スギはそれほど腐れに強いイメージはなかったが、入手先の森林組合によると、芯材に近い赤身は腐れにくく、赤身がたっぷりのスギなら、ヒバにも負けないぐらい土台には適しているとのこと（それでも少しだけ不安だったので、自然系の防腐剤を塗っておいた）。実際、設置後10年を経ているが、土台にはまったく変化はない

1 土台に芯墨を打って"平ホゾ"を刻む

❶すべての基本となる「平ホゾ」を刻んでみよう。まずは、材を転がして使用する向きを決める（81ページ参照）。❷材の中心に芯墨を打ち（83ページ参照）、使用する長さを測る。❸材の太さにバラツキがあっても、このような「カーペンターゲージ」を使うと一発で材芯がわかる。❹ホゾの厚みは材幅の1/3、幅はその2.5〜3倍、深さは土台の厚みと同寸が目安。今回は50×120×150mmとした。❺芯墨を基準にホゾの加工線を振り分けていく。位置と向きを間違えないように、適宜図面と照らし合わせたい。❻平ホゾの墨付け完了。写真では上側に見える大入れ蟻掛けの墨とオーバーラップさせている。❼墨線に軽くノミで刻みを入れてから、その内側をドリル（25mm径前後）で均等に穴を開ける。❽残りをノミでさらっていく。最初からノミで刻むよりも、この方法のほうが数倍作業は速い。❾ホゾの角をきれいに仕上げて完了。最後に186ページのテンプレートでチェックしておいた

2 「大入れ蟻掛け」のオス側を加工する

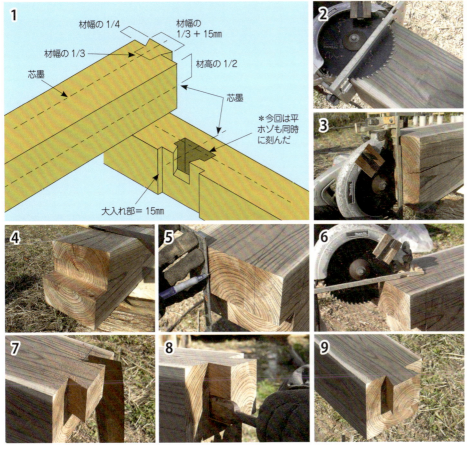

❶土台のコーナーには「大入れ蟻掛け」を刻む。ホソの長さは材の幅の1/4、高さは材高の1/2、大入れ部分の長さは15mmが目安。墨付けは、82ページでも説明しているように、芯墨からホソのサイズを振り分けていくのが基本だ。❷ホソの刻みは丸ノコの刃の出幅を調整して、墨線ギリギリにカットすると作業効率がよくなる。刃の出幅の調整をするときには、必ずコンセントからプラグを抜くように！❸丸ノコでの刻みは圧倒的にスピーディだが、くれぐれもケガには注意したい。❹まずは、ホソ下側の不要部分をカット。❺材を切り落としたことで墨がなくなってしまったら、再度、同じラインを書き入れればよい。❻ホソ部分のカット。高い精度が要求される加工なので、丸ノコはアルミベースの造作用を使いたい。❼切り残りは手ノコを使ってカット。これでも、最初から手ノコでやるよりは断然スピーディだ。❽仕上げはノミ（30mm幅が使いやすい）で。ホソの収まりをよくするため、角の部分も軽く落しておく。❾これで、大入れ蟻掛けのオス側が完成。材の全長に多少の余裕を見ておけば、片側のホソだけは再度やり直しが可能だ

3 「大入れ蟻掛け」のメス側を加工する

❶メス側の加工は彫り込みがメインになるので、作業的には少々面倒。しかし、今回のように平ホソとセットで加工すれば、ほとんどをノコギリやチェーンソーで作業できる。まずは、大入れ部分に丸ノコで短冊状に細かく切れ目を入れる。丸ノコの刃の出幅は15mmを厳守。❷短冊部分をノミで取り払う。この作業はチェーンソーでブラッシングするのが裏ワザで、圧倒的な速度で仕上げられる。❸新たにホソになる部分を墨付けする。❹ホソ部分も、丸ノコである程度まで切れ目を入れてから、手ノコで残り部分をカットするとよい。❺ホソの下端はノミで叩くと材が欠けてしまうことがあるが、チェーンソーで切り抜けばその心配はない。❻これで完成。カット面がキッチリとフラットになっていなければ、再度、ノミで調整すればOKだ

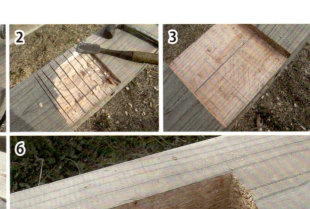

4 「腰掛け鎌継ぎ」のオス側を加工する

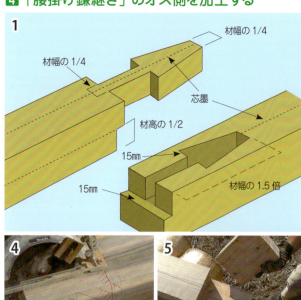

❶腰掛け鎌継ぎのホソの長さは材幅の1.5倍、幅は材幅の1/4倍が目安。腰掛け部分は15mmを基準にする。❷たとえば5寸角の土台を使う場合、ホソの長さは225mm、幅は38mm、高さは75mmになる計算だ。この刻みを手ノコでやるのは大変だが、丸ノコを使えば短時間でカットできる。❸カマの部分の墨付けは、このようにサシガネの幅を利用するのが簡単確実だ。カマ首の出っ張り幅は15mmが基本だ。❹まずは、ホソの下側となる材高の半分を切り落とす。丸ノコを使えば作業はスピーディだ。❺丸ノコの刃が届かない場所は、手ノコでカットして下半分を取り除く。オーバーカットに注意。❻ホソのカマ首部分に、丸ノコで短冊状の切れ目を入れていく。切れ目は多いほうが、あとの作業がラク。❼さらに、ホソ先端の斜め部分も丸ノコでカット。この時点で、大部分の刻みは早くも終了だ。❽あとは短冊部分をハンマーで叩いて取り除き、切り残しをノミで仕上げていけばよい。❾ホソの収まりをスムーズにするために、カマ首部分には滑り勾配をつけておくとよい。本来、この部分は手ノコで落としたりするが、私は手抜きしてディスクサンダーで軽く面取りしておくだけにしたが、この方法でも全然大丈夫だった

5 「腰掛け鎌継ぎ」のメス側を加工する

❶オス側と同様の寸法で墨付けする。❷カマ首の真っ直ぐな部分は、あらかじめ丸ノコで3〜5mm間隔の切れ目を入れておくと、ノミでの仕上げが断然ラクになる。❸ホソの一番奥の彫り込みがちょっと面倒だが、平ホソのときと同じように先にドリルで彫り込んでおくといい。いずれにしても、きちんと垂直に彫るのが重要なポイント。ノミは30mm幅の幅広タイプが使いやすかった。❹直線部分は、丸ノコのカットラインの下端をノミで叩けば簡単に取り去ることができる。❺さらに手前の腰掛け部分をカットすれば完成。❻念のため、完成したホソや継ぎ手は土台にセットする前に仮組みしてみる。ただし、きっちりとはめてしまうと抜けなくなるのでほどほどに。あまりにきついようでは材が割れる危険があるので、その場合はオス側のホソを少しずつ削り直してやろう！

6 加工した土台を基礎にセットする

❶まず、遣り方の水糸を真上から見た状態で、基礎上面に通り芯を書き写す。❷基礎の通り芯にはアンカーボルトがあるので、芯から一定の距離をずらした位置をマークし（今回は土台の幅とした）、そこから通り芯までの距離を追うと作業しやすい。❸基礎に土台を乗せると芯墨が見えなくなってしまうので、基礎側面にもマークしておく。❹土台を仮置きし、アンカーの位置をマーク。ここにボルト穴を開けるわけだ。❺アンカー径が12mmなら、ドリルは15mm径を使用。穴開け時はだれかに垂直をチェックしてもらおう。❻ボルト穴に座掘りをする。専用の座掘りカッターが便利。❼これで、ナットの頭が土台天端より下がるわけだ。❽基礎の湿気が土台に移らないように、基礎パッキンをはさむ。❾土台にボルトを通しながら基礎にセットし、ホソをはめ込む。あらかじめ仮組みしていれば、多少きつめでもカケヤでコンコンと叩くと徐々に入っていくはずだ

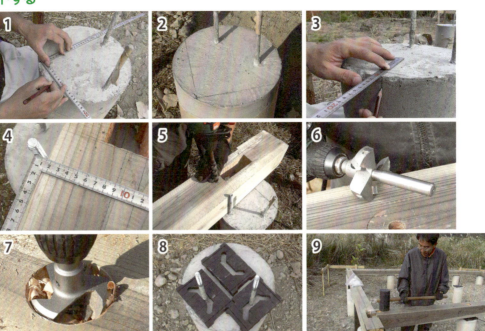

7 アンカーボルトで土台を確実に固定する

❶すべての土台がセットできたら、基礎にマークした通り芯と土台の芯墨が合っているかを再チェックして、ボルトに座金とナットを入れてラチェットレンチである程度まで締めつけて仮固定する。❷遣り方の水糸を張って、レベルのバラツキをチェック。❸高さのバラツキがあるようなら、基礎パッキンのスペーサー（1～2mm厚）を入れて微調整すればよい。❹念のためホソの位置などもチェックしておこう。❺すべての調整が完了したらボルトを締め、遣り方は撤去する。なお、基礎の上面に見える青色のテープは、アンカーボルトの穴に雨水が入らないようにするために張った防水テープで、上棟時には剥がしておいた

◆ひとり作業では「尺棒」が便利

土台の加工に限らないが、長い距離を測るときにはひとり作業だと少々工夫が必要になる。そこであると便利なのが「尺棒」。長さ1.5～3.7mぐらいの長い物差しみたいなもので、間竿などとも呼ばれる。これがあれば、メジャーの反対側をだれかに持っててもらうといったことも必要なくなる。市販品のほか、テープメジャーを胴縁に張って自作することもできる。

右は市販の尺棒で、長さを自在に調整できる。左はテープメジャーで自作したものだが、胴縁部分に墨を書き込めるので、意外と便利に使える

用語解説 座掘り▶ざぼり。アンカーボルトや羽子板ボルトのナットや座金が材料面から突出しないように、その厚み分だけ材料を掘り込むこと。

第5章◆100万円で作る憧れの「木の家」

STEP 4　◆難易度＝★★★★☆　◆作業日数＝5～7日

丸太で「梁や桁、小屋梁」を作る

クレーンを使わずに「キャップログ」をチェーンソーで加工するための必須テクニック

　土台の設置後、一般のログハウスでは土台の上に丸太を一本一本積んでログ壁を形成し、さらにその上に小屋組みを乗せていくのが普通だ。しかし、今回のような軸組みのログハウスの場合は、最初から柱や壁、そして梁や桁といった「キャップログ」などすべての部材を地上で刻んでから、一気に棟上げすることができる。

　すでに解説したように、本来なら高所で行わなければならない作業を、地上でできることのメリットは計り知れない。とくに、一人で作業する場合は、ログ壁に登ったり降りたりするだけでも大きな時間のロスになってしまうが、この方法なら飛躍的に効率がアップする。高所ではクレーンが必須になる重いログ材の上げ下げも、地上なら一人で可能なのだ。もちろん、安全面のメリットも大きい。高所での恐怖感がない分、より正確な作業が可能になるし、初心者（ウチの場合は嫁や子供たち）に手伝ってもらうことだってできるだろう。

長い丸太を動かすコツとは？

　とはいえ、今回格安で入手した新月伐採の丸太は、芯が詰まっているせいなのかメチャメチャ重かった。とくに、6m材の長い丸太は、土台の上で回転させるだけでも四苦八苦する状況。若いときなら無理矢理でも動かしていただろうけど、ここで無理すると絶対に腰を痛めそうだ（当時、私は45歳……）。

　しかし、年を取っても人間の身体というのはよくしたもので、作業を続けているうちに重い丸太の動かし方のコツがわかってきた。まず、重い丸太を手先だけで動かすのは無理なので、全身のバネを使って身体で動かすようにすることで、腕への負担が激減した。丸太を少しだけ浮かせたい場面でも、腰を曲げて手先で上げようとすると腰に大きな負担がかかるので、丸太の重さを身体で受けるような気持ちで膝を曲げつつ腰を入れながら浮か

◆キャップログの各パーツの関係を理解しよう！

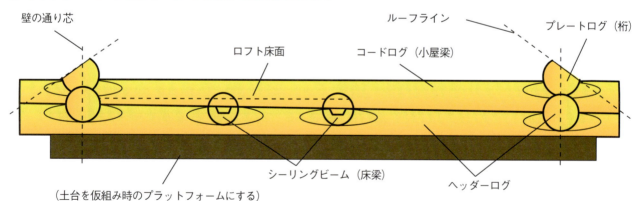

　本章では、ポスト（柱）に乗るパーツ類を総称して「キャップログ」と呼ぶことにする。柱に直接乗るヘッダーログは、フィラーログ（壁）や開口部の上に位置するため、下面はフラットにカットする。逆に、ロフトの床を支えるシーリングビーム（ロフトの床梁）と小屋束を支えるコードログ（小屋梁）は、上面をフラットカットすることになる。さらに、コードログに直交して乗るプレートログ（桁）は、屋根同様の勾配面をフラットカットするわけだ。
　なお、使用する丸太の長さは、奥行き方向のヘッダーログとビームが4m材、それ以外はすべて6m材となる

用語解説　新月伐採▶冬、下弦の月～新月の1週間ほどの期間に原木を伐採すること。新月伐採の木は狂いにくく、腐らず、虫もつきにくいとされる。

セルフビルドには流した汗の量だけの感激がありますね！（西野）

こんなに楽しいこと、自分でやらなきゃ絶対に損だよね〜（栗田）

せるのが正解だった。

さらに、ログハウス作りではおなじみの「ピービー」という木まわし専用の道具を使うことで、丸太の扱いは格段にラクになった。やっぱり、何事もコツと道具が未熟さをフォローしてくれるのだ。

仲間と一緒に楽しめる「木の家」作り

そしてこの工程では、日本を代表するログビルダーである栗田宏武さんも助っ人に駆けつけてくれた。栗田さんは、ログハウス作りのバイブルとなっている『手づくりログハウス大全』（1998年、地球丸刊）を一緒に作った仲だ。ハンドメイド派にとって、これ以上に最強の助っ人はいない。ひとりで黙々と作業するのも嫌いじゃないが、やっぱり、セルフビルドの現場は皆でワイワイやりながらが楽しい。

また、こうして超一流のプロと一緒に作業をしていると、自分が考えていたことの再確認や新たな発見ができることも非常に多い。というか、その後も現在に至るまで栗田さんとはさまざまなセルフビルドを楽しんでき

て、私自身の知識もスキルも当時とは比べものにならないぐらいに蓄積された。正直、セルフビルドをするには最高に恵まれ過ぎている環境にいると自覚はしているのだが、それだからこそ、そのノウハウのすべてを本書で紹介する使命をいただいたともいえる。

キャップログの加工作業は、実際に必要な丸太の本数が少ないこともあって順調に進んだ。季節は真冬に入っていたが、天気のいい日は半袖一枚で作業できるポカポカ陽気が続いてくれたことも幸運だった。そんなときには、家族や仲間たちとの作業後のバーベキューが楽しい。まだまだ完成は見えないものの、ビールのグラスを片手にキャップログの上に立つと、東京湾の向こう側に真っ白に冠雪した富士山が見えた……。

1 「ヘッダーログ」を土台に仮置きする

❶土台に最初に乗せるのは、妻側のヘッダーログ。まずは6m材の丸太の下側に平面カットの墨を打つ。このフラット面には、最終的に柱（ポスト）がはまるホソ穴を掘ることになる。なお、ヘッダーログはフラット面を広く確保したいので、できるだけテーパーが少なくて太め、かつ曲がりの少ない素性のいい丸太を選びたい。❷壁や建具の収まりを考慮して、フラット幅は最低でも土台幅（今回は150㎜）より広く確保する。これら一連の加工方法は、143ページを参考にしよう。❸壁よりも外側に飛び出る端の部分は、スカーフ（148ページ）のようにアール状にカットするのもよい。❹フラット面を電動カンナできれいに仕上げてから、壁の通り芯となる墨をセンターに打つ。❺直交する壁の通り芯も墨付けする。このように、ログの側面にも少しだけ墨を立ち上げておくと、セット時に役立つ。❻ヘッダーログと土台の通り芯を合わせるようにしてセットする。❼ヘッダーログのズレ防止に、ビスで土台に仮留めしておくとよい。

2 奥行き方向の「ヘッダーログ」と「シーリングビーム＝床梁」を収める

❶続いて、奥行き方向のヘッダーをサドルノッチで組んでいくが、この一連の作業は144ページを参考にしたい。まず、ヘッダーが直交する位置にスカーフを加工する。妻方向のヘッダーの頂点に水平器を当て、そこからログの直径の1/2ほど下がった位置をマーク。❷マーク位置をスカーフの下端としてチェーンソーで刻む。スカーフ幅は70㎝とした。❸壁の通り芯に、ログの重心のセンターを合わせるように奥行き方向のヘッダーをセットする。ここは4m材を使用。❹ヘッダーログではカバーを考慮しなくていいので、スカーフの下端から上のログまでの距離から60㎜をマイナスした数値でラフスクライブする。❺足場が低いのでラフカットも楽々。❻あとはサドルノッチを刻んで、ヘッダーログのセット完了。❼続いて、壁の芯墨を利用してシーリングビームを載せる位置をマーク。ビームはいずれも4m材を使用。スパンはロフト根太の太さにもよるが1.5m前後が目安だ。❽外側のヘッダーはサドルノッチで収めればOKだが、床梁は上下にログを積まない独立した存在なので、横ズレを防ぐためにロックノッチ（148ページ）で収めたい。これでセット完了！

3 「コードログ＝小屋梁」を収める

ビームを収めたら、続いて小屋組みの基準となる「コードログ＝小屋梁」をサドルノッチ＆グルーブを加工して収めていく。これらの一連の作業も、144ページや149ページからを参考にしてみたい。❶まず、ヘッダーログと元口・末口が逆向きになるように、コードログ用の6mの丸太をセットする。❷各コーナーで土台からコードログ上端までの高さをチェックし、高さに大きなバラツキがあるようなら、151ページの要領で高さ調整する。❸ラフカットでログを収めたら、ヘッダーから通り芯の墨を立ち上げて、ログ上面にも芯墨を打つ。❹丸太間のワイゼストポイントをチェックし、その距離＋7mmの幅でファイナルスクライブを行う。❺さらに並行する作業として、土台の上端を基準にコードログのフラット面までの距離をマークしておく。このとき、フラット面の幅が最低でも100mm以上は確保でき、かつ184ページの小屋組みの基準線になるように高さを調整するのがポイント。❻コードログを作業台の上に移動させてファイナルカット。ノッチ数が多いので頑張ろう！ ❼同様にグルーブも刻む。❽さらに、❺のマークを結ぶようにカットラインの墨を打ち、平面カットする。この上に、小屋束や妻壁が乗るわけだ。仕上げは電動カンナで。❾これで、コードログのセットが完了だ！

4 「プレートログ＝桁（軒桁）」を収める

プレートログ（桁）は屋根勾配に合わせて上面を斜めにカットすることになるが、勾配面の幅が大き過ぎるとノッチ部分の強度が落ちてしまうし、逆に狭すぎると垂木の収まりが悪くなる。これを左右するのが、ルーフラインの設定位置だ。これについては、184ページの小屋組み図を参考にしてほしい。❶まずは、6mの丸太を通常のサドルノッチで収める。勾配面を広く取れるように太めのログを使いたい。❷勾配面の幅は、コードログの基準線とルーフラインとの距離（A）で決まる。今回はAの数値を90mmとした。❸コードログの基準線から90mm上の位置にサシガネを当てて、10：7の勾配を墨つけする。❹プレートログを作業台の上に移動して、木口の墨をログ側面に打ち、勾配面をフラットカットする。❺これでノッチ部分の強度を損なうことなく、勾配面の幅も120mmほど確保できた。❻再セットして完了。なお、コードログの端部は、最終的に屋根か下屋の勾配に合わせてカットする

5 ロフト床のレベル出しと「根太」のセット

❶キャップログの仮組みが完了したら、シーリングビームにロフトの根太を置く高さを決めるために、それぞれの木口に土台から同じ距離のレベルをマークする。カット幅が100mmほど確保できる位置にするのがポイントだ。❷壁の通り芯を基準に、根太を入れる位置を決める。今回、根太のスパンは600mmとした。❸ビームを90度回転させて、木口のマークを結ぶように墨を打つ。これが根太が乗る平面のラインだ。❹すべてを平面カットしてもいいが、今回はちょっと凝って根太の位置だけを平面加工した。❺すべての根太の位置を刻めばビームの加工は完了。❻根太には直径10cmほどの細い丸太を使った。上面を平面カットして、下側のビームに収まる部分だけ平面に加工する。❼今回はロフト床のレベルをヘッダーログに合わせたので、根太を突きつける部分に欠き込み加工した。❽ビームに根太を仮置きしてみる。普通のツーバイ材を使うよりも丸太小屋っぽくなって、いい感じだ。

6 ヘッダーログの下面にポスト（柱）のホゾ穴を掘る

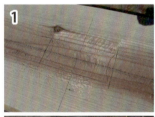

キャップログや次ページの小屋束の加工が完了したら、一度解体してからポストに乗せるためのホゾ穴をヘッダーログの下側に加工する。❶ヘッダーログに印してある通り芯から距離を測り、土台と同じ位置にホゾ穴を墨付けする。サイズは50×120mm。❷加工はチェーンソーでしてもいいし、174ページのようにドリルとノミで刻んでもよい。深さは150mm。チェーンソーで加工する場合は短冊状に切れ目を入れて、その短冊を斜めに切り取るようにしていくとよい。ある程度までチェーンソーで刻み、最後にノミで仕上げるのもいいだろう。❸これで完成。ホゾの向きは材の長手方向にするので、コーナー部では土台のホゾと向きが90度違ってくることに注意！ コーナー部分以外のホゾの向きは、土台と同じ方向だ。❹この時点では奥行き側のヘッダーログの下面はまだ丸太の状態なので、ここで幅が150mm以上の平面にカットしてから、中央に立つポスト用のホゾを加工する。この場合、間口側のヘッダーログ下面との高低差が発生するので、ポストの高さ（長さ）も変わることに注意。今回の場合、基本的に柱の長さは2,000mmだが、奥行き側の中央の柱だけは2,150mmに設定している。163ページの図で再確認してみよう！

◆重い丸太を動かすためのコツ

長さが6m級のキャップログになると、重量もそれなりに重くなる。これを手先だけで動かすのは難しいので、身体を丸太に密着させて身体ごと動かすようにするのがコツだ。丸太を持ち上げる場合も、腰を落として体幹で持ち上げるようにするとよい。

ピーピーを使う場合は、フックを丸太に引っ掛けて柄を回すようにするとテコの原理で丸太を動かせる。

コツさえわかれば、非力な人でも重い丸太を動かせるのだ！

STEP 5　　◆難易度＝★★★☆☆　　◆作業日数＝２〜３日

「小屋組み」のパーツを作ろう！

素人でもわかりやすい「ポスト＆パーリン方式」なら、作業もスムーズなのだ

小屋束の収めは普通の平ホゾでもまったく問題ないが、雨仕舞いや見た目のよさを向上させるなら「ポストノッチ」に挑戦してみるのもおもしろい。地上で安全に作業できるので、じっくり楽しんでみよう！

　キャップログのセットが完了したら、いよいよルーフシステム（小屋組み）の製作だ。

　一般に、ログハウスのルーフシステムには、「トラス方式」か「ポスト＆パーリン方式」を採用することが多い（在来軸組み構法で作る人もいる）。部材を三角形に組み合わせるトラス方式は強度に優れ、見た目にも迫力があるのが特徴だ。ただし、各パーツを複雑に組み込む構造のため、今回のような小さな建物では収めに苦労することが少なくない。

　一方のポスト＆パーリン方式は、棟木や母屋（パーリン）をそれぞれの束（ポスト）だけで支えるシンプルな構造。トラスほどの強度はないが、作り方が簡単で、後に作業する妻壁の収めも容易になる。何よりも、製作時間を大幅に短縮できるので、今回は迷わずこの方式でルーフシステムをつくることにした。屋根や妻壁が収まることで、強度的にもびくともしなくなるのだ。

　作業としては、まず、正確な加工図を描くことから始めたい。といっても、切り妻のシンプルな屋根構造にする場合は、単純に小屋束の長さと棟木（母屋）の厚みがわかればいいだけなので、次ページのような簡単なデッサンでも大丈夫だ。

　ここでのポイントは、小屋組み基準線とコードログのフラット面を二等辺三角形の関係にすること。これなら、各パーツのサイズの考え方がわかりやすくなるし、勘違いによるミスもなくなる。逆に言うと、コードログのフラット面と壁の通り芯の交点を、そのまま小屋組み基準線の基点にしてしまうのがベストな作戦だろう。これらは基本的に111ページの小屋組みと同じ考え方で、峠墨＝コードログのフラット面、垂木の下端＝小屋組み基準線に置き換えるとわかりやすい。

　ちょっと悩むのは、ルーフライン（垂木下端）と小屋組み基準線との垂直距離かも知れない。今回は90mmという数値にしているが、これはすでに解説したように、プレートログの勾配面の残り幅を考えて、ノッチ部分で強度が落ちない高さに設定しているため。また、棟木や母屋の下側にはホゾ穴を加工するためにスカーフカットを施すのだが、このスカーフ面のレベルの位置によって、棟木（母屋）の成（せい）が決まり、自動的に小屋束のホゾ長を除いた実寸も決まることになるわけだ。

　少々ややこしいかも知れないが、じっくりと図面を見ていただければご理解いただけると思う。

用語解説　成▶木材の下端から上端までの垂直距離（縦幅）のこと。

◆ポスト&パーリンの加工例 （＊単位はmm）

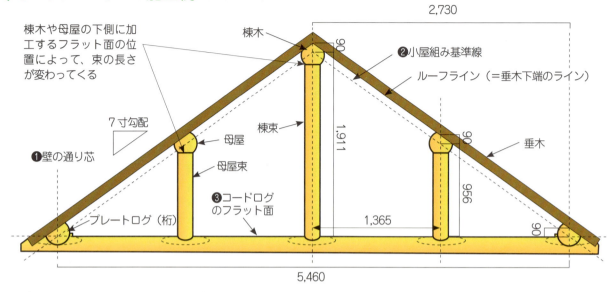

　これが、今回作った小屋組みの図面。間口が3間（5,460mm）の大屋根仕様で、屋根の傾斜は7寸勾配だ。ここで重要になってくるのが、❶壁の通り芯、❷小屋組み基準線、❸コードログのフラット面。最初の段階で、これらの基準線が二等辺三角形の関係になるように設計しておくことで、壁同士の距離の1/2に勾配を乗算すればコードログから棟までの距離が簡単に算出できるのだ（今回の例だと2730mm×0.7＝1911mm）。あとはルーフラインと小屋組み基準線との垂直距離（今回は90mmにした）を決めてしまえば、小屋束のそれぞれの長さ、そして棟木と母屋の厚みも決めることができる。なお、小屋束を加工する場合、上下のホゾの向きが90度違ってくることを忘れずに！

いい仕事は、いい道具から始まる……

　さて、ポスト（小屋束）の刻みは計6本。平ホゾ（188ページ）だけで収めていけば半日もかからない作業だが、今回はちょっと欲を出して、より雨仕舞いに有利な「ポストノッチ」を採用することにした。

　このノッチは、平ホゾとノッチをミックスしたような形状になっていて、加工の手間はかかるがコードログのホゾ面が隠れる仕様になるので雨水が浸入しにくいのがメリットだ。今回は土台の上で直接小屋組みの作業をしているので、こうした作業も断然ラクだった。普通のログハウスだったら、クレーンや足場などが必須になるだろう。結局、朝から作業を開始して15時過ぎにはすべてのポストを収めることができた。

　母屋と棟木の加工では、屋根の勾配（今回は7寸勾配）をフラットカットして、小屋束が収まるホゾ穴を掘っていく。作業そのものは難しくないが、こちらは土台の上ではなく作業台＝ウマの上に乗せての加工になる。このウマの高さがフラットカットの作業には微妙に高めで（5cmほどだが）、腰にジワジワと負担がかかってきた。このままの姿勢で作業し続けると、ますます腰が痛くなりそうな感じだったので、結局、ウマを作り直すことに。遠回りに思えるが、こうした細かな気遣いが中年セルフビルダーには大切なのだ（笑）。

　ちなみに、棟木や母屋には手持ちの丸太でも太めの末口が23cmのものを使ったが、旧型のハスクバーナ346（排気量45cc）でもパワー的には全然不足を感じなかった。このチェーンソーは購入してから10年以上経つが、現在も薪作りや伐採作業などに大活躍していて、大きな故障はない。やっぱり、チェーンソーを購入するなら、多少高価でもプロ仕様を選ぶことをお勧めする。

1 丸太を「タイコ挽き」にする

小屋束用のパーツは、妻壁の収まりをよくするために両面をフラットにする「タイコ挽き」に加工する。これによって、ホゾを刻むときの墨付けも圧倒的にラクになる。目安として、タイコ面の幅は150mm、厚みも150mmは確保したいところ。末口径が22cmぐらいの丸太を使えば、この数値をクリアできるはずだ。❶丸太の木口に芯墨を入れてから、タイコのフラット面を水平に墨付けする。今回の幅は160mmだ。❷タイコの厚みが、150mm以上あるかどうかをチェック。丸太に傷がある場合は、そこをカットするとよい。❸側面に墨付けしてから平面カットする。ここでの加工精度がホゾの加工にも影響するので、143ページを参考にていねいに作業したい。❹タイコ面のエッジは建築後に見える部分なので、電動カンナなどで美しく仕上げよう。❺木口に残っている芯墨を利用して、タイコ面に新たなセンター墨を打つ。これが、妻壁の通り芯になるわけだ

2 小屋束を「ポストノッチ」で収める

小屋束は、単なる平ホゾで収めるのが一番簡単でわかりやすい（188ページ）。しかし今回は、より雨仕舞いに有利な「ポストノッチ」で収めることにした。加工の手間数は増えるが、強度的にも有利な方法だ。❶まずは、コードログ上面に小屋束のホゾ穴を掘る。今回は厚み50mm×幅120mm×深さ150mmにした。❷さらに、ホゾの両側にスカーフカットを施す。コードログ上面からスカーフ下端までの垂直距離は120mmに設定。なお、普通の平ホゾで小屋束を収める場合は、スカーフを加工する必要はない。❸小屋束となるタイコ挽きのログの元口側に、①と同サイズのホゾの墨を書き入れる。ホゾの向きに注意。❹同様に、タイコ面にもホゾの墨付け。さらに、ホゾ長の約1/2の位置からスカーフの角度（45度ぐらいでよい）をラフに描く。❺ホゾの半分を正確にカットし、同時にスカーフの斜めのラインもラフカットする。❻カットした束をコードログのホゾ穴に立ててみる。このとき、束の垂直を水平器で正確に合わせた状態にして、ツーバイ材などで仮筋交いを入れて固定する。❼コードログの上面とホゾ上端との垂直距離を測り、その数値でスクライブする（146ページ参照）。❽ノミかカッターでスクライブラインをスコアリングしてから、慎重にカットしていく。❾細部の仕上げではカービングバーが便利だが、もちろんノミで仕上げてもよい。❿ホゾがスムーズに入るように、ホゾの末端はノミで面取りをしておく。⓫再度、ホゾ穴にセットして完了。この後、束の全体の長さが決定したら、上側に普通の平ホゾ（こちらも向きに注意！）を刻む。こちらのホゾのサイズも、厚み50mm×幅120mm×長さ150mmにした

3 「棟木」と「母屋」を加工する

ルーフライン
90mm
基準線
この距離は反対側の木口も同じ数値にする
スカーフ面

棟木や母屋は屋根の荷重を支えるため、ログ材は比較的太めで曲がりやテーパーの少ないものを選びたい。長さは6mだ。勾配面の幅は100mm程度確保できれば、ルーフラインの頂点は宙に浮いてしまっても構わない。この場合は、定規をセンター墨に垂直に立てて延長してやれば、墨付けも問題なくできるはずだ。❶まずは、棟木の加工。プレートログと同じ要領で勾配のフラット面を木口に墨付けし、ルーフライン交点から90mm下に基準線を引く。さらにその下に、スカーフ面の幅が150mmほど確保できるように水平墨を入れる。基準線からの距離は任意だが、反対側の木口も同様の数値で墨付けすることによって、棟木全体の成（＝材高）が一定になるわけだ。この数値によって、小屋束の長さも決定する。184ページの加工図と照らし合わせて再確認しておこう。❷このようにルーフライン交点が宙に浮く場合は、センター墨に定規を当てれば墨付けが容易になる。❸墨ツボで木口の墨同士を結ぶように墨打ち。❹打った墨をガイドにして、勾配面をフラットカットする。ここに垂木が乗るので精度よく加工したい。❺スカーフ面は幅150mm、長さは400mmほどが目安。そして材の長手方向と平行に50×120×150mmのホゾ穴を加工する。❻ヘッダーログと同じ要領でホゾ穴を彫る。スカーフ面を水平にした状態にすると作業しやすい。❼母屋は勾配が一面だけのカットになるが、棟木と同じ考え方で加工していけばOK。❽棟木や母屋に刻むホゾ同士の距離は、壁の通り芯同士の距離と同じなので念のため。また、刻み終わった小屋組みの部材やキャップログは、棟上げに備えて位置や向きがわかるように合番号を印しておこう！

◆「テンプレート」が超便利なのだ！

理想を言えば、棟木や母屋、小屋束などの刻みが終わったら、一度すべてのパーツを仮組みしてみたいところだ。しかしながら、ひとりでの作業では重い丸太をそう簡単に動かせないのが悩ましい……。

そこで、ぜひ作っておきたいのがホゾ用の「テンプレート」。合板をホゾのオス＆メスの寸法にカットして、これを実際のホゾに当てはめてみるわけだ。テンプレートがぴったり収まれば、あとはホゾの位置と向きを再確認しておくことで、安心して棟上げに臨める。

12mm厚の合板でつくったテンプレート。もちろん、これの精度が悪いと意味がないので、加工は正確に！

STEP 6 ◆難易度＝★★★☆☆　◆作業日数＝3〜4日

丸太を積み上げる「壁」の作り方

柱（＝ポスト）と丸太の落とし込み壁（＝フィラーログ）なら、強度も見た目も抜群！

この木の家では、建物正面の壁を丸太の落とし込み＝フィラーログにしてみた。近年では厚い板材を落とし込む板倉造りが見直されつつあるが、この丸太の落とし込みにもメリットは多いのだ

◆「フィラーログ」の構造について

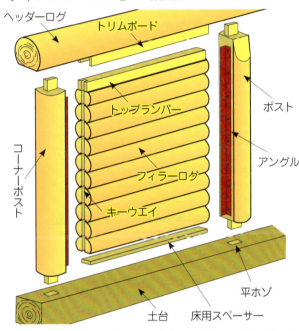

フィラーログの壁の高さは、トップランバーや床用スペーサーの厚みをポスト長からマイナスした数値、また、壁の幅はポストの芯々の距離からポストの厚みをマイナスした数値とすればよい。なお、今回はポストとの取り合いに鋼製のアングルを使った

　キャップログや小屋組みの加工ができたら、続いて「壁作り」。本来はこちらの作業から行うのが正しい順序だが、今回は最後まで壁の幅（＝ポストの位置）や高さが決まらなかったので、壁作りを後回しにした次第だ。最初から設計に迷いがなければ壁から作ってもOKだが、壁用の丸太にこれまでの作業で余ったログを有効利用できたので、結果的にはこの順序で正解だったと思う。

フィラーログに短い丸太を有効利用する

　軸組みログハウスの壁は、ポスト（柱）とポストとの間に「フィラーログ」と呼ばれる短い丸太を落とし込んで形成していく。フィラーログは、丸太をタイコ挽きして積み上げていく方法とグルーブを刻んで収めていく方法の2パターンあるが、今回はより見栄えのする後者を選択。丸太を仮に積み上げた状態で一気にスクライブできるので、作業時間はそれほどかからなかった。また、壁に使う丸太はテーパーがきつかったり曲がっていたりしても短くカットしてしまうので比較的使いやすい。これらが、普通のノッチ組みのログハウスとの明確な違い

であり、大きなメリットともいえる。

　なお、このフィラーログは経年で丸太が収縮することで徐々に壁が沈み込むセトリングが発生する。この対策としては、フィラーログにキーウエイを刻み、ポストに装着したアングルにスライドさせるのが一番簡単だ。

　柱となるポストは壁を収まりやすくするため、小屋束と同様に両面をフラットにタイコ挽きする（コーナー部のポストは2面を直角に挽く）。土台やヘッダーログとの収めは、普通の平ホゾでOKだ。今回は厚みが160mmのタイコ挽きにしたので、ホゾも120mm×50mm、長さ150mmという巨大なものになった。これぐらいのサイズがあれば、強度的にも安心だろう。

1 ポスト（柱）に平ホゾを刻む

ポストになるログには壁が収まるため、小屋束同様にタイコ挽きしておこう。ただし、建物のコーナーに位置するポストだけは壁を収める2面を直角に加工する。なお、今回は柱の高さを2,000mm（奥行き側の中央の柱だけは2,150mm）とした。❶タイコ面に芯墨を打ってから、ホゾを墨付けする。サイズは厚み50mm、幅120mm、長さ150mm。❷丸太の側面は墨付けしにくいが、芯墨にサシガネを2本あてがった状態で各ポイントをマークするとよい。❸ログの側面を水平に設置した状態で墨糸を真上（これが重要）にかざし、各マークを結ぶように墨糸を押し付けて墨を入れる。❹木口にも同様の寸法で墨入れ。❺まずは、多少オーバーカットしても強度に影響の少ない縦方向（繊維方向）からチェーンソーでカットしていく。❻続いて、横挽き。こちら側をオーバーカットすると繊維が切断されて強度が落ちるので慎重に！ ❼ホゾの長径は1mmほど長めに、逆に短径は1mmほど短めに加工しておくと、組み込みやすく、かつ効きもいいホゾになる。❽ポスト上部にはアール状のカットを施して、ヘッダーログ底面の幅よりも木口を若干狭くすると雨仕舞いが向上する。❾コーナーポストは建物の要ともなるので、太めの丸太を使いたい。こちらは、壁になる2面側を直角にフラットカットする。フラット幅は150mm以上確保。❿フラット面を加工したら、ホゾの墨付け。側面はこのようにサシガネを湾曲させて墨付けするとよい。⓫さきほどと同様に加工していく。⓬これで完成。⓭思いつきで、建物正面側は柱の側面で土台を覆う飾りホゾにしてみた。⓮こんな感じに収まる。⓯最後に、溝切りカッターかノミで、ポスト側面にアングルの幅分（50mm）の溝を彫っておく。溝の位置は、L字のカドが通り芯に合うようにする。深さは5mmでOKだ

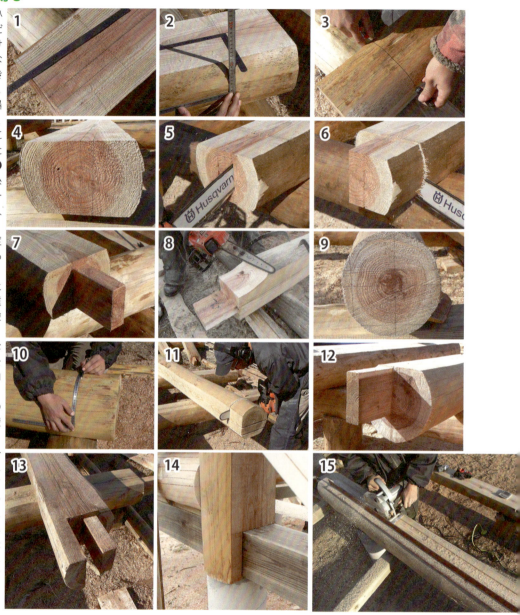

◆「ホゾの向き」には要注意！

今回のような軸組み構法の建物の場合、どんなに注意しても注意しすぎることのないのが「ホゾの向き」。とくに土台とヘッダーログ（桁）が直交するコーナーポスト（隅木）では、上下のホゾの向きが90度変わってくることが多いので要注意だ。

とはいいつつ、私も一度だけホゾの向きを間違ってしまった。これを防ぐには、写真のように油性ペンなどで目立つようにホゾの向きを描いておくといいと思う。なお、失敗した柱は、現在テーブルの脚になっている。

十分注意していたのに、ホゾの向きを間違えてしまった！ 棟上げまで気づかないとやばいので、十分に気をつけたい

2 フィラーログにグルーブを加工する

壁に丸太を落とし込む「フィラーログ」の作り方はいくつかあるが、今回はグルーブを加工して積む方法を採用した。理論上では、仮積みした壁高から仕上がり壁の高さをマイナスした数値が、すべてのスクライブ幅を合計した数値になればOKだ。❶まず、壁の一番下になるシルログの加工。土台にしっかりと安定させ、かつ雨仕舞いをよくするために、底面に土台幅よりも広いフラット面を作る。❷ブロックなどを水平に設置し、その上にシルログをセット。そこからツーバイ材などを垂直に立ち上げる。❸壁幅よりも20cmほど長めにカットした丸太を垂直になるように積み上げ、それぞれの間に長さ30cmほどにカットした40mm角ほどの角材をはさんで、ツーバイ材とフィラーログそれぞれにしっかりとビス留めしていく。❹丸太は元口と末口を交互に太いものから積み始め、中段付近を細く、最後は再び太くしていくとバランスがいい。なお、最上段の丸太は、トップランバーが収まるフラット面を加工してから乗せる。❺丸太を9段積んだ結果、高さが2,424mmだった。仕上がりの壁の高は1,880mmにしたいので、(2,424－1,880)÷8＝68mmでスクライブした。❻フィラーログを壁の幅の長さにカット。これはツーバイ材を垂直に取り付けてガイドにした。今回の壁幅は1,200mmだ。❼木口に垂直の芯墨を打ち、さらにナンバリングする。❽一度解体し、ウマの上でグルーブを加工する。❾再度、壁をナンバリングの順番で積み上げてグルーブの収まりをチェックしてみよう！

3 フィラーログにキーウエイを刻む

フィラーログが完成したら、ポストに取り付けるアングルにスライドさせるための「キーウエイ」を刻んでおく。アングルは50mm幅×5mm厚のものを使用した。❶フィラーログの芯墨の垂直を、下げ振りを使って再チェック。墨が真っ直ぐでないようなら、この時点で新たに垂線を打ち直しておけばよい。❷今回使用するアングルのサイズに合わせて、キーウエイの深さは50mm＋遊び分の20mm＝70mm、幅は約6mm（ちょうどチェーンソーの切り込み幅になる）とした。❸チェーンソーで垂線を切り下ろすようにキーウエイを刻んでいく。バーが左右にぶれないように注意。❹このように、チェーンソーのバー1枚分の厚みが、ちょうどキーウエイの幅になる。❺仮にアングルをはめてみて、スムーズに上下にスライドすればOKだ。固くて動きにくいようなら、キーウエイの内側を軽くチェーンソーでブラッシングして調整しておこう！

第5章◆100万円で作る憧れの「木の家」

STEP 7 ◆難易度＝★★★★☆ ◆作業日数＝1日

そして、いよいよ「棟上げ」へ…

セルフビルドのクライマックス。失敗しないための棟上げのダンドリと実際の作業の流れ

　木の家の構造材がすべて加工できたら、いよいよ待望の「棟上げ」だ。キャップログは一度仮組みしてあるし、ホゾもテンプレートでチェックしているので、それほど大きな問題は発生しないはずだが、もしも、ホゾがきつ過ぎてはまらないときは、チェーンソーで修整すればOKだ。逆に、ホゾが緩い場合はコーチボルトでガッチリと固定してしまえばよい。

重い丸太と格闘する日々……

　さて、実際の作業のほうは私自身の本業（原稿執筆）が忙しくなってしまって、現場に行く回数が激減。作業が遅々として進まなくなってしまった。しかも、温暖な房総としては珍しく大雪が降ってしまって、現場は白銀の世界に。予定している棟上げの日まで残りわずか1週間しかないのに、これは非常にマズいぞ！

　というわけで、仕事を高速で片付けてセルフビルド強化週間を無理矢理に捻出した。それからは、薄暗い早朝から現場へ出掛けて丸太と格闘する日々……。ヘッダーログや土台のホゾ穴の加工では、壁の芯墨から正確に距離を追って、2度、3度の再確認でミスを防ぐ。これが間違っていたら、棟上げで大事件になってしまうのだ。その他、雑用がまだまだあるので、嫁にはログの塗装、息子たちには仮床用の大引きのセットを任せた。おかげで作業は急ピッチで進んだのだが、棟上げまでにやっておくべき作業を考えると、もう一刻の猶予もない。

　もはや身体のあちこちが痛いが、柱となるポストも合計で10本刻んでいく。しかし、この芯材の多い房総スギ。たった2mほどの長さなのにメチャ重い！　向きを変えるだけでもひと苦労だ。ちなみに柱の直径は25cmぐらいで、ホゾのサイズは5×12cm、長さは15cm。これなら、巨大地震が来ても絶対に大丈夫だろう。しかし、嫁に写真撮影してもらいながらの作業なので、一本

◆棟上げの流れ

棟上げの流れとしては、まず土台にポストを立ててフィラーログを積み上げる。ポストなどがうまく収まったら、続いてヘッダーログやコードログなどを組んでいく。その後、コードログに小屋束を立てて、棟木と母屋を収めれば棟上げの完了だ

の柱を刻むだけで小一時間かかってしまう。やべ〜！

　焦りは間違いやケガのもとだが、結局、休憩も取らずに、ぶっ続けで刻み作業。いい加減、作業が雑になりかけた頃、栗田さんから激励の電話。さすが、ナイスタイミング！　いろいろと作業のアドバイスも頂いて、ちょっと感動。それにしても、棟上げまでに本当に間に合うのか？　家に帰って風呂に入ると、ヒザには青あざ、指には無数のトゲが刺さっていた。しかし、明日も作業しなければ……。頑張れ！

軸組みログハウスならではの感激を味わう

　さて、いよいよ棟上げの前日。まだまだ残った作業は山ほどあるが、まあ当日に刻んでもいいかな〜。てなことを思っていたら、友人から電話。「今日、助っ人に行きますよ！」。なんと、会社を休んで来てくれるという。今回のセルフビルドは基本的にひとりで進める予定だったが、こうした仲間や家族たちの力がなかったら作業は

◆棟上げ当日に用意しておきたいもの

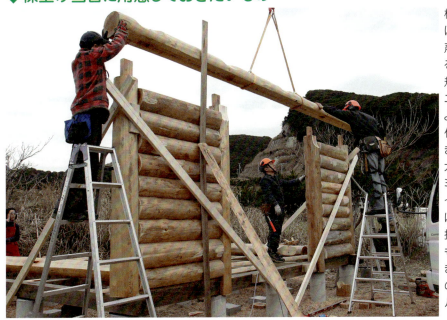

棟上げ前のダンドリとしてやっておきたいのは、まず、助っ人の確保。最低でも3人には声を掛けておこう。また、作業を円滑に進めるためには、クレーンも手配したい。今回の規模の建物であれば、3～4トンクラスのユニックを建築機械店でレンタルしておけばよい。料金は1日2万円前後、オペレーター付きだと半日で3万円ほどだ。用意しておきたい道具としては、ホゾを叩き込むためのカケヤ、ホゾの微調整用のチェーンソー、ノミ、バールなど。筋交い用のツーバイ材（10～12フィート）も何本か用意しておこう。ほかに、荷締器（ラッシングベルト）、下げ振り、水平器、スリング、脚立、足場板なども欲しいところ。なお、棟上げ時の服装はできるだけ動きやすいもの、靴は滑りにくいものを着用したい。安全のために、作業用ヘルメットを被るのもお勧めだ

遅々として進まなかっただろう。結局、その日は早朝から夕方遅くまで、柱や桁の刻みで大奮戦だった……。

*

そして、ついに棟上げの当日。集まってくれたのは、栗田さんをはじめ5人の友人たち。嫁や息子たちも参戦してくれた。
「じゃあ、始めますか！」
栗田さんの号令とともに各自が配置につき、これまで苦労して刻んだ部材を1本ずつていねいに組んでいく。まずは、土台にポストを立てて、壁となるフィラーログを落とし込む。そして、ヘッダーログをユニックで吊り上げて、ポストのホゾにはめ込んでいく……。
「ん……？」
「あれ………？」
「えーっ！！！」
なんと、早くもホゾの位置が違ってた！　一瞬、その場がフリーズしたが（汗）、位置がズレていたのはサシガネ一枚分（15mm）だけだったので、百戦錬磨の助っ人のみんなの機転でなんとかうまく収めることに成功！
その後もホゾがきつすぎたり、柱の向きを間違えて組んだりのミスはあったものの、全員の知識と"いい加減"を繰り出して、つぎつぎと部材を組み上げていく。

「カーン！」。ホゾを叩き込むカケヤの重く乾いた音が、腹の底までずっしり響いてきて、なんともいい気持ちだ。これぞ、丸太を使った軸組みログハウスの醍醐味！
そして、いよいよコードログに小屋束を立てて、その上に棟木を収めていく。ユニックの操縦をお願いした友人との息もピッタリで、棟木が吸い付くように束のホゾに収まって、無事に棟上げに成功！
形ばかりだが、建物の四方に清めの塩を盛り、友人が持ってきてくれた御神酒で上棟の儀。久し振りの感動に、思わず全員がガッチリ握手。最後の下屋桁を収める頃には陽もとっぷりと暮れてしまったが、こんなに体中に鳥肌が立つぐらいの感動を覚えたのは、いつ以来だろう。これで、いままでの苦労はマジで一気に吹き飛んだ。大きさ的には小屋に毛が生えた程度の小さな建物だが、正直、この一連の体験から得られたものは限りなく大きい。メーカーメイドの建物では、こんな感激は絶対に得られないだろう。まさに、セルフビルドだからこその醍醐味を味わえた瞬間だった……。
なお、今回は実質10日間のログワーク作業で、棟上げまで進むことができた。棟上げ当日までクレーンを使わずに作業できるのは、やっぱり軸組みのログハウスならではの大きなメリットだと思う。

用語解説　ユニック▶車両積載型のトラッククレーンのこと。レンタル時には、重機メーカーが行っている技能講習の修了証の提示を求められることがある。

◆棟上げ前のダンドリについて

ポスト（柱）

コードログ（小屋梁）の下面をツーバイ材で補強しておく

棟上げを行うときは、その前日までに仮組みしたキャップログやフィラーログなどを解体して整理しておく。その場合、必ず丸太の木口（ログエンド）に合番号を書いておくこと。これを忘れると、どの丸太をどこにどんな向きで組んでいくのかわからなくなってしまう。とくに複数の人が手伝ってくれる棟上げでは重要だ。また、丸太は積み上げる順番に並べておくと棟上げがスムーズになる。なお、コードログに関しては、自重がかなりあるうえに、ノッチを何ケ所も刻んでいるため、吊り上げたときにノッチに荷重が集中して破損する恐れがある。このため、材の下面に2×4材などをビス留めしてノッチを補強し、設置する寸前に取り外すとよい

各部材には、配置する場所と使用する向きを印しておくと、誰が見ても収めるべき配置がわかりやすくなる。ポストノッチで収めた小屋束は、ホゾの向きも印しておこう！

外壁になる側は棟上げ後に塗装するが、室内に関してはあらかじめ「柿渋」を塗っておいた。柿渋をふくませたウエスで塗ると、ムラなく手早く仕上げることができる

◆土台に根太を入れて、仮のプラットフォームを作っておく

棟上げの前日までにやっておきたいこととして、土台を利用した仮のプラットフォーム作りもある。これはすでにご紹介してきたツーバイの小屋などと同様の理由で、少しでも足場があるほうが作業効率がアップするからだ。❶土台と大引きの側面に、根太を入れる位置をマークして、根太受け用の金具を留める。根太には105mm角の防腐処理材を使用。スパンは910mmとした。❷金具は付属のビスとクギで確実に留める。❸図面の寸法から「金具の厚み×2」をマイナスした長さでカットした根太を金具にはめこむ。❹さらに、金具の横からビス留めして根太を固定。❺根太と大引き、土台はすべての上端を同一レベルにする。❻柱を立てる位置を避けて合板を仮置きしてビス留めしておけば、プラットフォームの完成だ

1 ポストを立ててフィラーログを積む

フィラーログの壁を積み上げる方法としては、先に2本のポストを土台に立てて、その間にログを落とし込んでいく手段もあるが、今回はフィラーログをポストでサンドイッチにしていく方法を採用した。❶まず最初に、コーナーポストを土台に立ち上げる。結構な重量なので、ポストの上下を二人以上で持って土台のホゾにはめていった。❷上からカケヤで叩いて、ホゾを完全にはめこむ。最初の一本目がうまくはまると、すべてが成功したような気分になれる。全員で拍手（笑）。❸ポストのセンター墨に水平器を当てて垂直を出し、その状態で仮筋交い用のツーバイ材をビス留めする。さらに、ポストの側面に掘っておいた溝にアングルを75mmのビスで留める。アングルにはあらかじめ5mm径の鉄鋼用ドリルビットで、20cm間隔でビス穴を開けておく。❹続いて、フィラーログをポストのアングルにはめ込みながら積んでいく。順番を間違えないように注意。❺短いフィラーログなら、最上段まで人力で積むことができる。ピーセンピースならではのメリットだ。なお、今回は床の仕上げ材をフィラーログの下に入れられるように、壁の一番下に2×4材をスペーサーとしてはさんでおいた。❻すべてのフィラーログを積み上げたら、壁の通りを再チェックしておく。❼ポストとフィラーログが、土台にすき間なく収まっていればOK。❽今度は反対側のポストにアングルをビス留めし、フィラーログに押し付けるようにホゾに入れて立てる。❾カケヤで叩き込んだら、筋交いで仮留めしておく

2 キャップログをセットする

ポストとフィラーログが収まったら、続いてキャップログのセット。ここから先はクレーンを使った高所での作業になるので、安全には十分に注意したい。❶まず、長手方向のヘッダーログをクレーンで吊り上げ、方向を間違えないようにポスト上部のホゾに収めていく。❷各ポストのホゾは同時にはめずに、1本ずつの収まり具合を確認しながら順番に入れていくとよい。❸ホゾがきつくて入らないようなら、ポスト側のホゾをチェーンソーでブラッシングして調整する。❹ある程度ホゾが入ったら、カケヤで叩き込んでいく。「カーン！」と現場に響く音が最高に心地いい。❺この後、長手方向の反対側のヘッダーログ、直交するヘッダーログ、シーリングビーム、コードログ、プレートログの順で収めていく。

用語解説 鉄鋼用ドリルビット ▶ 鉄板やアルミ板などに穴を開けるためのドリル。穴開けするときは、切削油を注しながら作業するとスムーズだ。

第5章◆100万円で作る憧れの「木の家」

❻こちらは、反対通りのヘッダーログの収め。フィラーログがないので作業は速い。❼直交するシーリングビーム（ロフトの床梁）の収め。ここは、すでに刻んであるロックノッチでガッチリと組み込むことになる。❽奥行き側のヘッダーログまで収めた状態。ここまでくると構造体がぐらつくことはないが、この後のレベル合わせのために仮筋交いはそのままにしておく。❾フィラーログを収めない壁は、最終的にツーバイ材＆耐力面材で下地を作って、漆喰などで仕上げていくことになる。❿ビームを収めたら、その上に182ページで作っておいた根太を渡し、⓫さらに合板を敷いておくと、仮の足場になって作業効率と安全性が格段に向上する。⓬コードログの収め。向きを間違えないように注意。⓭プレートログの収め。これらのキャップログは、あらかじめ仮組みしてあるので、当たり前のことだがすべてが問題なく収まってくれた。ポストのホソだけは少々ミスったが、やっぱり事前にキャップログを土台の上で組む作戦は、ひとまず大成功だったといえるだろう

3 ポスト（柱）の垂直を再調整して、コーチボルトでキャップログを補強する

今回のような軸組み構法の建物では、柱の垂直をキッチリと調整しておく必要がある。もちろん、間口と奥行きの2方向の調整が大切だ。これを手抜きすると、建物が傾いたまま完成してしまうことになる。タイミングとしては、キャップログまで組み上がった段階でチェックするのがいいだろう。❶ポストの垂直を調整するには、梁と土台に荷締器のバンドを掛けてから、仮筋交いのビスを緩める。❷荷締器でバンドをジワジワと引寄せてくるにしたがって、ポストの傾きを微調整できるわけだ。❸柱の垂直を下げ振りや水平器などでチェックして、仮筋交いをビスで留め直す。ここは正確に作業したい（27ページ）。❹ヘッダーログとコードログは、長さ30cmのコーチボルトで留めておいた。❺下穴のドリル径は、ボルト径の70%ほどが目安になる。穴が大き過ぎると、ボルトの効き目が弱くなるので注意したい。❻ボルトはインパクトレンチでしっかりねじ込む。ボルト同士の間隔は90cmが目安だ

用語解説 インパクトレンチ▶ボルトやナットをしっかり締め付けるための電動工具。時間はかかるが、手動のラチェットレンチでも代用可能だ。

4 小屋束を立てて棟木と母屋を収めれば、棟上げ成功!

軸組みの垂直調整が完了したら、いよいよ棟上げ。小屋束をコードログに差し込み、1階のポストと同じ要領で仮筋交いで留め、束のホゾに棟木と母屋を収めていく。ホゾの向きと位置さえ間違いがなければ、ここも問題なく作業できるはずだ。
❶コードログのホゾに棟束と母屋束をはめ込んでいく。❷束はすでに仮組みしているので、問題なく収まるはず。水平器で垂直を確認したら、ツーバイ材などでしっかり仮筋交いを渡しておく。❸そして、待望の棟木の収め。まずは、棟束の直近まで棟木をクレーンで運び、一方のホゾに棟木を軽く差し込んでみる。続いてクレーンのワイヤーを徐々に伸ばしながら、もう一方のホゾをはめていく。❹同様の方法で母屋も乗せていく。❺ホゾの位置やサイズに問題がなければ、渾身の力を込めてカケヤで叩き込む。緊張の一瞬だ。ホゾがピッタリと収まれば、棟上げの完了! ❻荷締機を使って小屋束の垂直を調整し、棟から母屋、桁にかけてツーバイ材で仮の垂木を架けておく。これで、小屋組みの構造体がぐらつかなくなる。❼今回の木の家では、ロフトにドーマーを設けたために片側の母屋を途中でカットしているが、妻壁と軒先の屋根、破風板で固定できるので強度的には問題ない。❽セルフビルドでの棟上げの感激は、想像以上のものがある。この思い出はいつまでも心の中に残り続けるだろう……

◆ホゾが合わないときの「リカバリー術」

今回の棟上げでは、仮組みしていたキャップログはうまく収まってくれたのだが、ポストの収めが意外な落とし穴だった。ホゾが少し厚かったり、長かったりしたほか、サシガネ一枚分（15mm）ずれていたものもあったのだ。しかし、こうした場合はあわてずに、バールなどで一度ホゾを抜いてからチェーンソーで削り直せばよい。もともとのホゾが大きいので、多少削ってしまっても最後にクサビを入れたりコーチボルトで締め付けてしまえば、強度的にもほぼ問題ないのだ。

写真は、ホゾの位置がズレていたのを削り直してはめて、クサビで調整している例。もともとのホゾが大きければ、これぐらいの修正は全然OKだ!

5 ダボや建築金物によるホゾの補強

今回のような軸組み構法の建物では、柱と土台、あるいは柱と梁との接合を補強しておくと安心だ。❶ダボを使う場合は、ホゾに対して横方向に2本入れるのが基本。これを縦に入れてしまうと水平力に対して弱くなりやすい。まず、ダボの直径に合わせてドリルで穴をあける。穴の間隔は広いほど効果的で、ホゾの両端ギリギリに入れても大丈夫だ。❷穴にダボを差し込む。今回使用したダボは、堅木の20mm径のもの。長さは150mmだ。❸カケヤでダボを叩き込む。❹余分を手ノコでカットして完了。❺コーナー部の接合などでダボが使えない場合は、建築金物を利用するのもよい。写真の例はコーチボルトを併用した「ホールダウン金物」で、ポストとヘッダーログとの補強に使用した。❻金具を留める場合は、付属の構造用ビスやボルトを仕様書にそって使うことが大切。普通のコーススレッドなどで留めてしまうと、強度を発揮できなくなってしまう

◆クレーンを使わずに棟上げする方法

今回の棟上げではユニッククレーンを利用したが、規模の小さな建物ならクレーンを使わずに棟上げすることも可能だ。たとえば、ログハウスのセルフビルドでよく採用されているのは、単管で三脚を作ってチェーンブロックや滑車などで丸太を持ち上げる方法。材料を吊り上げてからの移動は難しいのでいろいろ工夫は必要になるが、時間がたっぷりある状況なら利用価値大だろう。ただし、クレーンなしでの棟上げでは絶対に無理は禁物。必ずしっかりした足場をセットして、安全第一で作業することが大切だ。

右上の写真は、クレーンも滑車も一切使わず、男性6、7人の人力だけで棟上げした例。棟木が比較的軽量なスギ丸太だったこと、棟束の長さが2m足らずだったこと、そして、大勢の助っ人がいたからこその作業だろう。

右下の例はノッチ組みのログハウスだが、男女4人で棟木を壁の上に持ち上げ、さらにロフトの仮床に置いた脚立の上へ棟木を乗せて、その状態から徐々に棟束の上に誘導して棟上げに成功した。いまから思えば、脚立を使ったのは少々危険だったかも知れない。繰り返しになるが、棟上げではぐれぐれも安全を最優先しよう！

小屋程度の建物なら、クレーンも滑車も使わずに人力だけで棟上げすることもできる。ただし、仮床や足場をしっかり作って、安全を確保してから作業することが前提だ

こちらも人力による棟上げ。三脚と滑車があればより安全に作業できたと思うが、少しでも不安があるなら迷わずクレーンをレンタルしたほうがいいだろう

STEP 8　◆難易度=★★☆☆☆　◆作業日数=1～2日
「壁下地」を作って建物を補強！
在来軸組み構法の「真壁造り」に学ぶ、柱や桁を「表し」で仕上げるための下地の張り方

　この木の家では、正面の壁にフィラーログを落とし込むピーセンピース仕様を採用しているが、残りの3面の壁は仮の筋交いで補強してあるだけだ。これは、あとから好みの壁仕上げ材を選べるようにするためで、この自由度の高さが軸組み構法のログハウス、いわゆる「ポスト＆ビーム（136ページ）」の大きなメリットのひとつともいえる。

　ただし、仮筋交いだけで壁を支えるのが不安な場合は、とりあえず壁の下地だけでも先行して施工すれば強度的に安心できる。本来なら屋根を先に仕上げてから作業するのが雨仕舞いの点では有利だが、この程度の規模のログハウスなら作業は1～2日で完了できるだろう。

構造用の面材を使った下地が作りやすい

　壁下地の作り方としては、軸組み構法のように壁に間柱を立てて本筋交いを入れる方法のほか、ツーバイ材で壁枠を作って構造用合板などの面材を張っていくのが一般的だ。筋交い方式は加工精度によって強度にバラツキが出やすいので、今回はだれが作っても強度が安定しやすい面材方式を採用してみた。

　実際の作業では、まずポスト（柱）と土台、ヘッダーログにツーバイ材を打ち付けて壁枠を作る。このとき、ツーバイ材をビスで仮留めしてから、さらにコモンネイル（CN）で本留めしていくと強度的に安心だ。ちなみに、コモンネイルはツーバイ構法専用のクギで、通常のクギより太く、せん断強度も高いのが特徴。枠の間には、さらに455mm間隔でツーバイ材を入れていく。この柱（スタッド）の間に断熱材が入るわけだ。

　壁枠が完成したら、その外側に面材となる壁の下地を張っていく。下地の材料は、ホームセンターで入手しやすい構造用合板でOKだ。厚さは9mmでもいいが、今回はより強度に優れた12mmを使用した。これによって、軸組み構法でいうところの「真壁造り」になるわけだ。柱や梁が「表し」の仕上げなので、木の家の雰囲気が損なわれることはない。

　なお、建具などの開口部を設ける壁は、枠の補強などで作業に時間がかかるので、ここでは後まわしにしてもいいだろう。壁の仕上げも板壁や漆喰壁などいろいろとあるが、いずれも屋根工事が完了してからじっくり楽しみながら作業すればOKだ。

◆耐力面材を使った壁構造について

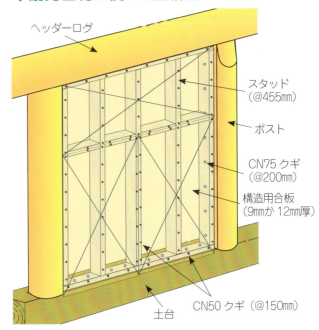

ヘッダーログ
スタッド（@455mm）
ポスト
CN75クギ（@200mm）
構造用合板（9mmか12mm厚）
CN50クギ（@150mm）
土台

軸組み構法のログハウスの壁は、構造材であるポストやヘッダーログが"表し"になるので、軸組み建築で言うところの「真壁造り」となる。この場合、壁枠となる受け材をポストやヘッダーログ、土台などにしっかり固定し、さらに壁枠に強度の優れた面材（壁の下地）を張っていくことで、耐力壁としての強度が期待できる。受け材に使う材料は、2×4材を選べばOK。また、面材には構造用合板を使った。これらを適正なクギ（コモンネイルなど）を使って、適正なピッチで打ち付けることが大切だ

1 ツーバイ材で壁枠を作る

室内側 / 室外側

❶壁の高さと幅を測り、枠に使う2×4材をサイズ通りにカットする。❷下枠をセットするときは、土台の外面（そとづら）に合わせるようにすると雨仕舞いがよくなる。壁作りの重要なポイントだ。❸ツーバイ材はビスで仮留めし、さらに長さ75mmのコモンネイル（CN75）を200mm以下のピッチで打ち付けていく。❹枠の中には455mmピッチでスタッドを立てる。ここはクギかビスを斜め打ちにして枠に留めればよい。❺断熱材と構造用合板の幅を考慮して、一番無駄の出ないピッチでツーバイ材を入れる

2 ツーバイ枠に下地合板を張る

❶枠が完成したら、その外側に合板を張っていく。基本は縦張りで、50mmのコモンネイルを150mm以下のピッチで打ち留めていく。❷土台上端を合板で10mmほどカバーするようにすることで、後々の雨仕舞い作業がしやすくなる。❸半端部分は、その部分を採寸してから合板をカットする。❹カットした合板がピッタリ収まればOK。❺ヘッダーログをノッチで収めている場所は、合板を差し込めるように合板の厚み分の溝を掘る。❻溝はノミで掘ると大変な作業なので、チェーンソーで慎重に切り込んでいく。キックバックに注意。❼こんな感じで合板がはまればOK。なお、溝の深さは20mm前後と浅めにして、合板側をジグソーで切り抜いて収めるとよい。❽最後に、合板の外側に防水透湿シートを巡らせてタッカーで留めておけば、雨に濡れても安心だ。シートは下側から横張りし、重ね幅を100mm確保したい

ここに溝を彫る

◆コモンネイルとコーススレッド

材料を接合するアイテムとして、本書ではセルフビルド向きの「ビス=コーススレッド」を推奨してきたが、耐力壁などの荷重がかかる部分には、より強度に優れるクギ（コモンネイルなど）を使うのがオススメだ。とくにコモンネイルは粘り強い性質を持つので、ビスよりもせん断強度に優れている。とりあえず、ビスで材料をある程度仮留めして、作業しやすくなったらコモンネイルで本留めするといった使い方がいいだろう。

コモンネイルは、太さによって色分けされているので、打ち込んだあとのチェックも容易だ

STEP 9 ◆難易度＝★★★☆☆　◆作業日数＝8〜12日

住空間を活かす「屋根」を作る

ロフト空間を広々と使うための「ドーマー」の設置がポイント。「下屋」を作れば作業性も抜群！

垂木に野地板やルーフィングを張って屋根の下地を作る

　壁の下地が完成したら、できるだけ早めに屋根をかけてしまいたい。屋根さえ完成すれば、小屋組みの強度は格段にアップするし、雨仕舞いの心配もなくゆったりと楽しみながら内装工事ができる。

　今回の屋根の形状は、ロフトの空間を広げやすい「切り妻タイプ」とした。屋根の傾斜は、見た目のバランスがよくて私の好きな「7寸勾配」。さらに、「ドーマー」や「下屋」を設けて、できるだけ住空間を活かせる工夫をした（実際、下屋は壁で囲って部屋にしてしまった）。このあたりのプランニングに関しては、建物の使用目的や作業期間、予算などの兼ね合いなどで実際に採用するかどうかを判断していただきたい。

　屋根作りの第一段階は、棟木から桁にかけて垂木を架け、その上に野地板、ルーフィングを張る作業だ。

　垂木の材料はツーバイ材。規格としては、棟木や母屋・桁のスパンが一間（1.8m）程度なら2×4材、それ以上なら2×6材や2×8材を選ぶと強度的に安心だ。今回は垂木の室内側に天井材を張るため、垂木の下にはあらかじめスペーサー（1×4材）を入れておいた。

　すべての垂木を架け終えたら、続いて強度と雨仕舞いの向上のために破風板と鼻隠し板を設置する。これらは、垂木よりもワンサイズ大きめのツーバイ材を使うと軒天が収めやすくなり、意匠的にも落ち着いた雰囲気になる。

　垂木の上に張っていく野地板は、作業効率や強度を考えると壁下地同様に構造用合板を使うのが安心。垂木に張るときは、ビスで仮留めしてから50mmのクギで打ち込んでいく。このときクギ打ち機を用意できれば、作業は格段にラクになるだろう。

　そして、屋根の雨仕舞いに欠かせないのが、「アスファルトルーフィング」と「水切り板」。適宜、防水テープを併用して、確実に施工してみたい。

棟上げ後は、すみやかに屋根をかけたい。これが完成すれば、あとはマイペースで作業を楽しめるのだ！

第5章◆100万円で作る憧れの「木の家」

◆シンプルで機能的な屋根構造の例

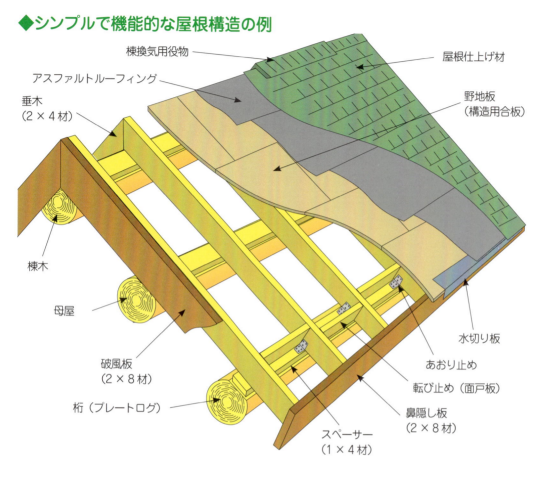

棟換気用役物／アスファルトルーフィング／垂木（2×4材）／棟木／母屋／破風板（2×8材）／桁（プレートログ）／屋根仕上げ材／野地板（構造用合板）／水切り板／あおり止め／転び止め（面戸板）／鼻隠し板（2×8材）／スペーサー（1×4材）

ロフトの住空間を活かす場合は、屋根の形状を切り妻にすることが多く、今回もこのタイプを採用した。棟木や桁に天井材を挟み込むためのスペーサーを介して垂木を取り付け、その上に野地板（構造用合板）、アスファルトルーフィング、屋根仕上げ材を張って仕上げていくことになる。このとき、雨仕舞いを向上させるための水切りや破風板、強風対策としてのあおり止めなども併用することが大切だ。また、今回は外壁の丸太が雨に濡れにくいように、けらばの深さを90cm確保した

1 垂木を架ける

❶垂木の取り付けは、ビスを使うのが便利。左から、90mmビス、90mmステンビス、脳天打ち用の150mmビス。さらに、せん断強度に優れるCNで補強すれば完璧だ。❷棟木や母屋、桁に、天井材よりも多少厚めのスペーサー（今回は1×4材を使用）をビス留めしてから、その上に垂木（2×4材）を留めていく。ビスは2本斜め打ちにするか、ロングビスを上から脳天打ちにする。❸スペーサーの収まりはこのようになる。❹材にネジレがある場合は、写真のような治具を自作して矯正しながらビス留めしていくとよい。❺垂木同士が棟で連結する「おがみ」の部分は、同じ勾配にカットして左右からビスで縫ってやる。❻2×6以上の材高の垂木を使った場合は、同様の材料を短くカットして転び止めにするとよい。❼さらに、あおり止め金具で垂木をしっかり固定しておくと、強風が吹いたときでも安心だ。❽すべての垂木を掛け終わったら、破風から飛び出している棟木や母屋、桁の余分をカットする

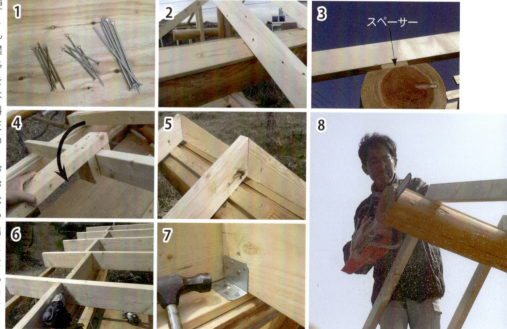

用語解説　脳天打ち▶材料に対して真上の方向からクギやビスを打ち込むこと。

2 破風板と鼻隠しをセットする

今回は、破風板と鼻隠しに2×8材を使用した。破風板をセットする場合は、垂木側からビスかクギで打ち留めると、外側からの見栄えを損なわない。鼻隠しのビスは将来的に雨樋で隠れるので気にしないでもいいだろう。❶高所での塗装作業は危険なので、あらかじめすべての材料に塗装を施す。塗料は屋外用のステイン系を使用。❷おがみの部分は、垂木同様に合わせ勾配にカットする。目立つ場所なのでカットは慎重に。❸垂木の上端と合わせた状態で、75mmのステンレスビスで留めていく。重い材料なので、作業時はぜひとも助っ人を呼ぼう。足場も欲しいところだ。❹材料を継ぐ場合は、斜めにカットしてお互いをビス留めするとよい。カット面の塗装も忘れずに。❺今回は破風板の上半分にさらに2×4材を張って変化を付けてみた。ビスやクギはステンレス製を使えばサビにくくなる

3 野地板を張る

❶屋根の下地となる野地板は、12mm厚の構造用合板を使用。垂木に張るときには横方向、かつ、合板が互い違いになるように千鳥に張っていくと強度が安定しやすい。クギは、Nクギかコモンネイル、あるいはステンのスクリュークギを使用（各50mm）。ピッチは150mm内外が目安だ。❷クギは垂木に効かせたいので、垂木が隠れないうちに合板に位置をマークしておく。❸マークを結ぶように墨を打っておけば、クギ打ち位置にまごつかない。❹必要に応じて合板はカットして使用する。❺これが屋根作業の最強ツール「クギ打ち機」。コンプレッサーも必要になるがレンタルも可能だ。❻超便利だが危険を伴うツールでもあるので、あらかじめ使用説明書をよく読み込んでおきたい。❼棟の頂点は合板をギリギリにカットしてセットする。ただし、棟換気をする場合は50mm前後開けておく。❽余った合板は破風や鼻隠しから20mmほどオーバーハングするように丸ノコで真っ直ぐにカットする

◆屋根作業は安全第一で！

いうまでもないが、屋根などの高所作業では必ず安全対策を第一に考えること。今回の屋根は7寸勾配を採用したが、立って作業するにはギリギリの角度だった。通常、4寸勾配以上の屋根では、足場や命綱を準備しておきたいところだ。

屋根工事専用に滑りにくい靴を用意しておくのも、安全対策の第一歩。プロの大工によれば「地下足袋」が一番のオススメとか。ホームセンターでも、屋根作業用の靴がいろいろと売られている。

勾配のある屋根での作業は慎重に。靴も滑りにくいものを！

用語解説 クギ打ち機▶コンプレッサーの空気圧の力を利用して、クギを打つための道具。用途や使用するクギの種類によって、さまざまなタイプがある。

4 水切り板をセットする

雨仕舞いを考慮すると「軒先の水切り板→ルーフィング→けらばの水切り板」の順番で施工するのが正解だ。❶水切り板は、長さ1.8mのものが500円ほどでホームセンターや金物屋で入手できる。❷差し込み側の先端は、板金バサミで少しだけ切り取っておく。❸さらに、折り目部分をプライヤーで潰す。❹逆に差し込まれる側はドライバーなどで折り目を起こして継ぎ合わせていく。重なり幅は50mmが目安。❺45mmのステンクギで水切り板を留めていく。クギのピッチは20cm前後。❻棟の頂点や下屋などのコーナー部分では、このように片側だけに切り込みを入れる。❼ゆっくりと折り曲げて、屋根の形状にフィットさせればOK。写真は棟の部分の加工状態。❽高所での作業になるので、くれぐれも安全第一で！❾水切り板はトタン板から自作することもできる。ツーバイ材を型にして真っ直ぐな折り目を作ってみよう

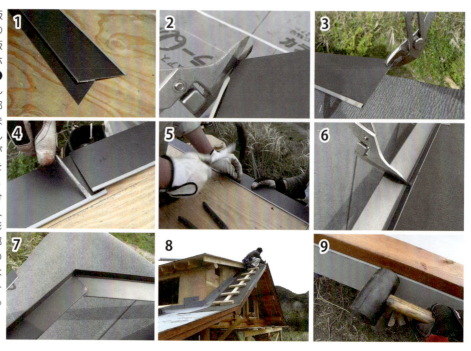

5 ルーフィングを下地合板に張る

❶今回使用したルーフィングは、防水性に優れたゴムアスタイプ。とくに、雨水が滞留しやすい緩勾配の屋根で威力を発揮してくれる。❷ロール状のルーフィングはかなり重いので、必要な長さをカッターで切ってから使うと作業しやすい。❸ルーフィングを留めるステープルを打つためのタッカー。最近は電動タイプもあって、私も愛用している。❹ルーフィングは屋根の下側から張り上げていくのが基本。これが逆になると、上から流れてくる水がルーフィング内に浸入してしまう。ルーフィング同士の重なり幅は、縦方向が100mm、横方向は200mm以上確保したい。また、ステープルはできるだけ垂木の上に効かせるのがコツ。間隔は30cm程度が目安だ。打ち損じに注意。❺粘着タイプのゴムアスルーフィングの場合は、張る位置を一度決めてから裏紙を剥がして圧着していくので、少々面倒だった。❻ドーマーなどの壁の立ち上がり部分は、ルーフィングを250mm以上立ち上げて雨仕舞いを強化する。❼ルーフィングが破れたり、ステープルを打ち損じて穴が空いた部分は、防水テープで補修しておけばOK。❽ルーフィングと水切り板が重なる部分やクギ頭なども、防水両面テープでシールしておけばバッチリだ。❾けらば側は、ルーフィングの上に水切りを重ねる

ロフトの住空間を広げる「ドーマー」の作り方

　今回のような比較的小さめの建物の場合、屋根裏となるロフト部屋の空間がどうしても狭くなるのが悩ましいところだ。間口が3間（約5.4m）で、7寸勾配の大屋根仕様にして小屋裏のスペースをできる限り稼いでいるのだが、それでも身長175cm以上の人がロフト床に立つと頭が天井に近くて圧迫感がある。

　そこで、より広い住空間を確保するために作ったのが「ドーマー」。作業の手間は少々増えたものの、外観も凝った印象になるし、採光や換気面でも断然有利になった。

　ドーマーの作り方としては、桁に丸太の柱を立ち上げる軸組み方式、あるいは、ツーバイ材の壁枠を立ち上げる方式が代表的だ。前者はログが表しになるので見た目はカッコイイが、どうしても雨仕舞いでは不利になる。その点、後者のタイプなら施工も雨仕舞いも比較的簡単だ。そこで今回は両者のいいとこ取りで、ツーバイ枠の上にログの飾り桁を乗せてみることにした。結果的にはこれが正解で、見た目も収まりもバッチリだった。

　なお、ドーマーの構造については、117ページのイラストを参考にしてみたい。

1 ドーマーの構造体を立ち上げる

　ドーマーの壁は、ツーバイ枠で立ち上げるのが一番簡単。この場合の壁の高さは、ドーマーの屋根勾配（今回は2寸5分を採用）を考慮して決定すればよい。また、ツーバイ材のスタッドは、断熱材を入れる都合上、455mm間隔で入れていくのが基本だ。❶屋根勾配にカットされているプレートログ（桁）に、ドーマー壁となるツーバイ枠を載せるための平面をチェーンソーで水平にカットする。平面の幅は、2×4材の幅である89mm以上は確保したい。❷加工した桁の平面上に、2×4材で作った壁枠を乗せ、CN90などのクギで留める。❸ドーマーの飾り桁は、上側をドーマーの屋根勾配に、下側は水平にフラットカットすればよい。❹飾り桁を壁枠に乗せ、CN90で枠側から確実に留めていく。❺水平器で壁枠の垂直をチェックし、ドーマーの垂木を渡すまでの間、仮の筋交いを入れておく。❻棟木とドーマー桁に垂木を架けていく。今回はスパンが2.7mだったので、垂木の材料は2×6材を使用。これなら垂木の高さをかせげるので、ロフトの照明用のダウンライトを天井裏に入れることができる。垂木のピッチは455mm。飾り桁と垂木との接合部には、あおり止めを入れておいた。❼反対側の垂木（2×4材）とは、抱き合わせで留めるのが簡単。❽妻壁の通り芯に棟木とドーマーの桁を繋ぐように2×4材を平置きしてビス留めする。これを上枠としてドーマーの妻壁を作っていくわけだ。❾母屋まわりの間柱の収めは少々わかりにくいかも知れないが、このようにスタッドを二重に入れて対応するのが簡単。これによって、短くカットした母屋そのものの補強にもなって一石二鳥なのだ

第5章◆100万円で作る憧れの「木の家」

2 壁と屋根の下地合板を張る

今回のドーマーの幅は、建物の奥行きと同寸にしたので、本屋根の妻壁とドーマーの妻壁を面一（ツライチ）にそろえてみた。これによって作業工程がかなり省略でき、見た目もスッキリ収めることに成功！❶棟木、母屋、桁のすべてに、ドーマーの壁下地を収めるための溝をチェーンソーで彫る。溝の幅は14mmが目安。❷溝に下地合板を収めるには、現物合わせでの加工が一番確実。まずは、スクライバーで丸太の輪郭を合板に描く。❸描いた輪郭をジグソーで切り抜いていく。最初は輪郭ギリギリに切るよりも多少控えめにするのが無難。❹こんな感じに下地合板をすき間なく収めていけばOKだ。うまく収まらなければ少しずつ修正しよう。❺こんな変則的な開口部を設けるのも、セルフビルドならではの楽しみ。❻本屋根の妻とドーマーの妻を面一に収めると、見た目にもスッキリするし作業もしやすい。❼ドーマーの垂木に、屋根下地となる構造用合板を張っていく。本屋根と同様に千鳥に配置する。❽ドーマーのけらばの最上部は、本屋根のルーフィングを収めてから下地を張るほうが作業しやすかった。❾水切り板やルーフィングの収め方は本屋根と同様だが、破風板は本屋根の仕上げ材を張ってから取り付けるほうが、棟部分の収めがやりやすい（207ページ）

◆「天窓」で気分的な開放感を！

天窓は、通常の垂直窓の3倍の採光が期待できるといわれている。また、全開にすると一気に空気の入れ換えができる。薄暗くなりがちなロフトスペースを快適な空間にするために、あるいは夜の星空を眺めながら眠りにつくために、この木の家にも天窓を取り付けてみることにした。

設置の方法は付属の説明書にくわしいので、それを参考にすればOK。基本的には、垂木を部分的にカットして枠をつくり、そこに天窓をはめていけばよい。天窓の収めで一番重要なのは「雨仕舞い」だが、これも説明書通りに窓枠にルーフィングを立ち上げ、さらに付属の防水シールとテープ、さらに専用水切りを添わせながら屋根の仕上げ材を張っていけばOK。コーキングは不要で、想像以上にスピーディに施工できた。

❶まず、垂木を部分的にカットして窓枠を作る。枠部分は垂木を2～3本重ねて、しっかり補強する。❷下地合板を張ってから、天窓本体を枠にはめて付属の金具で固定。❸枠にルーフィングを立ち上げ、さらに付属のブチルシールやテープで厳重に防水処理する。❹さらに、付属の水切りを併用しながら屋根の仕上げをして完了。施工説明書を熟読すれば意外と簡単だ！

「下屋」を作れば、作業効率がアップ。将来的に、部屋も増築できる！

　小屋には切り妻タイプの三角屋根がよく似合う、というのが私の持論。形状がシンプルなので施工の方法がわかりやすく、雨仕舞いの収めも比較的簡単だ。しかし、実際の作業となるとどうしても足場が必要になってくるのが難点。急勾配の屋根であれば、なおさらだ。

　そこで、提案してみたいのが「下屋」の設置。下屋というのは、桁に差し掛けた小屋根のことだ。121ページでも解説したように、この下屋にはいろいろなメリットがあるのだが、まず、下屋の屋根勾配を緩くすることによって、本屋根の施工が格段に楽になることが挙げられる。下屋の勾配を3寸以下にすれば、その上を歩けるし、屋根材や工具などを置いても転げ落ちることがない。また、いちいち足場を設けたりする手間もないから、作業効率は数倍以上アップする。そしてもちろん、下屋の下にできる空間は資材置き場や作業場にもなるし、デッキを設ければ雨の日でも快適な休息スペースにもなってくれる。将来的に、ガラス窓や壁で囲えば、サンルームや普通の部屋としても活用できるのだ。

　実際にいま現在、この下屋は私の仕事部屋になっていて、じつをいうと本書もここで執筆しているのである。広さは5畳ほどだが、じつに快適な空間で、仕事もかなりはかどっている。下屋を部屋に改造する方法は、237ページを参考にしてみたい。

◆下屋があれば、屋根作業も安全だ！

本屋根が急勾配でも、下屋を3寸以下の緩勾配にすれば作業中の安心感が全然違ってくる。実際、今回の本屋根は7寸勾配だったが、下屋のおかげで地上に落下する心配がなくなって、安心して作業できた。下屋の上には屋根材や工具類などが置けるし、ルーフィングやシングルのカット作業もできる。これによって材料の上げ下げの手間がなくなり、屋根作業は格段にスピーディになったのだ

◆丸太の束を立てて「下屋」をつくる方法

下屋の作り方はいろいろあるが、ここでは独立基礎の上に丸太の束と下屋桁を立ち上げてみた。❶167ページの要領で独立基礎を作り、中心に18mm径の鉄筋を300mmほど立ち上げておく。❷柱には元口28cmの丸太を使用。下屋の勾配を考慮して柱の長さをカットし、元口側の中心に18mm径のドリルで深さ300mmの穴を垂直に掘る。❸さらに、末口側に下屋桁を収めるためのホゾを加工する。ホゾのサイズは50×120mm。長さは桁の材高に合わせればよい（今回は200mm）。❹基礎の鉄筋に柱のドリル穴を差し込みながら立ち上げ、上からカケヤで叩き込む。間には基礎パッキンを入れておいた。❺下屋の勾配に合わせて加工した桁に、さらにホゾのメスを加工し、柱のホゾに入れてカケヤでしっかり叩き込む。❻下屋桁とプレートログに垂木（2×4材）を455mmピッチで架ける。❼本屋根の垂木との取り合いは、こんな感じで収めた。❽あとは母屋と同様に屋根を仕上げる

これで雨仕舞いは、完璧！
一番簡単な「屋根の仕上げ術」

屋根下地が完成したら、いよいよ仕上げ材を張っていく。今回使用した「アスファルトシングル」という屋根材は、専用のクギと接着剤を使って張っていくだけなので、初めてでも問題なく仕上げることができると思う。

作業としては、まず最初に上下半分にカットした上側のシングル材で一列目を張っていくのがポイント。これは、その上に重ねて張るシングル材のスリットから下地材が見えないようにするためだ。これは商品によっても方法が異なるので、適宜説明書を参考にしてみたい。

もうひとつの基本は、シングル材のスリットが互い違いに配置されるように「千鳥張り」にしていくこと。このため、張り始めに使うシングル材は、一列おきに縦半分にカットしておくのがポイントだ。また、2列目以降は、シングル材を張る目安として、有効幅（今回は143mm）のピッチにチョークラインで目印を打っておくと作業がしやすく、仕上がりも美しくなる。

クギを打つ位置は、シングルのスリットの直上約2cmが目安。両サイドと合わせて、都合4本のクギを打つ計算だ。ただし、今回の建築地は強風エリアだったので6本に増やし、その分、セメントの点付け数も多めにした。

棟の部分は、両側の勾配をカバーするように二重張りにして、シングル材を三等分した棟用のパーツを横方向に張っていけばよい。

◆アスファルトシングルと専用接着剤について

アスファルトシングルは軽量で扱いやすく、カットも簡単なDIY向きの屋根材だ。防水性や耐候性、耐風性、防火性にも優れている。専用のクギと接着剤（シングルセメント）を併用して張っていくのが基本で、接着剤は缶入りのものをヘラや木切れで塗布するか、カートリッジタイプのものをコーキングガンで塗っていけばよい。専用クギの長さは25mm（棟役物へは50mm）。シングル材をカットするときは、裏面からカッターナイフで切ればよい

1 アスファルトシングルを張る

❶まず最初に、けらばと軒先の水切り板にセメントを塗布し、下半分をカットしたスターターを張っていく。出幅は水切り板の端に合わせよう。❷スターターの裾に合わせて、上にシングル材を重ねて張っていく。❸裾側は、このように二重になるわけだ。❹2列目からはシングル材の有効幅である143mmピッチに、チョークラインで目印を打っていくとよい。❺シングル材を千鳥に張っていくため、一列おきに縦半分にカットしたシングルから張り始める。❻クギはスリット直上に4本打っていくのが基本だが、風の強いエリアでは6本打ちにするのが安心。❼セメントは水飴のようにねっとりしているので、ヘラなどを使ってクギの直上（棟側）に塗っていく。ベタ塗りすると屋根を汚すので、点付けするのが正解。❽カートリッジ式なら点付けするのも簡単なので、子供でも楽しみながら作業できる。❾屋根端部でシングル材が半端になる場合は、カッターで切り取ってけらばの水切り板の出幅に合わせていく

2 棟部分のシングルの収め方

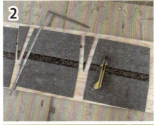

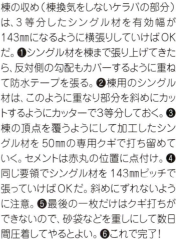

棟の収め（棟換気をしないケラバの部分）は、3等分したシングル材を有効幅が143mmになるように横張りしていけばOKだ。❶シングル材を棟まで張り上げてきたら、反対側の勾配もカバーするように重ねて防水テープを張る。❷棟用のシングル材は、このように重なり部分を斜めにカットするようにカッターで3等分しておく。❸棟の頂点を覆うようにして加工したシングル材を50mmの専用クギで打ち留めていく。セメントは赤丸の位置に点付け。❹同じ要領でシングル材を143mmピッチで張っていけばOKだ。斜めにずれないように注意。❺最後の一枚だけはクギ打ちができないので、砂袋などを重しにして数日間圧着してやるとよい。❻これで完了！

3 ドーマー壁との雨仕舞いを強化する

❶水切り板は、トタン板を加工して作ってみたい。まず、幅200mm程度に細長くカットする。❷ドーマー壁の立ち上がりと屋根勾配を自由スコヤなどで写し取りながら、徐々にトタンを加工していく。❸このような板切れにトタン板を当てがって、ハンマーで少しずつ叩いていけば、曲げ加工も意外と簡単にできる。❹下から張り上げてきたシングル材に、水切り板の裾が上に重なるように設置する（逆にならないように注意）。ドーマーの壁にクギを利かせ、水切りのエッジを防水テープで目留めすればバッチリだ。❺水切り板を覆うようにシングル材を張り上げ、ドーマー側は防水透湿シートを張ってから壁を仕上げる。❻けらば部分も同様に水切りを設置。垂木奥側のクギ打ちが難儀だが、ハンマーを横使いして何度も叩き込めば大丈夫だ。❼水切りの上から屋根材を張る。❽さらに、屋根の勾配にカットした破風板を防腐塗装してから、❾ドーマーの垂木にビスで取り付ければバッチリだ！

◆「板金」ができると、セルフビルドがもっと楽しくなる！

　水切り板などを加工する板金作業はプロの仕事と思いがちだが、金切りバサミを使えばトタン板は簡単に切れるし、ハンマーと型になる木片やプラスチック片などがあれば折り曲げ作業も自由自在だ。ドーマーまわりなどでは、オリジナルの水切りがどうしても必要になるので、ぜひ、板金作業もDIYすることをオススメしたい。

　なお、板金の切り口は鋭利になるので、ケガを防ぐために革手袋などを着用して作業するのがいいだろう。

プロがよく使うヤットコなどがなくても、ハサミとハンマーだけで問題なく板金ができる

屋根内の結露を防ぐ「棟換気システム」を施工する

◆「棟換気システム」の一例

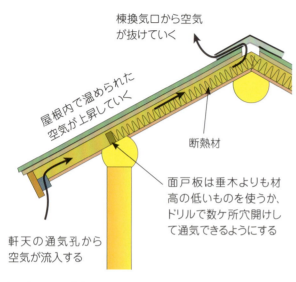

屋根裏であるロフト部屋を快適な住空間として活用したい場合に、絶対に欠かせないのが屋根内の断熱だ。ロフトと外気を遮るものは屋根だけなので、夏の灼熱や冬の冷気を緩和するためにも的確な断熱工事をしておきたい（224ページ）。

ところで、夏は太陽の直射日光で、冬は室内の暖房で屋根内部の温度は上昇する。空気中の水蒸気は温度が高いほど多くなるため、室内の湿気は行き場のない屋根内にどんどん溜まることになる。ところが、夜になって気温が下がると、溜まっていた湿気は水滴となって断熱材や天井裏などに付着してしまう。これがいわゆる「屋根内結露」というものだ。極端な場合だと、天井から雨漏りのように水滴が染み出てくることもあるそうで、こうなると屋根内でのカビの発生、最終的には木材の腐れももたらしてしまう。

このような結露のトラブルを防ぐために、ぜひとも必要なのが「屋根内換気」。具体的には、軒下から棟まで空気の通り道を作り、湿気が屋根内にこもらないようにしてやることが大切だ。施工の方法はいろいろとあるが、今回はロール巻きの棟換気役物を利用した一番簡単な「棟換気システム」を採用してみた。

今回採用した換気システムは、軒天の通気孔（214ページ）から採り入れた空気を屋根内に通過させて棟換気口から排出させるというもの。原理は簡単だが、結露対策には十分な効果を発揮してくれる。ただし、「ウチは、山小屋風の簡易屋根で十分」ということなら、断熱材も棟換気も必要ないだろう。

◆「棟換気システム」の施工方法

❶棟部分の下地合板は、あらかじめ50〜60mmほどのすき間を開けておく。ここが空気の通り道だ。❷ルーフィングやシングル材も、棟の頂点部分でカッターで部分的に切り取ってすき間を開ける。❸これは「リッジロール」というアスファルトシングル専用の棟換気役物。ハニカム構造になっていて、空気は通すが雨や虫などの浸入は防いでくれる。❹この役物はカッターで切れて、クギ打ちもできるので施工性は抜群だ。あらかじめ、換気部分の左右30cmほどの余裕を見て多少長めにカットしておく。❺軒と平行にアスファルトセメントを施し、❻さらに防水テープを張る。❼その上に、必要な長さにカットしたリッジロールを敷く。このとき、両サイドに付属のキャップをはめておく。❽50mmのクギを20〜30cm間隔で打ち留める。❾リッジロールを覆うようにして、棟用に短くカットしたシングル材をクギ留めしていけば完成だ。

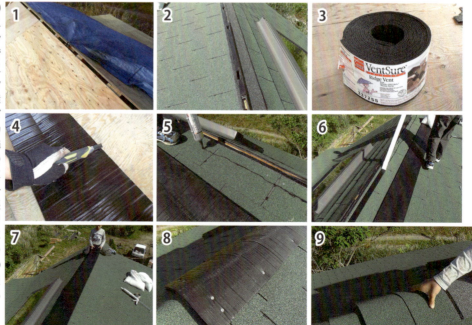

STEP 10　◆難易度＝★☆☆☆☆　◆作業日数＝1日

塗装とコーキングの基礎技術

丸太の壁はもちろん、板壁にも応用できる必須のテクニックをマスターしておこう！

　休日を利用してのセルフビルドでは、いろいろな都合でどうしても作業が長期になりがちだ。そうなると心配になるのが、壁や柱の傷みや変色。最初は光沢も鮮やかだった丸太の壁などが、雨ざらしにしているうちに灰色に変色し、場所によってはカビも発生している……。

　そこで、時期を見計らって早めに施したいのが「塗装」だ。現在では外装木部用として優れた塗料が市販されているので、これらを塗ることで変色やカビ、腐れの発生を防ぐことができる。丸太や板壁向きの塗料としては、ステイン系と呼ばれる塗膜を作らない含浸タイプがポピュラー。木の呼吸を損なわず、重ね塗りも簡単なのが特徴だ。最近の人気は植物油を主原料にした健康志向のもので、作業中の匂いが気にならないので私も愛用している。また、木質の材料に意外とマッチするのが、日本古来の塗料である「柿渋」。耐候性に難があるものの、独特の深い味わいの仕上がりを好む人も少なくない。

　塗装のポイントとしては、まず、快適かつ安全に作業できるように足場をしっかり確保することが第一。また、塗装する場所に合わせて、ハケの種類を使い分けることも作業効率アップのためのコツだ。塗装を乗せたくない箇所は、必要に応じてマスキングテープやシートなどでカバーしてやろう。

　「コーキング」は、丸太や板材が乾燥収縮ですき間や割れが生じたときに、それを埋めていく作業。すき間を放置していると雨水が浸入して腐れの原因にもなるので、メンテナンスの技術としても覚えておきたい。コーキング材としては、弾力性と粘着性に優れるログハウス用が理想。ただし、小さなすき間を埋める程度なら、ホームセンターで簡単に入手できて、価格もリーズナブルな「変成シリコン」も便利に使える。

◆木の家にオススメの主な塗料

丸太や板材で仕上げた木の家の外装でよく使われている塗料は、木材の表面に塗膜を作らない「含浸タイプ」。防腐性や防カビ性に優れ、UVカット効果によって耐候性をアップ発揮させた塗料もある。また、ごく薄い塗膜によって独特の光沢と耐久性を発揮する「造膜タイプ」も人気だ。ただし、厚い塗膜を作るラッカー系塗料は経年で塗膜が剥がれやすいのが難点。「柿渋」は独特の風合いで、主に室内の塗装仕上げに使うことが多い

◆塗装に使用する道具類

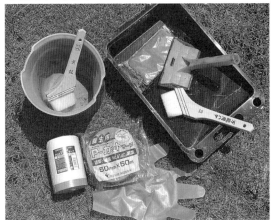

塗装に使うハケの種類はいろいろあるが、万能タイプの筋交いバケ70mm幅を私は多用している。広い面積を塗るならコテバケがオススメで、丸太の曲面も塗りやすい。ほかに、塗料を入れる容器やトレー、養生用のマスキングテープ、シートなどがあればOKだ。服装は汚れてもいいものを着用し、使い捨ての手袋などを使うと便利

第5章◆100万円で作る憧れの「木の家」

1 塗装のための下準備

❶塗料は成分が缶の底に沈殿していることがあるので、容器に移す前によく撹拌することが大切。また、ステイン系の塗料は薄め液で希釈してしまうと効果が薄れる場合があるので、薄めずに使うのが基本だ。❷塗料を容器（下げ缶など）に移す場合は、注ぎ口を上側にすると塗料が缶の側面に垂れることがない。使用後はキャップの閉め忘れに注意。❸丸太や板材の表面が変色したりカビが生えたりしている部分は、あらかじめサンディングしておくと塗装後の仕上がりが美しくなる。❹塗りたくない場所や汚したくないところには、養生用のシート（シートの端にマスキングテープが付いた「マスカー」など）や段ボールなどを敷いたり、マスキングテープを張っておくとよい。❺高所を塗る場合は、しっかりとした足場を確保しておくことが大切だ

2 塗装の基本テクニック

❶実際の塗装の作業では、まず高所から塗りはじめて、徐々に低いほうへ塗っていくのが原則。また、狭くて作業しにくい場所を塗ってから広い場所を塗っていくことで、塗装のムラができにくくなる。これらの基本さえ守れば、塗装自体は小学生でも楽しめる作業だ。小屋程度の建物なら、半日もかからずに完了できるだろう。❷適量の塗料を容器に移したら、ハケやコテバケなどに2/3程度の塗料を含ませ、容器の縁で余分の塗料をしごいてやる。❸まずは、狭くて作業しにくい場所から塗っていく。❹丸太と丸太との間、木口などの狭い部分は、ハケを横にして使うか、細身のハケを使うと塗りやすい。❺丸太面や板壁などの広い面をムラなく塗るには、コテバケを使うのが便利。大きく腕を動かしながら作業しよう。❻ハケやコテバケは、木の繊維に沿って動かして塗っていくのが基本だ。❼高所での塗装はくれぐれも注意。❽塗装は2〜3回重ね塗りするのが基本だ。季節や天候にも左右されるが、重ね塗りする場合は最低でも半日以上は時間をおいて乾燥させることが大切。ちなみに、この木の家の場合、棟上げ前後と屋根の完成後の3回に分けて塗装を行っている。さらに、建築後は3〜5年ごとに再塗装するのが理想だ

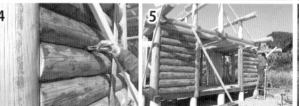

◆コーキングの方法

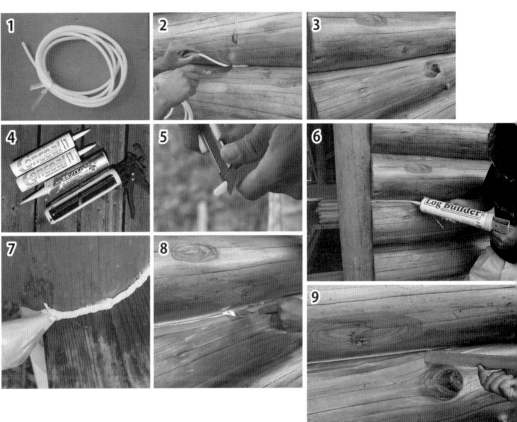

❶ログ壁の大きなすき間には、このような発泡素材のバックアップ材を埋め込んでおくとよい。ホームセンターで購入可能。❷細いコテなどを利用して丸太のすき間に充填する。❸余分なコーキング材で壁を汚さないように、マスキングテープを10mmほどの間を開けて張っておく。❹コーキング材は柔軟性のあるログハウス専用タイプが使いやすいが、変成シリコン系でもOK。154ページで紹介したウレタンタイプは紫外線に弱いので、上から塗装することが必要だ。いずれもカートリッジ式なので、専用のガンで充填する。❺カッターでノズルの先端を斜めにカットする。このカット幅によって、コーキング量を調整できる。❻ガンにセットして、トリガーを引きながらコーキング剤を充填。ガン先端のノズルを充填部分に密着させ、空気が入らないようにゆっくり作業するのがコツ。❼ノズルのカット幅が合わない場合は、お菓子作り用の絞り出し袋を流用する方法もある。❽作業後、ヘラかパレットナイフでコーキング材を押し込んでやる。❾マスキングテープをはがし、コーキング材の乾燥を待って終了だ

◆自作の「足場」で作業も快適！

小屋といっても、これぐらいの規模の建物になってくると、屋根工事を行うときには「足場」が欲しくなってくる。足場があれば作業性は大幅に向上し、もちろん安全性も高くなる。プロの建築現場でも、ビケ足場とかビティ足場と呼ばれる鋼鉄製のものが多用されているのだ。

しかし、今回は予算的なこともあって、現場で余った木材で足場を自作することに。骨組みの材料はツーバイ材や間伐材を活用。それぞれの部材を建物の躯体にしっかりビス留めして仮筋交いを入れることで、かなり頑丈になった。その上に12mm合板を乗せてビス留めすれば、プロ用よりも広くて安定した足場の完成だ。もちろん、屋根や軒天などの工事が終了して足場が必要なくなったら、解体してその後の建築材料として使える。ぜひ、足場の自作にもチャレンジしてみてはいかがだろう。

❶単管足場は予算的に厳しかったので、間伐材などを利用して自作した。❷根太を45cmピッチに置いてから合板を張れば、広くて安全な足場になる。❸室内の吹き抜けにも、間伐材を脚にして作業台を設けた。これは天井張りの作業で、とても役立った。❹屋根に上るハシゴはツーバイ材で作製。ドーマーの屋根が手すり代わりになった

第5章◆100万円で作る憧れの「木の家」

STEP 11　　◆難易度＝★★★☆☆　　◆作業日数＝5〜7日

妻壁と軒天の収めのパターン

収め方によって、作業の効率が変化する。状況に応じた方法を採用してみたい

屋根が完成して雨仕舞いの心配がなくなると、その安心感もあって工事の速度が徐々に遅くなってきた……。とはいえ、ツーバイ構法と違って屋根ができても壁はスカスカの状態なので、こちらも早めに作業したいところ。家族や友人たちの手伝う気が満々なうちに、進められる工事はやっておくことにした。

妻壁の収め方は、すでにご紹介したドーマー壁の施工方法とほぼ同様。むしろ、屋根勾配との取り合いを考慮する必要がない分、作業的にはより簡単だ。

ちょっとわかりにくいのが、妻壁と軒天・天井との兼ね合い。この部分の収め方もいろいろな方法があるのだが、簡単に作れて融通も利きやすいのは、右ページの2つのパターンだ。どちらにもメリットはあるが、今回の小屋作りはメチャクチャに雨が多い時期にぶつかってしまったので、より雨仕舞いの有利な「妻壁勝ち」で収める方法を採用してみた。この場合は、あらかじめ棟木と母屋、桁までを繋ぐようにしてツーバイ材を乗せ、これを妻壁の上枠とすればOKだ。

壁枠が完成したら、続いて下地材を張っていく。最終的に妻壁を漆喰や板壁で仕上げるにしても、とりあえずは妻壁の強度をアップさせるために構造用合板を下地に張っておくのがいい。ちなみに、今回の妻壁の仕上げでは、インスタント漆喰を利用した。

妻壁の下地が収まったら、今度は軒天を張っていく。軒天の材料はいろいろと考えられるが、木の家の場合はホワイトウッドやスギなどの羽目板を使うのがポピュラーだ。しかし、この材料は少々価格が張るので、今回はホームセンターで安売りしているスギの野地板を加工して使うことにした。表しになる側はすべてサンディングを施し、さらに相じゃくり加工をしてから最後に外部用のクリア塗料で仕上げた。この工程を経ることで、スギ独特の木目やフシ目が美しい軒天材に変身するのだ（好みもあると思うが）。軒天の収めはクギ打ちでもいいが、フロアタッカーを使うことで作業は5倍はかどった。

◆「妻壁」の下地材の構成

妻壁の収め方はいろいろあるが、壁の上枠の取り付け位置によって2つのパターンに大別できる。今回採用したのは、棟木から桁に妻壁の上枠を乗せて、先に妻壁の下地材を張ってしまう"妻壁勝ち"のパターン。逆に、天井勝ちで収める場合は、妻壁の上枠を天井材をはさんで垂木に直接打ち付けていけばよい。いずれにしても、丸太まわりの収め方以外はツーバイ構法とほとんど同じ作業となるので、第1章なども参考にしてみよう！

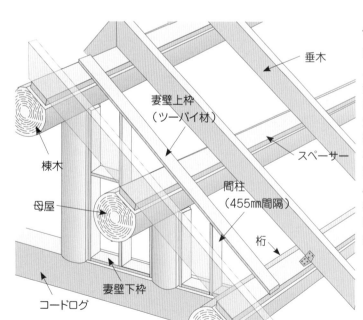

用語解説　勝ち▶部材同士が接合するときの位置関係を表す言葉で、優先して伸ばす側の部材を指す。

"妻壁勝ち"で収めるパターン

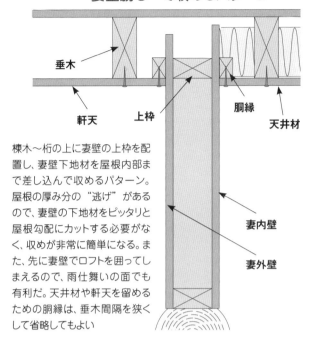

棟木～桁の上に妻壁の上枠を配置し、妻壁下地材を屋根内部まで差し込んで収めるパターン。屋根の厚み分の"逃げ"があるので、妻壁の下地材をピッタリと屋根勾配にカットする必要がなく、収まりが非常に簡単になる。また、先に妻壁でロフトを囲ってしまえるので、雨仕舞いの面でも有利だ。天井材や軒天を留めるための胴縁は、垂木間隔を狭くして省略してもよい

"天井勝ち"で収めるパターン

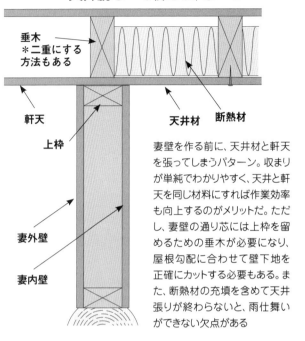

妻壁を作る前に、天井材と軒天を張ってしまうパターン。収まりが単純でわかりやすく、天井と軒天を同じ材料にすれば作業効率も向上するのがメリットだ。ただし、妻壁の通り芯には上枠を留めるための垂木が必要になり、屋根勾配に合わせて壁下地を正確にカットする必要もある。また、断熱材の充填を含めて天井張りが終わらないと、雨仕舞いができない欠点がある

1 妻壁の枠組みをツーバイ材で作る

妻壁勝ちの収めの場合、屋根野地板を張ったあとに妻壁の上枠をセットするのは面倒なので、屋根工事時に設置しておくのがベター。あとから設置するときは、ビスを斜め打ちするなどして工夫してみよう。また、母屋や桁などには、妻壁の下地合板を挿入するための溝をチェーンソーで刻んでおくこともポイントだ。❶これが妻壁の上枠と下枠。今回は2×4材を平使いとして、コーススレッドとコモンネイルで固定した。❷壁の間柱を立てる前に、丸太面に下地材を差し込むための溝を切る。まずは、カッターでスコアリング。❸スコアリングの内側をチェーンソーでカット。ここはあまり深く刻む必要はなく、10～20mm程度でOKだ。❹枠の中には455mmピッチで2×4材の間柱を入れていく。上枠側は屋根勾配に合わせて斜めに墨付け。❺スライド丸ノコなら一発で斜めカットできるが、ここは地道に丸ノコで上下両側からカットしていこう。❻間柱にバーレベルを当てて垂直をチェックしてから、75～90mmのコーススレッドで打ち留めていく。❼小屋束や母屋と干渉する部分は、間柱を2枚重ねて収める。空いた部分には、ちぎった断熱材を詰めておくとよい。❽窓を入れる場合は開口部を設け、その上下枠はツーバイ材を2枚重ねして補強しておく

2 ツーバイ枠に下地合板を張る

❶まずは、妻壁の上枠の角度を自由スコヤでチェックする。❷測った角度を合板に書き写す。上枠側は屋根野地までの「逃げ」があるので、多少大きめに採寸しておけばよい。❸間柱の間隔と高さに合わせて合板をカットし、壁枠に打ち留めていく。今回は45mmステンビスを150mmピッチで打っていった。❹ログの曲面部分の墨は、定規でいくつかの点をプロットするかスクライバーで曲面を書き写すとよい。❺墨付け部分をジグソーでカット。一発で収めるのは難しいので、少しずつカットしていくのが無難。❻こんな感じに収まれば成功。すき間が気になる場合は、コーキングを施しておこう。❼妻壁勝ちの収めの場合は、前ページの図のように下地合板が上枠よりも上に飛び出ていれば、屋根下地との距離が空いていても問題ない。むしろ、空いているほうが、電気配線などの作業がしやすくなる。この後、妻下地の内外に、上枠の下端に合わせて胴縁をビス留めしておく。❽開口部分は、あとから丸ノコかジグソーでカットしてもいいが、丸ノコを使う場合はキックバックに注意。❾開口部の大きさは、あらかじめ建具の大きさが決まっていればそれに合わせるのが基本だ。建具を自作する場合は、とりあえず合板の規格に合わせてサイズを決めておくといいだろう

3 軒換気用のパーツと軒天板を収める

❶これが屋根内換気用の軒側のパーツ。棟換気パーツと同様にハニカム構造になっている。❷取り付けは65mmステンクギで鼻隠し板の裏側に打ち付けていく。❸桁の上に設置した面戸板に20mm程度のドリル穴を開けて、空気が通るようにする。念のため虫除けの金網を張った。❹換気パーツに軒天板（ここではスギの相じゃくり板を使用）を押しつけるように化粧クギで垂木に留めていく。❺フロアタッカーを使えば作業は速い。❻本ザネ材を使う場合は、雨仕舞いを考慮してメスザネが下向きになるように上から張るのが原則。クギは、メスザネの内側に効かせるようにすればよい。❼最後の収め部分は半端な寸法になるので、そのサイズよりも多少狭めに軒天材をカットし、母屋や桁などに取り付けてあるスペーサーの空間を利用して奥まで差し込む。場合によっては、もう一枚の軒天板を継ぐ。❽板をズリ上げて上の板のサネにはめ込む。❾軒天を張ると、一気に締まった雰囲気になる

用語解説 フロアタッカー▶本来は床材を固定するためのエアツールだが、薄い軒天板などを留めるのにも活躍してくれる。

4 ダウンライトを設置する

軒下の照明を確保するために、ダウンライトを設置してみた。ダウンライト本体は2,000円ほどから購入できる。❶ダウンライトをはめる軒天に、ダウンライトの直径に合わせたカットラインをコンパスやスクライバーで描く。❷ライン通りにジグソーでカット。❸軒天を垂木に打ち付けるときには木工用ボンドを併用してもよい。❹カットした穴には電線を通しておく。❺穴からダウンライトを入れて、電源端子に配線してから、本体のスライダーを利用して軒天に留める。この作業は電気工事士の資格が必要なので、結線だけをプロに任せるのも方法だ。❻最後に保護カバーをセットして完了

5 妻壁を「漆喰塗り」で仕上げてみる

妻壁の仕上げにはいろいろな方法があるが、今回は子供でも簡単に塗れるインスタント漆喰を利用してみた。❶漆喰は通販で購入したもの。クリーム状で、袋から出してそのまま塗れるので超便利だった。ほかに、プラスチックのコテと100均で売られていたパレットナイフを用意。❷コテ板の上に適量の漆喰を乗せ、さらにコテの裏に少量の漆喰を付ける。❸あらかじめ漆喰を塗りたくない箇所にマスキングを施し、目地の部分やビス穴に漆喰を塗っておく。ある程度乾燥したら、全体に漆喰を塗っていく。狭いところから広いところを塗るのがコツ。金属製のコテより、柔軟性のあるプラゴテのほうが使いやすい。❹隅の部分は、このようにコテを逆手に持つなどして工夫したい。❺さらに狭い場所の塗りは、パレットナイフを使うと便利。❻漆喰が半乾きになったらマスキングテープを剥がして完成。柱や軒天などが漆喰で汚れたら、完全に乾く前に濡れたウエスで拭き取ればOKだ

◆軒天用の相じゃくり板を自作する

今回の軒天の材料は、スギの野地板を相じゃくり加工して使用した。しゃくり幅は片側が9mm、もう一方が18mmの「目透かし」仕様。軒天や天井に張ったときに透かしのストライプが入ることで、見た目が軽快になり、材料が乾燥収縮してもすき間が目立たなくなるメリットがあるのだ。なお、板の屋外側は塗料で仕上げておくと、変色やカビの発生などを防げる。

野地板は溝切りカッターで加工するのが簡単。時間はかかるが、ルーターでも作業は可能だ。目透かし幅は9mm前後が目安

用語解説 漆喰▶しっくい。壁の仕上げに使われる材料。本来は消石灰や海藻、麻の繊維を混ぜて作るが、ホームセンターで「漆喰風」の材料が売られている。

6 ドーマーの軒天を張るための「裏ワザ」

ドーマーの軒天の最上部はスペースが非常に狭いので、ビスやクギを打って軒天板を張ることができない。そこで、知り合いの大工に聞いた裏ワザで収めてみたら、とても画期的な方法だったのでここで紹介したい。❶ドーマーの軒天も、主屋根と同様に下地となる胴縁を妻壁にビス留めしておく（213ページのイラスト参照）。❷まず、20×20mm程度の細い角材に、4～5枚の軒天板をクギ留めしたものを用意。角材同士の間隔は、垂木と胴縁との内々の距離に合わせる。❸この状態で、ドーマーの軒天の一番奥側に強く押し込む。❹双方の角材を垂木に密着させた状態で、ビスを斜め横方向から留める。これで、軒天が垂木に取り付けられた状態になるわけだ。❺残りの軒天板は、主屋根と同様の方法で張っていけばよい。逆さに見上げての体勢が苦しいが頑張ろう！❻軒天を張り終えた状態。木の家ならではのスギのストライプ状の木目がいい感じ

7 ドーマーの壁をスギ板で仕上げる

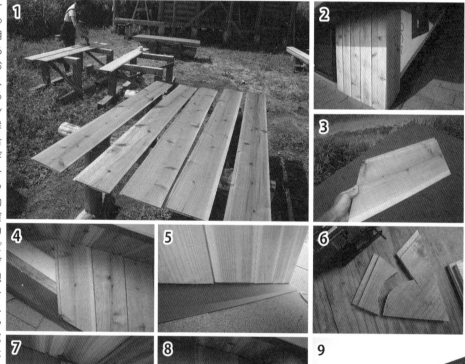

外壁の仕上げ方はいろいろあるが、ドーマー壁はとても狭い範囲での施工になったので、材料を切り貼りしやすいスギの相じゃくり板で仕上げることにした。❶あらかじめ、スギ板に外部用塗料を塗っておく。3回ほど重ね塗りをしておけば、耐久性も安心だ。ちなみに、写真で使っている塗料は、丸太の壁にも塗った「シッケンズ」のナチュラルカラー。耐候性が抜群の人気塗料だ。❷ドーマー壁の高さに合わせて材料をカットし、ステンレスのクギで留めていく。❸妻側の壁は、屋根とドーマーのふたつの勾配に合わせて板をカットしていくので、少々面倒だった。❹現物合わせでサイズを採寸していくのが確実。❺壁の下端は、屋根の水切り板よりも10mmほど離して仕上げるのがコツ。ピッタリくっつけてしまうと、雨水を吸い上げてしまうためだ。❻丸太の表し部分も現物合わせで曲線をプロットして、ジグソーで切り抜くとよい。❼こんな感じに収まれば成功。❽今回は電線やLANケーブルなども配線していたので、各配線をカバーしているPF管の直径サイズ（今回は22mm）にドリル穴を開けてから通すことにした。❾これでドーマーの完成！

用語解説　現物合わせ▶部材を組み合わせるとき、片方の部材を相手の部材の形状に合わせて調整していくこと。

STEP 12　◆難易度＝★★★☆☆　◆作業日数＝3〜5日

建具の自作方法とサッシの施工

オリジナルのドアや窓で個性を演出するのもいいし、既成サッシで時間短縮するのもOK！

　低予算でのセルフビルドで、意外と大きなハードルだったのが「建具」の入手だ。普通の家でも、窓やドアの総費用が数十万円単位になるのは当たり前。セルフビルドの場合でも、既製品の建具を購入すれば建築費用は一気に跳ね上がってしまうのだ。

　そこで、当然のようにチャレンジしてみたのが建具の自作。すでにツーバイ材を枠にした小窓や合板で作るフラッシュドアなどは他章でも紹介してきたので、ここではツーバイ材を張り合わせたタイプも作ってみた。プロの建具職人のようにピッタリとは収まらないかも知れないが、デザインやサイズは自由自在だし、何よりも格安なのがうれしい。

　建具の取り付け方法はいろいろあるが、ドアも窓もヒンジを利用した片開き（または両開き）仕様にするのが一番簡単だ。この場合、建具本体のヒンジの収め部分をルーターで彫り込んでやると、建具枠とのすき間を最小限にすることができる。レール仕様の引き戸（233ページ）にする場合は、本体下部を彫り込んでから戸車を付け、レールを固定した建具枠に乗せればOKだ。

市販のサッシのメリットとは？

　木製の手作り建具は深い味わいがあるが、唯一、メンテナンス性に難点があるかも知れない。そこで、雨が当たりやすいドーマー正面側の窓や1階の掃き出し窓にはアルミ製の市販サッシを入れることにした。これなら、ほぼメンテナンスフリーだろう。

　こうした既製品の建具は、だいたいサイズの規格が決まっており、それに合わせて建具を入れる壁の開口部分の内寸を決めればOKだ。サッシの取り付け方法については、95ページも参考にしてみたい。

1 木製ドアの作製

❶ドア本体を作製する前に、壁の開口部に建具枠を設置する。まず、開口部まわりに防水テープを張る。❷さらにその内側に、開口部とピッタリのサイズにカットした建具枠を回し、壁枠側からピス留めする。❸建具枠が完成したら、そのサイズを正確に計測して、仮床の合板の上に同寸で書き写してみる。❹今回は建具枠もドアの材料もすべてツーバイ材を使用。接合には、コーススレッドと耐水性木工用ボンドを使った。❺書き写した墨をもとにツーバイ材をカットし、それぞれを仮置きして接合面のすき間をチェック。❻すき間がないようなら、接合面に木工用ボンドを塗って張り合わせ、ピスを打って固定する。❼ドア面もツーバイ材を利用するため、各パーツを切り出した後、相じゃくり加工を施した。❽相じゃくりを利用してドア面を形成していく。外壁側は、必要に応じて保護塗料を塗っておく。❾この後、ドア上部に採光のためにアクリル板を専用カッターでカットしてはめ込むことにした

第5章◆100万円で作る憧れの「木の家」

2 ドアの取り付け方法

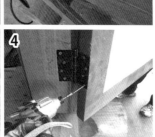

❶大型ドアに使うヒンジは、最低でも鉄板の厚みが2mmは欲しい。取り付け部分を墨付けしておく。❷ルーターで墨の内側を彫り込んでいく。彫る深さはヒンジの鉄板の厚みに合わせよう。❸建具枠側も同様にして彫り込みを入れる。ルーターを持っていなければ、もちろんノミで彫ってもOKだ。❹ヒンジ付属のビスは貧弱なので、90mmのロングビスを使って、がっちりとドアを留めてやる。❺これでドアの取り付けは完了。あとは、好みに合わせて取っ手（円内）を取り付ければバッチリだ。1階の玄関ドアの場合は防犯対策として、ロック鍵を埋め込んでもいいだろう

3 市販の「引き違いサッシ」の収め方

❶写真はペアガラス仕様のアルミサッシ。ネット通販ではかなり安価に買えるので、断熱性能や防音性能、メンテナンス性、工事の進行具合などを総合的に考慮して、既製サッシの活用を考えてみよう。❷サッシの内寸サイズに合わせて、あらかじめ壁下地の開口部を確保しておく。作業前に、収まり図を販売店から取り寄せておこう。❸建具枠に防水透湿シートを捨て張りし、コーナー部に防水テープを張ると雨仕舞いがよくなる。❹建具枠を開口部にはめる。❺建具枠に水平器を当てて、垂直水平をチェック。誤差があるようならクサビで調整する。❻付属のビスで、建具枠を開口枠と壁下地に固定していく。❼建具枠のツバに防水両面テープを張り、さらに防水シートを張ってもう一度防水テープを張り回す。❽建具枠に窓を入れ、ドライバーでレールの調整をしてスムーズに動くことを確認。❾この後、216ページのように外壁を仕上げればOKだ

◆枠が「斜め」の建具はアリなのか？

今回は、ドーマーのけらば側の壁にも小窓を自作して入れてみた。ドーマーの勾配に合わせて建具枠を斜めにしたのが自慢だ。

ところが、いざ開閉しようとしたら全然動かない。ヒンジの取り付け方をいろいろ工夫してみたのだが、これぐらいの小さな窓を斜めに開閉するのは、建具枠とのすき間のマージンが小さすぎて物理的に無理なようだ。妻側の大きなドアは問題なかったのだが……。結局、この窓は固定式のフィックスウインドウとして採光用に活躍している。

かなり苦労して作った自慢の窓だったが、結局フィックス式の飾り窓になってしまった……

4 掃き出し窓の設置

ロフトの工事はそろそろ終了なので、仮設の足場を撤去すれば1階部分の工事がしやすくなる。今回、1階のリビングには開放感のある掃き出し窓を取り付けることにした。❶まず、サッシをはめる壁の下地として、197ページと同じ要領でツーバイ枠を作っていく。枠の内々の寸法はサッシ枠よりも数mm広くしておく。❷ツーバイ枠に合わせて構造用合板を張る。今回は土台も合板で覆い、さらに防水透湿シートを張って雨仕舞いを向上させた。❸壁の下地に、サッシ枠をはめてみる。適度なクリアランスがあればすっぽりと入るはず。❹水平器で枠の垂直を微調整してから、クサビで仮固定。❺付属のピスでサッシ枠を下地のツーバイ材に留めていく。❻同様にツバ側もピスかクギで固定して、さらにツバを覆うように防水テープを張り回す。雨仕舞いを考えると、下→横→上の順番で張るのが正解だ。❼さらに防水透湿シートを張っていく。❽今回はシートの上から耐水合板を張り、さらに漆喰を塗って壁の仕上げとした。❾今回の建物はけらばを深く確保しているが、念のため窓の上に庇（ひさし）を設けた。まず、上面を2寸勾配程度にカットした長さ25cmほどのツーバイ材を窓上部の壁面にピス留めする。ピスは下地のスタッドに利かせることが大切。❿3ヶ所ほど留めたら、その上に耐水合板を渡して庇の下地とする。⓫さらにアスファルトルーフィングで防水し、ログ用塗料を塗った相じゃくりのスギ板を張って庇の屋根を仕上げる。下側は軒天と同じ材料を張った。⓬ログ用塗料を塗った1×4材を飾り枠としてサッシの周囲にピス留めする。サッシに窓を入れて、開閉の微調整を行えば作業完了だ

5 フィラーログのセトリングスペースに「トリムボード」を張る

❶フィラーログは経年の収縮でセトリングして、壁の上部が空いてくる。これを自動的にカバーする施工が必要だ。❷まず、ヘッダーログの下側に、壁と同じ幅にカットしたツーバイ材をピス留めする。❸続いて、同じ長さのツーバイ材の両端に、アングルがはまる程度の溝をチェーンソーなどで加工。❹これをフィラーログの上部にピス留めする。これが「トップランバー」になるわけだ。❺ヘッダーログ下面とフィラーログ上面との距離をコンパスなどで測る。❻スギ板などを同じ幅にカットして、❷で取り付けたツーバイ材に細く目立ちにくいクギかビスで留める。この「トリムボード」にログ塗料を塗って完了！

外装工事終了後の途中報告。
ここまでかかった全費用は……
わずか87万円！

　さて、今後もセルフビルドはまだまだ続くが、ここで現時点での総工費について触れておきたい。

　この木の家に遊びにくる人は、例外なく「これ、自分で作ったんですか!?」の質問のつぎに、「どれぐらいかかったんですか？」と聞いてくる。それが費用なのか工事期間なのか、あるいはその両方なのかはそれぞれだが、やっぱり金額的な部分は一番気になるところだろう。

　私自身は数字が苦手なので、簿記の資格を持つ嫁が、作業中に使用したすべての材料費を集計してくれた。そして、その総計は「87万円」。一番大きな出費になると思われたのはメインの構造材となる丸太材だったが、これはウチの近所の森林組合から地場産のスギ丸太を安く入手することができた。また、建築時の1年ほど前は1,500円近くしていた構造用合板も、建築開始直後から一気に値下がりしてホームセンターで半額近い価格で買えたことも大きかった。

　逆に、屋根材は広い面積の施工になるので、下地材も仕上げ材もそこそこの金額がかかった。また、既製品のアルミサッシはともかく、天窓は想像以上に高額だったので、これはちょっと贅沢だったかも知れない……。

　結果的に、6坪の建物として坪単価は約15万円。これが安いか高いかどうかは別として、これから自分でセルフビルドに挑戦してみたい人にとって、ひとつの指標になればと思う。

　この後の仕上げ工事については、続く第6章で紹介していくことになるが、こちらは木の家らしくスギ板などの無垢材をふんだんに使用した。また、断熱材や塗料なども、身体に優しいいわゆる健康志向のエコ建材を使ってみたが、思っていたよりも高い出費にはならなかった。とはいえ、今後もいろいろ改築を予定しているので、そのつど細かな出費が続いていくのかも知れない。まあ、それがセルフビルドの楽しさでもあるのだが……。

この写真の時点で、外装の工事はひとまず終了。小屋としてはロフトを含めて十分な広さがあり、下屋もかなり有効に使えそうだ。金額的にもかなり安く作ることができたと思うが、このセルフビルドを通じて、お金には換えられない貴重な体験ができたことがなによりもうれしい。この後、仕上げ工事やデッキの設置などを行っていくが、それらは次章以降を参考にしていただきたい。簡易的なキッチンやトイレ、風呂などを設置しても、総工費はちょっといい軽自動車を買うぐらいで収まるだろう

◆「木の家」の外装までの費用は87万円！

使用箇所	品名	金額	入手先
各種金物	ロングビス（150mm）	4,620	通信販売
	ビス、クギ各種	11,552	ホームセンター
	ステンロール釘（クギ打ち機用）	4,940	通信販売
	コーチボルト（300mm）40本、ダボ	13,619	通信販売
	ホールダウン金物	9,960	通信販売
小 計		44,691	
基礎	ボイド管（25～30cm径）	23,787	ホームセンター
	砂、砂利、セメント（捨てコン用）	5,592	ホームセンター
	アンカーボルト（12mm径）	7,120	通信販売
	鉄筋（10mm、13mm）5.5mを店舗にてカット	15,029	ホームセンター
	基礎用生コンクリート（1立米）	20,790	生コン業者
	基礎パッキン	2,505	ホームセンター
小 計		74,823	
ログ材	スギ丸太（末口22cm×4m）30本	83,580	森林整備協会
	スギ丸太（末口20cm×6m）10本	136,500	森林整備協会
小 計		220,080	
塗料	柿渋	4,305	通信販売
	防腐塗料	25,800	通信販売
	塗装用具	3,350	ホームセンター
	コーキング材	6,230	通信販売
小 計		39,685	
土台	防腐塗料	4,840	通信販売
	土台用スギ材（5寸角）7本	28,350	森林整備協会
小 計		33,190	
1階床	大引き（3.5寸角ベイツガ防腐材）10本	20,510	ホームセンター
	金物（大引き受け）	7,780	通信販売
	床用プラ束20本（第6章で使用）	4,702	通信販売
小 計		32,992	
壁	針葉樹構造用合板20枚	15,326	ホームセンター
	2×4材、金物、防水防湿シートなど	16,267	ホームセンター
	漆喰（インスタント）	9,955	通信販売
小 計		41,548	
建具	2×4材（レッドシダー）	3,270	ホームセンター
	2×4材（SPF）	2,636	ホームセンター
	アクリル板3mm厚	5,620	ホームセンター
	耐水木工用ボンド	4,680	通信販売
	アルミサッシ（2ヶ所）	35,818	通信販売
	天窓	82,300	通信販売
小 計		134,324	
屋根	2×4材、2×6材、1×4材、2×8材	28,202	ホームセンター
	構造用合板、2×4材、配達代	69,511	ホームセンター
	アスファルトルーフィング、防水テープ	11,283	ホームセンター
	2×4材（追加分）	7,361	ホームセンター
	屋根材（アスファルトシングル）、配達代	79,867	ホームセンター
	屋根材（アスファルトシングル）追加分、ほか	14,148	ホームセンター
	棟換気役物（リッジロール）	12,760	通信販売
	シングル専用セメント、専用クギ、水切り板	14,940	ホームセンター
小 計		238,072	
軒天	軒天換気用パーツ	6,644	通信販売
	スギ野地板（12mm厚）、屋外用塗料	7,300	ホームセンター
小 計		13,944	
合 計		873,349	

表は、木の家のセルフビルドのために購入した材料を集計したもの。当時は合板や鉄筋などが安価に買えたが、各材料の価格はマメに相場を調査して、建築のプロが出入りする建材屋からも見積りを取った。とはいえ、ツーバイ材や合板などはホームセンターで購入するのが一番安上りだった。また、左表以外にかかった費用としては、手伝いに来てくれた人の昼食費やお礼（温泉チケット代、手土産代）、工具消耗品代（ドライバービット、ディスクペーパーなど）、チェーンソーの燃料・オイル代、買い出し時の車の燃料代、雨対策のための養生シート代などがある

工具に関しては将来的な資産にもなるので、今回の建築費には計上していない。予算に限りがある場合は、ネットオークションやホームセンターのレンタルを利用する方法もある

作業の合間の食事代やビール代もそれなりの出費だったが、仲間同士のくつろぎの時間は何物にも代えがたい。おいしい食事はやる気の向上にもつながるので、ここは贅沢に振る舞おう！

Column……セルフビルダーの「嫁」の独り言

　いまを遡ること約20年前。結婚後、房総の漁師町に引っ越してしばらくした頃、夫が「庭に小屋でも作ろうかな？」と言ったのが、我が家のセルフビルドの始まりだった。夫が20代の頃、ログハウスを作った経験があるのは知っていたので、きっとDIY熱が再燃したのだろうと思って「好きにすれば～」と返事をしたと思う。

　そして完成したのが、60ページから紹介している6畳の小屋。作っている最中から、通りすがりの地元の人たちは、この家のご主人は何者だ？とおもしろそうに眺めていったり、ときには近くまで寄ってきて「何作ってンだっぺ？」と話をしていく人もいた。私が近所のスーパーに買い物に行けば、地元のおばちゃんに「アンタのところのダンナさんは、大工さんけ？」と聞かれ、田舎町の噂の的になっているのか、とちょっぴり赤面した覚えが……。

　小屋が完成してからは、一応、夫の仕事部屋として使っていたが、酒瓶片手に小屋の見学という名目で飲みにくる人があれば宴会場と化したし、友人が遊びに来ればゲストルームにもなり、ずいぶん多くの人が訪れた。

　その後も夫は、16ページの3畳小屋、98ページの10万円掘っ立て小屋、161ページの木の家など、つぎつぎと建物を作り続けてきた。手伝ってくれる仲間も増え、地元でも「なんか自分で家を作っちゃう人らしい」的定評になっているようで、いまや主人が何か作業をしていると、通りすがりの人は「あぁ～、またあそこのご主人何か作ってるね～」と温かい目？で眺めている。さらに最近では小屋作りのワークショップの講師を頼まれて、人に教える機会も増えてきた。セルフビルドは、人を呼ぶのだと実感するこの頃。同時に私は、作業時の賄い用の大量のカレーを作る腕前が上がったかな？

　ところで、セルフビルダーの嫁もセルフビルドが好きかと言われると、我が家の場合はそうでもないかも。隣にできる人がいるので自分ではちっともやらず、ときたま夫が1人で作業をしていて手が足らないとき、猫の手的に手伝ったりする程度の私……。でも、2人の息子たちは幼い頃からビス留めやら丸太の皮むきやら屋根材張りなどを手伝っていたので、いまや自分で棚を組み立てたり、刃物の手入れをしたりするDIY男子に育ったのは、やはり親の影響か（生活力高いです！ お婿さんにいかがですか？）。

　冗談はさておき……外の空気を吸って身体を動かしているせいか、中年太りも最小限、大病もしないで過ごしているのは、セルフビルドのおかげというべきなのかもしれない（ただし、怪我はいつも心配！）。ちょっぴり不満を言わせていただくなら、どんどん増える道具や材料などの整理をもうちょっとしていただきたいなぁ、ということ。それから、仲間と作業した後のお酒は、ほどほどにしていただきたいなぁ、ということかしら（笑）。

うしろに建つ木の家も、多くの人が手伝いに来てくれて、息子たちも丸太の皮むきや塗装、漆喰の壁塗り、床張りや屋根張りなどに大活躍。建物とともに作業時の記憶が心に残るのは、セルフビルドならではの、とても素敵なこと……

第6章
無垢の木や漆喰などで、室内空間を快適に仕上げよう！

セルフビルドで仕上げ工事を楽しむ

外装工事を終えてしまえば、あとはマイペースで内装の作業を楽しめる。
ここでは、主に第5章の「木の家」を例に、床、壁、天井などの仕上げを紹介していく。
仲間を呼んで楽しく作業するのもよし、ひとりコツコツやるのもよしだ！

STEP 01 「断熱化」で快適な住空間に

小屋に断熱材を施すことで、気持ちよく「暮らせる家」として活用できる！

　私が暮らしている房総半島は、冬でも比較的温暖な気候だが、当初住んでいた古い民家には「断熱材」がまったく入っておらず、さすがに真冬は部屋の中でも吐く息が白くなるほど冷え込んだ……。

　それに懲りて嫁と相談した結果、ハーフビルドした自宅については断熱材を充実させることにした。結果、いまでは以前の暮らしがウソみたいに快適になり、冬でも半袖一枚で過ごせるほどだし、夏もほとんどクーラーを使わずに済んでいる。まさに、このストレスなく建物に暮らせるという点こそが、「小屋」と「住宅」との大きな違いなのだと思う。逆に言えば、本書で紹介してきた小屋でも、しっかりと断熱工事を行えば十分に快適な暮らしを楽しめる「家」にすることができるのだ。

　断熱材の種類としては、グラスウールのような柔らかくてふわふわした「フェルトタイプ」と、比較的硬めの「ボードタイプ」が代表格だ。

　フェルトタイプはある程度形状を調整できるので、配線やコンセントボックス、ボルト類などがある壁に入れるのに向いている。グラスウールやロックウールといったポピュラーなものは、ホームセンターで購入可能だ。私が使ったのは、ポリエステルタイプの断熱材（商品名＝パーフェクトバリア）で、直接触れてもチクチクせずとても施工しやすかった。

　ボードタイプは多少価格は高くなるが、同じ厚さならフェルトタイプよりも断熱性に優れるのがメリットだ。こちらは、主に床用に使われることが多い。

　断熱材は「厚み」によっても性能が変わり、当然、厚いほど断熱性も高くなる。国が示している「省エネルギー基準」では、新築住宅に対してかなり高度な断熱性能を求めているが、セルフビルドの小屋の場合はそこまでシビアに考える必要はないだろう。各断熱材メーカーでは、地域や使用部位ごとに適正な断熱材の厚みをカタログやHPなどに記載しているので、それを参考にすればOKだ。ちなみに第5章の木の家では、壁や天井にフェルト系の70mmを、床にはボードタイプの50mmを入れたが、断熱性能的にはこれで十分だったと感じている。

◆主な断熱材のタイプ

【フェルトタイプ】
グラスウールやロックウールなどは、ホームセンターで安価に買える。扱いも簡単だが、カット時にチクチクすることがある。その点、ポリエステルタイプはちょっと高額にはなるが、肌触りが優しく、建築材料として気分的にも安心できる。いずれも、軸組み構法用とツーバイ構法用で断熱材の幅が異なるので、カタログなどで確認してから入手したい

【ボードタイプ】
このタイプは各メーカーからいろいろな商品が出ているが、基本的には垂木や根太などの間にスッポリはめていく使い方ができる。フェルトタイプ同様に、根太の太さや間隔などに応じて、断熱材のサイズを選びたい。ちなみに、写真のタイプはサブロク板のフリーサイズで、使用部位に応じて適当なサイズにカットして使用する

用語解説 省エネルギー基準▶建物の断熱性能をはじめとして、建物全体のエネルギー消費量を減らすために国が示した基準。

◆断熱材施工のポイント

【事前に電気配線をしておく】
130ページのような露出配線をするなら別として、内装仕上げをする場合はあらかじめ隠蔽配線をしておくのが基本だ。作業には専門知識はもちろん、資格も必要になるので、ここはプロの電気工事士に依頼しよう

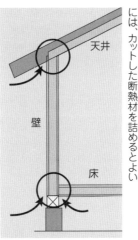

【「すき間」を作らない】
断熱工事の鉄則は、外気に接する面をすき間なく覆うこと。とくに、天井と壁、壁と床との接点（円内）はすき間ができやすいので注意したい。狭いすき間には、カットした断熱材を詰めるとよい

【室内側の下地材と密着させる】
断熱材と室内側下地材との間にすき間があると、そこが通気層になって断熱効果が低下しやすい。写真は床の例だが、このように断熱材と根太の上面がピッタリ合っているのが理想だ。壁や天井（屋根）も同様に考えたい

【フェルト系はきつく押し込まない】
グラスウールなどを写真のような変則的な形状に充填するときに、無理矢理押し込んでしまうのはNGだ。断熱材は適度に空気を内包した状態でこそ効果を発揮するので、面倒でもスペースの形にカットしてから充填してみたい

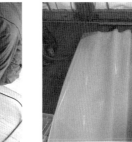

【切断はカッターかノコギリで】
フェルト系もボード系もカッターナイフで簡単にカットできる。また、ボード系については手ノコや丸ノコなどでカットすると、作業が速くてきれいに切れる。専用の刃を使えば、切りくずもほとんど出ないので快適だ

【防湿シートや通気層で湿気対策】
室内からの湿気が壁や天井内に侵入すると、内部結露の原因になる。結露はカビの発生や木部の腐れなどをもたらすので、これを防ぐために室内側には防湿シートを張り巡らせておくとよい。屋外側に設ける通気層も有効だ

◆断熱工事の例

❶ボード系の断熱材を根太などの間に入れるときは、断熱材を受けるためのパーツを根太に留めておく。パーツは断熱材の厚みに合ったタイプを選ぼう。❷455mmピッチでパーツを取り付けていく。単純に根太にはさむだけなので簡単。❸根太の内側寸法にピッタリの断熱材ならそのまま、大きければ適宜カットして根太の間に充填していく。根太と断熱材の上面がピッタリ合っていることを確認しよう。❹フェルト系の断熱材を間柱や垂木などに充填する場合は、端に付いている耳の部分をタッカーで留めていく。❺開口部を除くすべての壁面、床、天井にすき間なく充填していこう。❻コンセントボックスなどがある場合は、その部分だけ切り抜いて収める。すき間ができないように注意。❼間柱や垂木などに両面粘着テープを張り、それを利用して防湿シートを張る。❽必要に応じてステープルを打っておけば、より確実だ

❶

❷ 根太にはめ込む

❸

❹

❺ 耳の部分を垂木などに留める

❽

❻

❼

STEP 02 床の「下地」を完成させる！

軸組み構法での「大引き」や「根太」を収めるための基礎知識

　内装工事の順番としては、天井→壁→床の順で仕上げていくのが収まりがよく、仕上げ材も傷つけにくくて合理的だ。ただし、ツーバイ構法の場合は最初に床のプラットフォームを作っているのに対し、第5章の木の家のような軸組み構法の建物の場合、上棟時には床の下地ができていない（仮床を置いている場合はある）。このため、屋根や外装工事が終了してから内装工事に取りかかる前に、まず床の下地を作っておく必要がある。

　床下地の構造は、大引きに根太を直交して掛け渡し、根太の間に断熱材を充填してから構造用合板を張っていくのが基本だ。この応用として、合板を省略して分厚い床仕上げ材を張ったり、あるいは合板そのものを厚くして根太を省略する「剛床（ネダレス）構法」などがある。

　第5章の木の家もネダレス風にしたが、仕上げ材に30mm厚のスギ板を張るので下地は12mm構造用合板にした。

　大引きの端部は土台の上に乗せてもいいが、実際には柱が邪魔になる場合がほとんど。192ページのように建築金物を利用して土台と同じ高さに組み込むか、土台や柱に「大引き受け」を取り付けて、その上に大引きを乗せるのが一番わかりやすくて簡単だ。根太の端部は、水平に取り付けた根太掛けに乗せればよい。

　大引きは土台と違って床の重さだけを受ける部材なので、それほど太いものでなくてもよい。一般的には、3寸角材（90mm）を3尺（910mm）間隔で掛け渡し、床束も3尺間隔で配置する。根太は45mm角を使用するなら303mmか455mmで入れていくのが普通だ。

◆「床組み」の基本構造

床組み構造としては、第1章のツーバイ構法のように大引きも根太も面一で収める方法が一番わかりやすいと思う。一方、軸組み構法の場合だと、大引きに対して根太を直交して乗せ渡すので、下地に張る合板は土台よりも高い位置になるのが普通だ。ただし、剛床構法のように、根太を省略する方法もある。なお、ロフトの床で根太を梁と梁に掛け渡す場合は、スパンが広くなるケースが多いため、一階よりも太めの材料を根太に使う必要がある

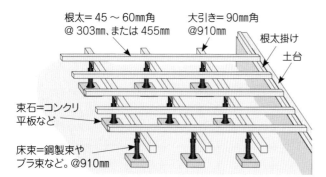

◆大引きと根太と土台の位置関係

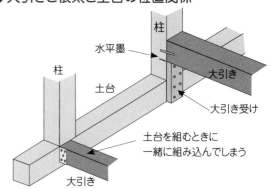

大引きの収め方で一番シンプルなのは、土台の設置時に建築金物を利用したり蟻落としとして組み込む方法。また、大引き受けを土台に沿わせて取り付け、そこに大引きを乗せる方法もわかりやすい。この方法は、土台の水平が微妙にズレていても、床を水平にできるのが利点だ

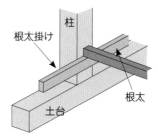

根太の端部には、根太掛けを天端高さを大引きにあわせて取り付ける。土台と大引きの高さが同じなら、根太を土台に乗せる方法もある

用語解説　**剛床構法**▶根太を省略して、水平力を強化するために厚い合板（24mm以上の構造用合板）を用いた床組み。「ネダレス構法」とも呼ばれる。

◆大引きと根太はしっかり密着させる

大引きに根太を渡す場合、あとですき間が生じると「床鳴り」の原因になるので90mmの長いビスを2本斜め打ちしてしっかり固定しておきたい

こちらは、45×60mm角の根太に90mmのビスを脳天打ちした例。ドリルで下穴を開けて、ビスの頭が少し材に入るようすると、材が痩せてきても頭が飛び出さない

◆「剛床構法」の場合

現在の住宅建築では、根太を省略して大引きを910mm間隔で入れる剛床方式もポピュラーになっている。この大引きに24〜30mm厚の合板を直接張っていく

「剛床」の名の通り、通常の根太構法よりも床組みの耐震性が向上する。作業効率もよくなるので、小屋に採用してみるのもいいかも知れない

◆床下地の作り方の一例

1

2 ドライバーなどでネジを締める

3

4

5

6

7 ジグソーでカットする

8

9

ここでは、根太を省略した床組みを紹介しよう。❶棟上げ時に設置した大引きは、床束で支えておくと強度的に安心だ。まず、大引きの中央付近の直下にコンクリート平板を水平に置く。❷束は伸縮自在のプラスチック製が便利。これを専用接着剤で平板に接着し、上端が大引きにしっかり接するまで長さを調整する。❸大引きの側面に、断熱材を受けるためのパーツを、大引きの天端から断熱材の厚み分（今回は50mm）下げた位置に45cmほどの間隔で留めていく。さらに、アルミ線であやとりのようにパーツを繋ぐと、断熱材の垂れを防げる。❹大引きの間にボードタイプの断熱材を入れる。❺続いて、床の下地となる構造用合板を大引きの上に敷いていく。合板はネダレス用の24mm厚がベターだが、今回は12mmを使用した。❻第5章の木の家のように丸太の柱が表しの場合は、ノミで柱の下端に下地合板（12mm厚）＋仕上げ材（30mm厚）＝42mmの欠き込みをする。❼合板を収めるときは、このように柱の形状をプロットしてからその部分をジグソーでカット。❽こんな感じに収まればOKだ。❾通常の剛床構法では棟上げの前に合板を張ってしまうが、このように後張りにすることで建築中の雨仕舞いの必要がなくなる。水平剛性は多少落ちるが、小屋ぐらいの規模の建物なら問題ないだろう

STEP 03 天井と壁、床の「内装工事」
リフォームするときにも役立つ、室内仕上げの知恵とテクニック

内装工事は、天候に左右されることなく進められるのでスケジュールも比較的立てやすい。作業的にも難しいことはほとんどないため、誰でも参加できるのがうれしいところだ。ウチでも家族や仲間たちと内装工事をしてきたが、多少のアラは作った人の胸に残る思い出になるはずと、あえてそのままにしている。それもまた、セルフビルドの大きな楽しみだと思う。

さて、小屋の場合、天井はロフトのスペースを有効に活用できるように、屋根の勾配に合わせて仕上げるケースがほとんどだろう。いわゆる「勾配天井」になるわけだ。作業方法としては、垂木の間に断熱材を充填し、羽目板などの仕上げ材を張っていけばOKだ。つねに上を見上げての作業になるので、ここはエアツールであるタッカーなどで仕上げ材を留めていくと断然ラクだ。

壁の仕上げ材はいろいろな種類があって、私が作った小屋でもスギや青森ヒバの羽目板、漆喰、OSB合板などを使用した。いずれの場合も、下地に石膏ボードを張っておくことで断熱性や遮音性、防火性能が高まるメリットがある。とはいえ、小さな建物で仕上げに板材や合板を張るなら、石膏ボードは省略してもいいだろう。

床は、すでに張ってある合板の下地に好みの床材を張っていけばよい。私の好みは、何といっても「スギの無垢板」。フローリングのような冷たさがなく、素足で歩くと最高に快適なのだ！

【天井の仕上げ①】……勾配天井に「スギ羽目板」を張る方法

木の家に限らず、スギの羽目板は軽量で施工もしやすいので、勾配天井を仕上げるにはピッタリの材料だ。❶天井には、あらかじめ断熱材を充填しておく。❷天井には長さのあるロール式の断熱材を使うと便利だった。❸下地となる垂木は勾配方向に並んでいるので、羽目板は桁側から直角に張っていくと効率がよい。写真で使用した羽目板は、有効幅が105㎜、厚さ12㎜の目透かしタイプだ。❹取り付けは化粧クギを脳天打ちしてもいいが、エアタッカーで実（サネ）のメス側を斜め45度に留めていくとスピーディ。羽目板のサネ同士を合わせて張っていくだけなので、子供でも楽しめる。❺タッカーに使うステープルは幅4㎜、長さ32㎜。ステープルの打ち込みが甘い場合は、クギ締めを使って頭の部分を埋め込んでおく。❻天井の低いロフトの照明には、埋め込み式の「ダウンライト」がお勧めだ。❼棟の部分はスペースが狭くてサネへの打ち込みができないが、目立たない部分なので化粧クギを板の上から脳天打ちすればよい。❽天窓の周囲の収め方としては、窓枠の下側は天井材を垂直に張り、逆に上側は水平に張ると採光を損なわない。❾これで完了。スギ独特の木目と目透かしのストライプがいい感じだ。節があるのも自然な感じで悪くないと思う

用語解説　実▶サネ。板材の側面に加工した細長い突起（オス）や溝（メス）のこと。

【天井の仕上げ②】……「ダウンライト」の取り付け方

電気工事をするには資格が必要だが、方法だけでも知っておくと作業の段取りに役立つので紹介しておこう。❶これが勾配天井用のダウンライト本体。商品によって、取り付け可能な勾配や取り付け高さ、天井材の厚みなどが決まっているので、カタログなどでチェックしてから購入したい。❷天井板にダウンライトをはめるための穴をジグソーでカットして、あらかじめ配線しておいた電気ケーブルを引き出す。❸❹ダウンライトのコネクタにケーブルを結線する。❺勾配に合わせて本体の向きを間違えないように天井へ埋め込む。❻固定の方法は機種によって異なるので説明書を参考にしたい。❼カバーを取り付ける。❽電球をセットして作業完了。❾ダウンライトは天井内の断熱材に包まれる状態になるため、どうしても熱がこもりやすい。購入時には「断熱材施工器具」（SB、SGI、SG形表示）であることを確認しておこう。

【壁の下地①】……「石膏ボード」を貼る

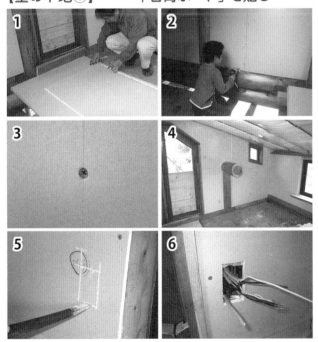

壁を漆喰や羽目板などで仕上げる場合は、下地に石膏ボードを張っておくとよい。❶石膏ボードはカッターで簡単に切ることができる。❷必要なサイズにカットしたボードを間柱にビス留めしていく。❸ビスは38mmを使用。ビスを打つラインに墨を打っておくと、間柱を外すことがない。❹こんな感じにボードを張っていく。丸太などが表し仕上げになっている場合は、204ページの要領で丸太の形状に合わせてボードをカットして収めていこう。❺コンセントボックスの部分は、カッターか手ノコでボードを切り抜けばよい。❻配線を傷つけないように注意！

【壁の下地②】……ボードの下地を整える

❶漆喰や珪藻土などで壁を仕上げるときは、石膏ボードの継ぎ目にメッシュ状の粘着テープを貼っておくと経年変化によるひび割れを防げる。❷大きなすき間やビス穴には、専用パテを埋めておく。❸パテは適量の水で溶いて使用する。❹パテで汚したくない場所は、マスキングテープや新聞紙などで養生しておきたい。❺ゴムべらやプラスチックべらなどを使って、パテを擦り込むように埋めていく。❻パテが硬化したら、180番程度の紙ヤスリでならす。表面にムラができないようにすればベターだが、クロスを張るほどには神経質にならなくても大丈夫だ

用語解説 石膏ボード▶石膏素材を厚紙で被覆したボード。防火、遮音、断熱性能があり、主に室内の下地材として使われる。「プラスターボード」ともいう。

第6章◆セルフビルドで仕上げ工事を楽しむ

【壁の仕上げ①】……調湿作用のある「漆喰」を塗ってみよう！

❶現在ではDIY用のインスタント漆喰が売られている。これなら、袋から出してすぐに使えて便利なのだ。コテは柔軟性のあるプラスチック製が使いやすい。❷粉を水で練るだけの漆喰もある。その場合は、電気ドリルに攪拌用のアタッチメントを装着して2～3分ほど練ればよい。❸塗り始めは、コテで漆喰を適量取って数ケ所に置くように散らしていく。❹散らした漆喰をコテで塗り伸ばしていく。ゆっくり一定の速度でコテを動かすと塗りやすい。❺漆喰塗りは誰でもトライできるので、家族や仲間たちと一緒に作業すると楽しい。多少、表面にムラがあったりしても、むしろそれがセルフビルドならではの味わいになるのだ。❻端の狭い部分は、パレットナイフのような細いコテが便利。❼ローラーバケで塗ると、コテ仕上げとはまた雰囲気の違う仕上がりになる。この場合、漆喰に少しだけ水を加えて柔らかめにしておくと塗りやすい。一度で厚塗りしないで、何度か重ね塗りするのがコツだ。❽漆喰には粘着性があるので、好みの飾りを張り付けてみるのもおもしろい。写真は、ウチの近所の海岸で拾ってきた貝殻やビーチグラスを貼ったもの。❾乾燥後、養生を外して完了。白い漆喰を塗ると狭いロフトなどでも一気に明るくなって開放感が出る。調湿作用もあって快適なのだ

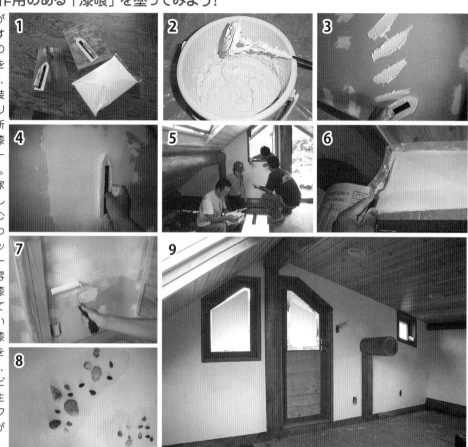

【壁の仕上げ②】……木の家の雰囲気バッチリのスギ羽目板による「腰壁仕上げ」

❶壁を羽目板で仕上げる場合も下地は石膏ボードでいいが、ここでは9mm厚の構造用合板を張ってみた。場合によっては、これだけで表し仕上げにしても違和感がない。❷羽目板は12mm厚を使用。腰壁にする場合、長さは90～100cmにカットするのが目安だ。❸取り付けは、長さ32mmの真鍮クギや化粧クギを側面からただ打ちするか、写真のようにメス実の内側にステープルを打ち込んでいけばよい。❹張り終わりの部分は残りの長さを計測して、❺その幅でカッターなどでカットする。❻サネを合わせた状態で、側面からタッカーで打ち込む。ステープルの頭は小さいので目立つことはない。❼最後に見切り材（232ページ）で仕上げて完成。❽横張りにしていく場合も要領は同じだが、間柱が縦に入っているため下地材を省略してもOKだ。❾横張りの場合は、壁の上部まで張るのももちろんよい。天井の勾配部分は、それに合わせて斜めにカットした板を張っていこう！

【床の仕上げ】…… 素足が喜ぶ無垢の「スギ板」を張る方法

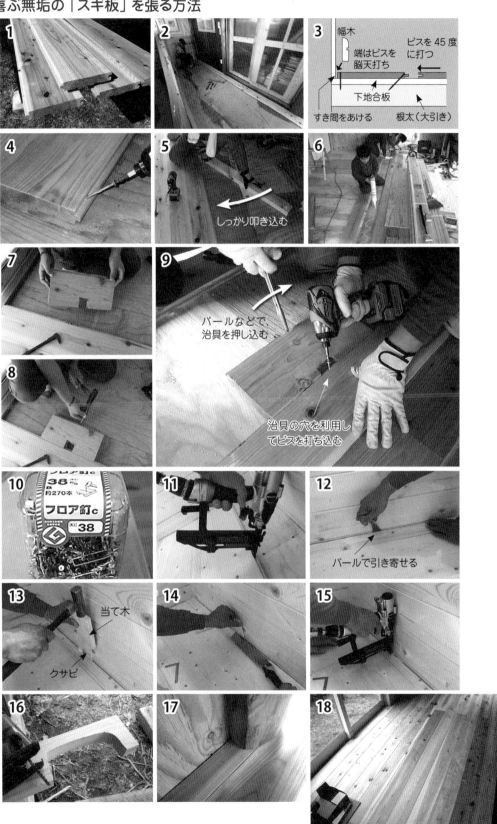

❶床の仕上げには、30mm厚、幅150mmのスギの本ザネ加工材を使用。あらかじめ材の曲がりや反りなどをチェックして、良品はできるだけ後半に張るようにするのがコツ。後半になると板を叩き入れるスペースが狭くなるので、曲がりのある材料だと張るのが難しいためだ。❷床材を張るときのスタートの目安として、壁ぎわから「床材の幅（今回は150mm）+5mm」の位置に真っ直ぐな墨を打つ。床板を壁ぎわから少し離して張る理由は、壁の通りが少しでもデコボコしていると床材も曲がってしまうため。❸最初の1枚目の床板をメス実を壁側にして墨に合わせて置く。幅木に隠れる部分はビスを脳天打ちして、さらにオス実側にビスを斜め45度で打つ。このとき、ビスを根太まで利かせることが大切だ。❹ビスは耐力壁用の70mmを使用。太いビスを板の端に打つと割れやすいので、あらかじめビスより少し細いドリルで下穴を開けておくとよい。❺2枚目以降は実を合わせてから、ツーバイ材などの当て木で叩き込んでいく。このとき、指をはさまないように注意！❻床鳴りを防ぐために、床用のボンドを塗りながら張っていくとよい。当然、ボンドはフォースター製品を使いたい。❼無垢の板の場合、叩き込んでも実がなかなかはまらないことがあるので、このような床板の端材で作った治具を利用すると便利。治具の中央に30mm角の切り込みを入れるのがミソだ。❽治具を実にはめ込んでから、治具のきわでバールなどを下地に打ち込み、バールを起こすようにして治具を押し込む。❾その状態で、治具の穴を利用してビスを打ち込むわけだ。一人の力で難しいときは、助っ人の手を借りよう。❿フローリングなどの薄い床材で仕上げていく場合は、ビスの代わりにフロア用の細いクギやブラッドネイル、ステープルなどで留めていく。⓫さすがにエアツールを使うと作業が速い。⓬張り終わりの部分は半端になるので、壁までの距離より少し狭めに床板をカットしてから収める。バールでこじりながら実をはめていこう。⓭壁ぎわのすき間にくさびを打ち込んで、⓮手ノコで余分をカット。⓯ビスかクギを脳天打ちしてから、幅木を壁ぎわに収めてすき間を隠す。⓰丸太が表し仕上げの場合、丸太の形状に合わせてジグソーでカットする。⓱これでバッチリ。⓲床材の種類で雰囲気も触感も大きく変わるので、材料は慎重に選びたい

用語解説　フォースター▶JIS製品に表示するホルムアルデヒド等級の最上位規格を示すマーク。「F☆☆☆☆」で表示される。

第6章◆セルフビルドで仕上げ工事を楽しむ

【ロフト床の仕上げ】……スギの厚板を張ってみよう！

小屋のロフトに床を張る場合、スペースを有効に使うためには1階の天井板と兼用するのが現実的な方法だろう。ここでは、第5章の木の家を例に解説していこう。❶ここまで仮のプラットフォームとして活躍していた合板を外すと、懐かしいロフトの根太が現れた。❷あらためて根太に長さ17cmのコーチボルトを打ち込んで、シーリングビームとしっかり緊結する。❸階下の照明用に電気ケーブルを通す。チェーンソーで根太の上面に、幅・深さともに15mmほどの溝を掘り、そこにケーブルを収める。❹根太とビームに15mm径の穴をドリルで開けて、照明を設置する場所までケーブルを通しておく。❺今回は桁や小屋梁に床仕上げ材が収まるプランだったので、床板の厚み（30mm）に合わせてノミやチェーンソーで20mmほどの彫り込みを入れる。この溝に床材が収まるわけだ。❻前ページと同じ要領で、根太の上に床材を張っていく。❼溝の部分などで板の滑りが悪い場合は、溝にシリコンスプレーを吹いてやると滑りがよくなる。❽張り終わりの部分は、必要に応じて部分的にカットしてピッタリ収めてみたい。❾これで完成。ロフト＝屋根裏部屋があると、小屋の住空間は一気に楽しくなってくる。ちなみに、195ページでカットしていた母屋は、写真内右上のように上半分をカットしてみた。ちょっとした小物置きになって、結構便利なのだ

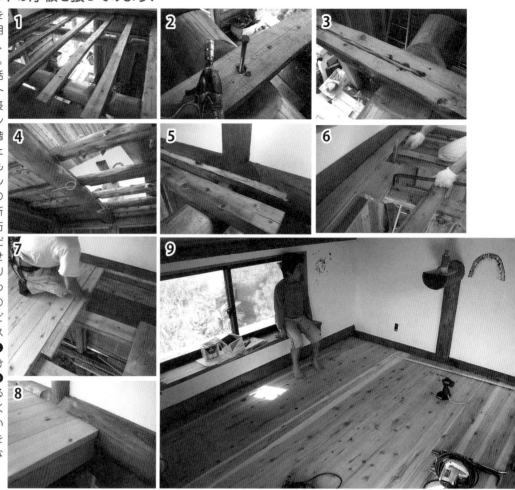

◆「幅木」や「まわり縁」で収めはバッチリ！

床と壁、あるいは壁と天井などの継ぎ目には、どうしても多少のすき間ができる。プロの大工ならピッタリ収められるかもしれないが、我々のような素人セルフビルダーがぜひ活用したいのが「見切り材」だ。

これには、壁と天井のすき間を隠す「まわり縁」、壁と床との境に入れる「幅木」、腰壁上端に入れる「壁見切り」などの種類があって、形状や材質もいろいろなものがある。市販品も数多いが少々値段が張るので、一般の木材を細くカットしたものでも十分に使える。

見切り材を取り付けるときは、目立ちにくい化粧クギやフィニッシュネイルなどで留めればOK。コーナー部分は「留め加工」にすると収まりがきれいになるが、加工に自信がなければ普通に直角にカットして、突き合わせで収めても問題ないだろう。

❶これは、床と壁との間に入れた幅木。素性のいい間柱材をカットして流用した。❷市販の見切り材に「柿渋」を塗って腰壁に取り付けた例。❸❹羽目板の継ぎ目の三角形のすき間が気になる場合は、コーキングを施してから見切り材を収めるとよい

用語解説 留め▶45度のこと。部材同士が直角に接する場合、留め加工にすることで美しく収まる。

【室内の建具の収め】……一番簡単な「窓」と「引き戸」の作り方

❶163ページでは玄関側になる予定だった「木の家」の側面だが、その外側の下屋を部屋にしたので、写真の壁には室内ドアと窓を取り付けることにした。❷まず、窓（下開き）を入れる壁枠に気密テープを張り、❸さらに20mm厚のスギ板をビス留めして建具枠とする。❹ドア（引き戸）の建具枠の下側には、引き戸用のレールを付属のクギで打ち止める。厚みが数ミリほどの薄いレールなら、ほぼバリアフリーだ。戸車とマッチしたタイプを選ぼう。❺ドアの建具枠の上側には、引き戸をはめこむための溝をチェーンソーやノミで掘り込む。溝のサイズは幅20mm、深さ15mmが目安。これが鴨居になるわけだ。❻ドア枠は壁枠のサイズに合わせてツーバイ材で作製すればよい。まず、戸車の大きさにピッタリの穴を下枠に掘る。最初にドリルで粗掘りしておくと作業が早い。❼ドア枠の上側は、鴨居にはめ込むためのホゾを切る。鴨居に掘った溝よりも若干細めに加工すると収まりがよくなる。❽ツーバイ材の接合は、木工用ボンドと120mmのビスを併用。❾ドア枠の各コーナーが、それぞれ直角になるように調整しながら組み合わせていく。❿さきほどの❻の穴に戸車をセットして、付属のビスで留める。⓫ドア枠にはめるのはガラスではなく、ポリカーボネート製の「ポリダン（ツインカーボ）」。⓬必要なサイズにカッターで切ったら、断熱性を高めるために上下にコーキングを施すか防水テープを張る。⓭ポリダンの取り付けは、化粧クギや真鍮クギなどを使えばOK。下穴無用で直接打ち込める。⓮窓枠は、20×50mm角のパイン材で作製した。⓯こちらはヒンジで建具枠に取り付ける。⓰端材や木枝などを利用して、このようなストッパーにすると楽しい。⓱ドアの鴨居部分の収まり。きつくて動きが悪いようなら、少しずつノミで削って調整してみよう。⓲ポリダンを利用したドアや窓は、誰でも簡単に作れて安全性も高いのがメリット。セルフビルドにはお勧めだ！

用語解説　鴨居▶引き戸の上枠として取り付けられる横木のことで、戸を滑らせるための溝が加工されている。鴨居の下側にある横木は「敷居」だ。

第6章◆セルフビルドで仕上げ工事を楽しむ

STEP 04 「階段」を無垢材で作る方法

階段を自作するなら、最初にダミーを作るのがわかりやすいのだ

　セルフビルドにおいて、ひとつの大きな山場になるのが「階段作り」だろう。室内の表情を大きく変える階段は、その見た目の雰囲気だけでなく、安全性や施工性のよさも考慮しなければならないからだ。また、小さな建物の場合は、圧迫感のない階段にしたいところ。

　そこで木の家で作ってみたのは、「ささら桁階段」というタイプ。これは、階段の親板（桁）にジグザグの切り込みを入れて、そこに踏み板を乗せていくだけのシンプルな構造なので素人でも作りやすい。

　材料は、ヒノキの丸太をスライスした耳付きの厚板。半割り丸太よりも省スペースになり、かつ施工性にも優れている。これは、近所の森林組合の倉庫に眠っていたものを格安で譲ってもらった。やっぱりセルフビルダーは、業者と仲良くなっておくと何かと得なのだ。

　さらに今回は、階段の途中にフラットな踊り場を入れてL字形にしているので、真っ直ぐな階段や廻り階段などに比べて安全性にも優れたものになった。

　作り方のポイントは、最初に合板を使って階段の「ダミー」を作ってしまうこと。普通の真っ直ぐな板材を使えば計算上だけでも加工は可能だが、現物合わせで作業していけば今回のような自然木の材料でも、失敗することなく階段を作れるのだ。

踊り場を設けることで、上から下を見たときの恐怖感が薄れ、万一転げ落ちても直階段よりもダメージは少なくなる

◆安全で快適な階段の設計例

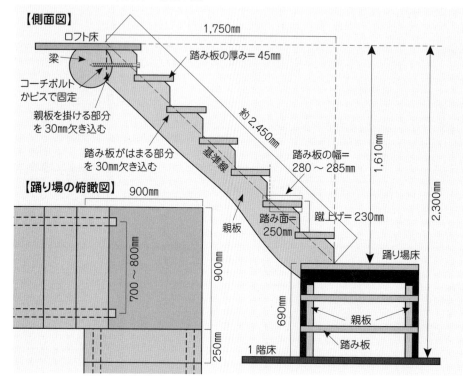

【側面図】／ロフト床／梁／コーチボルトかビスで固定／親板を掛ける部分を30mm欠き込む／踏み板がはまる部分を30mm欠き込む／1,750mm／踏み板の厚み＝45mm／約2,450mm／基準線／踏み板の幅＝280〜285mm／踏み面＝250mm／蹴上げ＝230mm／1,610mm／2,300mm／親板／踊り場床／1階床／690mm／250mm／親板／踏み板

【踊り場の俯瞰図】／900mm／700〜800mm／900mm

　人間が、安全かつ快適と感じる階段の角度は約29〜35度とされている。しかし、勾配が緩くなれば、それだけ広い設置スペースが必要になる。そこで今回は、45度勾配よりも若干緩めの階段にして省スペース化した。その代わり、階段の途中に900mm四方のフラットな踊り場を設けて安全性を考慮。踏み板の配置は、単純に1階と2階（ロフト）の床面の高低差を段数で均等割りすればよい。今回の高低差は2,300mmなので、総段数の10で割ると一段の高さ＝蹴上げ（けあげ）は230mmとなる。安全性や快適さを考慮すると、この高さを上限にするのがよさそうだ。踏み板の奥行き幅は280〜285mm（耳付きなのでバラツキがある）で、踏み面（ふみづら）の有効幅は250mmとした。これに段数を掛ければ、階段の水平方向の距離＝1,750mmがわかる。これらを方眼紙などに作図することで、親板の実寸法も導き出されるわけだ。今回は約2,450mmだったが、最終的には型枠に合わせて正確にカットすればよい

用語解説 耳付き▶材料の端部に、自然の丸太の曲面を残して製材した板のこと。

1 階段の「踊り場」を作る

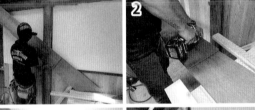

❶ここが階段を作る場所。踊り場は部屋のコーナーに設置した。❷骨組みとなる材料は3寸（90mm）角材。まずは、設計図通りの長さに丸ノコでカットする。❸踊り場の構造は、シンプルな束立て方式。四隅に束を立て、その上に枠を組んで床材を張るわけだ。❹強度的には束を建物の耐力壁にピッタリと付けるとよい。このため、床の幅木の厚み分を柱に欠き込みをして納めた。固定は90mmのコーススレッドを斜め打ちする。❺上に乗せる枠は、コーナーを欠き込んで組むのが簡単。❻手前の見える部分だけを45度に「留め加工」するのもよい。❼これによって見栄えが断然よくなる。❽枠を乗せてビス留めすれば、骨組みの完成。全体を耐力壁に密着させると強度的にも安心だ。❾枠の上に床の仕上げに使ったスギ板（231ページ）をビス留めする。踊り場の下側は、収納スペースとして有効活用できる

2 現物合わせ用の「ダミー」の型を作る

階段の一番確実で失敗しない作り方は、最初に合板などでダミーを作る方法だ。❶まず、長さ1.5m、幅30cmほどにカットした合板を2枚、長手方向に重ね合わせ、その上下を斜め45度程度にカットしてから2階床の梁と踊り場に渡してみる。❷設計図通りにうまく収まりそうな長さに調整してから、2枚の合板をビス留めする。これで一枚のダミーの型になるわけだ。❸ダミーを作ることで、階段の位置関係が非常にわかりやすくなる。❹ダミーの上下を少しずつカットしながら、設計図通りに収めていく。❺階段の高さ方向と水平方向の距離を考慮して、親板の基準となる位置に墨を打つ。❻ダミーを作業台の上に置いて、踏み板が乗る位置を基準線から追って慎重に墨付けしていく。今回の場合、蹴上げの高さが230mm、踏み面の幅が250mm＋欠き込み部30mm＝280mm、踏み板の厚みが45mmなので、それぞれの数値をサシガネであてがって墨付けすればよい。❼踏み板の墨付け部分を丸ノコでカットする。❽親板はロフトの梁に30mmほど埋め込むため、その分の長さを考慮しておくのを忘れずに。❾完成したダミーを再度セットしてみて、位置関係を確認する。これで問題がなければ、いよいよ親板＝ささら桁の加工だ

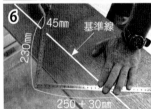

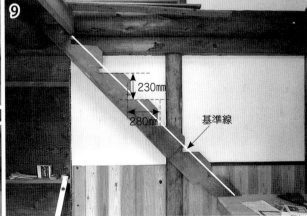

第6章◆セルフビルドで仕上げ工事を楽しむ

3 親板と踏み板を加工して、階段を組み立てる

❶階段の材料は、踏み板も桁もヒノキ丸太をスライスした幅280mmほどの耳付き板を使用。厚みは45mmある。ささら桁階段の場合、すべてのパーツが表しになるので、材料選びで見た目の印象も変わってくる。ここは少し贅沢してもいいかも知れない。❷さきほど作ったダミーの型を材料に乗せて、親板の形状を写し取る。このとき、踏み板が乗るスペースをできるだけ幅広く確保しつつ、かつ欠き込みによって親板の強度が損なわれない位置になるように、基準線からの距離で調整する。❸写し取った墨が間違いないことを確認したら、墨に沿って丸ノコでカット。❹欠き込み部分は手ノコとノミ、あるいはチェーンソーで仕上げていく。❺ロフトの梁に親板を埋め込む部分もチェーンソーで欠き込む。意外と目立つ場所なので慎重に。❻親板を梁と踊り場に架け渡す。これで問題なければ、桁の上側をロフトの梁にコーチボルトか太めの構造用ビスを使ってがっちりと固定する。踊り場側はビス留めでOKだ。❼踏み板にも耳付きの厚板を利用した。❽材料の耳の部分をサンダーなどで少しずつ削って、桁の欠き込み部にしっかりと差し込む。最後に桁の内側からビス留めすれば強度はバッチリだ。❾踊り場下の2段分も同様にして加工、設置すれば完成！

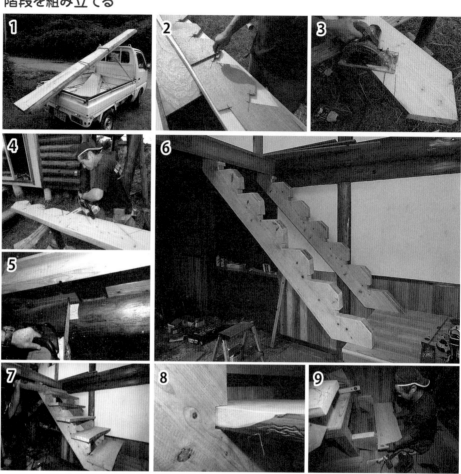

4 丸太と流木を利用して「手すり」を作る

ここでは丸太や流木などを利用して、ロフトから階段に続く手すりを作ってみた。❶ロフト側の手すりの束柱は間伐材を利用。長さ1mほどにカットして先端をホゾ状に加工する。❷横に渡す手すりの下側にホゾ穴をあける。❸ロフト床の端に2本の束を立ち上げてコーチボルトでしっかり固定し、その上に手すりをはめてカケヤで叩き込む。❹階段側の手すりには、木の家のセルフビルドで余った太めのスギ丸太を立ち上げてみた。❺ここは構造用の太いビスを踏み板から2〜3本斜め打ちにして固定する。❻手すりにあしらう流木は、近所の海岸で拾ってきたもの。真っ直ぐなものよりも、曲がりや枝のあるもののほうが雰囲気が出る。❼手すりがグラグラすると危険なので、構造用の太いビスでしっかりと止めたい。❽これで、階段の完成。踏み板に使ったヒノキ板のきめ細かい木目、迫力のあるスギ丸太、流木の曲線がそれぞれ絶妙にマッチして、結構いい感じに仕上がったと思う

STEP 05 下屋に新たな部屋を増築！

どんなに小さくても部屋がひとつ増えるだけで、日々の暮らしは何倍も楽しくなる

　規模の小さな建物の場合、屋根に続く「下屋」を出していたら、これを部屋にしてしまう方法がある。第5章の木の家も、この方法で6畳ほどの部屋を増築したので、そのノウハウをご紹介しておこう。

　既存の建物に新たに増築をするとなると、それなりの知識や時間、予算が必要になってくる。そこで、採用したのが「コンサバトリー方式」。イギリスではガラスの壁や窓に囲まれたガーデンルームのことをコンサバトリーと呼んでいるが、日本ではリビングの延長としてデッキなどを利用して作った部屋を指すことも少なくない。

　下屋はそれ自体が優れた構造体なので、部屋に改造するときには床や壁の強度をそれほど気にする必要がない。したがって、床の下地はデッキ作りの要領（240ページ）で基礎石に束を立てるだけでもいい。壁もツーバイ方式で作り、断熱施工すればOKだ。

　そして今回は、実験的に「外張り断熱」を採用してみることにした。これは、外壁にボードタイプの断熱材を張り、さらにその外側に壁仕上げ材を張っていく方法。33ページでも採用しているが、やっぱりこの方法はセルフビルド的にも作業性がいいことを再確認できた。

　こうして、下屋を壁で囲って部屋にしてみると、新たに秘密の小部屋ができたみたいで最高にワクワクする。その存在が、日々の暮らしに与える影響も大きい。コーヒータイムや趣味でのんびりくつろぐ部屋にするのもいいし、仲間と集まるサロンとしてもいいし、使い方は自由自在。この下屋は、現在、私の事務所にもなっていて、とても有意義に木の家を満喫している。また、外張り断熱の性能も非常に優れていることをご報告しておく。

◆下屋の「床組み」の一例

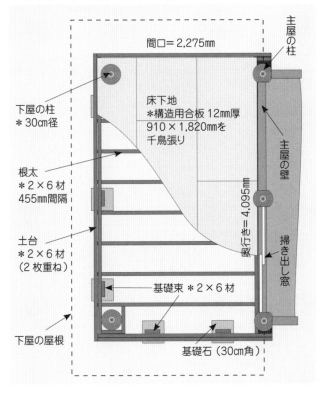

ここで解説していく下屋（写真の左側）の広さはもともと5畳ほどしかなかったが、より広い空間を確保するために主屋と下屋側の柱を壁で覆い込む方法を採用してみた。木の家の象徴にもなっている柱が隠れてしまうものの、すでに逆方向の下屋を部屋にしてみて、まったく違和感がないことを実証済みだ（写真の右側）。むしろ、雨仕舞いが格段によくなって、メンテナンス性も飛躍的に向上。室内側では、つねに色あせない丸太の柱を眺められるというメリットの多い方式なのだ。床の構造も柱の外側に土台を張り出す形となり、それを基礎束でしっかりと支えることにした。土台と根太には2×6材を配置し、その上に床下地となる構造用合板を張る。ようするにツーバイ構法と同じなので、作業もスピーディなのだ！

第6章◆セルフビルドで仕上げ工事を楽しむ

1 「床の下地」を作る

❶これが「木の家」の下屋。❷まず、床の下地として防腐処理加工された2×6材を下屋の柱と主屋の土台を繋ぐようにビス留めしていく。土台の高さは、床下地と仕上げ材の厚みを考慮して、主屋の床面との兼ね合いで決めればよい。ビスは90mmを使用。❸コーナー部は土台を丸太に直接取り付ける。収まりが悪いときは部分的に丸太を削るとよい。❹土台の90cmおきに基礎束を立てていく。コンクリート平板を地面に置いて、そこから2×6材を束として立ち上げてビス留めすればOKだ。束の長さは土台の上端に届く必要はなく、ビスがしっかり利けばよい。❺土台はビスで2枚重ねするか、このように束を挟み込めば強度がアップする。❻2×6材を根太として455mmピッチでビス留めして床組みの完成。この方法だと、あとから基礎束を追加したり交換するのも簡単なのだ。❼丸太の柱に床材を差し込む部分は、この時点でノミやチェーンソーで欠き込んでおくと、あとの作業が楽になる。❽根太に断熱材の受けを取り付け（225ページ）、ボードタイプの断熱材を根太の間に充填していく。ポストの周囲は、断熱材の切れ端を詰め込んでいけばよい。❾根太の上に構造用合板12mm厚を45mmのビスで留めていく。丸太の周囲は227ページの要領で収めたい

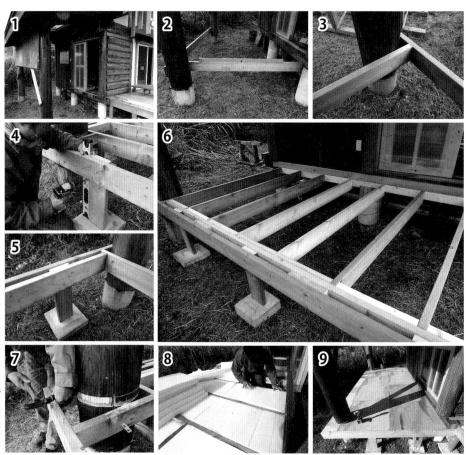

◆一般的な「外張り断熱」の壁構造について

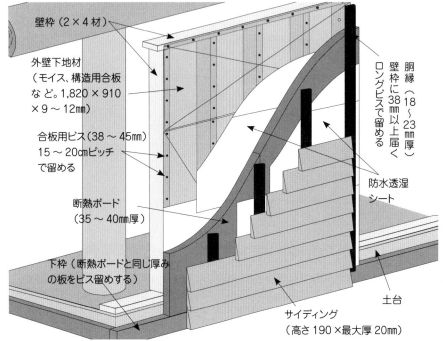

外張り断熱といっても、壁の構造自体は通常のツーバイ構法にすればOKだ。通常の充填断熱と違うのは、外壁の下地材と仕上げ材（ここではサイディングを使用）との間に断熱ボードを入れる点。ボードは、胴縁を利用して専用のロングビスでしっかり留めていくのが一般的な方法だ。ただし、この方法だと、外側に張るサイディングの重量をビスの強度だけで持たせることになる。これが外断熱のデメリットとされているが、今回は土台のまわりにボードと同じ厚みの下枠を取り付けることで、ボードやサイディングの重量を支える工夫をした。なお、外張り断熱の場合、断熱材と外壁仕上げ材との間に縦方向の胴縁を入れて通気層を設けるのが普通だが、この通気については無用だとする専門家も少なくない。とくに小さな建物の場合は通気層のメリットを活かしにくいので、今回は胴縁を省略して、サイディングを壁下地の2×4枠に直接利かせるようにロングビスで留めてみた

用語解説 充填断熱▶建物の駆体の内側、柱や根太、垂木などの間に断熱材を充填する方法。とくに木造建築では、ポピュラーなスタイルだ。

2 壁の下地材を作り、サッシを入れる

❶まず、あらかじめ228ページの要領で垂木に天井材を張っておく。断熱材も忘れずに。❷床下地の周囲に、壁の下枠となる2×4材をビス（90mm）で留めていく。壁を立ち上げると柱の裏側のスペースが狭くなるため、あらかじめそこだけ床仕上げ材を張っておくとよい。❸続いて、床の四隅から天井に向かう垂直の点を決める。ツーバイ材を四隅からバーレベルで垂直に立て、天井に当たる位置をマークすればOKだ。❹軒天側にセットする壁の上枠は、屋根の勾配に合わせて斜めにカットする。まず、自由スコヤを勾配に合わせる。❺その角度に合わせて丸ノコのベース角度を調整し、上枠となる2×4材をカット。❻軒天側のマーク同士を結ぶように、上枠をビス留めしていく。ビスは90mmを使用し、天井材を支えている垂木まで利かせる。❼上枠と下枠を繋ぐように、2×4材を縦枠としてビス留めする。縦枠のピッチは455mm。妻壁側も同様に施工するが、こちらは213ページでも紹介している「天井勝ち」の収めも参考に。❽完成した壁枠に、壁の下地材をビス留めしていく。ここでは「モイス」という透湿性のある面材を使っているが、構造用合板でもよい。最後に、防水透湿シートを下地材に張り巡らせる。❾建具は出窓（30ページ）と掃き出し窓（219ページ）を入れたので、それぞれのページを参照してみたい。❿壁の最下部に防腐加工済みの2×4材をビス留めする。これが断熱ボードを置くための下枠となる。下枠には間柱の位置を記しておく。⓫断熱ボードを下枠の上に置き、ビスで仮留めしていく。ボードは40mm厚を使用した。⓬ボードの継ぎ目に両面防水テープを張り、さらに防水防湿シートを張る。⓭仕上げ材には、断面が細長い三角形のベベルサイディングを使った。「サイディング20mm＋断熱ボード40mm＋壁下地材9.5mm」を貫いて、さらに縦枠までビスを利かせるために120mmの専用ロングビスで留める。打ち込み位置は、下枠のマークを目安にすればよい。⓮ベベルサイディングの断面。引っ掛けの欠き込みがあるので作業性は抜群だ。⓯妻側もサイディングを屋根勾配にカットしながら張り、コーナー部分は2×6材を縦にビス留めしてカバーとする。⓰ログ用の塗料を数回塗って外壁の完成。⓱部屋の内装は、本章を参考に仕上げてみたい。⓲反対側の下屋には玄関を設けた。こちらも、得意のツーバイ材を使ってわずか1時間で作ったものだ

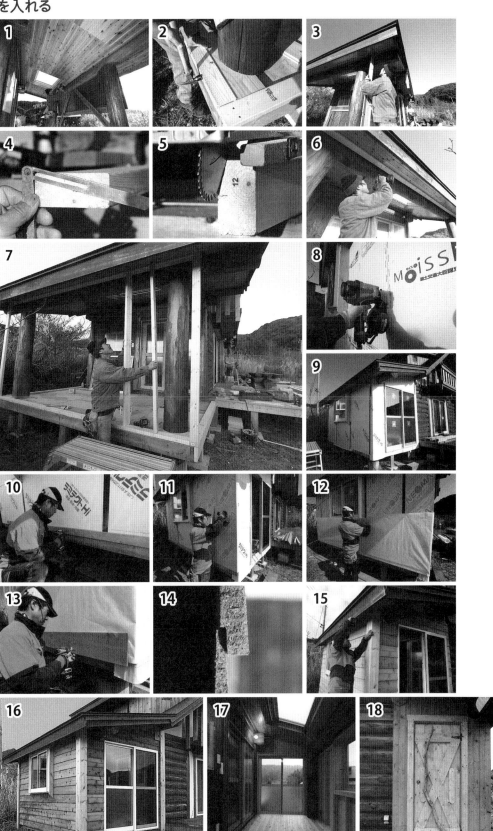

第6章◆セルフビルドで仕上げ工事を楽しむ

STEP 06 「ウッドデッキ」を1日で作る
小屋を10倍楽しむための「第2のリビング」。ロフトのテラスも作ってみよう！

　小屋と庭をつなぐ「ウッドデッキ」。リビングの延長としてだけでなく、あるときはバーベキュースペースとして、そしてあるときはDIYの作業台として大活躍してくれる。ウッドデッキのある暮らしというのは本当に人生を10倍楽しくさせてくれるから、絶対に作らなきゃソンなのだ。

　とはいえ、ウッドデッキ作りの教本などを読んでみると、基礎のセメント打ちから始まる本格的な方法ばかりが紹介されていて、素人には少々ハードルが高そうな気もする。そこで、ここで提案したいのが、たったの一日で完成するウッドデッキの作り方だ。

　ポイントは、使用するデッキ材を「2×6材」だけに統一すること。いろいろな材料を使うと束は束だけ、土台は土台だけと用途が縛られてしまうが、材料が1種類だけならいろいろな部位に使い回せるし、材の無駄も出ない。それ以上に、あれこれ悩まないから作業効率が大幅にアップするのだ。また、基礎はコンクリート平板（36ページ）を利用し、これを地面に並べていくだけ。しかも、平板のそれぞれの高さは同じにする必要はなく、束柱の長さを調整して根太を水平に設置すればいいので、作業速度は飛躍的に速くなるのだ。

　それでは、第5章の木の家に実際に作ったウッドデッキを例に、ロフトのテラスも含めて1日で作る方法を紹介してみよう！

いろいろな種類の材料を使うとどうしても無駄が出てしまうので、ここでは防腐処理された2×6材だけで作ってみた。ログ用の防腐塗料を定期的に塗ることで、耐久性もアップできる

◆一番シンプルで丈夫な「ウッドデッキ」の設計例

このデッキは、長さ3.6mの2×6材を無駄なく使える設計にしたが、もちろんこれより狭くても広くても作り方はまったく同じだ。デッキをDIY用の作業台にすることを考慮して手すりは設けなかったが、無用な欠き込みや造作をしないで済むのでメンテナンス性はアップする。主屋側のデッキの根太を主屋の土台にガッチリと固定することで、基礎はコンクリ平板を地面に置いただけでも強度的には安心。根太のスパンは約一間（1.8mほど）ほど飛ばしているが、2×6材を縦使いにすれば、たわむ心配はない。根太を継ぐ場合は、根太受けの上で継ぐとよい。束柱も一間飛ばしで立て、根太にビス留めする。ちなみに、ツーバイ材の組み立てはすべてビス留めで、ビスはステンレス製の65mm、75mm、90mmを適宜使い分ける（67ページ）。デッキ天板は、経年変化で木裏の側が山状に反るので、上向きに設置すると雨仕舞いには有利。ただし、表面がささくれやすい難点があるため、今回は木表を上向きにした。なお、デッキの高さが地面から30cmを超える場合は、階段も必要。今回は2×6材を3枚並べて踏み板とし、親板も2×6材を使った2段の階段とした。234ページのようにダミーを利用してみよう！

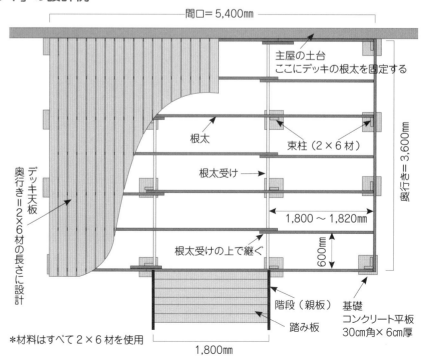

*材料はすべて2×6材を使用

◆「ウッドデッキ」の作り方

❶まずは、デッキの束柱を立てる位置に、コンクリート平板を並べていく。地面がデコボコしているときは、ゴムハンマーで叩いて調整する。❷デッキの根太を主屋の土台に水平にピス留めする。❸適当な端材を仮束にしてデッキ周囲の根太を水平に仮組みし、主屋のそれぞれのコーナーから、手前の根太のセンターまでの距離をメジャーで測る。❹双方が同じ距離なら、すべてのコーナーが直角になるわけだ。❺あらためて束の位置を確認したら、そこに根太の天端から基礎までの長さの2×6材を立て、根太に75mmのビスで留める。これが本束となるので、ある程度の本数の束を立てたら仮束を外す。❻根太の高さ分（140mm）下がった位置に根太受けを渡し、本束の側面に水平にピス留めする。❼その上に根太を渡していく。根太受けへの留めは、90mmのピスを両側から2本斜め打ちにする。❽木口側は90mmピスで3本留めに。❾根太を渡し終えたら、それぞれに束を立てていく。❿強度的に不安なら、根太の下側にもう一本の束柱を重ねてピス留めすれば完璧だ。⓫根太の上に天板を並べ、65mmのピスで留めていく。材と材との間隔はピッタリくっつけて張ればよい。これでも数年後には数ミリのすき間が空くのだ。⓬必要に応じて階段も設置しておこう！

◆ロフトの「テラス」を作る方法

通常のテラスは、地上から柱を立ち上げてテラスの根太を支えることが多いが、小屋の場合は「吊り下げ式」でも強度的には問題ない。❶まず、テラスの床を受ける根太として、2×6材を梁に水平に渡してピス留めする。❷母屋から梁までの距離よりも長めにカットした2×6材を母屋と梁にピス留めし、さらに根太も連結する。それぞれ90mmのピスを最低でも6本は打ち込むか、コモンネイルを併用して強度を確保したい。❸母屋の曲面と側板がうまく密着しない場合は、丸太の曲面をサンダーなどで平面に加工するとよい。❹同じ要領で、手前側の根太も取り付ける。こちら側には梁がないので、より確実なピス留めが大切だ。❺2本の根太にテラスの床板を並べ、65mmのピスで留めていく。❻床を張り終えたら側板を追加して、❼さらに左右の側板を連結するように手すりを作る。各所の部材を一体化することで、テラス全体が強化されるのだ。❽これでデッキとテラスの完成だ！

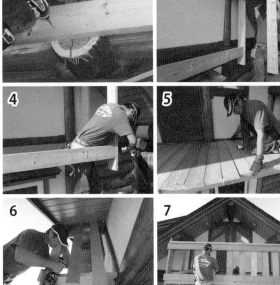

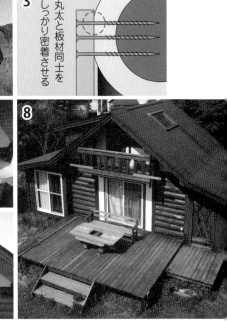

丸太と板材同士をしっかり密着させる

家族で開拓した土地に「ハーフビルドの自宅」を実現！

　私がフリーランスの編集者になって、房総半島に住み始めたのは30歳を過ぎた頃だった。入手した安価な土地は、背丈の2倍の高さはある葦（ヨシ）にびっしりと覆われ、藤ヅルが縦横無尽に這う地面の下には大小の石が大量に埋まっていた。文字通りの「荒れ地」だが、ゼロからの開拓にワクワクが止まらなかった。

　まずは、ホームセンターで買った小型の刈り払い機で草刈りの日々。葦の根っこの塊は土中に固く張り付いていて、スコップで掘るのに1時間以上かかる。それを無数の石塊と一緒に掘っていくわけだ（汗）。掘っても掘っても終わらない……。

　悪戦苦闘する私と嫁の姿を見た知り合いが、不憫に思ったのか中古のユンボを譲ってくれた。100人力とは、まさにこのこと。それまでの苦労がウソのように作業がはかどった。これ以来、道具だけは多少高価でもいいものを選ぶようになった。素人ほど、高性能な道具が強い味方になってくれるのだ。

　開拓がひと段落して、続いて着手したのはビニールハウス作り。2間×4間の小さなものだったが、これが資材や道具の置き場として立派な「小屋」としての機能を果たしてくれた。それと同時に、上水道の敷設や仮設電源の設置も行った。

　その後は本業が忙しくなってしまったが、仕事の合間を縫っては本書で紹介してきた小屋を建ててきた。その積み重ねで、どんな家でも自分で建てられるだけの知識や技術は身についていたと思う。そして、子供たちが大きくなってきたのを機に、いよいよ自宅を建てることに。

　当初は完全セルフビルドで作るつもりだったのだが、突如、数年単位の仕事が入ってしまったため、建築士の友人に相談して「ハーフビルド」で建てることになった。基礎から駆体作り、屋根の仕上げなどはプロにお願いして、それ以外の外装や内装工事、デッキ作りなどを家族や仲間たちで行うわけだ。

　また、素人でも安全に作業できる前提でプランニング

ハーフビルドで建てた我が家は、「1.5階」にしたことで安全、かつ楽しく作業することができた。外壁やデッキ作りのほかに、内装、間仕切り作り、薪ストーブやエアコンなどの設置、外構工事などもセルフビルドだ。ちなみに、使用した建材は地場産のスギやヒノキ、漆喰など身体に優しいものにこだわり、断熱材も標準以上の厚みを使用したが、建築費用は格安住宅といわれる最低ラインよりもさらに安くできた。ハーフビルドは、ローコスト住宅への一番の近道でもあるのだ！

【家作りアルバム】……汗、汗、汗の開拓時代。建材などは、業者価格で購入！

最初の数ヶ月間は、葦に覆われた荒れ地の開拓。まさに気が遠くなる思いだったが、いまから思えば充実の日々だったかも……

開拓者にとっては憧れのにユンボを入手！土地の造成はもちろん、ちょっとしたクレーン代わりにも使えて最高に役立っている。田舎暮らしの最強の友なのだ

荒れ地を畑にするために、慣れない鍬を振るう嫁。その甲斐あって、いまではほとんどの野菜を自給できている。ついでに、米作りもスタート！

小屋を作る前に、資材や工具などの置き場としてビニールハウスを作った。冬はサンルームとしても使えて、結構快適なのだ

田舎暮らしでは、土間のある小屋が絶対に欲しくなる。その意味で、この掘っ立て小屋は最高に役立ってくれた

家族や仲間たちの総力で建てた「木の家」。これまで数百人の方々が遊びに来たが、全員、ここに住みたいという（笑）

をした結果、「1.5階」という変則的な建物を作ることにした。ようするに、普通の建物の2階に当たる部分をロフト＝屋根裏部屋的に活用する作戦だ。2階の天井高は部分的に低くなるものの（一番低いところで1mほど、高いところは2.7mある）、建築費は確実に軽減できたし、総2階の建物に比較して、工事は飛躍的にやりやすくなった。今後のメンテナンスにも便利だと思う。

ハーフビルドの注意点については、96ページを参考にして頂ければと思う。ちなみに、今回は予算的なこともあって、躯体は軸組み構法のプレカットにしたのだが、セルフビルダーのこだわりとして、家の中心に立つ大黒柱だけは自分で刻むことにした。業者によっては嫌がるかも知れないが、ある程度は施主のわがままを通してもらえる業者を探すことも、セルフビルドが成功するための大きなカギを握ると思う。

いよいよ、自宅のハーフビルド開始。当然、基礎打ちにも参戦した。本当は独立基礎にしたかったが、薪ストーブまわりにコンクリの擁壁を作るついでに布基礎にすることに。でも、やっぱりここは独立にしたかったな～

建材類は、工務店の紹介の問屋で格安で競り落とした。業者と知り合いになれることも、ハーフビルドの大きなメリットなのだ

【家作りアルバム】……家族と仲間の力を合わせて実現した格安マイホーム！

家の構造は軸組み構法のプレカットだが、表し仕上げとなる大黒柱は、地場産のスギ丸太を自らチェーンソーで加工した

棟上げはあっという間に完了。足場もしっかり組んでもらったが、この広い外壁を張るのは少々覚悟が必要だった

壁材は、あらかじめ嫁が塗装してくれた。ちなみに、塗料は自然系の「オスモカラー」のクリアを使用

素人だと2週間以上かかると業者に言われた壁張りだったが、実際にはたった5日間で完了。素人パワーは、案外と侮れないのだ。壁の張り方は、相じゃくり板を少しずらず下見張りにした

デッキとテラスは、240ページと同様に2×6材だけで作った。こちらは広さが28畳分とかなり大きかったので、さすがに作業には3日間かかった（汗）

内装の漆喰塗りなども、当然、セルフビルド。漆喰はホルムアルデヒドを吸着したり、調湿作用も期待できるので、健康住宅を目指す人にはオススメだ

間仕切りの収めや作り付けのベッドや巨大本棚、薪ストーブやエアコンなどの設置も含めて、自分たちでできるところはすべてやりきったと思う

超ローコストで実現したマイホーム。ハーフビルドとはいえ、結局、この家も家族や仲間たちの協力に頼りっぱなしだった。いま、感謝をかみしめながら暮らしている……

第7章

セルフビルドで設備などの「自作」に挑戦してみよう！

小屋作りの関連工事マニュアル

小さな建物でもキッチンやトイレ、お風呂などがあれば、そこに暮らすことができる。
より快適なスモールハウス・ライフを実現するために、
セルフビルドだからこそ楽しめる作業にチャレンジしてみよう！

第7章 ◆小屋作りの関連工事マニュアル

STEP 01 「キッチン」を自作しよう！

ツーバイ材や合板、タイルなどを組み合わせれば、意外と簡単に作れるのだ

　小屋といっても第5章ぐらいの規模の建物になれば、水まわり（キッチン、バス、トイレなど）を設置することで、そこに暮らすことができる。水まわりの施工では上下水道の工事も必要になるので、プロの業者と相談しながら自分でできる範囲のことをやってみよう！

　さしあたって、小屋に欲しいのが「キッチン」。システムキッチンのような大げさなものでなくても、コンロと流し台さえあれば簡単な料理を楽しめる。キッチンを自作する場合でも、あらかじめ上下水道やガス管などの設置が必要だ。簡単でもいいのでキッチンの図面をもとに、プロの業者に相談してみたい。

　キッチンそのものは、意外と簡単に自作できる。一番手軽なのは、ツーバイ材で脚を組んで、そこに調理台となる天板を乗せる方法。天板の材料はいろいろあるが、加工しやすい耐水合板がよく使われている。本ザネの床板を流用してもいいし、奮発して分厚い一枚板を使うのもいいだろう。天板にタイルを貼ったり、ウレタン塗装などを施せば防水性もバッチリだ。

　流し台については、天板の一部をジグソーで窓抜きし、そこに市販のシンクを収めるのが簡単。シンク単体はネット通販や一部のホームセンターで購入できる。シンクと天板との継ぎ目は、ていねいにコーキングして防水対策を施しておきたい。シンクの底面にある排水管は、床に設置した排水口に接続。上水道の配管は、フレキシブルに調整できるブレードフレキを利用するのが簡単だ。

　コンロはガス式なら配管を業者に依頼し、IH式なら200Vのコンセントを新設しよう。もちろん、小屋で簡単な料理を楽しむ程度ならカセットコンロにするのも悪くない。あとは、コンロの上部の壁にホームセンターなどで売られている大型フード付きの換気扇を設置すればキッチンの完成だ。

　なお、キッチンを作る場合は、防火対策を講じる必要がある。具体的には、コンロの周囲の壁や天井にケイカル板などの不燃材を使って仕上げていく。近年では、ケイカル板にもいろいろなカラーが登場しているので、センスと工夫次第で楽しい空間を演出できるだろう。

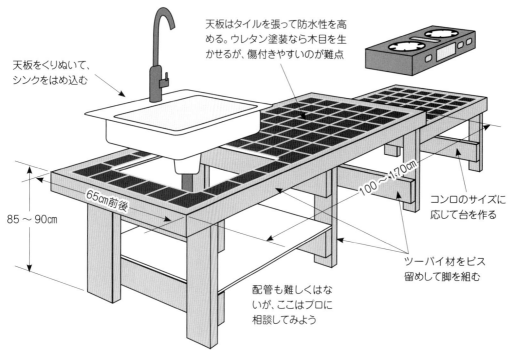

◆キッチンの施工例

これは、ツーバイ材で脚を組んで、耐水合板の天板にタイルを張った例。サイズは目安なので、小屋の大きさやキッチンを使う頻度などで調整してみたい。天板は、シンクを兼ねたステンレス製のワークトップをそのまま乗せてしまうのもありだ。また、天板に一枚板を使うなら、木目を活かしてウレタン塗装してみるのも楽しい。ただし、ウレタンは熱や傷に弱く、メンテナンス性にも難がある。その意味では、オイル仕上げにしてマメにメンテするスタイルでもいいかも知れない。脚まわりは扉や引き出しなどを付けて、キャビネット風にするのも楽しい

用語解説 ケイカル板▶ケイ酸カルシウム板のこと。不燃性で、キッチンや薪ストーブまわりなどに使われる。石膏ボードより水に強い。

◆オリジナルキッチンを自作してみる！

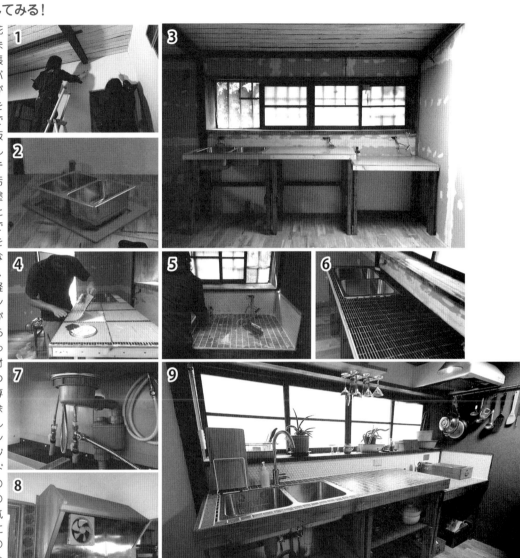

これは、リノベーションを得意とする立花佳奈子さんが自作したキッチンの例。❶まずは、周囲の壁や天井にケイカル板を張って耐火対策。漆喰などで仕上げればバッチリだ。❷天板にはいろいろな材料が使えるが、ここでは12mm厚の耐水合板を使用。シンクがはまる位置をジグソーで切り抜く。❸ツーバイ材で作った脚に天板を乗せ、さらにシンクを天板の穴に落とし込んでみる。脚や天板の接合には、ステンレスのコーススレッドを利用。防水や汚れ対策として、適宜、自然系の安全な塗装を施しておけば安心だ。また、シンクと天板との継ぎ目は、シリコンコーキングで目止めしておくとよい。❹天板にタイルを張れば、防水性がアップして意匠もよくなる。タイルもいろいろな種類があるが、DIY向けのシート状になったものが手軽だ。写真は、専用の接着剤を塗ってからシートを貼り付けるタイプ。シートの裏側が粘着シールになっていて、直接張り付けられるタイプもある。❺タイルシートを張って接着剤が硬化したら、水で練った目地材（目地モルタル）をゴム製のコテで埋め込んでいく。❻目地が硬化する前に、専用のスポンジでタイル表面に付着した余分な目地材を拭き取る。目地材が硬化したら自作キッチントップの完成だ。❼シンクの下側にある排水トラップと排水管をジョイントする。同様に、上水道もブレードフレキなどを利用して配管する。これらの配管工事は基本的に資格が必要となるので、業者に依頼するのが基本だ。❽換気扇のフードは市販品もあるが、このように板材やステンレス板を使って自作するのも楽しい。❾キッチンの天板と壁との合わせ目もコーキングを施しておきたい

◆お湯が使える混合水栓の取り付け方

❶キッチンでお湯を使いたい場合は、このような瞬間湯沸器を利用するのが一番手軽だ。ガス管の接続は業者に依頼しよう。❷別途、給湯器を設置する場合は、混合水栓を付ける必要がある。まず、取り付け脚のネジ部にシールテープを時計回りに7周ほど巻く。❸給湯、給水の両方の取り付け脚をそれぞれの配管に取り付ける。時計回りにねじ込み、最後にハの字になるようにする。途中で逆回しするとシールが切れてしまうのでやり直そう。❹水栓本体を脚に取り付けてナットを軽く締める。❺本体を水平の状態に調整してから、スパナでナットを本締め。❻接続部からの水漏れをチェックして完了だ

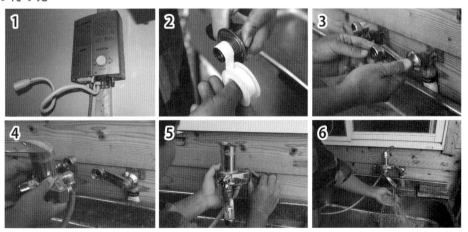

用語解説　耐水合板▶屋外や水まわりでの使用を前提とし、耐水性に優れた接着強度が保証された合板。JAS規格による「特類」の表示がある。

第7章 ◆ 小屋作りの関連工事マニュアル

◆自作キッチンのいろいろ

【ツーバイ材とタイルの定番型】
キッチン本体は、ツーバイ材の脚に集成材のワークトップを乗せてタイルを張った定番型。木部にはアースカラーの自然系塗装を施し、タイルのモザイクとのバランスがじつにいい感じだ。L字型のキッチンの手前側にあるワークテーブルも、もちろん手作り。これだけの広さがあれば、パン作りやソバ打ちなども存分に楽しめそうだ

【小屋にはジャストサイズのミニキッチン】
小屋の中でたまに料理を楽しむ程度なら、写真ぐらいのコンパクトなキッチンでも十分だろう。ツーバイ材同士を接着して自作した天板はウレタン塗装で仕上げ、キャビネット部分は1×4材を組み合わせたものだ。扉も1×4材を枠にして、羽目板の端材を張り付けているだけだが、ミニキッチンの軽快な雰囲気にマッチしている

【意外と便利な屋外型】
釣ってきた魚をさばいて料理したり、家族や仲間たちと外で食事をするときに意外と便利なのがガーデンキッチン。シンクはステンレス製の業務用を流用し、小屋根をかけるだけでも十分に機能的なのだ

【システムキッチンも自作できるぞ!】
女性にとっては憧れの「システムキッチン」。メーカー品でも定価よりかなり安く買えるが（店頭展示品ならさらに安い）、もちろん、その気になれば自作もできる。基本的にはワークトップ、シンク、コンロにプラスして、木の扉などで棚を作り付ければ、かなりウッディな雰囲気を楽しめるだろう

◆「カマド」を作って、おいしいご飯を炊こう!

昔ながらのカマドでご飯を炊くと、メチャクチャおいしいことをご存知だろうか? 火力の強い薪と保温性に優れたカマド、そして羽釜との組み合わせが、10万円の炊飯器を凌駕する絶妙な機能を果たしてくれるのだ。

カマドの作り方は簡単。ペール缶などを型にして粘土（田土など）1：砂3の比率で練った土をカマドの形状に盛り上げていく。このとき、古瓦の破片や平らな石などを骨材として混ぜながら、空気が入らないように10〜15cmほどの厚みで形成していくとよい。土が半乾きになったら型を抜き、焚き口や煙突口を設けて完成。好みで、漆喰を混ぜた土で表面を仕上げるのもよい。

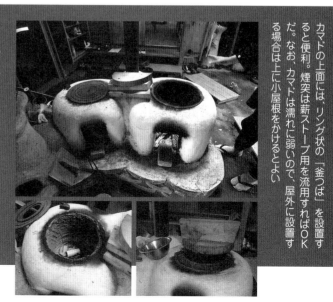

カマドの上面には、リング状の「釜つば」を設置すると便利。煙突は薪ストーブ用を流用すればOKだ。なお、カマドは濡れに弱いので、屋外に設置する場合は上に小屋根をかけるとよい

STEP 02 「お風呂」を自作しよう！

お湯が沸く仕組みは、意外とシンプル。太陽熱温水器のDIYも楽しいぞ！

　以前、長野県の温泉地に暮らす友人と露天風呂を作ったことがある。このときは、ホームセンターで売っているアングルや鉄板をタッピングビスで組み合わせて底板を作り、浴槽の側板にはスギ丸太を組み合わせて設置した。鉄板の下で焚き火をしてお湯を沸かす、少々変則的な「五右衛門風呂」になるわけだ。ところが、いざ浴槽に水を満たしてみると結構な水圧がかかるらしく、丸太の継ぎ目に埋めたコーキングが裂けてシャワーのごとく水が漏れてしまった。そこで後日、今度は丸太の内側からFRPをコーティングして完全防水にすることに成功。近所からもらってきた温泉も浴槽に継ぎ足して、ふたりで極楽の露天風呂を楽しんだのだった……。

離れや下屋に風呂を作るメリットとは？

　建物の中にお風呂を設ける場合、一番のポイントになるのが防水や湿気対策だろう。大量のお湯（水）を扱うことになるので、施工が甘いとどうしても水漏れの心配がある。そこで、一般住宅でも現在の主流になっているのが「ユニットバス」だ。これなら壁の内側にさらに完全防水の壁を作ってしまうので防水性は完璧になる。ゴージャスなものは高価だが、ホームセンターなどでは意外とリーズナブルに売られているものもある。取り付けも自分でできないことはないものの、ここはプロに任せるのが無難だろう。

　とはいえ、お風呂の原理はイラストのようにとても簡単。自分で浴槽を設置して、風呂釜を取り付けるだけでもOKなのだ。フルオートの給湯器の快適さにはかなわないが、我が家も長年にわたって灯油式の風呂釜を使ってきて、これはこれでとくに不便は感じなかった。ヒノキの浴槽などと組み合わせたり、岩風呂風にしてみれば、小屋ならではの究極のバスタイムを過ごせるだろう。

　問題は水漏れ対策だが、一番手っ取り早いのは風呂専用の小屋を作ってしまうこと。昔の日本家屋と同じ考え方で、水まわりを主屋から離して作ることで水漏れ時の

◆お風呂が沸く原理

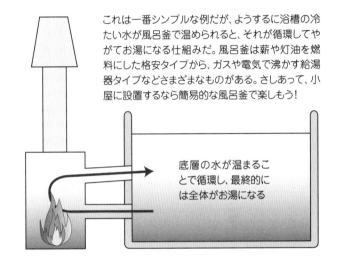

これは一番シンプルな例だが、ようするに浴槽の冷たい水が風呂釜で温められると、それが循環してやがてお湯になる仕組みだ。風呂釜は薪や灯油を燃料にした格安タイプから、ガスや電気で沸かす給湯器タイプなどさまざまなものがある。さしあって、小屋に設置するなら簡易的な風呂釜で楽しもう！

底層の水が温まることで循環し、最終的には全体がお湯になる

トラブルを最小限に留めようというわけだ。それに、また新たに小屋を作るという楽しみも増える（笑）。そもそも、小屋規模の建物内にバスルームを設けるのは、スペース的にも限界があるだろう。

　お湯を沸かす方法は、風呂釜や給湯器を利用するのが一般的だが、太陽熱を利用した温水器を試してみてもおもしろい。現在では屋根の上に設置する真空管式の太陽熱温水器がポピュラーで、設置もDIYで可能だ。そしてさらに、温水器そのものを自作してしまう裏ワザもある。塩ビ管やペットボトルを利用する方法はよく知られているが、ここでは2重ポリカーボネートと塩ビ管を使う方法を紹介する。シンプルな配管なら材料費も1万円ほどなので、かなり画期的なシステムだと思う。

離れを作る方法のほかに、既存の小屋に下屋を作ってそこに風呂を設置するのもありだ

第7章 ◆ 小屋作りの関連工事マニュアル

◆手作り風呂のいろいろ

FRPの材料であるガラス繊維や樹脂、硬化剤などは、ホームセンターやネット通販などで購入できる

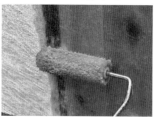

FRP施工では下地材にシーラーを下塗りし、ガラス繊維を張って樹脂を浸透・硬化させていくのが基本

【合板やFRPなどで作る】
浴槽や浴室の自作でよくあるのが、合板や板材で下地を作って防水加工する方法。写真は耐水合板で浴槽や床、壁を作り、特殊な漆喰で防水仕上げした例だが、防水性に優れるFRP（繊維強化プラスチック）で仕上げるのが簡単確実だ。いずれの場合も、浴槽には内部に断熱材を充填すると保温性がよくなる。もちろん、床には排水口を設けておこう

【五右衛門風呂タイプも楽しい】
室内に五右衛門風呂を設ける場合は、給湯式にするのが防火上でも安全だろう。これなら、防水処理した床に風呂釜を置くだけで済む。写真の例は、風呂釜の周囲にセメント入りの粘土を覆うことで保温性を高めている

【屋外型の薪風呂】
こちらは、斜面を利用した高床の下側に焚き口を作り、その上に五右衛門風呂を設置したお風呂。もちろん、燃料は薪だ。このタイプにする場合、焚き口側は耐火レンガや粘土などでしっかりとしたカマドを作り、かつ、浴室ごと屋外の離れか下屋の空間に設置するのが防火対策の基本となる

【岩風呂風に仕上げてみる】
浴槽は普通のFRP製のバスタブでも、浴室の壁に自然石をあしらうと一気に岩風呂の気分を楽しめる。岩はホームセンターや石材店などで入手可能だ。岩を壁に貼り付けるときは、耐水タイプの石材用エポキシ接着剤を使用。下地材はしっかり防水処理しておきたい

◆「薪で焚く風呂釜」を見直してみよう！

現在、一般住宅のお風呂はエコキュートやエコジョーズといった給湯器で沸かすのが人気だが、小屋の暮らしをリーズナブルに楽しむなら、より小型の「風呂釜」がお勧めだ。とくに、写真のような薪を焚く昔ながらのタイプは、沸かしたお湯が軟らかくなって湯上がりもポカポカになるといわれている。仕組みも前ページのように単純明快なので、小屋に導入するにはピッタリだ。風呂釜は、薪と灯油を併用するタイプも売られている。

薪の風呂釜に、ステンレス浴槽を組み合わせた例。実際には、風呂釜は土間や下屋などの屋根の下に設置するのが基本だ。煙突の設置方法は261ページを参考に！

◆「太陽熱給湯システム」を自作してみよう！

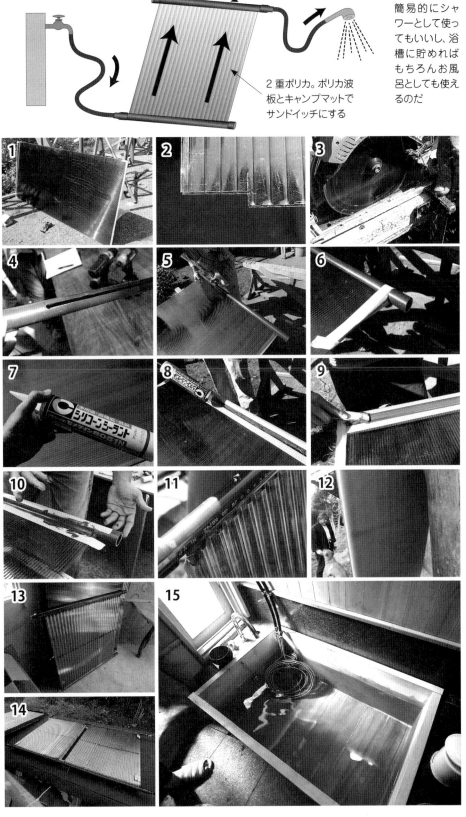

ホームセンターの材料だけで自作できる画期的な太陽熱給湯システム。これは、NPO法人「ESCOT」の藤本治生氏が考案し、それを建築家の筒井壽英氏（光風林）が改良したものだ。仕組みは、2重ポリカ（ツインカーボ）の上下に塩ビ管を装着し、下側から水を通すことでポリカ内で温められてお湯ができるというシンプルなもの。お湯を直接浴槽に注いでもいいし、簡易的にシャワーにするのもよい。筒井氏によれば、夏だと瞬時にお湯になるので、やけどを防ぐためにも必要に応じて混合水栓などを活用したい。また、冬でも晴天時ならお風呂の適温ぐらいまでのお湯になるそうだ。❶2重ポリカは、両面UVカットの4.5mm厚×910mm×1,820mm、ブロンズカラーを使用。❷2重ポリカの四隅をこのようにカッターで切り取る。❸塩ビ管は耐熱性のHIタイプの25mm径を使用。長さ1mにカットし、側面に7mm幅の溝を丸ノコでカットする。あらかじめ溝の端部に、8mm径のドリルで穴を開けておくと作業しやすい。❹ここでは塩ビ管を治具などで固定してカットしたが、塩ビ管がぐらつくと真っ直ぐに切れないだけでなく、丸ノコがキックバックして危険なこともあるので、うまく工夫してみたい。❺溝の長さは2重ポリカの四隅のカット部分の内々の距離と同じにすることでうまくはめ込める。あらかじめ溝の縁をヤスリなどで面取りしておくとよい。❻塩ビ管をマスキングテープで留めてぐらつかないようにする。❼接着は、ポリカーボネートに対応したコーキング（セメダインの「8051N」）を利用。❽接合部分の両側を写真のようにマスキングしてからコーキングを施す。❾先の丸いヘラなどでコーキングをならし、10分後にテープをはがす。1時間後、コーキングが乾燥したら裏面も同様に作業する。❿乾燥後、1回目のマスキングよりも3〜5mm外側にマスキングしてからコーキングを施し、20mm幅×850mm長にカットしたポリカ波板をコーキングのアールに合わせて張り付けて補強する。⓫2重ポリカの表側にポリカ波板（クリア）、⓬裏側にキャンプ用マット（8mm厚）をコーキングで張り付ける。コーキングは数本の線付けで十分。⓭塩ビ管に直接水道を繋ぐなら、ニップルなどを利用してホースを繋げばよい。⓮ベランダや屋根の上などにツーバイ材などで架台を作って設置する。写真はツインカーボを半分にカットした例。⓯これは、熱交換器で浴槽のお湯を温めている例だ

用語解説 ニップル▶塩ビ管や水栓などをジョイントするための「ネジ」が切ってある管状のパーツ

STEP 03 「トイレ」の設置方法

設置自体は素人でも可能。離れに作るなら、「コンポストトイレ」も検討してみたい

　現在の住宅設備、とくに水まわりの設備は施工者の技量の違いによるトラブルをできる限り回避するために、取り付け方法が非常に簡素化されている。これはトイレにもいえることで、付属の施工説明書をよく読めば素人の施工も十分に可能だ。とはいえ、前述したように配管の工事は資格が必要なので、そこだけはプロに依頼するのが基本。設置に関しても、あらかじめメーカーから施工図を取り寄せ、トイレの機種に合わせて適切な位置に給水・排水の配管工事をしてもらおう。なお、便器本体や温水洗浄便座などは、ホームセンターのリフォームコーナーやネット通販などで購入できる。

　ところで、私が第5章の木の家をセルフビルドしていたときは、現場にトイレがなかったので女性客の対応が結構大変だった。そこで作業の合間を縫って作ったのが、掘っ立て風のトイレ小屋だ。丸太の間伐材を焼き焦がして基礎杭にし、その上に1畳弱の小屋をツーバイ構法で作ったのだが、肝心のトイレは以前から試してみたかった「コンポストシステム」を採用した。これは、自然界にある微生物の力で汚物を分解するという優れもの。コンポストトイレ自体は市販もされているのだが、これが想像以上に高額で、ヘタをすると100万円近くするものもある。当然、そんなお金は払えないので、思いついたのが敷地内の畑に置いてあった「コンポスター」を利用する方法。これを少しだけ地中に埋めて、その上にトイレ小屋を建てるだけで、たったの1日で完成させることができた。

　使い方は簡単で、用を足したあとにオガ屑や米ぬか、枯れ葉などをひとつかみ分投入するだけ。これで適度な空気層と水分が保たれて、好気性発酵を促してくれるのだ。オガ屑や枯れ葉などが微生物を供給する発酵促進材としての役割も果たしてくれ、嫌気性発酵と違って嫌な匂いがしなくなる。むしろ、発酵中のいい香りがするほどで、女性の来客者もみんな満足してくれた。もちろん、ウチの嫁にも好評だ。

◆トイレの取り付け例

❶自分でトイレを設置する場合でも、イラストの例のように事前に上下水の配管を業者に依頼しておく。❷配管の位置は、施工説明書に明記されている。❸同梱の型紙を利用して、便座の取り付け穴をドリルで開ける。機種によっては、固定用のパーツもビス留めする。❹便器の排水口に付属のパッキンを装着してから、排水管にしっかりと差し込んで設置する。押し込み不足に注意！❺固定用のビスをドライバーで締め付けて便器を固定する。❻付属の給水ホースで、便器と止水栓を接続する（写真は壁給水の例）。給水ホースがねじれたり折れ曲がったりしないように向きを調整しながら作業する。この後、必要なカバーを取り付けて便器の設置が完了。❼ウチのトイレは木の雰囲気を楽しむために、トイレ内に自然木を利用した手洗い台を設置した。❽ついでに、内装にはスギの羽目板を張ってみた

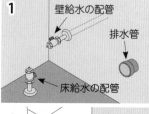
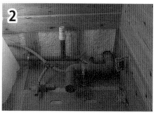
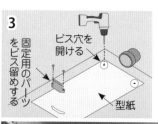

◆不快な匂いがゼロの「快適コンポストトイレ」の作り方

❶まずはトイレ小屋を建てる位置の四隅に丸太の基礎杭を立てて、それを繋ぐように2×4材の土台をビス留めする。さらに、その中央にコンポスターを設置するための穴を掘る。深さは20cmほどでOKだ。丸太杭はあらかじめ焼き焦がしておこう（62ページ）。❷穴にコンポスターを設置する。コンポスターはネット通販で購入できる。今回は中古品を流用。❸コンポスターがぐらつかないように2×4材の根太を入れる。このとき、コンポスターと根太の上端がピッタリ水平になるように、最初に掘った穴の深さで調整するのがポイント。❹根太に12mm構造用合板をビス留め。あらかじめコンポスターの位置に、通常の便器程度の穴をジグソーで開けておく。これで合板がコンポスターを押さえつける状態になり、すき間からの虫の侵入を防ぐわけだ。❺床部分にも12mm合板を張る。❻土台の上に壁の下地となるツーバイ枠を乗せていく。ツーバイ枠の作り方は第1章を参照。❼同様にして屋根枠もツーバイ材で作る。ここはシンプルに片流れ屋根とした。❽ついでに、便座も端材をボンドで貼り付けて自作した。新聞紙を型枠にして、❾ジグソーで切って蝶番で取り付ければOK。❿ドアは2×4材と野地板で作製。⓫室内側のカギは、自然木をビス留めして作る。⓬壁枠に合板、屋根にポリカの波板を張って、トイレ小屋の完成！⓭虫の発生を防ぐために、合板でフタを作って便座に設置した。ちなみに、コンポストトイレでは堆肥化したコンポストを定期的に取り除く必要があるのだが、この自作トイレは何年も経つがいまだに最初に掘った穴の深さをキープしている。つまりは、汚物もオガ屑も枯れ葉もすべて分解消滅している状況なのだ。敷地の環境にもよると思うが、このコンポストトイレは、本当に役立っている

◆建物内にコンポストトイレを設置する方法

　コンポストトイレは、建物内に設置することも可能だ。もちろんその場合でも、用を足したら発酵促進材としてのオガ屑やぬかなどを定期的に投入する必要がある。また、堆肥化したコンポストも定期的に取り除くことが必要だ。
　写真の例では、トイレ下側の基礎内に堆肥を溜めるための大型タンクを設置。タンクは滑車に乗せて、基礎下に設けた扉から屋外に移動できるように工夫している。

工夫次第で、小屋の中にコンポストトイレを設置することもできるのだ

第7章 ◆小屋作りの関連工事マニュアル

STEP 04 「給排水工事」の基礎知識

給水は業者に依頼するのが基本。排水は「浄化システム」を検討してみよう！

　水道工事はそれほど難しくないが、水道本管から敷地内に給水管を引き入れる工事は市町村が指定する業者でなければ行ってはいけないことになっている。また、敷地内の給排水工事も指定業者に依頼するのが基本（パッキンの交換などの軽微な作業を除く）。これは、何らかのトラブルが発生した場合、自宅だけではなく近隣にも影響を与える可能性があるためだ。

　とはいえ、ホームセンターでは水道工事用の材料や工具が普通に売られているし、DIY向けの雑誌などにも水道工事の方法が親切に解説されていたりする。また、小屋の給排水を整備するにあたって、配管の方法や配管位置などを知っておくことは、トラブルの対応時にも役立つだろう。なお、井戸などの自家用水道を利用する場合は、自分で工事しても問題はない。

　給排水管に使用する「塩ビ管」には、いくつかの種類

通常の場合、給水用にはVP管が使われるが、埋め込み部分にはより衝撃に強いHI管と呼ばれる塩ビ管を使用することも多い。排水用は圧力がかからないので、薄いVU管が使われる

水道本管からの引き込み工事やメーター設置などは、指定業者に依頼する。自治体に相談すれば業者を紹介してくれるはずだ。この場合、工事費用のほかに加入金なども必要になる

がある。給水側にはつねに水圧がかかっているので、「VP」管と呼ばれる丈夫な肉厚タイプを使うのが基本。排水管は水を流すだけなので、肉薄の「VU管」でOKだ。管径は給水で13～20mm、排水では呼び径で50mmか75mmがよく使われる。また、給水管は水圧がかかるので問題ないが、排水管は水自体の重さで流すために下り勾配をつける。勾配の目安は一般に管径の逆数といわれ、VU50であれば50分の1、つまり2％程度となる。

　なお、風呂用などで給湯の配管をしたい場合は、「架橋ポリエチレン管」を使う方法がある。フレキシブルに曲げることができる架橋ポリは熱に強く、サビや腐食の心配もない。配管の方法は「ヘッダー」と呼ばれる部材に分岐なしで直接配管すれば水漏れのトラブルが激減するし、従来通りにチーズソケットで分岐すれば材料を節約できる。施工自体も簡単だ。簡易キッチンやトイレぐ

◆実際の配管方法

❶塩ビ管の施工に使う接着剤と継ぎ手。
❷塩ビ管を塩ビ用のノコギリで必要な長さにカットしたら、リーマーなどで切り口を面取りし、接着面の汚れをきれいに拭き、管の外側と継ぎ手の内側の両方に接着剤を均一に薄く塗る。❸すばやく差し込んで、その状態で30秒ほどしっかりと抑えて初期接着させる。途中で緩めると接着が不完全になるので注意。接着後、水を流すのは1日おいてからにしよう。
❹実際の配管では、水道の元栓を締めてから作業する。配管を埋設する深さは、もとの水道管の深さを参考にすればよいが、最低でも地表から20cm以上は埋めたい。管の下に砕石を敷いて、ダンパーなどで突き固めておけばより理想だ。❺排水に関しては、点検・掃除のために排水枡を設けるのが基本。枡の側面にホールソーや自在錐などで同径の穴を開け、ゴムパッキンをはめてから配管すればよい。排水管の勾配は、水盛り管（170ページ）でチェックしよう

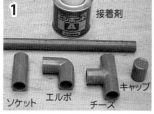

排水枡

ハーフビルドした自宅では、架橋ポリを使ったヘッダーシステムを採用した。分岐がないので、トラブルが少なくなるのが利点だ。専用のチーズソケットを使えば、普通の分岐配管もできる

らいしか使わないなら塩ビ管でもいいが、メンテナンス性を考えると検討する価値はあると思う。

排水は「浄化方法」の選択が重要

　排水はトイレから出る「汚水」、キッチンや洗濯機などから出る「雑排水」、屋根から流れる「雨水」に分けて考えるのが基本。このうち「汚水」と「雑排水」の処理方法は地域の下水道整備状況などによって違ってくるので、近所の人たちがどのようにしているか聞いたり、役場に直接確認してみたい。

　ウチのような田舎では下水道が整備されてないケースが多いが、その場合は合併浄化槽を利用するか、汚水はし尿浄化槽や便槽、雑排水は浸透枡で浄化する方法がある。合併浄化槽の場合は、設置に補助金を出している自治体も多いので確認してみたい。浄化した水は、排水溝や側溝を通じて川へ流すか、敷地内で地下浸透させることになる。なお、雨水はそれほど汚れた水ではないので側溝を通って川に流す場合が多いと思うが、雑排水と同じく下水道に流したり浸透させる方法もある。

合併浄化槽（左）は、汚水と雑排水を一緒に浄化するシステム。設置やメンテナンスは専門業者に依頼しよう。トイレが簡易水洗なら、便槽（右）も使える。こちらは、自分で地面に穴を掘って埋設すればOKだ

雑排水の処理方法として、一番安価な方法と思われるのが「浸透枡」。敷地に余裕がある田舎に建てる小屋には向いてそうだ。仕組みは簡単で、浸透性のよい玉石などを地中に埋めて、フタ付きのコンクリート管を乗せてそこに雑排水を流すだけ。年数を経ると油分などが目詰まりしてくることがあるので、沈殿用のフィルターを介するのも方法だ

◆浄化システムは「傾斜土槽法」が簡単だ！

　雑排水の浄化方法はいろいろあって、私もトレンチ式やコンポスト式などを長年調べてきたが、以前から注目しているのはDIYでも手軽に設置できる「傾斜土槽法」だ。これは、鹿沼土やスポンジなどを充填した箱を何層も重ね、上から排水を流すだけのシンプルなシステム。雑排水中の有機性汚濁物質などは土壌表層に付着する微生物によって好気性分解され、嫌な匂いも発生せずに浄化される。砂や砂利などの濾過槽を通す方法よりも、ずっと効率的でメンテナンスも無用という、私のようなずぼらな人間にも適した浄化方法なのだ。

　この画期的なシステムを開発した㈱四電技術コンサルタントの生地正人氏に15年ほど前に連絡したところ、なんと四国からわざわざ我が家まで直々に指導に来てくれた（感謝！）。生地氏によれば、海外では飲料水の浄化用としてもこのシステムが脚光を浴びているとのこと。土を入れるための専用の箱は現在販売されていないので、ホームセンターなどで売っている適当な箱を加工すれば十分に使えそうだ。

生地氏の自宅にある傾斜土槽は、3段積みタイプ。すでに17年間も活躍しているとのことだ

箱の中には鹿沼土のほかに、小さくカットしたスポンジを混ぜるとよい

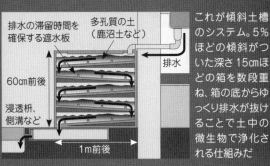

これが傾斜土槽のシステム。5%ほどの傾斜がついた深さ15cmほどの箱を数段重ね、箱の底からゆっくり排水が抜けることで土中の微生物で浄化される仕組みだ

用語解説 合併浄化槽▶内部はいくつかの仕切りで分かれていて、嫌気性微生物と好気性微生物の組み合わせで汚水を浄化する。

STEP 05 「電気工事」にチャレンジ！

電気工事士の資格が必要だが、作業自体は簡単。「オフグリッド」も検討してみたい

　個人で小屋作りを楽しむとき、ひとつのハードルになるのが「電気工事」だろう。小屋程度の建物なら配線もシンプルだが、工事をするには資格が必要になるからだ。しかし、電気ケーブルを隠蔽配線する場合は、内装工事と並行して照明やスイッチ、コンセントの位置を決めて、必要なパーツやケーブルを取り付けなければならない。その意味で、工事自体は業者に外注するとしても、配線の基本的な原則を知っておくと絶対に役立つ。

　というか、自分で資格をとってしまえばマイペースで作業ができるし、工事の効率も断然よくなる。いまや、電気工事に必要なパーツ類やケーブルなどは、すべてホームセンターで入手できる時代だ。自分で電気工事をするには「第二種電気工事士」の資格が必要だが、学歴や経験を問わず誰でも受験できるので、ぜひ資格をとることをオススメしたい。

配線計画と実際の工事の流れ

　自分で電気工事を行う場合、まずは照明やそのスイッチの位置、コンセントはどこに何ヶ所つけるかなどを簡単な図面に記号で書いておく。ここに各コンセントで使う電力を想定して回路を振り分け、配線図を描いてみる。

　こうした配線計画の作業は、電気工事士の試験をパスしていれば楽勝のはずだ。

　実際の電気工事に使用するメインの材料は、「VVFケーブル（Fケーブル）」という扁平型のケーブル。中に電線が2本入っている2芯タイプと3本の3芯タイプがあって、3路スイッチに配線するときは3芯を使用する。

　このケーブルを分電盤のある場所から、コンセントやスイッチ、照明などの位置まで配線するわけだが、小屋の場合はケーブルをあえて見せる露出配線（130ページ）を検討してみてもいいかも知れない。第5章の木の家では隠蔽配線したが、壁の間柱や天井の垂木に横方向に配線するときはドリルで20mm径ほどの穴を開けてケーブルを通した。また、床下や妻壁の上部の空間もケ

◆配線の基本的な仕組み

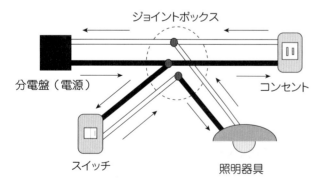

通常の電気配線ではFケーブルを使用するが、この中には白と黒の電線が入っている。そして電気はつねに黒い線を通って遠くへ行き、そこで仕事をしてから白い線を通って帰ってくるわけだ。基本はこれだけ。あとは照明やコンセントの数によって、ジョイント数が増えるだけだ

◆配線図を描いてみよう！

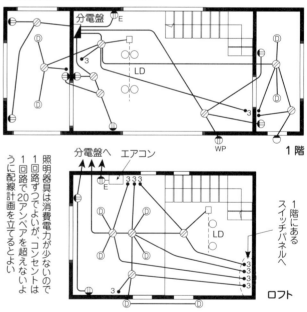

⊘ ジョイントボックス　・スイッチ　・³ 3路スイッチ　Ⓓ ダウンライト
○ 天井ライト　　ブラケット　LD ライティングダクト　◉ コンセント

これは、第5章の木の家の配線図の例。照明の回路は1階・ロフトともに1回路ずつ、コンセントは1階がアース（E）付きを含めて4回路、ロフトはエアコン用を含めて2回路とした。このように、各回路は照明用とコンセント用を分けて配線計画を立てるとわかりやすいだろう

用語解説 3路スイッチ▶ひとつの照明器具を2ヶ所でオン・オフできるスイッチのこと。1階とロフトで共通の照明を使うときなどに便利。

ーブルの束を通すのに便利だった。

　配線ができたら、スイッチやコンセントの位置にボックスを取り付け、とりあえずケーブルをボックス内まで通した状態にしておく。基本的に、ここまでの作業は内装の断熱材を充填する前に済ましておきたい。この後、内装を仕上げたら、ボックスにスイッチやコンセントを取り付けて配線を行う。照明の位置には、引っ掛けシーリングなどを取り付ければOKだ。

　なお、ウチの敷地には数棟の小屋が建っているが、最初に作った掘っ立て小屋の分電盤にブレーカーを新設して各小屋に配線している。初めて電気を使用するときは電力会社に申請をして、プロの業者に引き込み工事をやってもらおう。このとき、自分でやった配線の検査をしてもらうことを強くお勧めする。これさえクリアできれば、安心して電気を使うことができるだろう。

◆**ケーブルを通す場所について**

❶小屋から小屋への配線は、CV（架橋ポリエチレン絶縁ケーブル）600V 8㎟をPF管に通して地中に埋設した。ブレーカーの新設については電力会社にも相談してみよう。❷一般住宅では天井裏などを利用して配線するが、勾配天井の小屋の場合は垂木などにドリル穴を開けてそこにケーブルを通す。❸妻壁上部の空間は、ケーブルの束を隠蔽配線しやすい。❹床下も配線するには便利な場所だ

◆**電気配線の一例**

❶VVFケーブルは100m巻きになっている。太さは1.6㎜と2.0㎜があるが、2.0㎜を使っておくのが無難だ。❷差込コネクタ、ジョイントボックス、スイッチボックス、ステップルなども用意。❸作業用の道具として、プロの業者はペンチや電工ナイフなどを多用するが、私のイチオシはホーザンの「VVFストリッパー」。切れ味が最高で被覆もむきやすい。ほか、＋ードライバー、カッターナイフなどを用意。❹スイッチやコンセントを取り付ける位置には、間柱などの下地材にスイッチボックスを取り付けておく。ケーブルをここまで引いてきて、ボックスの中でコンセントなどと結線するわけだ。❺ケーブルの芯線に傷をつけないように被覆を切り取る。VVFストリッパーを使うと簡単。❻ケーブルは天井の垂木や床下の根太、壁内のスタッドなどに、適当な間隔をあけてステップルで固定する。ケーブルが集まる結線部分では、ジョイントボックスの台座を固定し、ケーブルには行き先が分かるようサインペンなどで書いておけばいい。❼電線先端の芯線を剥き出しにする。この長さは、結線する相手に合わせることが大切。たいていは13㎜程度になっている。❽結ぶ電線同士を差込コネクタの穴に差し込む。差込コネクタには2線用～5線用がある。❾ジョイントボックスの台座にカバーを被せて終了。カバーは透明なので中の様子が分かる。❿電柱からの引き込み線は分電板に接続されるので、分電板の設置も含めて電柱からの引き込み工事は業者に依頼したほうがいい。同様に、小屋から小屋への配線もブレーカーの新設を含めてプロに任せよう。⓫それまでにコンセント内までケーブルを通し、分電板の位置までケーブルを伸ばしておくなど、すべての屋内配線を終えておきたい

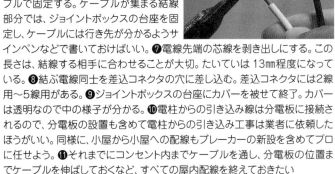

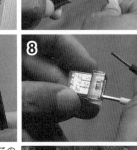

用語解説 PF管▶ケーブルを保護するための合成樹脂製の電線管のこと。自己消火性があり、紫外線にも強いので露出配管にも使える。

第7章 ◆ 小屋作りの関連工事マニュアル

◆ コンセントやスイッチの配置例

❶スイッチ類はプレート付きで市販されているほか、個別に購入して取付枠にはめ込んでオリジナルを作ることもできる。❷ボックスからケーブルを引き出し、指定の長さに芯線を剥いて穴に挿し込む。穴は2ヶ所あるがWとかNと書かれたほう（接地側という意味）に、白いほうの電線を挿しこむ。コンセントは下のほうにも穴が2つあるが、これは「送り」だからここに電線を挿し込めば別のコンセントにも繋げられる。❸電線を挿し込んだら、付属のビスでボックスに取り付け、最後にプレートを被せれば完成だ。❹一般的な照明器具は引っ掛けシーリングに引っ掛けて回すだけで取り付けできる。天井に穴をあけてケーブルを引き出して引っ掛けシーリングに結線終了したら、ビス穴を利用して50mmほどのスリムビスで天井下地に固定する。❺木の家の1階では、床梁を利用してライティングレールを取り付けてみた。状況に応じて照明の位置や数、種類を簡単に変えられて便利。❻屋外に防水コンセントを設置しておくと、今後のDIYを楽しむときにとても重宝する

◆「オフグリッド・ライフ」を楽しもう！

そもそも小屋を自分で作ろうという人は、ライフスタイルにも多少なりともこだわりがあるのではないだろうか？たとえば、私のようにプチ自給自足を目指すとか……。

そんな奇特（？）な皆さんに提案したいのが「オフグリッド」だ。これは、ソーラーパネル（太陽電池）やバッテリーなどを組み合わせて、電力を自給自足するスタイル。現在ではソーラーパネルもかなり安価になってきているし、専用のキットも販売されているので、オフグリッドの導入のハードルはかなり低くなっている。12Vのカー用品を使ったり、パソコンやスマホを充電するぐらいなら数万円のシステムでも十分に楽しめるのだ。消費電力が大きい家電は使えないなどの制約はあるものの、多少の不便も楽しめる人なら試してみる価値あり。今後、ソーラーパネルの性能は格段に進歩すると思うし、鉛蓄電池を使うシステム自体が過去のものになる予感もあるが、とりあえずはこのシステムで楽しんでみよう。

とはいえ、完全なオフグリッドだと曇りや雨の日には、発電量が下がってしまうのが難点。その点、私の知り合いの新聞記者がチャレンジしている「5アンペア生活」などと併用すれば、小屋暮らしもかなり快適になるはず。一度、検討してみてはいかがだろう。

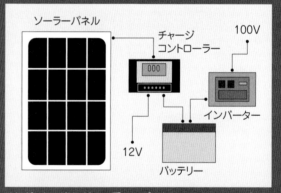

これが、オフグリッドの一番シンプルなシステム。チャージコントローラーにシガーソケットを接続すれば、12V用のカー用品を使うことができる。USB充電も可能だ。また、バッテリーにインバーターを接続すると、一部の100V家電も使える

朝日新聞社の記者である斎藤健一郎さんが、「0円」という最低基本料金の電力での暮らしを綴った『5アンペア生活をやってみた』（岩波書店）。オフグリッドのほか、身近なモノで省エネ生活を楽しむ方法についても触れているので、小屋での暮らしにも参考になりそうだ

用語解説 オフグリッド▶グリッドは電気会社の送電網のことで、これを利用しないで電気を自給自足するスタイルだ。

STEP 06 「薪ストーブ」を作ろう！

世界でひとつだけの手作りストーブで、身も心もポカポカになるための知恵

ウチで使っている暖房設備は「薪ストーブ」だけなのだが、これが最高に気持ちいい。本物の火を眺めながら優しい暖かさに包まれるだけで、日々の暮らしが本当に豊かになった気がする。そんな薪ストーブを自分で作ることができれば、もう言うことなしだ。鉄板の溶接には多少の練習が必要になるものの、小屋を自作しようという方々ならぜひチャレンジしてみてほしい。

薪ストーブ作りの基礎知識

自作ストーブの材料で一番使いやすいのは、金物屋やホームセンターでも入手できる「縞鋼板」。この鉄板の表面には凸凹があって、熱せられても湾曲しにくく、耐久性が抜群なのだ。サブロク版（約91×182cm）が規格サイズだが、六切りや八切りで小売りしているホームセンターもあるので、ストーブ作りにはとても便利。鋼板の厚みは2.3mmが扱いやすいだろう。

実際の作業としては、まず最初に段ボールで模型を作って薪ストーブを置く場所に設置してみるのがいい。これによってストーブの実寸や高さがイメージしやすくなり、煙突や壁との設置関係もわかりやすくなる。

サイズが決まったら、さっそく材料の切り出し。数ミリ厚程度の鉄板なら、金属切断用のブレードをセットしたジグソー、あるいは切断砥石をつけたディスクグラインダーなどで十分にカットできる。材料がカットできたら鉄板同士の接合。溶接する場合は、最近人気のノンガス直流半自動溶接機や直流アーク溶接機を使うと、比較的安定した作業を楽しめる。なお、溶接時には必ず保護面や防護服、革手袋などを着用して、くれぐれも安全第一で作業したい。

溶接はちょっと難しそうだなぁという方は、ドリルタッピングビス（テクスビスなど）での接合を試してみたい。このビスは先端にカッターがついていて、インパクトドライバーでねじ込むだけで鉄板同士を接合できる優れものだ。熱にも強いので、薪ストーブ作りでは大活躍してくれる。溶接と違って多少のすき間ができることもあるが、その場合は耐火パテでふさいでおけばよい。

◆自作薪ストーブの基本構造の一例

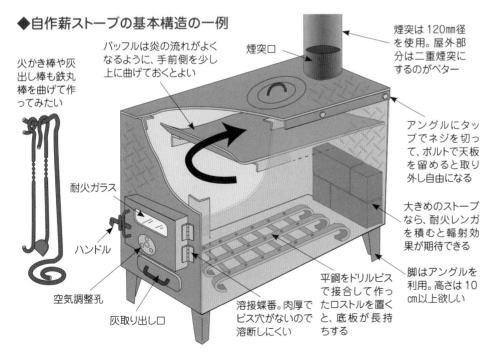

これが自作薪ストーブの一例。必要な材料は、縞鋼板（2.3mm厚）、アングル（3mm厚×30mm）、耐火ガラス（5mm厚×10×25cm）、ガスケット、溶接蝶番（小）などだ。耐熱ガラスやガスケットは、薪ストーブ専門店で入手できる。ストーブのサイズは、高さ40cm×幅30cm×奥行き50cmほどなので、材料の切り出しの参考にしてみたい。なお、薪ストーブ本体は単純な鉄板の箱に煙突を付けただけでは、暖かい空気が煙突を通してどんどん逃げてしまうし、薪もすぐに燃え尽きてしまう。そこでポイントになるのが、薪を燃やす火室と煙突との間に設ける「バッフル」という仕切り板。これがあるだけで、暖房効率が大幅に向上するのだ。また、バッフルの手前側を若干上に曲げると、炎がうまく返ってさらに燃焼効率がよくなる

用語解説 縞鋼板▶しまこうはん。格子状の小さな突起が連続して付けられた鋼板で、滑り止めのスロープなどに使われる。チェッカープレートなどとも呼ばれる。

◆手作り薪ストーブの一例

❶火室の主材料となる縞鋼板は、アングルとともにホームセンターで購入できる。❷アングルは高速カッターで必要な長さに切る。❸溶接機は200Vタイプが強力だが、100Vでも直流タイプならOKだ。❹アングルを溶接しながら、火室部分を箱形に組み立てる。❺ドリルビスで組み立てる場合は、L型金具を補強材にするのもよい。❻アングルを組み終えたら、火室の底面と側面、後面になる縞鋼板を溶接かドリルビスで接合していく。あらかじめクランプなどで仮留めしておくと作業しやすい。❼火室の上面から6～7cmほど下側の両サイドにアングルを取り付け、そこにバッフルを乗せる。天板とバッフルとの距離が空き過ぎると、逆に燃焼効率が悪くなるので注意したい。なお、バッフルは固定しないで、傷んだら交換できるようにしておくとよい。❽火室前面の上半分は縞鋼板を張り、下半分はこのようなアングルで組んだ枠を利用して扉にする。❾扉に縞鋼板を張り、火力調整用の空気孔を取り付けておくと便利。これは簡単な操作で空気量を調整できれば、どんな形状にしてもよい。❿溶接蝶番で扉を取り付ける。ビス留めする場合も肉厚で丈夫な蝶番を使いたい。⓫扉を開閉するためのハンドルを取り付ける。構造は打ち掛けタイプの鍵のようにするのが簡単で、扉を閉めたときにきっちりと閉まることが大切だ。⓬扉を閉めても炎が見えるようにしたい場合は、耐火ガラスを取り付けるとよい。まず、ジグソーで扉の一部を切り抜き、ガラスをはめる部分にガスケットを張る。⓭ガラスをはめて、周囲に平鋼を溶接して固定する。⓮脚はアングルを利用。高さは10cm以上確保しよう。⓯天板は、内部の点検を簡単にするために取り外し式にするとよい。まず、天板の周囲にアングルの枠を取り付け、さらに帯状にカットした縞鋼板を煙突径に合わせて曲げ、ジグソーで穴開けした煙突口に溶接する。⓰これはなくてもいいが、天板に穴を開けてフタを乗せられるようにしておくと、キッチンストーブのようにも使える。⓱本体上部枠のアングルにボルト締め用のネジ穴（5mm径ほどで十分）を開け、タップでネジを切っておく。⓲アングル枠にガスケットを乗せ、⓳天板をボルト留めする。⓴これで完成。かなり酷使しても10年以上の耐久性を持つ優れものだ。なお、底板の消耗を防ぐためには、ロストル（火床）を入れておくのがベターだが、乾燥した砂や灰などを敷いておくだけでもよい

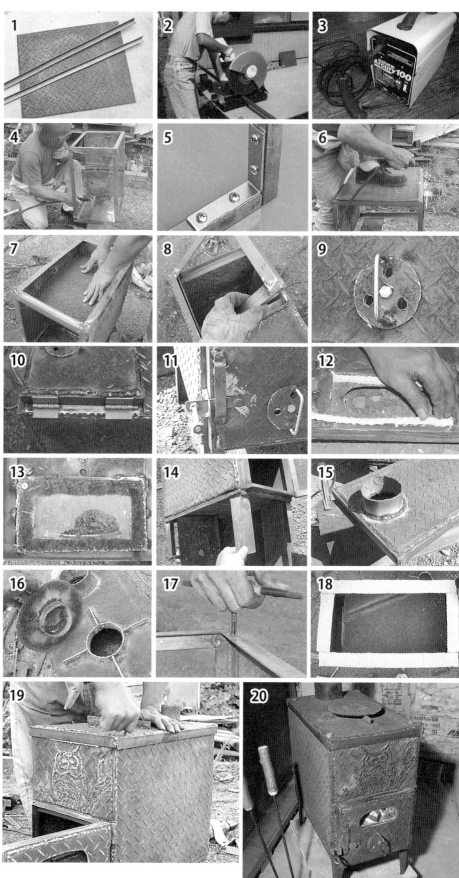

薪ストーブの設置と煙突の取り付け

薪ストーブは高熱になるため、設置の位置や方法には十分な注意が必要だ。まず、室内の壁などの可燃物からは1m以上離して設置するのが基本。それが無理なら、薪ストーブと壁との間にレンガなどの不燃断熱材で炉台を作り、壁との間に3cm以上の空気層を設けておきたい。薪ストーブは下側も高熱になるので、床面はレンガやブロックなどで耐火対策をする。広さは薪ストーブの周囲で50cmほどの幅があればよい。ちなみに、ウチの場合は最初から薪ストーブを採用するつもりだったので、床を土間コンクリートにして、薪ストーブの背後にも高さ1.2mほどのコンクリート壁を立ち上げた。

そして、薪ストーブの性能をフルに引き出すために重要なのが「煙突」の設置。理想は、薪ストーブから垂直に煙突を立ち上げて屋根から抜く方法だ。さらに貫通部分から屋外側は断熱性のある二重煙突にすれば、燃焼効率が格段に向上する。ウチの煙突もこのスタイルにしたら、薪の着火がとてもよく、排煙もスムーズなので煙突内に煤が付きにくくなった。ただし、煙突を屋根に抜く場合は、雨仕舞いを十分に強化する必要がある。それが面倒なら煙突を曲げて壁から抜くことになるが、燃焼効率は多少なりとも低下する。

いずれにしても煙突も高温となるため、低温炭化を防ぐために屋根や壁の突き出し部分にはケイカル板などの不燃材を張り、煙突との間に十分な空気層を設けるか、壁抜きの場合はメガネ石を併用することが重要だ。

◆薪ストーブの設置場所と炉台の考え方

狭い小屋では壁とストーブの距離を保つのが難しいので、背後や側面にレンガなどの不燃材で炉台を作る。床面も同様だ。背後や側面の立ち上がり部分は、壁との間に3cmほどの空気層を設けるのが効果的

◆煙突を取り付けるときの注意点

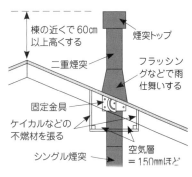

【屋根抜きの場合】
薪ストーブの燃焼効率を考えると、煙突は屋根から抜くのがベスト。イラストの例では、垂木に金具を取り付けて煙突を固定し、屋根と煙突との取り合いに「フラッシング」と呼ばれるカバーを取り付けている

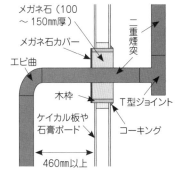

【壁抜きの場合】
小屋を建築したあとに薪ストーブを設置する場合は、壁抜きにするのが無難だ。この場合、煙突の貫通部分に断熱のためのメガネ石を入れ、さらにその部分は二重煙突にするのが基本。メガネ石はホームセンターなどで入手できる

◆煙突の設置の実際

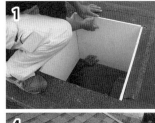

❶屋根下地に50cm四方の切り抜きを入れて垂木で枠を作り、その内側にケイカル板などの不燃材を二重にビス留めする。❷固定金具で煙突を取り付ける。ここは二重煙突を使いたい。❸煙突をフラッシングでカバーする。❹さらに水切り板やコーキングを併用しながら屋根仕上げ材を張っていく。写真は、アスファルトシングルで仕上げている例。❺煙突をジョイントして、雨仕舞い用のトップをセットする。煙突は棟の近くで、棟より60cm以上高くするのが理想だ。❻室内側はケーシングなどで貫通口を隠してもいいが、ウチではメンテナンス性を考えてそのままにしてある

用語解説 低温炭化▶ストーブやコンロなどによる継続的な低温の蓄熱によって、壁や柱などが炭化すること。火災の原因となって危険だ。

第7章 ◆ 小屋作りの関連工事マニュアル

STEP 07 「エアコン」の取り付け方

小屋といえども、エアコンがあるだけで夏の酷暑も超快適！

　海の近くにある我が家は、真夏でも浜風が吹くと涼しく過ごすことができる。しかし、とくに事務所にしている部屋は西日が直接当たることから、無風のときには灼熱地獄と化す。さすがに全然仕事にならないので、エアコンを導入することにした。人工的な風は好きじゃないのだが、近年の異常な酷暑にはあらがえないのだ……。

　エアコンの取り付け自体は簡単で、添付されている説明書を読めばだれでも1～2時間ほどで作業できる。また、取り付けにはエアコン本体以外に配管類が必要になるが、ホームセンターやネット通販ではそのものズバリの「エアコン配管キット」なるものが売られている。フレア加工済みの銅管（保温材、ナット付き）、保護テープ、粘着テープ、サドル（留め具）、パテ、ドレンホース、ウォールカバー（壁内パイプ）、配線用ケーブルなどが過不足なく含まれていて数千円なので、これを利用すれば材料費も無駄にならない。ただし、電気ケーブルの結線やアース作業は資格が必要になる。前述したよ

暑さ対策では小屋の中に風が通る間取りにするのが基本だが、無風のときにはエアコンがあるとメチャクチャ快適に過ごせるのだ

うに、やっぱりセルフビルドでは電気工事士の資格があると絶対に役立つのだ。

　作業の最大のポイントになるのが、「エアパージ」と呼ばれる工程。これは、接続した配管内の空気や湿気などを完全に抜き取る作業で、これをしないとエアコンがうまく作動しなくなり、ヘタをすると故障の原因にもなる。エアパージに必要な真空ポンプやトルクレンチなどもネットでレンタル利用できるので、ぜひともこれらを用意してチャレンジしてみよう。

◆エアコンの取り付け方法

❶最初に室内機を取り付ける金具をビスで壁に取り付ける。ビスは下地の間柱に利かせよう。❷壁内に配管を通すための穴をホールソーなどで開ける。壁内の電線を切らないように注意。❸壁の内部に虫や雨水が浸入しないようにパイプを挿入しておく。❹室内機にFケーブルを結線し、室内機の配管と一緒にパイプへ通しながら、壁の金具板に取り付ける。❺これが「配管キット」。必要な長さの配管を入手しよう。❻屋外側に配管をジョイントし、ケーブルと一緒に保護テープでまとめてから粘着テープで束ねる。壁内の配管は、若干の水勾配をつけてドレンホースからスムーズに水が流れるようにするのがポイント。壁穴のすき間はパテで埋めておく。❼室外機に配管とケーブルを接続。配管作業はトルクレンチを使用するのが基本だ。❽エアパージはレンタルの真空ポンプを利用。説明書通りに作業すれば難しいことはない。❾最後に配管の劣化を防ぐためにカバーを取り付けて完成！

用語解説 水勾配▶水が流れるようにつける勾配で、通常は1/50～100程度が目安になる。

STEP 08 「ブロック基礎」の作り方

手間と経費をかけずに、強度のあるブロック基礎にする方法

小屋を支える基礎として、本書では束石や掘っ立ての束、そしてコンクリートの独立基礎などを推奨してきた。そのメリットは各章に書いてきたが、正直、もっと規模の大きな住宅だとしても、法律的なハードルがなければ独立基礎をお勧めしたいところだ。

しかし、敷地の条件によっては地盤が軟らかかったり、小屋の下に雨水を入れたくないケースもあると思う。通常の住宅ではそうしたことを考慮して布基礎やベタ基礎が一般化しているわけだが、重量の軽い小屋、3坪以下の物置、ガレージ、ガーデンハウスなどであれば、型枠を使った大掛かりな基礎を作るのは手間も経費もかかってもったいない。そこで、もうひとつの選択肢として提案したいのが、DIYでも手軽に作れる「ブロック基礎」だ。

この基礎は、布基礎のように線で一体化することによって強度を発揮するのが特徴。とはいえ、ブロック単体だけだと部分的に大きな荷重がかかるとそこだけ沈みやすくなるので、ブロックの下側に一体化した鉄筋コンク

◆ブロック基礎の断面

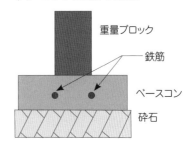

ここでの施工例では、イラストのようにコンクリートでベースを作り、中に鉄筋も入れたため、ブロック基礎としてはかなり丈夫になっている

リートのベース（ベースコン）を設けることで、それほど手間と経費をかけずに強い基礎にできる。改善の余地はあると思うが施工過程を紹介したい。

なお、コンクリートブロックには軽石を主原料とする軽量ブロックと、砂を主原料とする重量ブロックがある。ホームセンターでも両方が売られていて混同しやすいが、建物の基礎にするならより強度のある重量ブロックを使いたい。1個の長さは390㎜、高さ190㎜。厚さは100、120、150、190㎜がある。

◆ブロック基礎の施工方法

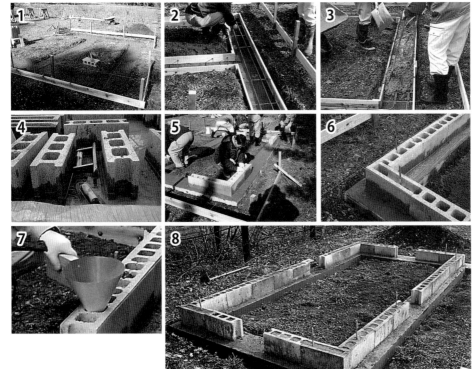

❶まずは、170ページの要領で、水盛り・遣り方を行う。❷型枠となる幅10cmほどの板を長さ300㎜の「丸セパ」という基礎打ち専用の金具で繋ぎ、その上に10㎜鉄筋を2本並べて結束線（171ページ）で結束する。❸型枠の天端まで生コンを流し込む。❹生コンの水分がブロックに吸い取られるのを防ぐため、ブロックの生コンと接する下側に、あらかじめ吸水させておく。❺生コンがまだ固まらないうちに、ブロックを15㎜ほどの深さ分、めり込ませながら並べていく。このとき、天端を水糸に合わせて水平を調整すればいい。水糸はブロックのカドより5㎜ほど外側に張ったほうが、ブロックに接することがなくて都合がいい。❻アンカーボルトをコンクリートの奥まで挿し込んでおく。❼生コンが固まってから、ブロックの空洞にモルタルを詰める。❽ベースを隠すように土を埋め戻せば完成。小規模な小屋などには十分な基礎だ

Technical Note

◆作って楽しいあんな小屋、こんな小屋。「素材」について考える

本書で紹介している小屋は、ツーバイ材や角材、丸太（間伐材）などの「木」を使って構造体を作っている。しかし、考え方をもっと柔軟にすると、ほかにも小屋を作れる材料は「無限」にあるのだ。

まず、日本家屋でも普通に使われてきた「土」。現在では、土を袋に詰めて積み上げていく「アースバックハウス」と呼ばれる構法もある。下の写真は私の知人たちが作ったもので、土に消石灰やセメントを混ぜて土嚢袋に充填。それをレンガのように積み上げて壁を形成している。壁の上部にアンカーボルトを垂直に埋め込み、それで屋根の垂木をジョイントしている。壁の幅は30cmほどもあるので、強度や断熱性能はかなり期待できるだろう。

そして、日本における小屋作りの材料として、無限の可能性を秘めているのが「竹」だ。下の例も、私のセルフビルド仲間が、バンブーハウス作りの盛んなバリ島で修行したノウハウを盛り込んだもの。竹は丸のまま骨組みの材料にするのもいいが、細かく割くことで自由自在の形を作ることができる。柔軟構造なので強度もそれなりにあって、しかも材料費はタダ。いまの日本の里山では邪魔者扱いされてもいる竹だが、この貴重な資源を活用しない手はないだろう。

そして、忘れてならないのが「稲ワラ」。ご存知のようにワラ葺き屋根や小屋などで古くから使われてきた材料だ。耐久性には難があるものの、何層にも重ね合わせることでそのデメリットを緩和できる。工夫しがいのある素材と言えるだろう。

ほかにも、不燃性の「布」を利用したティピー、自然の素材ではないが足場用の「単管」も手軽に利用できる材料だ。どんな材料を使うにしても、それをうまく活用するには創意工夫が必要になるが、なんとか完成させたときの感激は、建物の規模に関係なく最高のものになると思う。

アースバックハウス

現場の土などを土嚢袋に詰めて壁を作る。じつに潔く、シンプルな建物だが、見る人を圧倒させる魅力を秘めた小屋といえる。体力に自信があれば、チャレンジしてみる価値はありそうだ

バンブーハウス

仲間がバリ島で作った4畳の小屋。アーティスティックな屋根の形状は、柔軟に曲げられる竹ならではだ（屋根は銅葺き）。竹の多い日本でも、もっとバンブーハウスが見直されてもいいと思う

ワラ葺き小屋

竹で組んだ駆体に、束ねた稲ワラを巨大な竹串を利用してワラ縄で縫い込んで作った小屋。縄文時代の竪穴式住居を彷彿とさせるワイルドさが魅力的だ

ティピー

竹の骨組みに防炎シートを巻いて作った「ティピー」。中で火が焚けるので、木の家を作っているときは、ここが宴会場になった。大人が20人ぐらい入れる広さだ

単管ガレージ

写真は小屋とは呼べないほどの大きなガレージだが、単管を使えば1人で駆体を組み立てられる。壁はガルバ鋼板、屋根はガルバの折板（せっぱん）を張っている

第8章
ダンドリよく小屋作りを楽しむための基礎知識

セルフビルドの計画と施工管理術

小屋作りを楽しむためには、作り方のノウハウだけではなく、
土地条件を考慮したプランニングをしたり、最低限の法律も知っておきたい。
工具の選び方や小屋を快適にするための知識も解説していこう!

小屋を建てるための「土地条件」

ライフラインや敷地の環境、道路付け、地盤などをチェックしておきたい

◆覚えておきたい土地のチェックポイント

【ライフライン】
水道や電気などのライフラインは生活の必需品。とくに水道は権利関係のトラブルもよく聞くので、あらかじめ不動産業者に確認しておきたい。状況次第では、井戸やオフグリッドなどの活用も検討してみよう！

【土地の形状】
小屋を作るうえでは、敷地はできるだけ平坦なほうがいいが、多少の斜面があっても工夫次第では十分に楽しめる。しかし、あまりにも急な斜面では、業者に造成工事を依頼する必要も出てくる

【道路条件】
普段使用する道路としてはもちろん、資材の搬入をスムーズに行うためにはしっかりとした道が欲しい。また、ログハウスを作りたいとか、基礎作りで生コンを使いたい場合だと、最低でも2トントラックが入れる道路が必要だ

【自然環境】
土地を購入したり借りる場合は、敷地の日当たりや風当たり、水はけ、地盤、気候なども含め、あらゆる角度からのチェックが大切だ。田舎物件の場合は、過去の災害や近年問題になっている獣害も調べておきたい

　私が小屋を作っている土地は、房総半島の片田舎にあって格安の値段で入手できた。しかし、242ページでも紹介したように、荒れ地の開拓はメチャクチャ大変で、ついにはユンボも導入。結局、小屋作りのスタートラインに立てたのは、数ヶ月後のことだった……。

　どんなに安い土地を手に入れても、ウチのような荒れ地や道路のはっきりしない山林、斜面の多い土地などは要注意。158ページで紹介したRさんのように道路の造成から始めるのも悪くないが、それだけで体力も資金も尽きてしまう本末転倒なことにもなりかねない。予算と整地に費やせる期間、自分や仲間の労力などを総合的に考慮して土地を選ぶことをお勧めする。

「ライフライン」は要確認なのだ

　さらに、事前に必ずチェックしておきたいのが、「ライフライン」の引き込みについて。ガスはプロパンでいいとしても、文字通り生命線となる電気と水だけは何らかの方法で引いておく必要がある。しかし、自然に囲まれた静かな田舎の土地ほど、敷地の近くまで電線や水道が通っていないことが多いのでやっかいだ。

　たとえば電線の場合は、一番近い電柱からの距離が電力会社の規定以内なら無料で引いてくれるが、それ以上になると結構な金額の工事費用が発生する。また、他人の土地の上に電線を通さなければならなかったり、新たに電柱を新設するようなケースでは、その承認を得る必要が出てくる。これらも電力会社がすべてやってくれるが、場合によっては数ヶ月～半年ぐらいの期間がかかることもあるので要注意だ。

　水道の場合、基本的に敷地内への引き込みは自費になり、本管が敷地から遠くにあるとかなりの金額がかかってしまう。私の知っている例だと、100mぐらいの距離の引き込みで100万円ほどだったそうだ。アスファルト道路を剥がしたり再舗装する場合は、さらにその工事費用が必要になることもある。

◆井戸の活用について……

敷地内にいい水脈がありそうなら、井戸を掘る手段もある。業者に頼むと費用は20万円からというのが相場だが、セルフビルダーのなかには自分で井戸を掘っている強者も少なくない。利用時には保健所の水質検査を受けておこう

◆軟弱地盤の土地は避けたい

地盤調査の結果次第では、必要に応じて地盤改良の工事が必要なケースが出てくる。これには数十万〜百万円単位の費用が発生する場合があるので、田んぼや湿地を造成した土地は最初から選ばないのが得策だ

　小屋ぐらいの建物なら、電気をオフグリッドで賄っている人は少なくないし、水も井戸などに頼る手段もある。しかし、何らかの理由でそれができないケースも考慮して、やっぱりライフラインだけは事前のチェックをしておくのがいいだろう。なお、具体的なライフラインの引き込みについては272ページを参考にしてみたい。

進入道路や地盤などのチェック

　270ページで後述する都市計画区域内なら問題ないと思うが、田舎の物件の場合だと公道から敷地までの進入路もよく確認しておきたい。とくに安い物件だと、四輪駆動の軽トラしか入れない急な坂道だったり、車そのものが入れないケースもある。とくにログハウスを建てたい場合は、最低でも4mの丸太を搬入できる2トントラックが入れるかどうかを確認しておこう。

　土地の地盤や傾斜も要チェック事項。地盤については素人にはわかりにくいが、もともと湿地帯だったり田んぼだったような土地だと不安だ。地盤が軟弱だと、たとえ自重の軽い小屋といえども、経年によって基礎が不同沈下などを起こして建物が傾いてくるケースもある。地盤の硬さをチェックする調査は数万円でできるので、仲介の不動産業者と相談してみたい。

　田舎の物件では、眺望のいい傾斜地もよく売りに出ているが、あまりにも傾斜のきつい土地では工事自体が難しくなるし、安全面でもお勧めできない。逆に適度な傾斜なら、基礎の作り方を工夫することで半地下を作るなどの楽しみもある（281ページ）。

　なお、土地にかかる法律についても270ページを参考にしていただきたいが、とくに田舎の安価な土地というのは権利関係が複雑になっているケースがある。不動産業者によく確認するのは当然として、自分でも管轄の法務局に出向いて登記内容を調べておくといいだろう。

◆「空気と水の循環」で、荒れ地を豊かな土地にする

　田舎の安価な物件にありがちな傾斜のある荒れ地でも、ちょっとした工夫によって健全で豊かな土地にすることができる。その簡単な方法として注目されているのが、深さ50cmほどの溝を一定間隔で掘る方法。この素掘りの溝によって、地表に降った雨水が斜面を流れながらゆっくりと浸透し、空気と水の循環が促される。結果、表土の流失がなくなると同時に、多様な土壌微生物が共生する健全な環境となり、斜面に生育する樹木や草花などに十分な水分や栄養を供給できるようになるわけだ。

　私も実際に、房総の里山でこの溝の効果によって、篠竹だらけの荒れ地がわずか数年間で豊かな雑木林になった事例を見たことがある。空気や水が循環し、多様な微生物や草木が健全に「呼吸」できる環境は、人間にとっても居心地がいいのだ。

溝を掘ることで空気と水の停滞が改善され、生命が健全に呼吸できる場になる

深さ50cm前後の素掘りの溝を掘る

溝は斜面の等高線に沿って掘るのが基本で、掘り出した土は溝の低いほうへ盛り上げて湿気に強い作物を植えるとよい。溝の中には、雑草や落ち葉、炭などを埋めておくことで、堆肥にすることもできる

用語解説 不同沈下▶軟弱な地盤などで、基礎が場所によって不均一な沈み方をすること。建物が傾く原因となる。

セルフビルドの「設計」を考える

作るときはもちろん、建築後のメンテナンスのしやすさも考慮してみたい……

ほとんどまともな設計図を描かずに小屋を作り続けてきた私が言うのもなんだが、必要な材料を無駄なくそろえたり、現場での作業をスムーズに行うためには、やっぱり最低限の図面があると役立つ。右ページで紹介しているような「平面図」、「立面図」、「伏図」があれば、これから作る小屋のイメージも一気にわいてくるだろう。

といっても、セルフビルドでは設計する人と作る人が同じなので、自分さえ内容がわかればラフな手書きの図面でも十分に事足りる。じつをいうと、私も一番最初に作った小屋では「JW-CAD」という無料のCADソフトを利用して図面を引いたのだが、実際の材料の拾い出しは手書きの図面で十分だったし、小屋組みや建具などの細かい材料の加工なども、捨て板に実寸大の図を描いて現物合わせするほうが確実だった。実際、小屋をセルフビルドしていると当初考えていたイメージがどんどん変化してくるので、最初に緻密な設計図を描いてもあんまり意味がない側面もある。

むしろ重要なのは、建物全体の構成を立体的にイメージすることだろう。とくに初めて小屋作りにチャレンジ

たかがミニチュアといっても、これがバカにできない。実際に作ってみると、壁や妻、屋根などの取り合いや高さの関係がよくわかってとても便利だ

する場合だと、建物の広さと高さとのバランス、ロフトの床高や勾配天井の高さとの関係、開口部の位置や大きさなどが把握しにくい。軸組み構法の場合だと、梁や桁、小屋組み材の配置などもわかりにくいところだ。私は左下のようなラフなパース図を描くことが多いが、スマホ時代の若い人なら無料で使える設計用アプリ（3Dでも見られる！）を活用するのも方法だろう。

アナログ的にやるなら、「ミニチュア」を作るのもいい。精巧なミニチュアを作る人もいるが、段ボールや厚紙で作るだけでも十分にイメージがわいてくるのだ。

セルフビルドで作りやすい小屋とは？

ところで、小屋を設計するときのポイントというか、コツみたいなものはあるのだろうか？

本書では、これまでツーバイ構法や軸組み構法、ログハウス、ハイブリッドハウスなどの具体例を各章に渡って紹介してきたが、前提としては小屋の「用途」によってプランを考えるのが基本だろう。たとえば菜園小屋にするなら床は土間のままでいいし、内装もシンプルでOK。子供部屋にするなら、小さくてもいいからロフトがあると楽しめる。将来的に増築するつもりなら下屋を設けておくとか、そこで暮らせるようにするならキッチンなどの水まわり設備を設けるといった具合だ。

もちろん、これらは「予算」や「スケジュール」、「立地環境」などとの兼ね合いもあるので、本書の実例を参考にしつつ、自分なりのアレンジを加えてプランニング

これは、第3章でご紹介したマイ工房を作ったときに、私が描いたパース図。最初から詳細な図面を描くのもいいが、このようなイメージ的なパースだけでも十分に小屋を建てることができる

素人のセルフビルドでは、安全性を考慮した設計が大切。足場がなくても屋根工事ができるとか、将来的なメンテナンスのしやすさなどを考えよう

してみよう。

具体的な設計方法として重要になるのが、「規格サイズ」をベースにすること。すでに何度も触れているように、家作りに使う木材や合板、建具類、断熱材、設備類などはいずれも455㎜や910㎜といったモジュールで規格化されているので、小屋の設計時もそれを考慮することで無駄を省くことができるわけだ。

また、建物の大きさや形状も作業性を左右する。あまりにも大きな家だと素人には手に余るし、小さい建物でも複雑な形状になると一気に作るのが難しくなるだろう。48ページでご紹介した小屋も変則的な間取りだったので、最初は結構とまどった。ただし、小屋作りを趣味として考えるなら、時間を度外視してじっくりと作り込みを楽しむ選択もありだ。

さらに、セルフビルドの場合は、「素人でも安全に作業できる」ことも重視したい。たとえ小さな建物でも、実際に屋根に上ってみると想像以上に高度感がある。第5章の木の家では、屋根のてっぺんに建つと目線から地面まで6mほどあるので、足掛かりがしっかりしていないと怖いと感じる人は少なくない。その意味では、ある程度の屋根の高さを確保しつつも安全性を考慮した1.5階（163ページ）のプランや下屋を出すスタイルは、ぜひともお勧めしたい。これによって、将来的なメンテナンスのしやすさにも直結するのだ。

なお、実際に図面を描くにあたっては、建築の専門書やWEBなどで模範例を見て、最初はそれらを真似てみるのが無難だ。それでも不安なようなら、迷わずプロの設計士に相談してみよう。多少の経費はかかるものの、プロに任せれば構造的な明らかな不備や耐震性などのチェックもしてくれるだろうし、後述する建築確認申請を行う場合も強い味方になってくれるはずだ。

◆描いておくと役立つ図面の例

【平面図】
設計図面にはいくつかの種類があるが、建物を真上から見たときの「平面図」がすべての基本となる。上は第5章の木の家の平面図で、建物の幅や奥行きの距離、面積などを知ることができる。窓やドア、階段などの位置も印しておけば、間取りのイメージがわいてくるだろう

【立面図】
立面図では外観のプロポーションを描くことで、平面図ではわからない建物の高さや屋根の勾配、軒の出具合、地盤面との関係、基礎の高さ、建具の位置（高さ）などが把握できる。さらに、人物のシルエットを入れておくと、小屋の広さや高さがよりイメージしやすくなる。ロフトに上る階段も、頭をぶつけないような配置や角度を決めやすい。ほかにもボルトの位置や材料のサイズ、種類などもわかるような「矩計図」に近い図面を描いておけばベターだ。理想を言えば、この立面図を東西南北の四方向から見たものを用意すればバッチリである

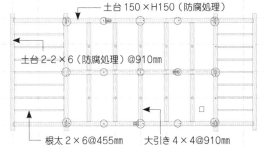

【伏図】
伏図というのは、床や屋根の下地材となる根太や垂木などの配置やピッチなどを図解化したもの。上は床伏図の例で、土台や大引き、根太などの配置がわかるようになっている。たとえば、土台の「2-2×6」というのは、2×6材を2枚重ねて使用すること、根太の「@455㎜」は455㎜ピッチで入れていくことを示している

用語解説 矩計図▶かなばかりず。建物の断面に材の収まりや寸法などを細かく印した図面のこと。

知っておきたい「法律」の初歩

小屋のセルフビルドに関わってくる法律は、最低限知っておきたい

自分で小屋を作るにあたっては、建築基準法をはじめとして、都市計画法、農地法、森林法、国土法、自然公園法といった法律に則ってプランを考えることが大切だ。また、法律だけでなく自治体の条例や地域独自の規制なども考慮する必要がある。少々面倒なようだが、あとあとトラブルになるともっと面倒なことになるのだ。

小屋を建てられない土地には要注意！

セルフビルダーにとって一番気になるのは、その土地に「小屋を建てていいのかどうか」だろう。せっかく購入した土地に家が作れないとなったら悲劇なので、地元自治体の建築指導課や都市計画課、仲介の不動産業者などでしっかり確認しておきたい。

セルフビルドの場合、土地が都市計画（あるいは準都市計画）区域の内なのか外なのかでだいぶ様子が違ってくる。結論から言えば、ウチのような都市計画区域外だと、比較的自由に小屋をセルフビルドできる。

まず、都市計画区域には「市街化区域」と「市街化調整区域」があって、市街化調整区域には原則として建物

私がよく聞かれるのは、自宅の庭に10㎡以下の小屋をセルフビルドするケース。この場合、都市計画区域内であっても確認申請はいらないが、防火・準防火地域だったり、新築扱いになると申請が必要になる

◆土地にかかる主な法律

都市計画法	都市計画区域を定める法律。敷地が都市計画区域内にある場合、10㎡を超える建物を作るには建築確認申請が必要だ。また、市街化調整区域には、基本的に家を建てられないので要注意。都市計画区域外では確認申請は不要だが、特例の地域があるのであらかじめ役所などで確認しておきたい
自然公園法	国立公園や国定公園などに関して定めた法律。敷地がこれらの公園内にある場合、どんな指定を受けているかをチェックしておこう！
農地法	通常はあまり関係ないが、農地を宅地などに転用する場合には、都道府県知事の許可が必要になる
地域条例	小屋を建てる場合に注意したいのが、都市計画区域内の防火に関する規制。防火地域や準防火地域、22条区域では屋根を不燃材で葺き、外壁などを防火構造・準防火性能にしなければならない。ほかに、地域独自の条例や規制があるケースを考慮して、あらかじめ管轄の役所に相談してみたい

は建てられない。また、調整区域に入っていない場合でも、小屋を建てるには後述の建築確認申請が必要だ。例外として、防火・準防火地域でないエリアで、すでに住宅が建っている敷地内に床面積10㎡以内の小屋を作る場合は確認申請が不要になる。ただし、既存の建物と合算した容積率・建ぺい率の範囲内に収めることが必要なので、建ぺい率も容積率もギリギリで建てていると小屋を建てるのは難しい。また、更地に作る場合は新築扱いになるので申請が必要。小屋にキッチンやトイレなどがあって独立して生活できる場合も新築扱いになる。

さらに、防火・準防火地域、22条区域に指定されている場所では「防火制限」がかかってくる。木造の小屋の場合だと、屋根を不燃材で作り、外壁や軒裏を防火構造（22条区域の場合は準防火性能）にすることが必要になる。具体的には、屋根は防火性能を認定されたアスファルトシングルなど、外壁は窯業系サイディングなど、軒裏はケイカル板といった不燃材で仕上げましょうというわけだ。こうしたエリアで、本書で紹介してきたような木の板壁で仕上げたい場合は、室内壁に石膏ボードを張り、外壁の下地を不燃性の面材（モイスやダイライトなど）、モルタルなどにすることで防火構造にできる。

防火制限のあるエリアでも、外壁の下地材として不燃性の面材を張って「防火構造」にすることで、スギ板の下見張りなどで仕上げることが可能になる。くわしくは、管轄の役所などで相談してみよう！

一方、都市計画区域外では、本書で紹介してきた規模ぐらいの小屋（2階建て以下）を建てる場合、建築確認申請は不要だ。私の場合も、すべての小屋や自宅を都市計画区域外のエリアで作ったので、確認申請は必要なかったし、条例などの制約もなかった。ただし、ウチから歩いて5分ほどの海岸沿いのエリアでは、同じ都市計画区域外ではあるものの、「6条地域」という特例エリアに指定されているために建築確認申請が必須になっている（10㎡以下の小屋はOK）。こういったケースは意外と少なくなく、都市計画区域外の田舎といえども、なかなか油断できないのだ。

なお、ハーフビルドする場合やローンを組む場合などは、都市計画区域外でも業者や銀行などから確認申請を求められることがあるので覚えておきたい。

「建築確認申請」はプロに任せよう！

続いて、建築基準法について確認してみよう。

まず、都市計画区域内で建物を作る場合、敷地は幅4m以上の道路に2m以上接していなければならないので、道路のないどこからも進入できない土地には建物を建てられない。また、道路幅が4mもない場合は、道路中心線から2mセットバックした線までが道路とみなされ、そこには建物を建てられない。

建物の構造に関しては建築基準法を順守することが必要だが、2階建て以下の小屋程度の建物なら、耐力壁が非常に少ないとか、極端に急な階段とかといった非常識な作りになっていなければ問題ないだろう。

実際に小屋を作るにあたっては、それが建築基準法に適合しているかどうかの確認を受けることが必要だ。これが前述した「建築確認申請」なのだが、延床面積が100㎡以下の建物であれば建築士の資格がない個人でも申請が可能だ。実際、以前はチャレンジ精神旺盛に確認申請をする人は少なくなかったが、たび重なる建築基準法の改正（改悪？）によって現在では相当ハードルが高くなっている。多少の経費はかかるが、ここはプロの建築士に依頼するのが現実的だと思う。あるいは、私のように申請の必要がない都市計画区域外の土地を探し求めるという選択になるだろう（都市計画区域外の場合、申請ではなく届け出をすることになっている）。

なお、初歩的なことだが、電気工事などを除いて建物のセルフビルド自体には資格はまったく無用だ。

◆小屋にかかる「固定資産税」について

小屋が完成してしばらくすると、役所の税務課から固定資産税評価額を算定するための調査にやってくる。ウチの場合は、小屋をたくさん作っても全然音沙汰がなかったのに、さすがに自宅が完成したらすぐに調査の通知がきた（笑）。

調査は建物の室内外に使われている材料などから評価額を決めていくのだが、全国統一の評価基準というのがあって、材料の購入費や人件費（セルフの場合は、当然ゼロ円）などは無関係とのことだった。実際、10万円で作った掘っ立て小屋（97ページ）も、微々たる金額ではあるがしっかりと課税されたのだ（汗）。

ちなみに、一部の壁がないガレージや基礎に固定されていないモバイルハウス、水まわりのない倉庫などは課税されないといわれているが、自治体や担当者の判断によって一概にそうとは言えないようだ。

調査で評価した額は、一度決めたら変えることはない。したがって、セルフビルドでありがちな未完成状態でもその小屋を使っている場合、それが最終の完成形だと言えば、その時点の評価になる

用語解説　延床面積▶各階の床面積の合計。ただし、ロフトの床面積がその階の1/2未満で、かつ天井高が1.4m以下の場合は算入されない。

作業を快適にするダンドリ術

着工前のライフラインの確保が大切。作業中の整理整頓も忘れずに！

建築の世界には、「ダンドリ八分」という言葉がある。ようするに仕事がうまくいくもいかないも、すべてはダンドリ（準備）次第ということ。3日ほどで建てられる小屋を庭に作るならともかく、第5章の木の家ぐらいの規模の小屋を建てるとなると、ダンドリの加減によって作業効率は大きく左右されるのだ。

まず大前提として、より快適に小屋作りを進めるためにも、全体の作業の流れを把握しておきたい。これについては、すでにご紹介してきた実例を参考にしていただくとして、小屋の整地から始まって、材料の搬入、基礎作り、本体工事、内装・設備工事に至るまで、それぞれの工程のなかでも仕事の区切りごとに毎回ダンドリを考える必要がある。足りなくなった材料や工具の消耗品などを補充するとか、必要に応じて助っ人を呼ぶとか、天気の予報によってスケジュールを調整するなど、考えるべきことはいくらでもあるのだ。

また、新たに購入した土地に小屋を建てる場合は、最初にライフラインの確保をしておくことが大切。電気については、仮設電気（臨時電灯）を引いてもらうのが手っ取り早い。これは電柱の新設も含めて、すべて電力会社がやってくれる。また、小屋の完成後もオフグリッド（258ページ）で過ごすつもりなら、最初からそのシステムを作ってしまうのもありだ。電気工具を使うときにパワーが足りないようなら、補助的にエンジン式の発電機を利用するといいだろう。

水道については、井戸を利用できる環境になければ上水道を引くことになる。この場合、水道本管から敷地内への引き込み工事は指定業者しかできないことになっている。権利金も結構高くて、ウチの場合は30万円ぐらいした。小屋を安く作りたい人も、水道の敷設や権利関係などについては事前に確認しておきたい。

作業中のケガに備えた保険もある

実際の作業にあたっては、まず敷地内の整地を行いながら資材置き場を確保する。この場合、作業時の動線を考慮して、小屋を建てる場所と資材置き場の間に、材料を加工する場所や作業台などを置く場所も確保しておく。ウマはシンプルなものが使いやすく、これを最低2

◆着工前にやっておきたいダンドリ

【仮設電気の申請】 新規に土地を入手した場合は、とりあえず仮設電気の設置を電力会社に申請しよう。ウチは「臨時電灯A」というタイプで、料金は月々数千円だった。設置工事は、業者が無料でやってくれる

【整地作業】 庭に小屋を作るなら無用だが、ウチのような荒れ地に小屋を作る場合は下草を刈ったり、石を取り除いたりの「整地」が必要。傾斜がある場合は、基礎の構造も考えてしっかり造成しておきたい

【上水道の敷設】 一般の上水道を敷地内に引くための工事は、指定業者しかできないことになっているので、管轄の自治体に相談してみよう。こちらの工事費用や手数料、加入金などは施主の負担となる

【材料の搬入】 小屋といえども、材料量は結構多い。十分な広さの置き場がなければ、進行具合に応じて必要分を用意するとよい。搬入はトラックをレンタルするか、ホームセンターの配送サービスを利用しよう

◆作業台やウマの作り方

材料を加工するためのウマやテーブルなどは、ツーバイ材などで作っておくとよい。写真はツーバイ材で脚を作って合板を乗せただけの机だが、合板などの大きい材料を加工するときの作業台や食事用のテーブルとして大活躍している

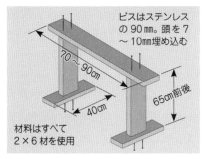

ウマ（ソーホース）にはいろいろなタイプがあるが、21ページで紹介したタイプは軽量で持ち運びが便利で、かつ脚が邪魔にならずに使いやすい。図のように、2×6材をカットしてビス留めするだけなので、初心者でも楽勝で作れるだろう

◆軽トラがあれば作業効率は格段にアップ！

とくに長い材料を運ぶときに非常に便利な「軽トラ」。私は3万円で中古を購入したが、すでに10年以上バリバリ活躍している。また、軽トラの荷台は写真のように作業台としても重宝する。軽トラは、セルフビルドの最強の相棒と言えるだろう

荒れ地の整地作業にはユンボがあると活躍してくれる。また、ハンドカットログハウスを作るなら、2トン級のユニックがあれば百人力だ。ただし、使用時はくれぐれも安全第一で。重機メーカーが行っている講習を受けることを強くお勧めする

脚、できれば4脚作っておくといいだろう。

小屋の本体工事や仕上げ工事などの効率をよくするために考慮したいのが、作業の準備と後片付けにかかるロスタイム。私の経験だと、たとえば5日間かかる工程を連続してやるのと、こま切れで1日だけの作業を5回やるのでは、前者のほうが圧倒的に効率がいい。毎回、養生シートを片付けたり、道具や材料を準備したりの手戻りがあると結構な時間をロスしてしまうのだ。スケジュールの許す範囲で、一定の区切りはまとめて作業してみることをお勧めする。

作業はケガを防ぐために適度な休息を入れ、万一のために救急セットも常備しておこう。私自身は、家族や仲間の作業中のケガに対応した障害保険にも入っておいた。建築中の建物の火災や災害などに対応した保険もあるので、保険会社に問い合わせてみるといいだろう。

◆「南京結び」を覚えておこう！

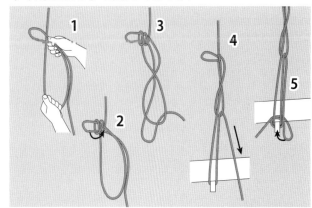

軽トラで荷物を運ぶとき、ぜひとも覚えておきたいのが「南京結び」だ。❶ロープを二重に持ってUの字に折り返し、❷二重の部分にU字側のロープを巻き付け、さらに重ねるようにもう1回巻き付ける。❸U字を1回ひねってから下に垂れているロープを中に通し、❹通したロープを荷台のフックに引っ掛けて、端をしっかりと引き締める。❺端をフックに掛けてから、ロープの後ろ側を通してもう一回フックにかけて完成！

◆材料や小屋の「養生」について

搬入した資材は直接地面に置かずに、枕木などの角材を間にはさんで地面からの湿気を防ぎ、養生シートで全体を覆ってやる。作業中の小屋の養生もシートを使えばよいが、雨水がシートにたまらないように工夫しよう！

◆作業中の整理整頓が重要

作業中の「整理整頓」も習慣にしておきたい。必要な道具や材料がすぐに見つからないとか、作業に使わないものが放置してあると作業効率が悪くなるし、現場のオガ屑などを掃除しないでいると足を滑らせて危険だ

セルフビルダーの「衣食住」

食べて、休んで、寝泊まりする。小屋作りの現場をより快適にするために……

小屋を建てる場所が自宅から遠い場合は、現地での作業を楽しむための快適な「衣食住」を確保してみたい。セルフビルド自体をイベント気分で楽しむのだ。

作業時の服装は季節に応じて好みのファッションで決めればいいが、基本的には動きを妨げず、袖や裾などがヒラヒラしていないものが作業しやすくて安全でもある。アウトドア用のものから選べば無難だろう。私自身が季節を問わずに必ず着用しているのは、薄手の「革手袋」。ただし、手にフィットしない手袋や軍手などは、電気工具などに巻き込まれる危険があるので避けたい。

食事は現場で食べるとコンビニ弁当でもおいしいが、手伝いの仲間が来てくれたときはバーベキューで盛り上がるのも楽しい。おいしい食事こそがエネルギーの源なのだ。自然豊かな田舎の現場なら、新鮮な魚介類や山菜なども入手できるかも知れない。もちろん、10時と15時のティータイムも忘れずに。

現場で寝泊まりするときは車中泊という人も多いが、身体を伸ばして眠ることでしっかり疲れを取ることができる。小屋のプラットフォームができていれば、そこにテントを張るのもいいし、思い切ってティピーを自作するのも方法だ。ちなみに、ウチにあるティピーは竹のやぐらを組んで防炎シートを巻いただけだが、小屋作りよりもむしろ、ここに泊まるのを目的にくる仲間もいるほど快適なのだ。

【衣】動きやすさと安全性を重視

ホームセンターなどでも作業着は売っているが、キャンプやアウトドア用の動きやすい服装でOKだ。靴は滑りにくいものを着用し、安全のために帽子も被っておくといいだろう

私は絶対に手をケガしたくないので必ず手袋をしている。もう何十種類となくホームセンターで探してきたが、いま一番気に入っているのは数百円で買える薄手の革手袋だ

【住】キャンプ気分で楽しもう！

宿泊は車中泊でも悪くないが、やっぱり平らな寝床のほうがぐっすりと眠れて疲労も残らないだろう。ウチではティピーを自作してみたが、大人が4〜5人は寝られて、しかも中で焚き火ができるので作業後の宴会場にもなった（笑）

【食】楽しい食事で元気100倍なのだ！

セルフビルドでは、集中力の欠如による事故を防いだり、ダンドリを再確認するために「疲れる前に休む」が鉄則。10時と15時には茶菓子と飲み物をたっぷり用意しよう！

ウチの場合だと、助っ人たちに例外なく人気のメニューは「カレー」だ。食事はキャンプ気分でバーベキューしてもいいし、コンビニ弁当でも現場で食べるとなぜかおいしい

もちろん、トイレも必要。253ページのようなコンポストトイレを自作するのもいいし、現場用の仮設トイレをレンタルする方法もある。金額は1ヶ月で2万円程度が相場だ

◆「ティピー」を自作してみよう！

ティピーは上部にある開閉扉の角度によって、中で焚き火をしているときの火加減や煙の流れを調整することができる

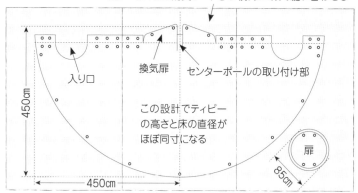

これがティピーの天幕の設計図。基本的には半径450cmの形状だが、奥行きを少し短くすることでティピーが若干後傾し、天幕の前側が合わせやすくなる。天幕の素材は、火に強くてカビも発生しにくい「防炎シート」がオススメ。防水性のシートは軽く、設営が容易になることも大きなメリットだ。ホームセンターで入手できる

❶3枚の防炎シートを太めのタコ糸か麻ヒモで縫い合わせ、設計図通りに切り抜く。❷縫い合わせには、麻針を使うと作業しやすい。また、速乾ボンドを併用することで強度と防水性が高まる。❸入り口の裁断部分は、太いロープを縫い込んでおくと丈夫になる。❹センターポール取り付け部は、シートを3重に折り返してポールに結びつけるための長さ1mほどの細引きを縫い込んでおく。❺天幕の合わせになる部分は、直径20mmほどの穴を開けて、ドーナッツ状にカットした厚革を麻ヒモでしっかり縫い付ける。レザークラフト用のステッチャー（縫い針）を使うと作業しやすい。❻ポールに使用するのは、太さ5cmほどの真竹。長さ5m程度のものを14本用意し、そのうちの3本の上端をロープで縛る。❼地面に直径3m強の円を描き、それに沿ってポールを立ち上げる。❽さらに残りの竹を立てかけながらロープを巻き、円錐状にしていく。頂点部分が少し後傾するように竹の長さを調整してみよう。このとき、入り口の正反対側にポール1本分のスペースを空けておく。❾合計11本の竹を立てたら、地面に打ち込んだ杭などにロープの末端を南京結びなどでしっかり固定する。これで、ポールはびくともしなくなる。❿センターポールとなる竹を天幕の取り付け部に結んで、ティピー後部に立てかける。⓫天幕を広げながらポール全体を覆っていく。⓬合わせの部分は2cmほどの太さの木枝などを差し込んで固定する。⓭入り口の扉はシートを丸くカットし、周囲に丸く曲げた番線を縫い込んで作ればよい。換気扉の穴に残り2本の竹を差し込んで完成！

用語解説 番線▶太さを番号で表す焼きなましの鉄線のこと。一般に番線というと「12番線」を指し、足場丸太の結束などに使われる。

工具と材料の選び方

ホームセンターなどをうまく活用して、工具や材料を賢く入手してみよう！

◆小屋作りで使用する主な電動工具

【丸ノコ】
材料をカットするための必需品。ノコ刃の直径が165mmで、アルミベース仕様のものが軽量で使いやすい。また、125mmの小型充電タイプも意外と便利で、私も愛用している

【インパクトドライバー】
こちらも、セルフビルドの必需品。ビス留めのほか、アダプタを交換することでドリル穴を開けるのにも重宝する。パワーは18Vが人気になりつつあるが、14V仕様でも十分だ

【ジグソー】
材料を曲線切りしたいときに活躍する。私は小型軽量のシンプルなタイプを愛用しているが、カット時に刃が前後に動くオービタルタイプは、よりスピーディなカットができる

【電気ドリル】
直径15mm以上のドリル穴をあける場合、インパクトドライバーではパワー不足になりがちなため、ひとつでもいいので電気ドリルを用意したい。無段変速タイプがオススメ

【ディスクサンダー】
材料を削ったり、表面をなめらかにするためのツール。ノミやカンナの代わりとしても使えるので、私は多用している。また、ディスクを鉄鋼用にすれば、金属の加工や切断もできる

【ブロアー】
なくてもいいが、あると絶対に役立つ工具のひとつ。床や屋根の上に積もったオガ屑を吹き飛ばすことで、作業の安全性を高めてくれる。コード式もあるが、充電式がオススメだ

　本書ではこれまでいろいろな工具を紹介してきたが、あらためてセルフビルドで用意してみたい工具をもう一度整理してみよう。

　作る小屋がどんなタイプでも、私の長年の経験から得た結論は、「いい仕事は、いい道具から」ということ。作業を手伝ってくれる素人の仲間にも、いい道具を使ってもらうと確実に上達するし、安全でもある。素人ほどいい道具を使うのは、もはや鉄則とも言える。

　といっても、現在では一流工具メーカーの多くがDIY向けのリーズナブルな工具をリリースしていて、プロ用と遜色なく使えるほどの性能になっている。難点と言えば耐久性に劣るぐらいだが、我々はプロの大工になるわけではないから問題なく活用できるだろう。それに、高価な工具をいきなり購入するよりも、同じ予算でDIY向けの工具をいろいろとそろえるほうが、作業できる幅が圧倒的に広がってくる。これは、電動工具を始めとして、作業工具や測定工具にもいえることだ。少々古い本だが、私が書いた『DIY工具50の極意』では、工具の選び方や使い方をくわしく解説しているので、そちらも参考にしていただければと思う。

　なお、ログハウス作りに必要なチェーンソーや道具類については、138ページを参考に！

◆小屋作りで「必ず用意」したい道具類

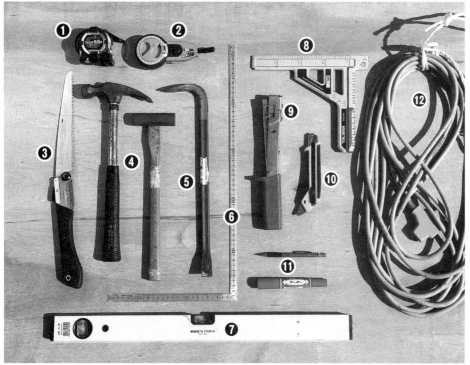

❶メジャー／長い距離を測るための定規。私は長さ5.5m、テープ幅25mmの幅広タイプを愛用している。❷墨ツボ／長い直線を墨付けするための必需品。❸ノコギリ／替え刃式が便利。さらに折り畳み式なら、腰袋に入れていつでも取り出せる。❹ハンマー／ツーバイ用のネイルハンマーと小型の玄能があれば、あらゆる場面で活躍する。❺バール／本来はクギ抜き用だが、材の曲がりの修正や重いものを動かすときなどに便利。❻サシガネ／直角の墨を引くときの必需品。裏表ともにミリ表示タイプが使いやすい。❼水平器（レベル）／垂直や水平をチェックするための必須ツール。小屋作りでは、長さ60cmと90cmの2本あると便利。❽丸ノコガイド／丸ノコと併用して材料を直角にカットするための便利ツール。❾タッカー／ルーフィングやシートをステープルで留めるときに使用。❿カッターナイフ／大型タイプが使いやすい。⓫鉛筆、油性ペン／腰袋に常備したい墨付けの必需品。⓬延長コード／電源から作業場まで電気を引くための必需品

◆なくてもいいが、「あると便利」な道具類

❶カンナ／登場場面は少ないが、材料の面取りなどにあると便利。❷ノミ／ツーバイ構法ではほぼ使わないが、軸組み構法やログハウス作りでは、ホゾの加工や細部の調整用に使用する。刃幅は10mmと30mmがあればよい。❸クギ締め／クギの頭を埋め込むためのツール。❹ミニ定規／ちょっとした計測用に、腰袋に常備しておくと便利。❺自在スコヤ／現物の角度を写し取ったり、任意の角度を墨付けするのに便利。❻チョークライン／用途は墨ツボと同じだが、色の濃い材料には蛍光色のチョークラインが見やすい。濡れたウエスで拭き取れるので、表し仕上げの墨付けにも便利。❼下げ振り／柱の垂直をチェックするためのツール。釣り糸とオモリでも代用可能だ。❽クランプ／材料の仮留めや保持に重宝する。大小数個あると便利。❾ラチェットレンチ／ボルトを使うときの締め付けに。❿コードリール／延長コードよりも長い距離に電気を引くときに役立つ

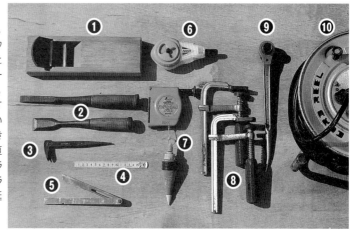

◆ディスクサンダー用のディスク各種

ディスクサンダーは、作業内容によってディスクの種類を変えるのが活用のポイントだ。多用するのは、サンディングディスク、多羽根ディスク、研磨砥石、切断砥石など

◆「ビット」の種類について

インパクトドライバー用のビットは、ドライバー用のプラスビットやスクエアビット、ドリルビット、ソケットビットなどがある。電気ドリル用として、長めのドリルやホールソーなども用意しておくと便利だ

用語解説 玄能▶げんのう。両端が平面になっているタイプのかなづちのこと。片面はわずかに凸面になっていて、クギの仕上げ打ちや木殺しなどに使う。

第8章 ◆小屋作りの計画と施工管理術

◆道具や材料の入手先について

【ホームセンター】
工具も材料も品揃えが豊富で、価格も安い。材料のカットサービス、工具やトラックのレンタル、材料の配送サービスなどもあるので、うまく活用することでセルフビルドでは強い味方になってくれる

【木材店、建材店】
どちらも木材（ランバー材）を扱っているほか、サッシや住宅設備などを扱っている店も多い。木材以外はメーカーからの取り寄せが基本だが、懇意になればいろいろと融通してくれるだろう

【金物店】
近所にある金物店は、ビスやクギ、金具類、コーキング、塗料といった小物類や消耗品などの購入に便利。工具のアフターサービスやトタン・ガルバ板などのオーダーも受け付けてくれる

【ネット通販】
工具や材料などあらゆるものが購入できる。とはいえ、ランバー材や合板、仕上げ材などは送料が高額になるのが難点。私は、主に金物類や特殊なビス・クギ、サッシなどの購入に活用している

材料の入手は適材適所で！

小屋作りに使用する材料には、いろいろな種類がある。右ページにその主な材料を上げてみたが、極論すると前述した工具類を含めて、材料のすべてもホームセンターで入手可能だ。実際、基礎を作るために使う鉄筋やボイド管、セメントなどは普通に売られているし、柱や壁に使う下地材や仕上げ材、屋根材、サイディング、サッシ類、金具類、塗料なども選ぶのが大変なぐらいにいろいろな種類がある。とくに大型の資材館を擁するホームセンターなら、小屋作りに使う材料はそこだけでも全部そろえられるだろう。

私も、最近ではセルフビルドで使用する工具や材料のほとんどをホームセンターで購入している。プロがよく利用する建材店や金物店でも同様の材料はそろうが、価格的にはほとんど変わりがないし、とくに田舎の建材店などだと欲しいものが欠品していることが多々あるのだ。取り寄せで数日から1週間以上待つことも珍しくないので、いつのまにか足が遠のいてしまった……。

ただし、建材店や金物店でもうれしいサービスがある。第3章で紹介した壁トタンやガルバ波板などは、自分が使いたい長さや色などを指定してオーダーできるのだ。これなら材料をカットする必要がないので無駄が出ないし、作業効率もアップする。また、工具のアフターサービスもしっかりやってくれることが多い。さらに、こうした個人経営の店主はそれなりの知識とプライドがあるので、いろいろなアドバイスを受けられることもメリットだ。自分で小屋をセルフビルドしていることをアピールしておけば、出入りの業者を紹介してくれることもある。こうした人のつながりを期待するなら、近所の建材店などと仲良くなっておくのが得策だろう。

そして現在、セルフビルドにおいても非常に重宝するのが「ネット通販」だ。私も以前から金物などの小物類を買うのに利用していたが、いまではホームセンター以上の品揃えがあって、値段的にも遜色がない。サッシなどは送料を含めても建材店で購入するより安く、かつ、納品もすみやかだったりする。ホームセンターではなかなか見つからない金物類や配線工事に使うパーツ類なども翌日に配送してくれるし、前述の波板のオーダーも可能になっているので、もう通販なしでは考えられないのが現状なのだ。

このように、工具も材料も適材適所で購入先を選ぶことで無駄なく効率的に入手できるが、裏ワザとして243ページのように建材問屋の「競り」で入手する方法もある。私は知り合いの工務店に紹介してもらったのだが、激安で木材や設備を競り落とすことができた。

◆ 小屋作りに使用する主な材料

【ランバー材】
ツーバイ材や軸組み構法で使う柱、羽柄材といったランバー材は、ホームセンターで入手できる。また、近所に木材店があれば、使用する量次第では値引きに応じてくれるので相談してみたい

【合板、ボード類】
現在の建築で欠かせないのが構造用合板や石膏ボード、面材など。キッチンや薪ストーブを設置する場合は、ケイカルなどの耐火ボードも活用したい。いずれも、ホームセンターで入手可能だ

【内装材】
床や壁、天井などの仕上げ材もホームセンターで入手できる。気に入ったものがなければ、木材店や建材店に相談してみよう。ヒノキの構造用合板やOSB合板などを表しで仕上げるのも悪くない

【屋根材】
小屋作りで使いやすいのは、軽量な波板やアスファルトシングル、オンデュビラなど。いずれもホームセンターや通販で入手できる。下地にアスファルトルーフィングを併用すれば防水性が高まる

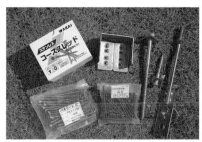

【ビス、クギ、金物】
ビスやクギなどもホームセンターで十分にそろえられるが、アンカーボルトやコーチボルト、あおり止めなどは金物店のほうが品揃えがあるかも知れない。ビスの選び方は、67ページを参考に！

【断熱材】
柔軟性のあるフェルト系と硬質のボード系を適材適所で使い分ける。グラスウールやロックウールなどはホームセンターで買えるが、私がよく使うパーフェクトバリアはネット通販で入手している

【ガラス窓】
窓は自作するのがオススメだが、メンテナンス性を考えると既製品が有利だ。コストパフォーマンスを考えると、アルミサッシのペアガラス仕様がいいと思う。私はネット通販で購入している

【塗料、漆喰など】
外装用、内装用、健康を配慮した自然系などいろいろなタイプがある。私が多用しているのは、オスモカラー、シッケンズ、キシラデコール、柿渋など。漆喰はすぐに使えるインスタント系が便利

◆ 「DIYショー」で、楽しい材料を探してみよう！

　小屋作りのヒントやアイディアを得られる場として、全国各地で開催されるDIYや建材などの展示会がある。私も毎年取材をしているが、ときには画期的な工具や建材などと出会えて結構楽しめるのだ。また、塗装や漆喰塗り、最新工具の試用なども体験できたりするので、ぜひ足を運ぶことをオススメする。
　そういった展示会の場で最近私が気になった商品としては、充電式のスライド丸ノコやチェーンソーがある。自動車のEV化は世界の時流だが、工具もいずれすべて充電式になりそうな気配だ。そして、中国木材㈱の『カフェ板』も無限の可能性を感じる。30mm厚×200mm幅のスギ板にV字形のサネを加工しただけの単なる板材なのだが、意外とこれまでこうしたスギ板がなかったのだ。ドアや小屋本体、露天風呂なども作れそうな材料なので大いに期待している。

上は、私も毎年取材している「DIYホームセンターショー」。下が「カフェ板」。床板としてはもちろん、あらゆる材料として使えそうだ

小屋を快適に楽しむための知恵

もっと小屋作りを楽しく、もっと小屋を快適にする「雑学集」

◆「ゾーニング」を考える

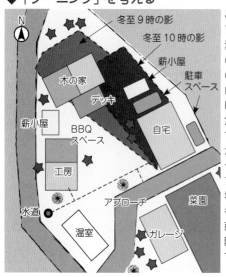

これは、我が家のゾーニングの例。変則的な三角形の敷地なので、木の家の南東側に自宅を作ったときは、冬至の太陽の角度を考慮して、できるだけ木の家が影に隠れないようにした。また、アプローチや駐車場、工房、バーベキュースペース、薪小屋なども、実際の動線を考えて配置している

◆太陽や風の恵みを採り入れる

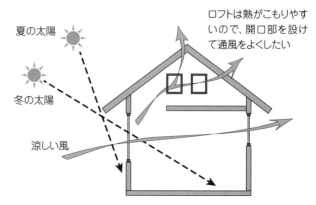

近年では軒の出幅がゼロの一般住宅も増えているが、軒を深く確保することで雨仕舞いは確実に向上し、夏の日射しを遮ることもできる。夏と冬の太陽の角度を考慮して、軒の深さを調整してみよう。また、窓は小屋の対面同士に設けて通風をよくすると、夏を快適に過ごせる

　小屋の土地環境については266ページでも触れたが、その敷地の「どこ」に小屋などを作っていくのかも、よく計画を練っておこう。いわゆる、「ゾーニング」だ。

「ゾーニング」と「小屋の向き」が重要

　一般的には、道路から見て敷地の奥側に建物を作るのが何かと都合がいいのだが、あまり道路から離れ過ぎてしまうと材料の搬入がやりにくくなったり、建築後の外構工事（アプローチなど）が大がかりになりがちだ。また、水道を引くときの工事費用が高額になるケースもある。さらに、建物と境界線との距離の制限は地域の条例や建築協定などによって異なってくるため、限られた面積の庭に小屋を建てる場合などは、必ず管轄の自治体で確認しておきたい。そのほか、駐車場の位置や降雨時の水はけ、周囲の環境、人の動線、将来的なバリアフリー対策なども考慮して小屋の位置を決めてみよう。

　そして、意外と重要なのが小屋の「向き」。開口部を広く取った壁を小屋の正面とするなら、基本的には太陽の光を取り入れやすくするために正面を南や南東方向に向けるのが普通だ。小屋の南側にデッキを設ければ、将来的にサンルームを作る楽しみもある。

　土地の形状や道路付け、小屋からの眺望などの関係でどうしても西向きにしたい場合は、夏の西日がダイレクトに当たらないような小屋の形状や間取りにしたり、西側に落葉樹を植えるなどの工夫をするといいだろう。

「軒の出」や「窓の配置」を工夫する

　小屋のゾーニングや向きにも関連するが、自然の恵みである日照や風をうまくコントロールして採り入れるためには、小屋自体のプランニングも大切だ。

　夏の日中の太陽は仰角が高くなるため、小屋の軒を少しだけでも出すことで強烈な日射しをさえぎることができる。逆に、冬の南中角度は30度ほど（東京の場合）なので、軒を深くしていても部屋の奥まで日射しが入ってきてポカポカ気分で過ごせる。したがって、規模の小さな建物の場合は、南面に縦幅が広い窓や掃き出し窓を配置し、採光や雨仕舞いを考慮して軒の長さを決めればいいことになる。

　また、夏は室内に風がスムーズに抜けるように、窓は小屋の対面に設けるのが基本。暖かい空気は上昇するの

◆斜面を積極的に利用する

これが「根がらみ貫」。束はヒノキの4寸角を基礎石に立て、それぞれの束に貫板を貫通させている。束の間隔は910㎜。これで、いわゆる「柔構造」となり、強い揺れに対して構造体が歪むことで力を逃がしてくれるのだ

で、ロフトの通風も十分に考慮したい。ハーフビルドした我が家も、建物全体で空気が流れるように窓を配置したので、夏でもエアコンなしで快適だ。

なお、現行の建築基準法では、住宅の24時間換気が義務づけられている。シックハウス対策や結露対策などが理由なのだが、これについては疑問を持つ建築家も少なくない。ウチの場合も、業者の勧めもあって各部屋に換気扇を設けたものの、いまだに一度も使ったことがない。健康に配慮した材料を厳選し、窓の開閉による自然換気をマメにできる人にとって、24時間換気は無用の長物だと思うのは私だけだろうか……。

「斜面」に小屋を作る方法

ところで、とくに田舎物件の場合、リーズナブルな土地というのは山の中にあって斜面に小屋を作るケースが少なくない。こうした敷地でよく見かけるのは、コンクリートの基礎を傾斜の形状に応じて作り、プラットフォームを水平にする方法だ。

しかし、自重が軽い小屋の場合だと、この方法は少々大げさかも知れない。そこで私の知り合いが採用したの

◆「ワークショップ」に参加してみる

各地で開催されている小屋作りやDIY、リノベーションなどのワークショップに参加することで、知識や技術の習得ができる。また、そこに集う人たちとのつながりができることも大きな収穫だ

が、4寸（12㎝角）柱を束立てにして基礎にする作戦。この場合、束同士を貫板で水平につないで強度を出すのだが、基礎束に縦長のホゾ穴を開けて、そこに貫板を貫通させてクサビで留めれば、金具を使わなくてもかなりの強度を発揮してくれる。これは「根がらみ貫」という昔ながらの伝統手法なのだが、いまどきこんな手間のかかる方法はコストが合わないこともあってプロの大工はやりたがらない。が、逆にいえばアマチュアのセルフビルドだからこそ、採算度外視でこうしたワザにチャレンジできるともいえる。小屋作りを存分に楽しみたい人なら、試してみる価値はあるだろう。

「ワークショップ」を活用してみよう！

根がらみ貫に限らず、こうした職人のワザは直接教えてもらうのが手っ取り早いが、最近ではSNSなどを通じて開催される「ワークショップ」に参加する方法がある。私自身も小屋作りのワークショップを実施しているが、逆に建築家が主催するワークショップで勉強することもあって、結構役立っているのだ。また、ワークショップに参加することで、セルフビルドという志を共有す

◆小屋の「メンテナンス」を考える

私が一番最初に作った6畳の書斎や3畳小屋などは、現在知り合いの若者たちが使っていて、自分たちの好みで屋根や壁を塗り替えたりするなど、しっかりメンテナンスしてくれている。私が使っている工房も最近塗り替えたら、まるで新築した頃の輝きが蘇ってきた。

小屋が完成しても、セルフビルドはそれで終了するわけではない。自分で作った小屋なら、どこにどんなメンテナンスをすれば長持ちしてくれるかがよくわかるはず。小屋の面倒を見ながら大切に育てていくことも、セルフビルドの大きな楽しみだと思う。

小屋は定期的に再塗装やコーキングなどのメンテナンスをすることで、何十年も使い続けることができる

用語解説 柔構造▶柔軟な材料を使ったり、接合部に余裕を持たせたりすることで、あえて建物が揺れるようにして地震エネルギーを吸収する耐震構造のこと。

第8章 ◆小屋作りの計画と施工管理術

◆小屋を移動する方法

❶まずは、小屋の土台をジャッキアップする。ジャッキは自動車用の2トン級のもので、6畳ぐらいの小屋なら余裕で持ち上がる。❷ジャッキアップした空間に単管や丸太などのコロを入れ、さらにその上に移動時のレールとなる長めの板を2本渡す。❸下屋束がある場合は、根がらみ用の貫板を束に留めて補強する。❹小屋を移動する位置に、あらかじめ基礎石を置いてレベルを出しておく。❺準備ができたら移動開始。コロの転がりを使用しつつ、その上をジワジワと人力で滑らせていく。役割を終えたコロは、進行方向に運びながら移動する。❻移動先の基礎に小屋を乗せ、レベルを調整して作業完了！

る仲間と出会えることも大きな収穫になるだろう。

手軽に得られる知識としては、建築やDIY本なども貴重な資料になる。287ページに私のオススメする本を紹介しているので参考にしてほしい。

小屋を「移動」したり「接続」してみる

さきほどのゾーニングにも関係してくるが、私のように敷地内にいくつかの小屋を作っていると、状況によって小屋を移動したくなるときがある。「そんなことできるの？」と思われるかも知れないが、第1章で紹介している3〜4畳程度の小屋で、基礎と土台をボルトだけで留めていれば意外と簡単に移動できるのだ。

さらに、移動した小屋を2棟以上「ジョイント」して、ひとつの建物にしてしまう裏ワザもある。これによって、小屋と小屋との行き来が楽になると同時に、住空間が圧倒的に広くなるのだ。そしてさらに、小屋同士を連結することによって、ひとつの構造体として強度がアップするメリットもある。私も敷地内のすべての建物をいずれ合体させてみたいと画策しているのだが、それを実現してしまったのが179ページでも紹介した栗田さん。いずれも3坪ほどのログハウスやツーバイ構法、軸組み構法の小屋をすべて繋げて「長屋」のようにしている。

ジョイントの方法はいろいろあるが、小屋の屋根同士にツーバイ材などの垂木を渡し、そこに屋根を掛けてい

◆小屋と小屋をジョイントする裏ワザ

写真上は、栗田さんが5棟の小屋を繋げた例。まさに、小屋を利用した「長屋」だ。見ているだけでもワクワクしてくる。左はジョイントの例。屋根は2×4材の垂木を90mmビスで留め、ポリカ波板で仕上げている。壁は、小屋同士をツーバイ材や合板などで連結。仕上げ材を張ったり、はめ殺しの窓を入れるのも方法だ

こちらは、小屋同士をウォークスルーのデッキで繋げた例。将来的に、このデッキ自体を覆うように屋根や壁を付けたり、小屋を新設する方法もある。小屋の遊び方は無限なのだ！

用語解説 コロ▶重いものを移動するとき、その下に敷く丸太やパイプなどの転がして使う丈夫な材料のこと。

◆現場にあると楽しいアイテム

【バーベキュー場】
仲間が集まったときに、やっぱり一番盛り上がるのはコレだろう。外食するより安く済むし、手間も意外とかからない。作業が終わったあとは、焚き火を眺めているだけでも疲れを癒やせる

【ピザ窯】
これも現場にあるとうれしいアイテムのひとつ。耐火レンガや粘土などを使って自作できるので、みんなで一緒に作れば最高に楽しめる。もちろん、窯で焼いたピザの味も激ウマだ

【露天風呂】
作業で疲れた身体を癒やしてくれるのが、温かなお風呂……。それが現場で入れる露天風呂なら最高だろう。タダでもらってきたドラム缶に、251ページで作ったお湯を入れるだけでもバッチリだ！

【ハンモック】
これは実際に体験した人しかわからないと思うが、作業中の昼寝ほど気持ちのいいものはない。現場で雑魚寝でもいいが、ハンモックがあれば気分も最高なのだ

くスタイルが雨仕舞いも確実だろう。壁に関しては、ツーバイ材や合板で連結して仕上げ材を張ればOK。ドアやはめ殺しの窓を入れる手段もある。もっと簡単にやるなら、ウォークスルーのデッキで渡り廊下のように繋ぐだけでもOKだ。

ただし、もちろんこんな遊びは建築基準法では認められていないので、あくまでも建築確認を必要としない場所で自己責任で楽しんでみたい。

「イベント感覚」で小屋作りを遊ぶ

さて、これまで私はたくさんの小屋を作ってきていろいろな気づきがあったが、結構大切だと思うのが「人が集える場」を作ることだ。もちろん、ひとりで小屋作りを楽しむのもいいし、私自身もコツコツやるのは嫌いではない。しかし、週末の休日を利用してわざわざ手伝いにやってきてくれる人には、それなりのお礼をしたくなる。そして私の経験だと、「おいしい食事」だけで全員が満足してくれる。みんなで一緒に楽しみながら作った食事ならなおさらだ。バーベキューやピザを焼いて楽しんだり、ときには季節外れの餅つき大会をやることもある。小屋作りも含めてイベント感覚で楽しんでしまえば、集まってくれた人たちの思い出にも残ることだろう。

◆「リノベーション」という選択肢……

「ゼロから家を建てるのはちょっと自信がない……」という人は、中古物件を購入して「リノベーション」してみてはいかがだろうか？

中古物件の場合、とくに築年数が古い家だと建て替え前提で売られているので、土地代だけの価格で購入できることが多い。それをリノベーションできれば、予算的には大きなメリットになるだろう。また、すでに建物の形ができあがっている状態なので、雨仕舞いの心配がなくマイペースで作業できることもうれしい。実際、私の知り合いでもこのスタイルを楽しんでいる人は多いのだ。

建物の強度についても問題ないことがほとんどだが、築100年とかの古民家では土台まわりが腐っていることもあるので、そこだけはプロの業者に相談してみるとよい。なお、実際の内外装の仕上げや設備工事のノウハウについては、本書の実例を参考にしてみていただければと思う。

こちらは、古い民家をリノベーションした例。建物の形はすでに決まっているが、内外装にいろいろと工夫を凝らせる楽しみがある。時間の制約があったり、体力に自信のない人でも楽しめるスタイルなのだ

用語解説 リノベーション▶古い建物のよさを活かしながら、新築時以上に使いやすさを向上させる修復作業のこと。

知って役立つセルフビルド用語集

相欠き 木材の継ぎ方で、お互いの部材を半分ずつ欠き取って重ね合わせる方法。

相じゃくり 板材の継ぎ方の一種で、相欠き同様に互いの板厚の半分ずつを欠き取って重ねる方法。

合番 刻みなどの加工を施した材に、組み上げ時の場所がわかるように番号や文字を印すこと。番付（ばんづけ）ともいう。

相見積もり 同様の材料や作業内容について、複数の業者から見積もりをとって金額や納期、その他内容について比べること。略して「あいみつ」とも呼ぶ。

あおり止め 強風などに備え、垂木と桁や壁面の接合部分に設けるパーツ。通常はハリケーンタイなど専用の金物を使うが、小屋程度の建物なら、角材を垂木と桁にピス留めするだけでもよい（42ページ）。

赤身 木材の中心近くの色の濃い部分。芯材ともいう。それに対して、細胞が新しい周辺部分（辺材）は色が薄いため、白太（しらた）と呼ばれる。

東屋 あずまや。庭園などに設置される簡素な建物のこと。日除けや休憩に使われることが多い。洋風にいえば「ガゼボ」だ。

これはツーバイ材だけで作ったガゼボ。休憩所として活躍

校倉（あぜくら）構法 木造建築の構法の一種。木材を横にして井桁に組み合わせて積み上げ、壁面にする方法。奈良の東大寺の正倉院がこの構法の建築物として有名。

当て木 材料を叩いてはめ込むような場合に、材料の表面やサネなどを傷めないために介する端材などのこと。

雨仕舞い 建物内へ雨水が浸入したり、染みたりするのを防ぐこと。また、その施工方法を指す。

表し（現し） 通常は隠れてしまう構造部を露出させる仕上げ方。壁を柱の厚みのなかに収めて柱を露出させた真壁（しんかべ）造りも、柱の表し仕上げだ。

一間 軸組み建築で多用される長さの単位。「間」は「けん」と読む。正しくは約1,818mmだが、建築で実際に使われる数値は「1,820mm」が基本。

芋継ぎ ふたつの部材を、ホゾなどを設けずに突き合わせただけでつなぐ方法。

入隅 いりずみ。壁と壁が内向きに接する窪んだ部分のこと。逆に、四隅などの外向きの角の部分は「出隅」という。

ACQ材 木材に防腐・防虫効果のある薬剤を加圧注入した材料のこと。Alkaline Copper Quaternary（銅・第四級アンモニウム化合物）の略。

OSB合板 合板の一種で、正式には配向性ストランドボードという。ストランド（細長い木片）を接着剤と混ぜて熱圧成型している。独特な風合いの表面をそのまま表しで使うこともある。

拝み 垂木や破風板、筋交いなどが頂点で出会う部分のこと。おがみ。

開口部 窓やドアなどの総称。採光、換気、通行、眺望などの役目を果たす。

外構工事 建物の本体以外の、外まわりの工事のこと。給排水、門や塀、アプローチ、車庫、造園、植栽、舗装の工事などを指す。

片流れ 屋根の形状の一種で、傾斜が一方向だけに流れているタイプ。

矩勾配 かねこうばい。45度の勾配のこと。「矩」は90度の意味があり、矩勾配の屋根は、棟の部分が90度になるため、このように呼ばれる。屋根の傾斜としては急で、屋根材張りなどの施工は大変な反面、雨や雪の落ちがよく、室内空間は有効に使える。10寸勾配と同じ。

矩勾配の屋根はかなり急なので、施工時は注意が必要だ

鴨居 引き戸の上枠として取り付けられる横木で、戸を滑らせるための溝が加工されている。鴨居の下側にある横木は「敷居」。

ガルバリウム鋼板 アルミ亜鉛合金メッキ鋼板のこと。サビや腐れに強く、耐用年数は30年とされる。主に屋根材や壁材などに使われている。

間伐材 スギやヒノキなどを植栽した人工林で、木の成長過程で間引いた丸太のこと。

小屋作りはもちろん、外構工事などでも活躍してくれる

木表・木裏 板材などにおいて、木表は樹皮に近い側で、木裏は樹芯に近い側のこと。

木殺し ホゾを玄能などで叩いて圧縮し、接合しやすくすること。組んだ後に木の復元力でホゾが膨らみ、接合力が強化される。

キックバック チェーンソーや丸ノコなどの刃の先端が、異物にぶつかった反動で自分のほうへ跳ね返ってくる現象。とても危険なので十分な注意が必要だ。

切り妻 妻面が三角形の屋根のこと。片流れ同様にシンプルな構造なので、セルフビルドでも作りやすい。

蹴上げ 階段の1段分の高さ。

ケイカル板 ケイ酸カルシウム板のこと。不燃性で、キッチンや薪ストーブまわりなどに使われる。石膏ボードより水に強い。

ケーシング 窓やドアなどの額縁に使われる化粧材の総称。

桁 けた。梁に直交する横架材のこと。棟木や母屋などと同様に垂木を受ける。

下屋 げや。主屋根から延長されて作られた屋根、およびその下の空間。

けらば 切妻屋根などで、妻壁側の出の部分。けらばに直交する側は軒先と呼ぶ。

現物合わせ 部材を組み合わせるとき、片方の部材をもう片方の実際の部材の形状に合わせて調整していくこと。セルフビルドでも多用する確実な方法だ。

剛床構法 根太を省略して、水平力を強化するために厚い合板（24mm以上の構造用合板）を用いた床組みのこと。「ネダレス構法」とも呼ばれる。

コーススレッド 小屋作りで多用される木

ネジの一種。先端がとがっていて、ネジ山は深くて幅が広く、材質も長さもネジの形状もさまざまなものがある。適したものを使い分けたい。

構造材 土台、柱、梁、桁など、建物を支える主要な骨組みとなる材料のこと。

構造用合板 壁や床の下地に使う合板のことで、日本農林規格（JAS）により製品の規格が定められており、基準に合格したものにはそれを表す印が押されている。

コーチボルト 先端がドリル状にとがっている六角ボルトの総称。細いボルトなら、ボルト用のビットを使うことでインパクトドライバーでねじ込むことができる。

腰壁 壁の下半分、腰の高さ程度（90㎝～1m程度）の高さまで張られた壁のこと。

コモンネイル JIS規格で定められた規格のクギで、主にツーバイ構法に使われる。サイズごとに色分けがされている。

小屋組み 屋根の荷重を支える骨組みのこと。さまざまな収め方があり、トラス方式、ポスト＆パーリン方式、和小屋組みなどがある。ルーフシステム。

実 さね。板材の側面に加工した細長い突起（オス）や溝（メス）のこと。

サブロク板 3尺×6尺の合板の俗称。一般には910×1,820㎜の構造用合板やボード類などを指す。

座堀り アンカーボルトや羽子板ボルトなどのナットの上面が材料面から突出しないように、その厚み分だけノミや専用ドリルで材料を掘り込むこと。ざぼり。

座堀りを施すことで、材料面の内側にナットが収まる

3路スイッチ ひとつの照明器具を2ヶ所でオン・オフできるスイッチのこと。階段の照明など、1階とロフトで共通の照明を使うときなどに便利。

治具 何かを加工したり組み立てるとき、より作業をしやすくするためのサポート的な道具の総称。「じぐ」と読む。

仕口 材をホゾ組みなどで接合する方法。直線的に接合する継ぎ手に対していわれることが多い。

地鎮祭 建物を作る前に、その土地の神を祭り、工事の無事や安全と建物や家の繁栄を祈る儀式のこと。

ウチで地鎮祭をしたときは、近所の神主さんに依頼した

漆喰 壁の仕上げに使われる白色などの材料。本来は消石灰や海藻、麻の繊維を混ぜて作るが、配合済みですぐに使えるDIY向きの漆喰風の材料もある。

重機 油圧ショベル（ユンボ）、クレーン、ユニック（トラッククレーン）といった建設機械の俗称。じゅうき。

充填断熱 建物の駆体の内側に、柱や根太、垂木などの間に断熱材を充填する方法。木造建築ではポピュラーなスタイルだ。内断熱とも呼ばれる。

上棟式 これまでの工事の無事と今後も無事に建物が完成することを祈願する儀式で、棟上げ時に執り行われる。

新月伐採 冬、下弦の月～新月の1週間ほどの期間に原木を伐採すること。新月伐採の木は狂いにくく、腐らず、虫もつきにくいとされる。

芯材・辺材 木材の中心部の色の濃い部分を芯材（＝赤身）、周囲の色の薄い部分を辺材（＝白太）という。芯材は腐れに強く、辺材は含水率が高いため乾燥による狂いが大きく、腐れや虫などの害を受けやすい。

芯々 柱や壁、あるいは材料同士の中心から中心までの距離のこと。内々（内側同士の距離）、外々（外側同士の距離）などで測るケースもある。

芯墨 材料のセンターに打つ墨のこと。あるいは、材料を収めたときに中心になる位置に打つ墨のこと。

末口 丸太の先端の細い側のこと。丸太は、元口（根元側）と直径の差（＝テーパー）があるので、太さの目安を表す際は「末口何センチ」というように使う。

筋交い 柱と柱の間に斜めに入れて、建物や壁の構造を補強する部材。

スタッド ツーバイ構法での壁枠のこと。また軸組み構法で間柱を指すこともある。

成 木材の下端から上端までの垂直距離（縦幅）のこと。せい。

石膏ボード 石膏素材を厚紙で被覆したボード。防火、遮音、断熱性能があり、主に室内の下地材として使われる。「プラスターボード」ともいう。

セトリング ログハウスに見られる現象で、ログの乾燥収縮やログ壁の自重により、壁の高さが徐々に低くなってくること。材の太さや乾燥によって度合いが違い、一般にマシンカットよりハンドカットのほうがセトリングは大きくなる。セトリングが落ち着くまでには3～5年程度かかる。

造作 家を建てることそのものを造作ということもあるが、主に建物内部の仕上げ工事を指すことが多い。天井、床、建具などの工事のこと。ぞうさく。

外張り断熱 建物の構造体の外側に断熱材を張る方法。外断熱ともいう。

タイコ挽き 丸太の側面を平行に挽いた材料で、断面が太鼓のような形状になっているためこう呼ばれる。

タイコ挽きの材料で作ったミニログハウス。いい雰囲気だ

耐水合板 屋外や水まわりでの使用を前提とし、JAS規格による接着耐久性で特類に区分された水に強い合板。

ダボ 木材同士をつなぎ合わせたり、補強するために使う棒状の木製パーツ。

玉切り 丸太を木口と平行にカットして必要な長さにすること。

単管足場 鋼管とジョイントなどの部材を組み合わせて作られた足場。以前の現場に見られた丸太を番線で締めて設置する足場に代わって、現在では足場の主流。

ダンパー 地面を突き固めるための道具で、鉄のヘッドに柄が付いたものがホームセンターで買える。丸太などを使って自作することもできる。

超仕上げ 通常のプレーナー（カンナ）仕上げやサンダー仕上げされた木材に対し、さらに表面を鏡のように光沢のある滑らかな仕上げにすること。

通気層 壁内や屋根内に設ける空気の通り道のこと。通気層を設けることで、木材の腐れやカビの発生などを防ぐ効果がある。

継ぎ手 材と材をホゾ組みなどを用いて直線的に接合すること。

低温炭化 ストーブやコンロなどによる継続的な低温の蓄熱によって、壁や柱などが炭化すること。火災の原因となるため、薪ストーブおよびその煙突周辺やキッチンなどは、不燃材で仕上げる必要がある。

出隅 ふたつの壁同士が出会ってできる外側の角のこと。

戸当り 開き戸を閉めたときに、その位置で戸を止めるためのパーツや細木のこと。

凍結深度 地盤の凍結が起こらない深さのこと。地盤が凍結すると膨張して押し上げられるため、基礎のフーチングや水道の本管からの横引き給水管は凍結深度より深いところに設置する必要がある。とくに、寒冷地では注意が必要だ。

動線 建物内や敷地を人が動くときに通る経路。建物の間取りやゾーニングを考えるときに、移動距離や経路に無理がないようにすることが大切。

胴縁 壁や屋根に仕上げ材などを張るための幅の狭い下地用の板材。縦に入れる場合と横に入れる場合がある。30～45cm間隔で取り付けるのが一般的。どうぶち。

ドーマー 屋根に設けた出窓。ロフトの空間を広げ、採光をアップさせるのに役立つ。本書で紹介しているのは「シェッドドーマー」というタイプだが、三角屋根の「ゲーブルドーマー」、ドーマーの妻面が三角形の「ピークドーマー」などの種類もある。

土間 建物内で床を張らず、土足で歩ける場所。現在ではコンクリートやタイル仕上げの土間も見られるが、かつては土や砂利に石灰、にがりなどを混ぜて叩き固めた三和土（たたき）で仕上げられた。

留め 45度の角度のこと。部材同士が直角に接する場合、留め加工にすることで美しく仕上がる。

トラス 三角形を基本単位としてその集合体で構成される様式のことで、建築では小屋組みにトラスが使われることが多い。

ねこ 建築や工事の現場で、土や砂などを運ぶのに使う手押しの一輪車（または二輪車）のこと。漢字で猫、猫車とも呼ばれる。

基礎作りや外構工事などでは、一輪車を多用する

脳天打ち 材料に対して、真上の方向からクギやビスを打ち込むこと。

軒天 外壁から屋根が外側に出ている部分（軒）の天井を指す。のきてん。軒裏ともいう。

野地板 屋根の下地にする板。通常は構造用合板を使って、垂木の上に張る。その上からさらにルーフィングや屋根材を張る。

羽柄材 構造材や集成材を除く、化粧材を含まない比較的安価な材料のこと。具体的には、垂木、間柱、根太、貫、胴縁などを指す。はがらざい。

羽子板ボルト 建築に使われる接合部の補強金物のひとつ。一方が長方形の板状、もう一方がボルト状になっていて、羽子板のような形のためにこの呼び名がある。柱と梁の緊結などに使う。

鼻隠し・破風板 屋根の軒先、垂木の先端に取り付けられる板が「鼻隠し」、妻側の垂木に取り付けられるのが「破風板」だ。

羽目板 主に壁や天井などの仕上げに使う本実加工などが施された薄い板材のこと。パネリングとも呼ばれる。はめいた。

本書では、スギの羽目板を天井や腰壁などに使っている

梁 棟木と直角に交わる方向に横に渡す部材。屋根の荷重を支えるため、ある程度の強度が要求される。

PF管 配線用のFケーブルなどを保護するための合成樹脂製の電線管のこと。自己消火性があり、紫外線にも強いので露出配管にも使える。

ピーピー テコの原理を利用し、丸太を転がしたり向きを変えたりするための道具。木回し、フェリングレバーともいう。

ピーリングナイフ 丸太の皮を剥く（＝ピーリング）するためのナイフで、左右に持ち手がついていて、刃を皮にかけて手前に引いて使う。

ピッチ 連続する一定の間隔（距離）のこと。比較的短い間隔を指すことが多く、全長やある程度の長い間隔は「スパン」ということが多い。

ヒンジ ドアや窓などの建物の建具枠を繋ぎ、スムーズに開閉ができるようにするための金具。蝶番。

フォースター JIS製品に表示するホルムアルデヒド等級の最上位規格を示すマーク。「F☆☆☆☆」で表示される。

構造用合板の場合は、このような印字がされている

不同沈下 建物の下の地盤が均一でないためや、建物の荷重の掛かり方の違いによって、建物が不均一に沈むこと。基礎や壁などにヒビが入ったり、建具の開閉がスムーズにできなくなる原因になる。地盤の軟弱な場所や傾斜地、盛り土をした土地などで起きやすい。

フラッシング 外壁や屋根、建具まわりなどに落ちた雨水が、内部に侵入しないように施される水切り板のこと。加工されたものが売られているが、トタン板などを加工して自作することもできる。

不陸 部材の表面が平らではないこと。デコボコがある状態。ふりく、ふろく。

プレーナー加工 木材の表面を電動カンナで削って、滑らかに仕上げること。ツーバイ材や羽目板、その他の仕上げ材などに施されることが多い。

防蟻剤 シロアリ除けに土台などに塗布される薬剤。ぼうぎざい。

方杖 垂直材（柱など）と水平材（桁など）を斜めに繋ぐ補強材のこと。ほうづえ。

ホゾ組み 木材を接合するための継ぎ手や仕口のこと。基本は突起（＝ホゾ）と穴（＝ホゾ穴）との組み合わせで、さまざまなバリエーションがある。

まぐさ 開口部の上枠、間柱と間柱との間に取り付ける補強材のこと。

間口・奥行き 建物の正面（主要道路に面していたり、玄関のある面）の幅を「間口」、その直角方向の幅を「奥行き」と呼ぶ。

間仕切り 建物の空間を仕切ること、またその仕切りのこと。まじきり。

間柱 柱と柱の間に入れる壁の下地材。通常、455mmスパンで入れることが多い。

見切り材 壁と床、壁と天井などの継ぎ目にできるすき間を隠し、段差をならす役割の部材。天井と壁のすき間を隠す「まわり縁」、壁と床の境に入れる「幅木」、腰壁上

部に設置する「壁見切り」などがある。

水杭・水貫 水杭は、基礎を作る際に実際の位置の外側に立てる木杭。水貫は、水平ラインを出すために水杭に打ち付ける材。

水勾配 水が流れるようにつける勾配のこと。通常は1/50〜100程度が目安。排水管、駐車場、浴室などは水勾配をつけて施工する。

耳付き 材料の端部に、自然の丸太の曲面を残して製材した板のこと。

これは、階段の踏み板に耳付きのヒノキ板を使用した例

無垢 合板や集成材などでなく、丸太から切り出した木材のこと。割れや反りなどが出やすいが、天然の風合いがやさしく、断熱性や調湿性もある。

目地 サネ加工や相じゃくり加工された板同士の繋ぎ目のこと。わざと目地を離して仕上げる場合は、「目透かし」などと呼ばれる。また、タイルやブロックなどの部材と部材の間も目地という。

目立て チェーンソーやノコギリなどの刃（歯）をヤスリで研ぐこと。ノコギリの目立ては難しいが、チェーンソーはマメな目立てをすることで作業効率がアップする。

面材 床、壁、天井といった面の部分を作るのに用いられる板材の総称。構造用合板などの面材を必要量のクギで留めていくことで、耐力壁を構成することができる。

面戸板 垂木と垂木の間にできるすき間（＝面戸。めんど）に入れる板のこと。

面取り 材料の角を斜めに削ること。木材での家づくりにおいては、角材などの角をサンダーやカンナ、ノミなどで削って丸くすること。面取りをすることにより、材の手触りを滑らかにしたり、ホゾがスムーズに入るようにしたりする。

母屋 もや。棟木と平行して設置される小屋組みの構造材。家屋の中心となる建物という意味で使う場合は、「おもや」と読むことが多い。

モルタル 砂とセメントと水を混ぜた建築材料。かつては外壁の仕上げ材として多用された。レンガやブロックの目地に使われることが多い。

焼き杉 スギ板の耐久性を向上させるために、表面を焼き焦がして炭素層を人為的に作った材料。壁仕上げ材として使うほか、簡易に丸太で基礎を作る際に施されることもある（焼き丸太）。

焼き杉で壁などを仕上げると独特の雰囲気を楽しめる

役物 特定の位置や用途に使用される部材のこと。屋根の棟役物、サイディングのコーナー部のパーツなどがその一例。

屋根勾配 屋根の傾斜のことで、「7寸勾配」「2寸5分勾配」という具合に、底辺を10としたときの高さを寸で表す。勾配が急なほど雨仕舞いがよくなるが、施工は難しくなる。

床束 大引きを受けるために、束石などから垂直に立てる基礎の部材。鋼製やプラスチック製などの専用部材を使うほか、木の柱を立てて設置することもある。

床鳴り 床と下地との間、あるいは根太や大引きなどとの間にすき間が発生することで、人が歩くたびに沈み込んで床がきしむ＝鳴る現象。

床梁 床を支えている梁のこと。ロフトや2階のものを指すことが多い。

養生 塗装や漆喰塗りなどの作業の際に、周囲が汚れたりしないようにテープでマスキングしたりシートで覆ったりすること。また、雨風に備えて建築途中の建物にシートをかけたりすること。そのほか、コンクリートが固まるまで休ませたり、接着剤が乾くまで待つなど、仕上がりを待ってそっとしておくことも養生という。ようじょう。

ラス 金網の一種。モルタルを付着させるために使うもので、壁下地の上にタッカーなどで固定し、その上からモルタルを塗る。

立米 立方メートル＝「㎥」＝1,000ℓのこと。生コンや砂利、砂などの量、あるいは木材の単価を計算する場合の基礎単位。りゅうべい、りゅうべ。

レベル 水平、あるいは水平面のこと、またはそれを確認するための道具。道具は水平器、水準器などともいう。樹脂製のフレームに液体内に気泡が封入された気泡管が取り付けられ、その気泡の位置でレベルをはかる。スクライバーにもレベルがセットされていて、水平を保ちながらスクライプできるようになっている。

割り栗石 岩石を直径10〜15cm程度に割って作った石材。基礎の下に敷いて、地盤を強化する役割を果たす。

◆セルフビルドにお勧めの本

自分でわが家を作る本。／軸組み構法で自宅を建てた体験をまとめたベストセラー本。山と溪谷社刊

枠組壁工法住宅工事仕様書／フラット35に対応したツーバイ構法のわかりやすい解説書。井上書院刊

ゼロからはじめる[木造建築]入門／ツーバイ構法を含めた木造建築がよくわかる入門書。彰国社刊

手づくりログハウス大全／ログハウスの作り方について、とても詳細に解説された一冊。地球丸刊

ガレージビルダー／不定期刊行されているガレージのDIY本。奇抜なアイディアが満載。八重洲出版刊

著者プロフィール

西野 弘章（にしの ひろあき）

「テーブルから建物まで、自分で作れるモノは何でも作る」がモットーの手先の器用な編集人。
ログビルダー、塩作り、新聞記者、雑誌記者などを経験したのちにフリーの編集者として独立し、
「自給自足生活」を目指して千葉県・房総半島に移住。
自宅のハーフビルドを含めて、これまで大小8棟の建物を作ってきた。
DIYアドバイザー、第二種電気工事士、宅地建物取引士。

●著書・編書・監修本／『DIY工具50の極意』『日曜大工で楽しむ金属DIY入門』『自分でわが家を作る本。』『世界一やさしい海釣り入門』（山と溪谷社）、『はじめての釣り超入門』『川釣りの極意』『防波堤釣り超入門Q&A200』『釣魚料理の極意』『海遊びの極意』『はじめてのルアー釣り超入門』（つり人社）、『ゼロからのつり入門』（小学館）、『海のルアーフィッシング完全攻略』『簡単・定番ノット事典』（地球丸）、『いますぐ使える堤防釣り 図解手引』『いますぐ使える海釣り 図解手引』（大泉書店）、ほか多数

●ウェブサイト／『房総爆釣通信』http://bosobakucho.jp

企画編集・DTP・イラスト・写真＝西野編集工房

技術協力＝栗田宏武、大住幸義、氏家誠悟、村浜卓司（八ヶ岳むらはま工房）、菊池義尚、平野忠士（ヒラモク）

協力（順不同）＝岡田和弘、和田隆祐、小島弘行、木出崎真二、湯沢竜男、今枝一、清水光二、生地正人、宮下二郎、工藤仁、伴正史、植松リカ、鈴木拓人、鈴木和行、宇津昭男、菊池広実、植木伸通、新谷光生、斎藤健一郎、藤田晋二、保川みずほ、増井勇斗、石丸敬将、鍋田ゆかり、石渡由美、牧野春美、米原草太、山口拓也、松元加奈、櫻井あかね、小倉望未、林智世、大沼美香、高秉郁、嶋津晴暉、檜森和也、小林勝宗、松永康一郎、岩室莉恵、根木怜音、山田将太、松永さやか、高橋優輔、一丸智史、鄭恵美、永井里絵子、高田宏臣、千葉県森林整備協会、筒井壽英（光風林）、DAICHU、我妻悦緒（イーストログハウス）

写真協力＝廣田賢司、大住幸義、村田尚司、立花佳奈子

小屋大全（こやたいぜん）

2017年12月15日　初版第1刷発行
2021年 7月20日　初版第4刷発行

著者　　西野弘章
発行人　川崎深雪
発行所　株式会社 山と溪谷社
　　　　〒101-0051
　　　　東京都千代田区神田神保町1丁目105番地
　　　　https://www.yamakei.co.jp/
　　　　■乱丁・落丁のお問合せ先
　　　　山と溪谷社自動応答サービス TEL.03-6837-5018
　　　　受付時間／10:00-12:00、13:00-17:30（土日、祝日を除く）
　　　　■内容に関するお問合せ先
　　　　山と溪谷社 TEL.03-6744-1900（代表）
　　　　■書店・取次様からのお問合せ先
　　　　山と溪谷社受注センター
　　　　TEL.03-6744-1919
　　　　FAX.03-6744-1927
印刷・製本　大日本印刷株式会社

＊定価はカバーに表示してあります
＊落丁・乱丁本は送料小社負担でお取り替えいたします
＊禁無断複写・転載

© 2017 Hiroaki Nishino All rights reserved.
Printed in Japan ISBN978-4-635-52104-8